主编

吴邵萍

副主编

张　琴　　胡　蓓

编写人员

吴邵萍	张　琴	胡　蓓	李　玮	陈一平
蒋娇娇	方　芳	冯甜甜	徐　绿	沈文文
姜　杨	徐雯雯	龚梦缘	吴海韵	吴晓春
黄丹婷	顾婷婷	张伉俪	尚蒙妮	陶　蓉
许宇翔	秦　蓉	马潇潇	徐　琦	孙可欣
邵英聚	季星廷	马　岚	徐　蓓	方庆爽
吴小丹	丁　舒			

YOUERYUAN KAIFANGXING KECHENG

幼儿园开放性课程

吴邵萍／主编

南京师范大学出版社

图书在版编目(CIP)数据

幼儿园开放性课程/吴邵萍主编. —南京：南京师范大学出版社,2021.7
ISBN 978-7-5651-4838-5

Ⅰ.①幼… Ⅱ.①吴… Ⅲ.①学前教育－教学参考资料 Ⅳ.①G613

中国版本图书馆CIP数据核字(2021)第048588号

书　　名	幼儿园开放性课程
主　　编	吴邵萍
策划编辑	张　莉
责任编辑	官军燕
出版发行	南京师范大学出版社
地　　址	江苏省南京市玄武区后宰门西村9号(邮编：210016)
电　　话	(025)83598919(总编办)　83598412(营销部)　83598312(邮购部)
网　　址	http://press.njnu.edu.cn
电子信箱	nspzbb@njnu.edu.cn
照　　排	南京开卷文化传媒有限公司
印　　刷	南京工大印务有限公司
开　　本	787毫米×960毫米　1/16
印　　张	28.25
字　　数	482千
版　　次	2021年7月第1版　2021年7月第1次印刷
书　　号	ISBN 978-7-5651-4838-5
定　　价	88.00元
出 版 人	张志刚

南京师大版图书若有印装问题请与销售商调换
版权所有　侵犯必究

在开放中追求适宜和发展

开放是针对封闭而言的。开放一定蕴含着革命和突破。因此,开放一定是从思想开始的,思想的开放能带来空间、时间和关系的开放。开放是一种积极的状态,它源自积极的心态,思想的开放是具有领先性和先导性的。从生态学的观点看,人的发展是在不同层次的生态关系和生态系统的共同作用下实现的,与多样化、多层次的环境相互作用是个体成长的重要途径。因此,开放是教育的应有之义,教育不能封闭在课本里,不能封闭在课堂里,甚至不能封闭在学校里。在良好的教育体系中,学习者跟环境之间构成了开放动态的、连续多维的相互关系,以不断促进学习者的活动和认知。

幼儿园是学校教育系统的重要组成部分,它之所以不被称作学校,是因为它是以3~6岁的幼儿为教育对象的。幼儿还不是学生,学校里的学生是以文字符号系统为载体的知识作为主要的学习内容的,而幼儿园里的幼儿是以多感官获得感性经验作为主要的学习方式的。这就是学校与幼儿园、学生与幼儿的主要区别。这种区别决定了幼儿园中的课程不在课本里,而在生活和游戏中。因此,生活和游戏对幼儿的发展具有独特的价值。幼儿园教育就是要鼓励、支持幼儿亲近自然,通过直接感知、实际操作、亲身体验等方式学习探索,促进幼儿快乐健康成长。因此,幼儿园课程不是封闭的系统,而是向生活和游戏开放的,幼儿园是生活化、游戏化和开放性的。

幼儿园课程的核心功能是支持和促进幼儿的成长,这意味着要在把握幼儿现状的基础上,向幼儿活动和发展的可能性开放,给幼儿适宜的鼓励和推动,让幼儿不断面对新的情境和新的挑战、发现新的问题、进行新的尝试,从而不断获得新的经验。因此,支持促进不是单向的力量,而是教育与发展之间形成合理的张力,让幼儿处于既有挑战又力所能及的状态。同样,教育的开放不只是一个外发的向度,也蕴含了一个经验获取的内收的向度。

开放的、在生活和游戏中学习的特性决定了开放性课程更具有生成性。生成性不是"生成课程"模式所独具的特点,生成性是幼儿园课程的基本特性,开放性课程更是如此。威廉·多尔认为,要强调的不是生成课程,而是课程的生成性。生成性是以开放性为支撑的,生成性意味着幼儿的需要得到关注,意味着课程的适宜性得到体现,意味着幼儿的发展有了现实的可能;生成性并不意味着时刻在生成、无规律可循,生成与预成经常是相随而行的。但是,开放性是先导性的,作为一种理念和原则,一直指引着课程的生成和完善。

适宜的幼儿园课程不是书写出来的,而是在实践中逐步生发和完善的,是不断向幼儿心灵开放的过程,是不断向室内外、园内外各种空间开放的过程,是不断打破时间界限实现各类活动有意义地延续的过程。课程不完全是事先规定好的,而是由幼儿的内在需要和兴趣推动,随着幼儿自主、创造和投入的活动而不断扩展、深入、细化。课程生长的核心动力在于幼儿,课程开放的核心依据在于幼儿。教师对幼儿发展的敏感以及对幼儿行为进行观察、分析并为之创造活动的机会和条件是课程不断生长和开放的关键所在。课程建设应回到幼儿的发展上来,让教师对幼儿发展的理解更加深入,让教师有时间高质量观察和陪伴幼儿,让教师有精力思考什么样的活动和材料能丰富幼儿的经验,让教师真正去践行有效的开放,是课程建设和管理的重大任务。

25年来,南京市北京东路小学附属幼儿园沿着开放性课程的理念不动摇,不断完善课程体系,不断总结实践经验,已经形成了幼儿园开放性课程理念、目标和内容体系,形成了一系列课程实施的策略,在课程评价上进行了很多有益的尝试,构建了开放性课程的基本框架,形成了幼儿园、家庭和社区协同教育的开放机制,有力地践行了科学的学前教育理念,提升了幼儿园教育质量,教师的实践性智慧得到了凝练和提升,在幼儿园课程改革和发展的过程中,起到示范和引领的作用。相信幼儿园开放性课程一定会在教师的努力下,不断取得新的进展,实现新的超越。

虞永平

2021年3月

目 录

在开放中追求适宜和发展/1
第一章 开放性课程的概述/1
第一节 开放性课程的产生和发展/1
　一、开放性课程的背景/1
　二、开放性课程的发展/4
第二节 开放性课程的理论基础和理念/13
　一、开放性课程的理论基础/13
　二、开放性课程的理念与框架/16
第三节 开放性课程的目标/21
　一、开放性课程的总目标/21
　二、开放性课程1~6岁各阶段目标/22
　三、落实目标的案例反思/28
第四节 开放性课程的内容/41
　一、开放性课程的内容特色/41
　二、开放性课程的内容选择/49

第二章 开放性课程的实施/54
第一节 师生共建的开放性主题活动/54
　一、师生共建的开放性主题活动实施要点/54
　二、师生共建的开放性主题活动实施案例/59
第二节 幼儿自选的开放性区域活动/91
　一、幼儿自选的开放性区域活动观/92
　二、幼儿自选的开放性区域活动指导/95
　三、幼儿自选的开放性区域活动实施案例/103
第三节 混龄参与的开放性全园大活动/159

一、从全园大活动看幼儿园的课程领导力/160
　　二、全园大活动助推青年教师的专业发展/170
　　三、混龄参与的开放性全园大活动实施案例/181
　第四节　家园同构的开放性线上活动/192
　　一、家园同构的开放性线上活动实施要点/193
　　二、家园同构的开放性线上活动实施案例/195
　第五节　"1＋4"课程/236
　　一、"1＋4"课程的思考/236
　　二、"1＋4"课程的实施案例/238

第三章　开放性课程的资源/255

　第一节　指向幼儿的开放性课程资源/255
　　一、指向幼儿的开放性课程资源的特点/256
　　二、指向幼儿的课程资源的运用/278
　第二节　指向教师的开放性课程资源/280
　　一、指向教师的开放性课程资源的特点/280
　　二、指向教师的开放性课程资源的运用/289
　第三节　指向家长的开放性课程资源/292
　　一、指向家长的开放性课程资源的特点/293
　　二、指向家长的开放性课程资源的运用/301

第四章　开放性课程的评价/304

　第一节　开放性课程评价的内容/304
　　一、开放性课程的幼儿发展评价表(新表)/306
　　二、开放性课程的评价举例表/332
　第二节　开放性课程评价的实践/353
　　一、对开放性课程的评价/353
　　二、对幼儿发展的评价/381
　　三、对教师发展的评价/411
　　四、管理的评价/428

第一章 开放性课程的概述

南京市北京东路小学附属幼儿园(以下简称北幼)从 1995 年就开始建构开放性园本课程,至今已有 25 年了。北幼坚定认为,儿童是自我发展的主人,是具有自我认识和自我教育能力的独立个体。北幼始终将保护和促进儿童主体性的发展贯穿于开放性课程之中,让儿童学会判断、选择有积极意义的目标和行为,为培养具有开放性生存智慧的人奠定基础。

第一节 开放性课程的产生和发展

一、开放性课程的背景

北幼的开放性课程是在开放性理念的引领下,以不断追求"为培养具有开放性生存智慧的人奠定基础"为终极目标,始终追求通过对现实生活、现实矛盾的一种积极回应,运用价值观做筛选,用科学态度做研究,立足儿童天性的"解放",助力儿童主体性的发展,为儿童成为终身可持续发展的人奠定基础。

(一) 对接时代对人才培养的基本要求

21 世纪是一个充满未知、充满变化、充满不确定性的时代,一体化的世界给教育提出许多新的目标和问题,它扩大了教育的时间与空间(真实空间和虚拟空间,物理空间、心理空间、社会空间),"社会和经济发展的信息化和全球化趋势,对人的创新精神的培养和创造型人才的成长,提出了前所未有的紧迫要求"[1]。教育是"面向未来"的事业,要培养"完整人"[2]。学前教育也必须积极地顺应这一趋势,原来的学前教育模式已经难以适应一个变化迅猛,

---

[1] 朱慕菊.顺应时代要求,转变学习方式[J].上海教育科研,2002(1).
[2] 联合国教科文组织国际教育发展委员会.学会生存:教育世界的今天和明天[M].华东师范大学比较教育研究所,译.北京:教育科学出版社,1996.

甚至到了"人的想象力达不到的程度"(C.P.斯诺)①的时代,教育必须改革,"重要的问题在于改变封闭的、脱离现实生活和偏重于知识传授的倾向,构建一种有助于学生投入社会生活、亲历实践过程的课程与教学体系,形成一种对知识的主动探求、并重视实际问题解决的积极学习方式"②。

可持续发展概念作为一种关于发展的新思想、新战略、新模式,倡导在学前教育阶段落实可持续发展教育,要求我们重新审视自己的足迹,用"学习者一生的可持续发展"的新标准来反思和评价学前教育的目标与成效,并对学前教育的价值追求进行"再定位"。"当今这个日趋开放的时代中,每一个人都必须积极地适应这样的生活:既要面对更多选择,又要面对更多责任。"③教育必须面向可持续发展,努力培养学习者"与可持续发展相一致的环境意识和道德意识、价值观和态度以及技能和行为"④,并帮助他们提高将理想化的可持续性真正转变为现实的能力,"通过教育,人类的知识、技能、价值观和信仰才能代代相传。只有当教育具有可持续,才能促使可持续性思维方式的形成,可持续性的未来才能得以实现","而儿童早期恰恰是儿童形成价值观、知识技能和态度最重要的时期"。⑤ 所以,必须推动可持续发展在童年阶段奠基,为我们的儿童建设一个可持续的未来。

(二) 对接当前学前教育中面临的核心问题

"未来社会的理想新人应具有高度的主体性品质。在不同的发展阶段,人的主体性的表现方式和水平有差异,但基本内容是相同的"⑥,即"是自觉能动的、独立自主的、友好合作的、富有创造性的人:他要有旺盛的求知欲和自学能力,能不断充实自己以适应科学技术的急速发展;有独立见解和较强的批判精神,在众多价值观的冲击下能自主、自律,对自己、对他人、对社会有较强的责任感;理解人的多样性和相互依存性,尊重他人、善于合作;有创新的欲望和基

---

① 冯晓霞.构建21世纪的中国幼儿园课程——来自多方面的启示与思考[J].学前教育研究,1999(4).

② 朱慕菊.顺应时代要求,转变学习方式[J].上海教育科研,2002(1).

③ 冯晓霞.构建21世纪的中国幼儿园课程——来自多方面的启示与思考[J].学前教育研究,1999(4).

④ 朱永新.教育的使命:朱永新教育讲演录[M].太原:山西教育出版社,2011.

⑤ [澳]朱莉·M.戴维斯.幼儿与环境:致力于可持续发展的早期教育[M].孙璐,等译.南京:南京师范大学出版社,2018.

⑥ 唐淑,孔起英.幼儿园课程基本理论和整体改革[M].南京:南京师范大学出版社,2010:4.

本能力,乐于接受新事物,敢于迎接挑战"①,然而"遗憾的是,由于社会本位的传统价值观的消极影响,我国儿童仍然存在着较为严重的主体性发展缺失"②。

中国在20世纪90年代初进行的一项较大规模的"幼儿园与小学衔接的研究"发现,由幼儿园升入小学的一年级儿童中,不适应小学学习生活的情况普遍存在。主要表现为:"相当多的儿童知识技能掌握虽好,但学习能力很差;缺乏学习的主动性和责任感;社会适应性较差,任务意识和规则意识薄弱,自我管理、人际交往能力不足等"③。以上调查结果反映的状况在我园同样存在,令人十分担忧,"因为国内外大量研究已经证明,儿童所缺乏的这些品质和能力恰恰是一生可持续发展的动力性基础,而这些基础性品质,又恰恰是在幼儿期开始形成的"④。对儿童自身价值和自我的忽视,造成教育中的以成人为中心,不尊重儿童的需要、兴趣、意愿、能力,甚至是人格的倾向,在教育教学中具体表现在"三重三轻":重可见的"学业成就"(知识技能),轻相对隐晦的学习品质和学习能力;重"结果"轻"过程";重"教师讲授",轻"幼儿自主探索"。⑤ 传统封闭的教育与瞬息万变的社会生活隔绝,儿童思路闭塞,视野狭窄,没有真正进入一个开放的世界,面对现代开放世界的复杂变化他们会难以适应,甚至束手无策。因此,我们必须改变传统封闭的教育,把确立儿童在教育中的主体地位、发展儿童的主体性作为幼儿园课程改革的基本出发点,建构以"开放"为核心内涵的课程,帮助儿童积极地关心周围的事情,主动解决问题,"成为有力量的、有责任感的公民和未来世界的代言人"⑥。

(三)对接学前课程发展的基本方向

"课程是教育的心脏"⑦,围绕对上述两个问题的探索,幼儿园的课程必须

---

① 唐淑,孔起英.幼儿园课程基本理论和整体改革[M].南京:南京师范大学出版社,2010:4.
② 冯晓霞.构建21世纪的中国幼儿园课程——来自多方面的启示与思考[J].学前教育研究,1999(4).
③ 朱慕菊."幼儿园与小学衔接教育研究"研究报告[M].北京:中国少年儿童出版社,1995.
④ 冯晓霞.构建21世纪的中国幼儿园课程——幼儿主体性发展课程思考[J].学前教育研究,1999(1).
⑤ 冯晓霞.构建21世纪的中国幼儿园课程——幼儿主体性发展课程思考[J].学前教育研究,1999(1).
⑥ [澳]朱莉·M.戴维斯.幼儿与环境:致力于可持续发展的早期教育[M].孙璐等,译.南京:南京师范大学出版社,2018.
⑦ 冯晓霞.构建21世纪的中国幼儿园课程——来自多方面的启示与思考[J].学前教育研究,1999(4).

作出回应。可持续发展的根本是人的主体性发展,而人的主体性发展则需要由开放性的教育来培养,因为"开放带来进步,封闭必然落后"。改革开放为我国社会经济领域带来的繁荣景象和勃勃生机,给了我们重要的启示。"自主发展"是教育部 2016 年发布《中国学生发展核心素养》中六大核心素养之一,重在强调能有效管理自己的学习和生活,认识和发现自我价值,发掘自身潜力,有效应对复杂多变的环境,成就出彩人生,发展成为有明确人生方向、有生活品质的人,而封闭的课程无法满足儿童的身心发展需求,只有具有开放胸怀和创造精神的儿童,才有可能积极主动地应对未来社会的变化与挑战。所以必须改革当今传统的教育模式,教育必须面向社会、自然以及每一个人类个体开放,用开放的理念构建良性的教育生态系统。

在幼儿园教育内部应树立开放的教育观念,确定培养开放性人才的教育目标和内容,建构开放的教育体系,选择和运用开放的教育方法和途径,为培养具有"开放性生存智慧"[①]的人奠定基础,充分发展儿童的主体意识、主体能力和主体人格,"通过各种经验学会如何表现他自己,如何与别人进行交流,如何探索世界,而且学会如何继续不断地——自始至终地——完善他自己"[②],帮助儿童"学会学习,学会自己教育自己、自己发展自己","并能以不断增强的自主性、判断力和个人责任感来行动",[③]以实现自我与社会、自然和谐相处,努力实现更高质量、更有效率、更加公平、更可持续的发展。

为此,我们尊重儿童的身心发展规律,植根儿童的主体性,建构以开放为基本特征的幼儿园课程,从小培养具有开放性生存智慧的人作为北幼的发展目标和基本任务,从 1995 年开始进行了长达 25 年的探索。

二、开放性课程的发展

北幼历经 25 年开放性课程的探索,始终坚持以问题为导向,以课题为抓手,以"为培养具有开放性生存智慧的人奠定基础"为指向,不断深化课程研

---

① 生存智慧:维持生存状态的技巧和谋略,是人在历史生存中所呈现出的一种开放性状态,即能够处理好人与自我、人与社会、人与自然关系的能力。它具体包含生存的洞察力(认知、理解、价值判断)和生存的实践力(处理问题、持续学习、发明创造)。

② 联合国教科文组织国际教育发展委员会.学会生存:教育世界的今天和明天[M].华东师范大学比较教育研究所,译.北京:教育科学出版社,1996.

③ 联合国教科文组织总部.教育—财富蕴含其中[M].联合国教科文组织总部中文科,译.北京:教育科学出版社,2001.

究。我们立足时代发展,结合儿童主体性的缺失、幼儿园课程研究的历史、幼儿园周边资源及教师的课程实施能力等现实问题,采用古今中外比较、教育现场观察等方法,开展调查研究,深度反思与辨析,针对问题寻找对应的策略方法,建构深度、立体、多维的开放性教育时空,助力儿童与自我、社会、自然和谐共处,实现个性、全面、终身可持续发展。

(一)以课题为抓手,课程建构与课题研究一体

在25年的课程建构中,我们始终坚持以课题为抓手,课程建构与课题研究一体,课程建构的每一阶段都是以课题研究的方式呈现的。

1. 第一阶段:重塑教育观念,建构开放课程

1995年至2005年,我们以江苏省"十五"规划立项课题"幼儿园开放性课程建构"为依托,初步建构了开放性课程的框架,出版了《开放性课程在行动》一书。我们帮助教师建立并厘清了开放性课程理念的核心内涵,经历了"不敢开放→大胆开放→放任→开放与限制辩证统一"的历程,探索在实践中如何落实开放性课程的理念,建构了开放性课程的实践样态,并总结提炼出了具有生存智慧的儿童解决问题的基本流程。

(1)厘清开放性课程理念的核心内涵

我们首先组织教师学习讨论:什么是开放?开放性课程应该是什么样的?在开放性课程背景下,教师的教育教学行为应该是什么样的?经过学习讨论,大家达成共识,认为"开放是解除封锁、禁令、限制"。接着,我们引导教师思考:当下的课程实施过程中有哪些限制需要取消,怎么取消?当下的幼儿园一日活动中有哪些环节需要开放,怎么开放?最后,我们让教师根据自己对上述问题的思考,在实践中进行尝试。尝试一段时间后,我们组织教师相互观摩并交流,教师渐渐地认识到,开放不是放任,在实践中并不能无限地开放,有开放必有限制,而开放和限制的程度是由儿童年龄特点及自我管理能力、幼儿园空间场地及教师对儿童年龄特点和学习规律的掌握程度等因素来决定的。通过实践研究和再学习,大家一致认为自我发展、和谐对话、开放限制是幼儿园开放性课程的核心概念,在实施课程过程中要从儿童的发展需要出发,向儿童开放最大的发展空间和时间,以培养儿童成为具有开放性生存智慧的人为目标,促进每个儿童实现个性、全面、终身可持续地发展。

(2)建构开放性课程的实践样态

为了帮助教师充分理解开放和限制这一对核心概念的辩证关系,并将其

自然地运用于日常教育行为和常态课程活动之中,我们建构开放性课程的实践样态,梳理出了开放性课程的整体框架、一日活动中每一环节开放和限制的反思流程,让教师每日、每一环节的日常工作都有反思的依据,不仅帮助教师建立了开放理念,还提升了教师反思的质量。同时,除了引导教师自己借助开放和限制反思流程进行反思,幼儿园每周还会组织一次集体反思,反思生活活动、晨间锻炼、早操、区域活动、集体学习等每一个环节中的开放和限制的适宜性,将开放性课程理念落实于课程目标、内容、组织与实施、评价全过程之中。

2. 第二阶段:多元对话参与,达成价值认同

2005年至2015年,我们以江苏省"十一五"规划立项课题"实现多维良性互动促共同体和谐发展"和江苏省"十二五"规划立项课题"养育视野下的0～6岁儿童一体化亲子课程的构建"为依托,解决0～6岁亲子课程一体化、活动区学习、家园共同体的构建三大难点,出版了《家园共同体的建构——幼儿园家长工作的方法与策略》《养育视野下0～6岁儿童一体化亲子课程——教师指导用书》《幼儿园开放性课程——教师指导用书》《托班课程——教师指导用书》《幼儿园开放性区域活动指导》等书。

我们坚守儿童本位,以开放的态度,促使教师向其他同事开放,班级向其他班级开放,幼儿园向家长、社区、专家等全体课程卷入者开放,树立共同、合作、可持续的共同体观,谋求开放创新、兼收并蓄的多元对话,达成价值认同,构筑"幼儿园—家庭—社区"协同发展的生态体系,通过共"构"课程主题、共"议"课程目标、共"行"课程方案、共"评"课程主体的具体策略,在教育实践中践行开放性,共同促进儿童个性、全面、终身可持续发展。

(1) 共"构"课程主题——因多元而开放

我们改变了以往教师中心的课程建构思路,以开放的态度接纳不同的人员,让课程建构的主体更加多元,课程的内容从一开始单纯由园方决定,到通过每学期的园务委员会、班级家长会、家长小型座谈会、家长志愿者行动等多种开放式互动对话形式,广泛吸纳家长、社区、专家等全体课程卷入者的想法,从而让课程的主题更加多样。

(2) 共"议"课程目标——因理解而认同

一方面,每位教师对儿童观察分析的能力不一样,导致对儿童的判断不一致,对课程目标的理解和把握存在差异,因此,我们通过组织教师亲临教育

现场,参与到儿童的教育过程中,并在此基础上共商共议,解决目标理解的差异问题,最终达成共同的价值立场。另一方面,由于教师与家长之间的文化背景、家庭背景、职业背景等有所差异,教师与家长在教育观念、方法以及具体策略上存在分歧,因此我们本着尊重、平等、合作的原则,促进和而不同、兼收并蓄的和谐对话,通过分享、倾听、吸纳、质疑、碰撞等多种方式,与家长进行互动,促进他们对开放性课程目标的深入理解,促使他们对儿童的发展有目标意识,并在理解、支持的基础上,主动参与到开放性课程培育智慧人的目标实施之中。

（3）共"行"课程方案——因体验而领悟

一方面,教师依据现有的课程方案进行班本化的调整实施,并根据实施效果修改、完善原有的课程方案。另一方面,每学期,教师针对各年龄段儿童研发新的开放性课程方案,使得开放性课程在实践验证和不断改进中日趋丰富。在课程开发和日常实施的各个阶段,不同层面的审议一直伴随着课程运行的整个过程,即班级、年级、园级三个层面的定期和不定期的审议,审议的对象也并不局限于教师内部,我们还通过小型家长座谈、家长开放日、家长学校等方式,邀请家长、社区、专家等不同主体以不同方式参与到不同层面的课程方案的实施和审议中。

（4）共"评"课程主体——因反思而提升

我们坚持以教科研为先导,在遵循儿童发展规律和教育规律的基础上,以日常的教育实践问题为直接导向,关注已经发生或者正在发生的教育行动,谋求未来教育行动的改善。我们定期开展面向日常教育实践问题的教研,通过对教师自身保教行为直接或间接地观察与反思以及合作伙伴(家长、社区、专家等全体课程卷入者)的交流,发现问题,探索真正可行的解决之道,提高研究的信度和效度,不断加深对儿童和教育的认识和理解,增强研究和反思的意识及能力,从而解决幼儿园或教师自身教育实践中的问题,并在此基础上提高和完善教师自身及其教育实践能力,提高教师专业水平,改进教育质量,最终服务于儿童的学习与发展。

3. 第三阶段:支持儿童发展,提升课程质量

2015年至今,我们以国家"十三五"重点课题及江苏省规划立项课题"信息化环境下儿童自主学习支持性策略的研究"为依托,不仅研究数字时代新技术及丰富的资源与支持儿童主体性发展的关系,而且研究其与提升开放性

课程的质量和效率的关系。

我们关注儿童与自我、社会及自然的和谐发展,以开放的态度,吸纳新时代的研究成果,不断优化和提升课程品质,通过开放性区域活动自主个性化学习,支持儿童个体的深度开放;通过开放性全园大活动混龄学习,支持儿童立体开放;通过"1日园外4日园内"实施途径,支持儿童多维开放。通过高质量开放性课程的实施,最终推进儿童个性、全面、终身可持续发展,使他们成为具有开放性生存智慧的人。

(1) 深度开放

我们深化对开放性课程的研究,将儿童的需要置于核心地位,通过开放性区域活动,为儿童的自主性、个性化的发挥提供了可能,让幼儿自己选择适合自身的学习目标、内容和方式,自己决定活动结果呈现的形式。通过引导儿童自主选择、自主制订计划、自主反思等,支持儿童主动参与活动,把开放性课程的目标具体落实到每一位儿童的发展上,满足儿童个性化、差异化的需求,实现针对每一位幼儿个体的深度开放,关注每一位幼儿的发展。

(2) 立体开放

我们通过定期举办开放性全园大活动(开放性全园大活动是汇集全园教师、幼儿、家长和社区的资源来开展的由全园教师、儿童、家长、社区等全体课程卷入者共同参与的活动),打破班级和年龄段的界限,通过多样化的活动形式、丰富的活动内容,让儿童能够自主选择适合自己的活动,并增加混龄幼儿之间的同伴交往和相互学习,增进儿童与不同教师、家长等成人之间的互动交流。通过这样的混龄活动,最大化地支持儿童的立体开放。开放性全园大活动为儿童开辟了一条与社会生活交互作用、持续发展的渠道,幼儿在与他人(不同年龄儿童、老师、家长、社区等不同人群)和社会的接触过程中,通过直接感知、实际操作和亲身体验获取丰富经验,形成对自我与他人、社会之间内在联系的整体认识,发展对自我、他人及社会的责任感,形成从自己的周遭生活中主动地发现问题并独立地解决问题的态度和能力,养成合作、分享、积极进取等良好的个性品质。

(3) 多维开放

我们利用大自然、大社会做活教材,重构生态课程体系。坚持从儿童生活中来,到儿童生活中去,通过开展"1日园外4日园内"活动(1天走出幼儿园到大自然、大社会中,4天在幼儿园内围绕外出获得的经验、问题等开展班本活动),把儿童从幼儿园引向广阔的大自然、大社会中,充分发掘、利用自然和社会资源以丰富开放性课程,在自然、社会中直接感知、实际操作和亲身体验,还原儿童的真实生活,让儿童真切地体验生活,丰富儿童的知识,开阔儿童的视野和思维,从而加速儿童主体性的成熟过程,缩短对自然及社会的适应期,最终使之能与自然及社会和谐共生。

(二) 以问题为导向,课程实施与教师发展一体

虞永平教授说:"幼儿园教育目标是否落实,不取决于政府,不取决于园长,而是取决于每一位教师的教育行为。教师做得怎么样,直接决定幼儿的发展,直接决定我们的教育质量。教师教什么、如何教,将会影响幼儿的重要发展,因此教师在建设过程中是特别重要的。"

为此,在幼儿园课程改革与实施过程中,我们不仅强调以儿童为中心,以儿童为主体,追随儿童需求等,而且关注教师这一主体,我们追随教师的需求,研究教师的现状,接纳他们的真实想法,找到阻碍他们前行的因素,为他们搭建前行的支架,了解并满足教师每一阶段的需求,从而实现教师在课程建构与实施中的发展。

1. 我们需要"教材"

在开放性课程实践的第一阶段,我们就提出课程是教师根据幼儿当天的兴趣和需要即时生成的,所以,教师不需要"教材"。但在实践中,这样的要求只有极小部分高水平的教师可以达到,并且,他们也感到压力大、负担重。他们常说:"太累了!"因为要达到上述要求,教师需要熟知各领域的关键经验,精通每一年龄段幼儿的学习特点和规律,精通每一领域的教学知识和规律,这对于一线教师来说很难做到。所以,教师常常说,我们需要"教材",我们需要参照"教材"的基本课程框架和实施课程的路径。

为此,我们和全体教师研讨幼儿园需要什么样的"教材"。研讨后,我们认为,"教材"必须是帮助教师落实开放性理念的载体,它既能帮助教师落实开放性理念,又具有可操作性。另外,我们认为,"教材"内容必须由幼儿园教师集体研讨确定。为此,我们用了整整两年时间,与教师们讨论和研究小、中、大班每一个学习活动的设计和实施,如何既能体现开放性理念,又具有可操作性。我们让实践过的教师谈谈他们的具体做法、实践中碰到了哪些问题,然后大家再讨论、调整。接着,请当时正在带相应年龄段班级的教师去实践,然后大家再讨论、调整。最后,在此基础上,形成每一个活动的具体方案。

在形成文本时,我们尽力做到两点:一是凸显可操作性,将活动方案写成详细的方案,且写清楚每一个延伸活动的具体操作程序;二是凸显每一个主题活动与一日活动各环节的关系,写清楚每一个主题活动与日常活动、区域活动、环境创设、家长工作等的关系,以及具体可以做什么、怎么做、做到什么程度。这样可以将教师特别是年轻教师带入开放性课程的实践中,既解决了教师没有"教材"参照和借鉴的问题,又保障了开放性课程理念的落地。

在实践研究中,我们发现即使有"教材",教师也不会完全按照"教材"来实施课程,他们会依据班级幼儿的兴趣和需要、家长资源及自己的特点,自然地将"教材"班本化,到后来,有些教师甚至完全抛开了"教材"。所以,我们不必担心有了"教材"教师就会千篇一律地按照"教材"组织活动、实施课程。相反,"教材"可以保障教师达到实施开放性课程的保底要求,帮助教师达成集体教学活动和一日生活、学习活动的有机融合,支持教师在幼儿一日生活、学习活动中有效贯彻开放性课程理念,给予教师生成和创新课程的空间。教师可以根据自己的能力水平及班级幼儿的兴趣、需要等灵活自主地决定课程的生成和预成的比例关系,而不是只听从他人的要求,机械地预成或生成课程。这就极大地调动了教师创生课程的积极性、创造性。

2. 区域活动怎么设计

在幼儿园实施开放性课程的过程中,有教师提出设计、组织幼儿在园一日生活、学习活动的难点是区域活动,他们不知道班里应该设置哪些区域,区域活动的内容、材料从哪里来,如何始终保持幼儿在区域活动中的积极性,教师如何观察和指导幼儿进行区域活动……总之,教师不知道该如何设计、实施区域活动。这些问题不解决,教师就不可能主动积极地设计、实施区域活动,也就不可能实现幼儿自选区域、自选内容、自选学习方式、自我安排学习时间等差异化、个性化的学习。

作为管理者,我们理解教师不知道区域活动怎么设计不是因为他们不努力、不专业,而是有以下原因:一是教师每天的工作都高度紧张和烦琐,没有充足的时间和精力去思考;二是教师没有认识到区域活动给幼儿发展带来的益处,没有弄明白区域活动和主题活动、集体学习活动之间的内在关系。

为帮助教师解决上述问题,我们首先帮助教师厘清区域活动和整个课程之间的关系,厘清区域活动内容和材料的来源。为了降低教师的理解难度,我们把区域活动和《幼儿园教育指导纲要(试行)》(以下简称《纲要》)、《3～6岁儿童学习与发展指南》(以下简称《指南》)及集体教学活动进行联系,根据

《纲要》"可以相对划分为健康、语言、社会、科学、艺术等五个领域"的精神,将我园的教育内容划分为健康、语言、科学、数学、音乐、美术六大区域。我们没有设立社会领域区域,原因有三点:一是社会领域中的规则学习和人际交往等内容可以渗透在其他区域活动中;二是社会性学习应当在幼儿真实生活中开展,不应该设立在一个单独的区域中让幼儿机械地学习;三是班级中每天都有专门的创造性角色游戏时间,社会性学习的内容可以自然融入其中。接着,我们组织教师对每个区域的价值、环境的创设、规则的建立、内容和材料的确定和教师的指导五个板块展开逐一研究,帮助教师明确区域活动的价值,明晰各个区域环境创设、规则建立、内容材料确定和教师指导的具体策略,促进教师对课程进行通盘思考,将幼儿在园一日生活活动、集体教学活动和区域活动等进行统一考虑、设计、实施,促使教师主动地组织、实施区域活动,实现幼儿差异化、个性化学习,让开放性课程真正落地。

例如,在开展主题活动"美丽的秋天"时,需设计美术领域活动,过去,教师可能会设计一个集体教学活动,让幼儿运用水彩、水粉等画一幅秋天的景色图;而现在,教师则会思考这个活动是采用集体教学活动合适还是放在美术区域中学习合适。教师认为放在美术区域中更能够满足幼儿个性化学习的需求,于是,教师和幼儿一起收集关于秋天的视频、图片、画册、绘本等放在美术区域中,让幼儿充分欣赏与感受。同时,教师将绘画纸、颜料、笔等材料和工具放在美术区域中,让幼儿自主表现与创作。这样,一方面充分满足了幼儿欣赏与感受、表现与创作的个性化学习需求,另一方面也促使教师在设计活动时自然地将区域活动内容、材料、环境创设和教师指导等进行通盘思考,使区域活动真正落地。以前,教师觉得实施区域活动是增加负担,现在教师感受到实施区域活动反而减少了准备活动材料等方面的负担,可以有更多的时间和精力去思考如何设计、组织区域活动。

再如,教师在设计语言活动时,会自然将语言学习材料与语言区域活动内容进行融合,会把语言活动中用过的图片、绘本及操作材料等放进语言区域里,使之成为幼儿在语言区域的学习内容和材料,满足部分幼儿继续欣赏、阅读、聆听、表演的需求。

此外,教师发现有一些科学活动可以先让幼儿在区域中充分地探索,待他们充分地操作并积累一定经验后,再来开展集体教学活动,让幼儿分享、交流自己的发现,讨论共同遇到的问题等,效果会更好。

正是因为我们从教师的角度进行思考与实践,帮助教师理解了开放性课程理念,搭建了活动设计的支架,自然减轻了教师设计活动、寻找区域内容、准备区域材料等的负担,帮助他们掌握组织实施区域活动的策略,让他们从认识和实践两方面体验区域活动对幼儿发展的价值,从而使他们能够主动积极地实施开放性区域活动,满足幼儿差异化、个性化学习的需求。

3. 我们关照不过来

在实施开放性课程的过程中,我们要求教师关照每一个幼儿,促进每一个幼儿的发展,期望教师了解每一个幼儿在一日活动中尤其是在区域活动中的学习情况,并给予个性化指导和推进。然而,教师提出:"我们关照不过来!"他们说无法做到了解每一个幼儿、指导每一个幼儿、推进每一个幼儿的发展。

为了帮助教师解决"关照不过来"的问题,我们充分借助信息技术增强开放性,提升开放性课程实施的质量和效率,提高幼儿学习的主动性和成就感。我们主要解决了以下两个问题。

第一,解决教师无法在各个区域和每幼儿面对面互动的问题。在区域活动中,由于教师无法兼顾对各个区域幼儿的互动指导,于是,我们提供平板电脑,让幼儿将自己在区域中的学习内容和学习成果进行拍摄,这样不仅将幼儿学习过程和学习成果记录了下来,还满足幼儿反复回顾、欣赏及与同伴分享的需求,极大地满足了幼儿的成就感,也便于教师活动后反复观看、分析、诊断并采取适宜的推进策略。比如,在大班音乐区域里,我们提供了平板电脑,便于幼儿相互拍摄,还提供了拍摄架,方便幼儿自拍,每个幼儿可以拍摄自己唱歌跳舞的情景。这样,幼儿不仅可以记录自己的学习和创作过程,还可以形成自己的"作品",从而获得成就感。同时,教师可以借此了解每个幼儿在区域中的学习状态和学习需求,进而给予针对性指导。

幼儿还学会了用平板电脑进行"百度"查询,用"语音搜索"找到关于科学、艺术等问题的答案或自己需要的图片等,这减少了幼儿对教师的依赖,使教师能够有更多的时间和精力持续地关注某一区域幼儿的活动情况,深入地了解幼儿的兴趣和需求,找到更适宜的指导策略。

第二,解决教师现有的知识技能无法满足幼儿所有需求的问题。幼儿需求多元、兴趣多样,教师的知识技能无法全覆盖;我们通过多媒体等技术解决这一问题。比如,我们将舞蹈家、歌唱家和幼儿自己演唱、表演的歌舞作品通过PPT加链接的方式,编辑成节目单,让幼儿根据自己的兴趣和学习需求自主选择并学习，通过反复欣赏艺术作品来满足自己感受欣赏和学习表现的需求。再如，幼儿对沙画、绣花等有兴趣，教师就把学习沙画和绣花的应用软件下载到平板电脑中，再投放在美术区域里。有兴趣的幼儿可以看视频教程，循序渐进地学习。我园几位对沙画感兴趣的大班幼儿，在一学期内自主学完了沙画初级教程，学习了教程中各种沙画作品，创作了30幅沙画作品。当然，在支持幼儿通过多媒体技术进行学习的同时，我们对幼儿运用多媒体的次数和时间是有严格而系统的规定的。

我们借助多媒体，一方面让幼儿从小就能欣赏到榜样的作品，另一方面也让教师在寻找资源、分析作品以及观察幼儿学习的过程中，自然地实现了和幼儿一起学习。同时，幼儿的学习主动性增强了，他们不需要依赖教师的指导，可以自主寻找学习资源，进行持续、深入的学习。多媒体教学方式给予幼儿个性化学习以强有力的支持。

回顾建构开放性课程的历程，我们深深地感受到：只有关照教师的需求，切实理解并解决他们的困难，才能推进课程的有效实施，保障课程建构与实施的质量，实现幼儿的发展。

第二节 开放性课程的理论基础和理念

一、开放性课程的理论基础

（一）马克思的主体理论

关于人的主体性，马克思认为："主体是人，客体是自然"，"作为主体的人必须是出发点"，只有人才能做主体、做主人，其他自然物只能做客体、为人所利用。

主体性是人作为主体时的特殊本质表现。主体性是在不断与外界互动中生成的一种开放性状态。主体性不仅在当下实践中生成，同时也在充满无限可能的未来历史活动中获得超越。主体性不仅能根据外部环境不断改造完善自我，而且也能根据主观意愿不断改造完善外部环境。基于马克思的主体理论，开放性课程强调幼儿是自我发展的主人，将保护和促进幼儿主体性的发展贯穿于开放性课程之中，让幼儿学会选择、判断有积极意义的目标和行为。

(二)维果斯基的社会建构理论

维果斯基强调,儿童是在社会互动中积极主动地建构知识。他认为,儿童与熟练的帮手进行对话能使儿童形成更为系统的、逻辑的、合理的概念。从个体发展来看,它们是在人际交往过程中产生和不断发展起来的。他特别强调活动和社会交往在人的高级心理机能发展中的突出作用。

社会建构理论强调人的心理发展不仅是个体的也是社会的。个体知识的自享自建过程和社会知识的共享共建过程是不可分离的。基于维果斯基的社会建构理论,开放性课程强调和谐对话、共同发展及其过程中主体间的建设性多向建构,让每个对话者都成为学习者,使课程建构活动过程滋养每一位课程卷入者。

(三)米·巴赫金的开放人格理论

张开焱在《开放人格——巴赫金》[①]一书中介绍了苏联思想家米·巴赫金的开放人格理论,其主要观点为:

- 人在本质上是面向他人、面向世界而存在的开放的主体,离开了他人和由众多他人构成的世界,自我根本就不可能存在。人必须在差异中存在。因为每一个个体都无法自我确证和自我完成,这种确证和完成,要靠自我之外的他者和由众多他者构成的世界来实现。
- 人必须向自我开放。人如果把自我关闭在一个排他的视野中,在自我经验的优越感中,会使自我失去对自身缺陷的批判,会导致自我发展的停滞和自我生命的衰微。
- 人必须向他人开放。因为在人的一生中,人格的形成、发展和改变,都是在和众多的他者发生频繁而持久的交往和应答中完成的。他人的作为与不作为对自我人格的生成具有十分积极的意义。
- 人必须对社会开放。因为个体和外在的世界通过对话和应答联结成为一个统一体,人通过永不休止的活动与这个世界交流和对话,并在这种对话中不断地建构和改变自己的心理世界。
- 人必须向未来开放。因为自我对未来始终保持着开放性,它是一种伴随着生命始终的渐进式过程。在这个过程中充满着许多未知的因素和可能,因而人们也必定会不断地改变自己、调整自己,以适应历史和时代的

---

① 张开焱.开放人格——巴赫金[M].武汉:长江文艺出版社,2000.

变化。"未完成"是人和世界的一种积极状态,因为它意味着变化、新生和发展的可能性。

在向自我、他人、社会和未来开放中,在与世界对话和应答的过程中,人会接受某些内容也会排除另一些内容,会有选择地吸纳他人信息的有益成分来调整和修正自我,这正是根据个人所具有的价值目标来作出明确的行为选择。同时,这是在不断地证明自己、发展自己、超越自己;是与他者撞击出自己的生命火花,而不是自我的丧失,无限制地向外开放。因此,在开放中有"他性"的激活,也有"我性"的坚守,即既有开放又有限制。

(四)普利高津等人的"耗散结构的自组织理论"

比利时布鲁塞尔学派领导人普利高津等人创立的"耗散结构的自组织理论"指出:

- 在自然界和社会中,一般系统都是处于从无到有,从简单到复杂,从低组织水平向高组织水平的运动演化过程中,其演化的动力不是来自外界的简单控制,而是由系统内部的非线性相互作用所引起的。任何孤立的、规范的系统最终都处于死态。只有与外界环境保持着物质与能量的交换的开放系统才是生生不息而又充满活力的。
- 一个系统存活或生长的必要外部条件就是开放。意外的干扰、偶然的偏离与间断往往是发展的驱动力。它的维持与发展要依赖于系统与环境之间的物质能量、信息的交流。

但是,并不是每一种干扰都导向再发展,往往一种不平衡的状态也可能导向混乱。这种混乱并不会引导我们走向新的和更为复杂的秩序,而是导向毁灭的深渊。任何一个开放系统都是有一定的边界作为支撑的,即开放是有条件的,不是任意的。

在以上理论的支持下,"开放"和"限制"最终成为我们课程理论中的两个相互依存的重要概念。"开放"是限制基础上的开放,"限制"是为了更有效地开放,"开放"和"限制"都是为了更好地实现"个体与周边环境共同可持续的发展",两者是对立统一的。

我们认为,每个人要发展就要开放,不能固守自我和现在,要对他人、社会和未来开放,要有不断超越的眼光,要有不断改变和接受挑战的准备。人只有开放自己,才能改造自己,才能不断实现自我超越。而这种自觉的开放、自我超越的人格是需要培养的,同时,这种开放又需要一个价值系统来监控。

为此,我们的开放性课程将"为培养具有开放性生存智慧的人奠定基础"定为探索研究的终极目标。

我们的课程目标、内容、组织实施、评价等都是开放性的,是可以转变与生成的。开放性课程的目标、内容、组织实施、评价等是在教师和幼儿、家长、专家之间,是在幼儿园、家庭、社区之间的信息交换和观点碰撞中不断生成的,是从实践中生成又用于推动实践的。课程的建构是依据幼儿、教师、家长以及其他课程卷入者的发展需要,依据幼儿园和社区环境的变迁,在不断变化中生成的。课程建构的过程是能动的、创造的,主要是靠幼儿园内部各种要素间的相互作用机制以及幼儿园与外部环境的各种要素间的相互作用机制来实现的"自组织行为"。

二、开放性课程的理念与框架

开放性理念的建构始终是我们课程研究的核心,我们对开放性理念的建构始终贯穿课程研究过程,开放性课程建构的过程就是开放性理念形成的过程。自1995年开始,25年间,我们不断进行概念澄清,深化建构开放性课程的观念体系和课程框架,以明确的理念和清晰的框架指导每一位课程实施者有质量地践行,助力儿童主体性的发展,为儿童成为终身可持续发展的人奠定基础。

(一) 开放性课程的观念体系

开放性课程的核心主张是:为培养具有开放性生存智慧的人奠定基础。

开放性课程的核心理念是:自主、共生、融通。

1. 自主发展

开放性课程坚信儿童是自我发展的主人,儿童积极地解决问题可以增强自我力量。我们将保护和促进幼儿主体性的发展贯穿开放性课程,让幼儿学会选择、判断有积极意义的目标和行为。课程建构过程中强调差异性存在的同存并置、多元共处。首先,保持和发展每个人的独特性,使其成为一个具有独立自我意识的对话主体,在尊重、理解、接纳、质疑、批判的对话过程中展现自我、推动自我。其次,创设发展自我的空间。承认不同思想观点和价值立场都有自己存在的合理性,都有某种程度的真理性;承认每一种声音都有发表的权利。

2. 和谐对话

开放性课程的对话追求的是"和",而不是"同",是和谐整合,而不是重叠复合。课程建构中充满了许多差异极大,乃至对立的声音。我们的价值追求,不在于是否是终极的、唯一的,而在于是否是独特的、深刻的和新颖的,是否拓展了我们对开放性课程的理解和认识的空间。和谐对话强调共同发展及其过程中主体间的建设性多向建构,让每个对话者都成为学习者,使课程建构活动过程滋养每一位课程卷入者。

3. 开放规范

开放的本意是"张开、释放、消除限制"。这里引申为在理性指导下的对待儿童、对待课程、对待课程参与者的积极态度倾向,强调的是"多元价值"和"建设性"立场,是立足儿童天性的"解放",以助力儿童主体性的发展,为儿童成为终身可持续发展的人奠定基础。同时要有合理的规范,即基于儿童立场、儿童利益的"底线"式规范,以防范儿童学习与发展中的风险,保障培养"完整的人"。

我们的课程观:课程是全体卷入者不断共建课程目标、内容、过程和评价的动态过程。

我们的教育观:教育是和谐对话、相互影响的过程。

我们的儿童观:儿童是自我发展的主体,是具有自我认识和自我教育能力的独立个体。

我们的教师观:教师是儿童自主发展的对话者、支持者、共进者。

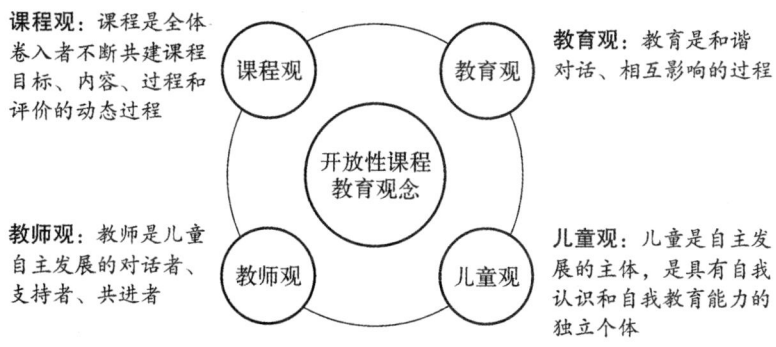

图 1-2-1 幼儿园开放性课程教育观念图

(二) 开放性课程的结构

课程结构是课程目标转化为教育成果的纽带,是课程实施活动顺利开展的依据。课程结构是课程各部分的配合和组织,它是课程体系的骨架,体现出课程理念和课程设置的价值取向。为此,我们建立了开放性课程的结构,以助力教师践行开放性课程的理念,保障开放性课程的质量,充分促进儿童的主体性发展,实现"为培养具有开放性生存智慧的人奠定基础"的终极目标。

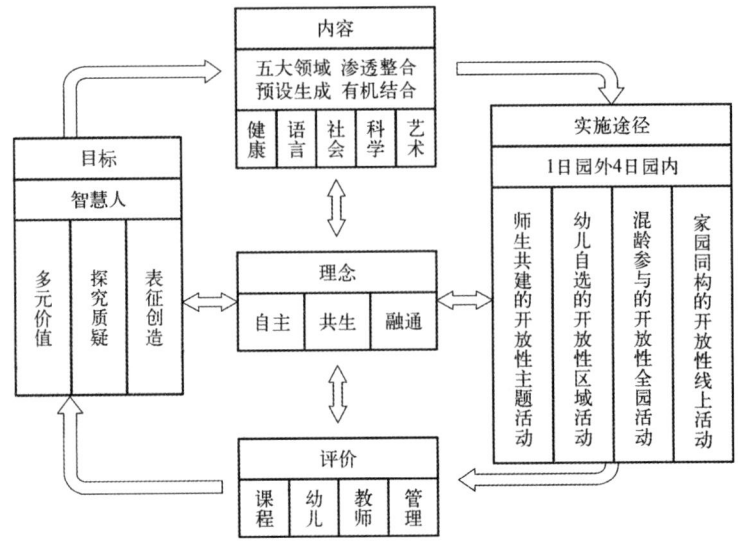

图1-2-2 幼儿园开放性课程实施框架图

(三) 开放与规范的反思流程

为了帮助教师充分理解开放和规范这一对核心概念的辩证关系,并将其自然地运用于日常教育行为和常态课程活动之中,我们梳理出了围绕开放性课程各要素和一日活动中每一环节开放与规范的反思流程,让教师每日、每一环节的日常工作都有反思的依据。这不仅帮助教师建立了开放性课程理念,而且提升了教师反思的质量。同时,我们除了引导教师自己借助开放与规范的反思流程进行反思,幼儿园每周还会组织一次集体反思,反思生活活动、晨间锻炼、早操、区域活动、集体学习等每一个环节中的开放与规范的适宜性,将开放性课程理念落实于课程目标、内容、组织与实施、评价全过程之中。

(四) 儿童解决问题的基本流程

在对儿童行为进行观察的基础上,我们总结和提炼了儿童解决问题的基本流程,具体表现为"我能发现我有问题→我知道问题我要解决→思考我自己有无办法解决→我可以寻求什么帮助(或资源等)→我要行动去解决→我行动后问题是否解决→我还有什么问题"的螺旋式上升态势。生活中,儿童能认识到自己的问题,进行独立思考和表达,寻找策略方法,并能够按照一定的流程去解决问题,这是一个人具有"生存智慧"的具体表现。

第一章　开放性课程的概述

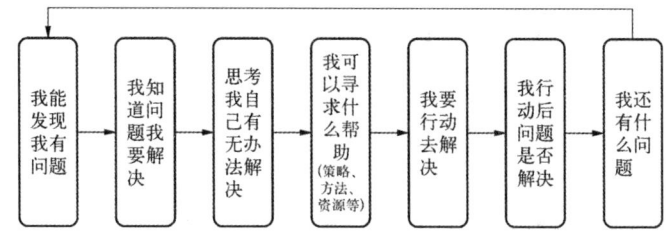

图1-2-3　幼儿智慧解决问题的基本流程图

(五)"1+4"的新型课程实施模式

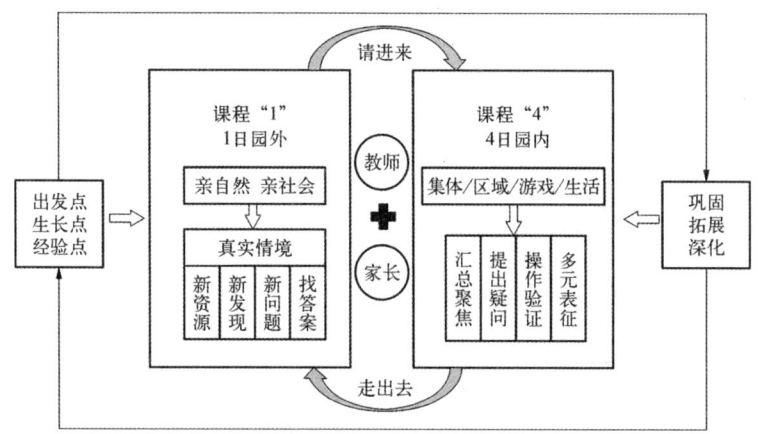

备注：图中的"+"有两层含义：横向相加构成"1+4"课程实施模式；纵向相加形成"家园共同体"，教师和家长和谐对话，共同建构开放性课程，共进共长，共同推进儿童的发展。

图1-2-4　幼儿园开放性"1+4"新型课程实施模式图

(六) 开放性课程资源系统

在构建开放性课程资源系统的过程中，我们遵循共建共享、自主学习、协同发展、正向公约的原则。针对教师、幼儿、家长三个群体不同的需求，以发展幼儿、成就教师、服务家长为目的，构建了三位一体的资源体系。关于指向幼儿的资源，我们根据《指南》构建了与之匹配的全领域自主学习资源，以实物为主、音视频为辅的方式支持幼儿学习。指向教师和家长的资源以线上为主，满足了成人泛在学习、实时互动、高效便捷等需求。针对教师师德、师能发展的需要，资源涵盖了政策法规、制度规范、园本课程、环境创设、专家讲座、园内教研、外出培训等内容。家长资源以整合式微信平台为载体，通过自选式资源、互动式直播、专题式推送等方式，向家长提供了学前教育规律、幼儿发展特点、居家学习指南、家庭教育宝典等科学育儿的内容。

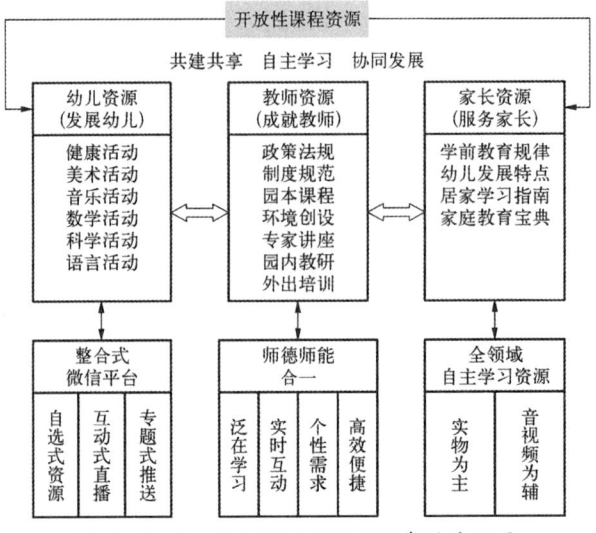

图1-2-5　幼儿园开放性课程资源系统图

(七) 开放性课程智慧型评价方式

开放性课程评价是幼儿、教师、家长、学校、社区等多主体参与评价的过程。在课程实施过程中,通过传统观察记录与现代化信息技术相结合的方式,采集并整理幼儿活动过程中的数据和信息,注重共建评价标准,使其有依据、有对比,并以"培养具有开放性生存智慧的人"为目标对幼儿进行发展性评价,从态度、方法等方面进行全面反思,关注问题解决并调整改进,支持幼儿学习与持续发展。

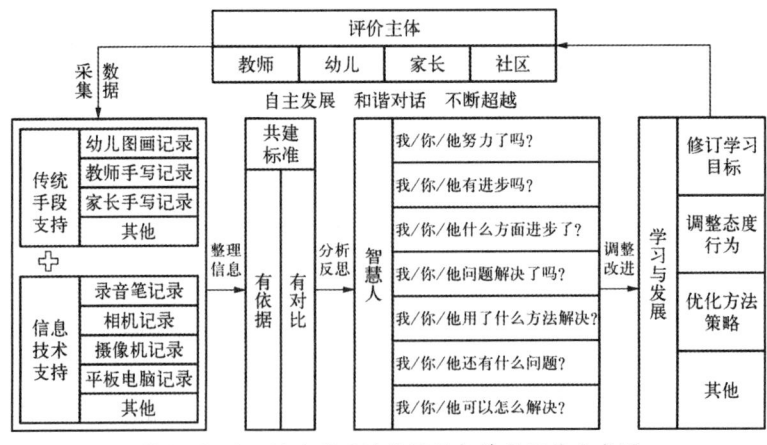

图1-2-6　幼儿园开放性课程智慧型评价方式图

第三节　开放性课程的目标

开放性课程的目标是培养具有开放性生存智慧的人，它是指导整个课程编制过程最为关键的准则。我们在确定开放性课程的目标时，首先明确开放性课程要以《幼儿园工作规程》《纲要》《指南》《0～3岁儿童养育与教育指导手册》等文件为指导，关注幼儿学习与发展的整体性，注重领域之间、目标之间的相互渗透和整合，促进幼儿身心全面协调发展。我们为了帮助教师明确开放性课程追求的最终价值，明确"我要做什么"，我们从多元价值、探究质疑和表征创造三个方面建立了开放性课程目标体系，我们的课程目标培养对象为1～6岁的幼儿，课程目标编制始终贯穿于开放性课程建构之中，且一直处于验证和完善之中。

一、开放性课程的总目标

表1-3-1　开放性课程的总目标

多元价值	探究质疑	表征创造
1. 培养理解、尊重、平等的交往态度。 2. 发展对各种实践活动和各种问题的广泛兴趣。 3. 培育亲近他人、自然和社会的情感。 4. 学习不断提高自己的价值判断能力。	1. 保持和发展天然的好奇心和求知欲，培养初步探求真理的热情。 2. 培养初步的质疑习惯。 3. 锤炼勇敢、坚强、不怕困难与挫折的意志。 4. 学习有效地运用自己的感官。	1. 学习有效地运用各种简单的符号。 2. 培养大胆地表达自己的思考和感受的能力。 3. 学习创造性地迁移原有经验来尝试解决自己或别人所面临的问题。 4. 学习有效运用价值判断标准来指导自己的信息创造。

二、开放性课程1~6岁各阶段目标

表1-3-2 开放性课程1~6岁各阶段目标表

总目标	第一阶段（亲子）1~1.5岁	第二阶段（大亲子）1.5~2岁 / 2~2.5岁 / 2.5~3岁	第三阶段（小）3~3.5岁 / 3.5~4岁	第四阶段（中）4~4.5岁 / 4.5~5岁	第五阶段（大）5~5.5岁 / 5.5~6岁
培养具有开放性生命智慧的多元的人	1.培养理解、尊重、平等的交往态度。	在家人带动下，表情、声音和动作等愿意用语言、表情、动作等方式请求家人的帮助。	在家人的陪伴下，愿意上幼儿园。愿意打招呼，愿意用语言、声音、动作等表情请求成人的帮助。	基本能愉快地上幼儿园，能接纳本班老师和同伴。	能愉快地上幼儿园，喜欢老师和同伴，参加各项活动。	能经常保持愉快的情绪，喜欢和同伴相处。	有初步的集体意识，感受实现自己能力的快乐，能运用一些策略进行自我调节。
	2.发展对各种实践活动和各种问题的广泛兴趣。	在家人的带动和协助下愿意参与活动。	在成人的带动下乐意参与各种活动，在成人语言的帮助下，能知道遇到困难可以求助，和成人在一起解决问题是快乐的。	愿意参与自己感兴趣的活动，在成人的指导下，知道可以寻求同伴的帮助，体验解决问题的方法是多种多样的，解决问题的方法是快乐的。	在老师的带动下能参加活动，初步表现出对不同的活动和问题的兴趣，在成人的指导下，尝试探索解决问题的不同方法，体验解决问题的快乐。	逐步扩展对不同活动和问题的兴趣，在成人的指导下，学习与同伴协商，尝试解决人际间的矛盾，在成人的帮助下，体验通过不同途径解决问题的乐趣。	对自己兴趣的问题能持续一定时间的尝试，在活动中遇到困难时，知道可以向成人或同伴求助，能接受成人的指导，知道解决问题的方法、途径是多样的，尝试通过不同的方法解决问题的乐趣。	对各类活动和问题感兴趣，体验解决活动和问题的乐趣，独立寻问方法，独立解决问题的方法，能够通过不同方法解决问题的乐趣，体验解决问题方法多样的乐趣。

第一章 开放性课程的概述

续表

总目标		第一阶段（亲子）1~1.5岁	第一阶段（亲子）1.5~2岁	第二阶段（大亲子）2~2.5岁	第二阶段（大亲子）2.5~3岁	第三阶段（小）3~3.5岁	第三阶段（小）3.5~4岁	第四阶段（中）4~4.5岁	第四阶段（中）4.5~5岁	第五阶段（大）5~5.5岁	第五阶段（大）5.5~6岁
培养具有开放性生存智慧的多元价值的人	3. 培育亲近他人、亲近自然的社会性情感。	在家长的带动下，愿意接纳班本成人，愿意对他（她）的老师亲近。	在家长的指导下，愿意接纳熟悉的成人，在集体中和老师交流。	在成人的指导下，愿意接纳班本老师和同伴，初步学习分享。	能亲近老师和同伴，学习共同成长，在指导下，逐步过程中学会共同面对负面情绪。	学习接纳新环境、新老师，学习爱惜玩具。	初步学习接纳、理解身边的人和动物，爱惜劳动他人的劳动成果，初步学习分享，初步感受周围社会文化生活（节日、生活活动中的成人劳动等）。	学习接纳、理解、尊重身边的人，学习互助、爱护动植物和他人的劳动成果，进一步感受周围社会文化生活的丰富性。	体验相互帮助带来的快乐，初步学习合作、了解简单的环保知识，初步感受社会文化的丰富性。	在成人的指导下，学习欣赏、尊重与自己不同的人，关注、关心他人，学习合作、帮助弱小，能多多感受社会文化的丰富性，初步发展性别差异意识和初步的环保意识。	学习理解、宽待有不同观点、关心、帮助他人，主动与人合作，进一步了解环保知识，能多参加有意义的保护环境和发展的活动，进一步发展环保意识。
	4. 学习不断提高自己的价值判断能力。	在具体情境中，在成人的帮助下，具体理解"能"和"不能"，学习控制自己的行为。		在成人的指导下，具体建立最基本的生活活动常规。		继续建立生活中最基本的集体活动标准，在成人的指导下，学习理解活动有可能的具体意义。		在成人的指导下，初步发展观念、学习初步判断是非、初步理解活动有意义的可以尝试理解什么样的行为具有积极的意义。	发展初步的观念、学习判断是非、理解活动意义、尝试采用更为积极的行动方式。	进一步发展观念、学习判断是非、理解学习的理由，学习判断是非的理由。	学习理解什么样的行为更为有意义和积极发展自己的生存发展，有效地发现自己原有积极兴趣，培养自己新的积极兴趣。

幼儿园开放性课程

续表

总目标		第一阶段(亲子)		第二阶段(大亲子)		第三阶段(小)		第四阶段(中)		第五阶段(大)	
		1~1.5岁	1.5~2岁	2~2.5岁	2.5~3岁	3~3.5岁	3.5~4岁	4~4.5岁	4.5~5岁	5~5.5岁	5.5~6岁
培养具有开放性生存智慧的人	1. 保持天然的好奇心和求知欲,培养初步探求真理的热情。	在比较宽松、安全的环境下,愿意摆弄环境中的物品。	感觉摆弄开周围环境中的物品。	在成人的鼓励下,愿意参与生活中的探索活动。	在成人的鼓励下,乐于参与生活中的探索活动,关注身边的事物。	在成人的支持下,愿意尝试和游戏活动中的探索学习活动,关注周围常见事物。	在成人的支持下,乐于尝试和游戏活动中的探索学习活动,关注周围常见事物。	在成人的支持下,学习关注自己的探究过程,在成人的指导下,体会到初步的成就感。	对暂时不能直接解决的问题有不断探究的欲望。	学习关注自己在探究中发现、改变自己原有观念后产生成就感。	学习如何深究有意义的疑难问题,不断提高解答的欲望和探索的热情。
	2. 培养初步质疑的习惯。	在成人带动下,愿意倾听和回应他人。	在成人的带动下,倾听、感觉和回应他人,学习用简单的语言回应他人。	感觉模仿成人的提问。	乐于模仿成人的提问。	在成人的引导下,愿意对现实情境变化提出疑问。	在成人的引导下,乐于对现实情境变化提出疑问。	在成人和同伴的启发下,愿意对自己感兴趣的问题提出问题。	在成人和同伴的启发下,大胆对不同一问题提出不同问题。	在成人的引导下,学习对认识的方法、结果提出质疑,发展建设性的不同态度。	发展追求与众不同的态度,尝试运用各种知识和技能建设新的。

第一章 开放性课程的概述

续表

总目标	第一阶段(亲子) 1~1.5岁	第二阶段 1.5~2岁	第二阶段 2~2.5岁	第二阶段(大亲子) 2.5~3岁	第三阶段 3~3.5岁	第三阶段(小) 3.5~4岁	第四阶段 4~4.5岁	第四阶段(中) 4.5~5岁	第五阶段 5~5.5岁	第五阶段(大) 5.5~6岁
3. 锤炼勇敢、坚强与不畏困难挫折的意志。	在家人的陪同下,愿意和家人一起面对一定困难的任务。	在老师的支持帮助下,愿意尝试面对生活中有一定困难的任务。	在成人的帮助下,愿意尝试面对生活中有一定困难的任务。	在成人的帮助、鼓励下,愿意尝试面对生活中有一定困难的任务。	在成人的帮助、鼓励下,愿意面对生活中有一定困难的任务。	在成人的帮助、激励下,愿意面对生活和游戏中有一定困难的任务。	在成人的激励和帮助下,面对各项活动中有一定困难的任务。	在成人的激励和帮助下,面对各项活动中有一定困难的任务,不轻易放弃。	愿意面对各项活动中有一定困难的任务,不轻易放弃既定目标。	敢于挑战各项活动中有一定困难的任务,理解成功和自身努力的关系,学习正确对待各种失败。
4. 学习有效地运用自己的感官。	在成人的带动下,积累初步感官的体验。	在成人语言的提示下,积累运用感官认识事物的词语经验。	初步认识自己的感官,在成人指导下,尝试运用感官认识事物。	初步认识自己的感官,在老师的鼓励指导下,初步学习使用感官获得信息。	初步认识自己的感官,学习使用感官获得信息,初步建立同异概念。	在成人的引导下,理解事物的关系。	学习运用多种感官获取信息,学习使用简单辨别异同的方法,建构概念。	联合运用多种感官获取信息,进一步学习使用比较辨别异同的方法,发现事物简单比较复杂的关系。	学习建立不同感官之间的沟通,进一步发展感官差别的敏感性,能从各种信息中概括、建构、理解关系的能力。	进一步发展辨别同类事物的敏感性,能创造性地使用各种感官,进行有用信息的搜集和筛选。

培养具有开放性生存智慧的人 —— 探究质疑

续表

总目标		第一阶段(亲子)		第二阶段(大亲子)		第三阶段(小)		第四阶段(中)		第五阶段(大)	
		1~1.5岁	1.5~2岁	2~2.5岁	2.5~3岁	3~3.5岁	3.5~4岁	4~4.5岁	4.5~5岁	5~5.5岁	5.5~6岁
培养具有开放性生存智慧的人	1.学习有效地运用各种简单符号的能力。	在成人的帮助下，初步积累运用动作的符号经验。	认识与自己密切相关的简单符号。	认识与幼儿生活密切联系的简单符号。	认识与自己生活密切联系的简单符号，了解它的作用。	认识周围生活中的简单符号，并了解它们的作用。	认识生活中的简单符号，了解它们的作用，并尝试运用。	进一步积累各种新符号，并理解它们的作用。在教师的协助下，尝试运用符号采集、加工、储存以及提取信息。	在教师的引导下，学习合理运用各种符号采集、加工、储存以及提取信息。	在学习过程中不断理解符号的作用，进一步学习运用符号采集、加工、储存以及提取信息。	在学习过程中不断理解各种符号的作用，学习运用符号采集、加工、储存以及提取信息的效率。
	2.发展大胆地表达自己的思考、感受和发现的能力。	在成人的引导和鼓励下，尝试用简单语言和动作表达自己的意愿、发现和身体感受。	在成人的引导和鼓励下，学习用简单语言和动作表情表达自己的意愿、发现和身体感受。	在成人的引导和鼓励下，尝试表达自己对简单事物的发现和认识。	在成人的引导和鼓励下，尝试表达自己对简单事物的发现和认识。	在成人的帮助下，学习用说明、描述等多种方式表达对简单事物的发现。	在成人的帮助下，学习用说明、描述等多种方式表达对简单事物的认识和发现。	在成人的引导下，尝试使用符号的说明和描述等多种方式对简单事物的发现和认识。	在成人的引导下，学习使用符号的说明和描述等多种方式简单对事物的过程的认识和创造。	在成人的引导下，学习使用各种符号和描述等多种方式简单对事物的过程的认识和创造。	在成人的引导下，使用符号和描述等多种方式比较清楚地表征对简单事物或过程的发现和创造。

第一章　开放性课程的概述

续表

总目标	第一阶段（亲子）1~1.5岁	第一阶段（亲子）1.5~2岁	第二阶段 2~2.5岁	第二阶段（大亲子）2.5~3岁	第三阶段 3~3.5岁	第三阶段（小）3.5~4岁	第四阶段 4~4.5岁	第四阶段（中）4.5~5岁	第五阶段 5~5.5岁	第五阶段（大）5.5~6岁
3. 学习创造性迁移原有经验来尝试解决自己或别人所面临的问题。	在成人的榜样、范例的引导帮助下，尝试使用不同的方式摆弄周围环境中的物品。	在成人的榜样、范例的引导帮助下，尝试使用自己的不同的方式摆弄周围环境中的物品。	在成人的帮助下，反复坚持尝试解决生活游戏活动中的小问题。	在成人的鼓励下，坚持反复尝试解决小问题。	在成人的帮助下，尝试运用原有经验解决自己面临的小问题。	在成人的引导下，学习运用原有经验解决自己和别人所面临的问题。	在成人的引导下，尝试运用成人、同伴提供的经验解决自己和别人所面临的问题。	在成人的引导下，运用成人、同伴提供的经验解决自己和别人所面临的问题。	尝试改变重组原有经验解决自己和别人所面临的问题。	学习改变重组原有经验解决自己和别人所面临的问题。
4. 学习有效运用价值判断标准来指导自己的信息创造。	在教师范例的鼓励下，模仿用各种简单的方式表达。	在教师范例的引导下，尝试进行创意的表达。	在教师的启发下，尝试进行创造性的信息表达。	在教师和同伴的启发下，尝试进行创造性的信息表达。	在成人引导下，初步学习使用具体表达情境中的"好"与"不好"。	在成人的引导下，初步学习用"好""不好"评价自己和别人的创造性表达。	尝试根据教师提供的价值标准进行创造性的信息表达。	尝试根据自己提供的价值标准进行创造性的信息表达。	在教师的引导下，尝试合理选择价值标准来进行创造性的信息表达。	在教师的启发下，学习合理选择价值标准来进行创造性的信息表达。

培养具有开放性生存智慧的人

三、落实目标的案例反思

为了帮助教师理解课程目标,能够将目标落实在一日活动之中,我们持续地组织教师针对开放性课程目标的落实情况进行研讨,保障开放性课程目标落实在每一个课程活动之中,落实在教师的每一个教育行为之中,让教师与幼儿的互动时刻充满着智慧。

案例1

课程目标:不断提高自己的价值判断能力。

计时小风波
(中班区域活动)

班级的科学区投放了线上活动——编程毛毛虫,受到了孩子们的热烈追捧。小泽非常喜欢在 iPad 上玩编程毛毛虫的游戏。

在区域投放 iPad 之前,我们讨论了玩 iPad 的规则,其中有一条:每次不超过 10 分钟。孩子们还学会了用计时器遵守这个规则。

【计时规则再讨论】

"胡老师,计时器响了,小泽还在玩。"有小朋友说道。

发现老师知道了这件事,小泽赶忙离开了玩 iPad 的座位。

"我们的规则是什么啊?每次玩多长时间啊?"老师追问。

小泽不好意思地低下了头:"10 分钟。"老师摸摸他的头,没有再追究。

> 问题一:
> 幼儿总是违反规则怎么办?

第二天,小泽又选择了在 iPad 上玩编程毛毛虫游戏,10 分钟到了,他把计时器一拨,计时器又开始重新计时……这一切都被站在远处的老师看见了。

区域活动结束时,大家再一次明确了遵守 10 分钟规则对保护眼睛的重要性,同时,讨论了"违反了 10 分钟的规则怎么办"。最后,大家达成了共识:如果违反规则,就一周不能玩 iPad。

可是,又有孩子反映:"胡老师,计时器响了,小泽还在继续玩。"

【你能站在我背后吗?】

老师摸着小泽的头,他已经羞愧地低下了头,老师说:"你玩编程毛毛虫玩得很好呢!"他抬起头来,眼里闪着光。

> 问题二:
> 怎样帮助总是违反规则的幼儿?

"遵守10分钟的规则有困难,需不需要我的帮助?"老师继续问。

小泽沉默了一会儿,对老师说:"你能站在我背后吗?"

区域活动时,老师就一直站在他背后,计时器响起的时候,他回头对老师笑笑,关上了iPad。就这样持续了两天左右。

又一次区域活动,老师需要指导美术区:"我能站在靠近科学区的美术区吗?""好的,"小泽答道。计时器响起的时候,老师走过来摸了摸他的头。像这样又持续了一段时间,有一天计时器响起,老师走向他的时候,他笑着对老师说:"胡老师,你不用再陪着我了。"

后来老师还是有点不放心,计时器响起,老师悄无声息地远远观望,小泽真的关上了iPad。

> 问题三:
> 幼儿遵守规则后,教师如何引导?

【遵守规则,很舒服】

老师心中由衷地高兴,拉着他的手,赞叹道:"小泽真棒!能遵守10分钟的约定了。遵守规则的感觉怎么样?"

他腼腆地笑着对老师说:"再也不害怕有小朋友告诉老师了。遵守规则,很舒服。"

过去,幼儿和教师共商共建了班级的规则。当幼儿违反规则时,教师会直接评价,或者简单地依照讨论的内容让其承担后果。发现幼儿一再违规时,教师会直接监督,幼儿处于被动接受的状态。一旦教师不再监督,幼儿不遵守规则的行为可能会"死灰复燃"。

现在,教师以开放的态度接纳幼儿的现状,并以"需不需要我的帮助"等问题,引发幼儿反思自己遵守规则的困难。案例中,幼儿提出了请教师站在身后这种成人监督的帮助策略,这和成人直接监督发现幼儿违规有着本质的差异。如果是幼儿主动提出的,成人的监督只是幼儿觉得自我控制还有困难时主动要求的一种手段。一旦幼儿觉得自己可以了,就可以要求成人不再监督。小泽在教师的帮助下,发现了自己的困难,寻求了教师的帮助,对于违规不能控制的行为实施了"自我脱敏"。在这个过程中,开放性生存智慧中的自我认识和自我控制都得到了发展。

同时,当幼儿在成人的帮助下,逐渐表现出适应规则的积极行为时,教师通过问题"遵守规则的感觉怎么样",引导幼儿用语言表达遵守规则带来的心理舒适,帮助其强化正向积极的行为方式。这样的强化方式对于幼儿遵守规则有着深远的意义。

将来,成人应帮助幼儿养成经常反思的习惯,使幼儿不断发现自己真实的困难,并形成主动表达的意识;使幼儿能把自己在价值判断中的困难表达清楚,并尝试寻求自己喜欢的帮助方式。

案例 2

课程目标:在成人的帮助下,尝试运用原有经验解决自己面临的小问题。

保存一个小星星的策略
(小班游戏活动)

今天,徐老师在集体活动中,给每个孩子发了一个小星星的贴画。大家都视如珍宝,贴在脑门儿上怕看不见会丢,贴在手背上怕洗手时会,贴在衣服上担心不黏会丢。总之放哪里都不放心。于是,老师建议大家,把贴画放在小书包里,这样就安全了。

> 问题一:
> 教师给的策略一定需要幼儿立刻接纳吗?

可是,冯帆却不太喜欢老师的这个建议,不愿意把贴画放在书包里,依然贴在手背上,跟着大家一起下楼锻炼了。

刚锻炼没一会儿,冯帆跑到方老师面前说:"方老师,你能帮我保管小星星吗?我有点担心会把它弄丢。"

> 问题二:
> 幼儿使用了自己的策略试图达到目的,教师应该用怎样的态度回应呢?

第一章 开放性课程的概述

方老师微笑着说:"刚刚让你放书包你不愿意,现在只能自己想办法喽!"

冯帆失望地离开了……

过了三四分钟后,冯帆突然跳到方老师面前,兴奋地对方老师说:"方老师,你高高兴兴上幼儿园,你真棒!我送你一颗小星星!"说完,他就在方老师的手背上贴了一颗刚刚还在他手背上的那颗星星,继续说道:"我送你的小星星一定要保存好,不能丢哦,下午放学时,我表现和你一样好,你也要奖励我的哦!"

说完,又在方老师身边绕了一圈,看了看方老师手背上的星星说:"方老师,你真漂亮!你真棒!小星星保护得真好,我一会儿再来看看我的小星星,你肯定不会弄丢!"

之后,冯帆开始运动了。

又过了五分钟左右,冯帆再次出现在方老师的面前,双手抓着方老师的手背看了看,向方老师竖起了大拇指:"方老师,我就知道你最棒!小星星保护得真好!"

> 问题三:
> 幼儿达到了自己的目的后,教师应为幼儿做哪些反思,帮助他提升生存智慧呢?

好吧,方老师已经被他的"糖衣炮弹"彻底征服了,但是,方老师可不能轻易让他"得逞"!

下午离园的时候,方老师按照约定将小星星重新奖励给他,并且问他:"今天,你表现的确很棒,高高兴兴上幼儿园,小星星很喜欢你,它又回到了你的身边。但是下一次,你觉得小星星放在哪里更安全呢?"

冯帆笑眯眯地说:"小书包!"

过去,当教师给幼儿一个解决问题的策略时,教师总是希望所有的幼儿都能接纳这个策略。但是,幼儿有自己的想法和需求,成人此时给予的策略往往并不是他们当前的需要,很多幼儿内心是抗拒某些策略的,就算照做也并不能感受到其中的优势。

现在,教师对开放性课程有了更深的认识与体会,教师认识到幼儿在遇到问题时会有自己独特的解决策略,不如在给出建议之后观察幼儿的表现。当幼儿不愿意接纳时,教师用开放的态度接纳幼儿现阶段的想法,当他遇到教师预想的困难时,鼓励他们自己重新想办法解决。这种方式往往会有意想不到的收获,更能让教师看到幼儿独特的思维方式和解决方法,这何尝不也是一种成长中的智慧? 当然,最后教师依然要帮助幼儿对比、反思,分析哪一种解决问题的策略更加高效,为他今后选择解决问题的策略储备经验。

将来,教师和家长应用开放的态度,注意给幼儿提供更多自主解决问题的机会和空间,帮助幼儿积累更多解决问题的经验。

案例3

课程目标:学习接纳新环境、新老师、新同伴,学习分享,爱惜玩具。

不想添第二碗饭的方法

(小班生活活动)

> 问题一:
> 幼儿不能接纳新的进餐习惯时,教师是顺应还是同化?

幼儿九月份刚入园,一切都在适应中,适应幼儿园的作息时间,适应幼儿园的老师和同伴,适应幼儿园的饭菜口味和进餐量。

部分幼儿在家里进餐的饭菜量远远小于幼儿园提供的饭菜量。因此,幼儿会对吃饭产生一定的心理负担。月芽就是其中的一员。

月芽是一位个子小小的小姑娘,看个头就知道平时吃饭不是太好。但出乎意料的是,月芽基本上都能独立将一碗饭吃完。可最令她烦恼的是,她不太想吃第二碗。

> 问题二:
> 当幼儿不愿打破原先的生活习惯时,教师该如何帮助她了解自己的实际情况?

每次吃饭之前,月芽总会跟老师嘀咕:"今天就吃一碗,行吗?"

起初,老师都是说:"我知道了!"

当她吃完了第一碗后,老师试探地给月芽添了一小口饭,月芽看了看碗后,也没有提出任何异议,继续埋头吃饭,都能自己独立地吃完。

就这样,半个月的幼儿园生活过去了。一天,外面的老师来班里做客,一直在观察月芽这组小朋友的进餐情况。客人老师观察到:当月芽吃到最后一口饭的时候,便放下勺子不再吃了。客人老师感到很奇怪,对月芽说:"还有最后一口,我们赶紧吃完吧!"

月芽竖起右手的食指放在嘴边,悄声说:"嘘——她们说话不算话,我要是吃完了这勺饭,她们还要给我添饭!"

……

> **问题三:**
> 当幼儿对教师有误会时,教师要如何处理呢?

之后,教师拉着月芽问她:"真的吃不下两碗饭吗?"

月芽:"是的,我在家里都只吃一碗饭!"

老师:"哦,可是你没发现你的个子好像不高哎,你想长高吗?"

月芽点点头。

教师继续说道:"想长个子,就必须多吃饭呀!而且你真的能吃完第二碗的,之前就是在家里吃得太少,个子才没有长很高。我们从现在起多吃些好吗?"

月芽:"那好吧,但是,第二碗能盛少一些吗?"

教师:"好的,没问题!哦,我之前可没有说话不算数哦,我从来都没有答应你只吃一碗哦,我只是说我知道了,可没说我答应你不添哦!"

月芽:"哦!知道啦!"

过去,教师在生活方面容易走两个极端,要么开放地顺应幼儿之前在家中的各种习惯,要么限制幼儿必须按照幼儿园的规定执行。

现在,教师秉持着开放性课程的理念,从幼儿的实际情况出发,结合科学营养搭配的原理,找到适合月芽的进餐量。月芽吃到适合自己的进餐量是有助于她的身体发育的。所以,在一开始,教师并没有顺应月芽之前在家中的进餐量,而是采用试探性地添饭,找到月芽更合理的进餐量;并且,教师通过长个子的理由鼓励她多进食,促进她的身体发育。当幼儿想出新的策略和教师"周旋"时,教师通过亲切的聊天,了解幼儿的真实想法,一起商量,找到最佳的解决策略。

将来,家长和教师要进一步增强培养幼儿亲近他人、自然和社会的情感的意识,为幼儿提供更多适应新环境的机会,让幼儿用开放的情怀接纳身边的新环境、新事物、新习惯,主动地向教师或他人表达自己的想法。

案例4

课程目标:在成人的帮助下,愿意尝试面对生活中有一定困难的任务。

这是素肉
（小班生活活动）

【肉，我喜欢】

平时一吃饭就扭来扭去的凯凯一手扶碗、一手拿勺大口地吃着，连头都没有抬，没一会儿一碗饭就吃完了。

原来，凯凯今天吃的是喜欢的糖醋排骨配炒白菜丝。

凯凯："我今天吃得快吧！"

教师："为什么今天吃得快呀？"

凯凯："今天的菜好吃！"

> 问题：
> 幼儿只喜欢吃肉，怎么办？

教师："什么菜这么好吃，这么喜欢？"

凯凯："肉！我喜欢吃肉，今天饭里面全是肉。"

说完，凯凯偷偷一笑。

哈哈！凯凯是个爱吃肉的小朋友。

【这是素肉】

午饭时间到了，凯凯坐在座位上，屁股又扭来扭去了。一会儿看看其他小朋友，一会儿用勺子在碗里面拨来拨去。

老师走到凯凯的旁边询问他。

教师："凯凯，快吃饭呀，怎么不动呀？"

凯凯："这个黄黄的是什么？"

教师："你猜猜看。"

凯凯："我不知道，我不喜欢吃这个。"

教师："它叫豆腐干，是一种素肉，寺庙里的和尚都是拿它当肉吃的。你尝尝看是不是素肉。"

凯凯看着碗里的素肉，用勺子尖挑了一点吃了起来。

教师："是不是和肉的口感一样，很密实，需要用点力气咀嚼它呀。你仔细品一品。"

凯凯没说话，默默地吃了起来。

过去，面对小班幼儿挑食的问题，教师会从食物营养搭配和身体成长需求等专业角度,采用绘本阅读、饭前介绍食物、游戏激励等多种方法引导幼儿尝试接纳各种食物。

现在,教师以更加开放的态度宽容接纳幼儿挑食的现状,了解幼儿对食物个性化的偏爱,用智慧的方式提出了"素肉"的概念。教师借助情感投射投其所好,巧妙化解幼儿挑食的问题,激发其尝试接纳各种食物的兴趣,使其逐步克服进餐困难。

将来,教师不仅要关注幼儿个性化的实际问题,还要深究其问题产生的原因;选择更加智慧的方法,帮助幼儿用开放的心态面对自己的问题,努力尝试解决问题。

案例5

课程目标:学习不断提高价值判断能力。

我上了老师两个当

(小班生活活动)

下班回到家,老师的微信收到了一条消息:"宝宝回来说,徐老师今天给他上了一个当,把裤子给穿错了。"消息末尾附上了一个笑脸。这是家长发来的消息,询问今天在幼儿园发生的"趣事"。老师回忆了一下事情的经过,担心微信文字会说不清,造成不必要的误会,于是给家长打了电话。老师用开玩笑的语气说道:"在幼儿园,宝宝已经和方老师告过我的状啦!"

家长听了哈哈大笑:"这么会来事呀!"

> **问题一:**
> 家长询问事情经过,教师如何答复?

随后老师和家长详细讲述了下午起床发生的事情:"下午起床,宝宝说自己的裤子不见了,我看下铺的当当床上有两条黑裤子,几乎一模一样,拿起来找了一圈都没有名字,便问宝宝'哪一条是你的?',宝宝拿起一条说'这个',就穿上了。我拿着另一条裤子又问了当当'这条是你的吗?',当当也点点头,穿了起来。直到放学,当当家长说裤子不对,我们才发现这个乌龙事件。"

家长听后,笑着说:"难怪我听他一会说上当,一会说当当,原来裤子是当当的呀!他还补充说徐老师给他上了两个当,还有一个当是把他衣服搞潮了。我以后要带着宝宝好好认认自己的东西。也怪我,等会儿就给裤子缝上名字!"

老师听后,大呼冤枉:"我正要和你说这事呢,早上宝宝喝水把衣服弄湿了,然后指着衣服对我说'徐老师,你把我水杯的水弄洒了,我的衣服湿了!'我被说得一愣一愣的,赶紧帮他回忆。原来是杯子上面胶套掉了,我给他修了下杯子,然后就离开,不在他身边了,一点也没有碰到他,宝宝听后也点了点头。我以为我的'锅'终于卸下来,没想到他还是觉得是我弄的,我表示很冤枉!"

只听电话那头大笑说:"徐老师这一天都在背锅呀!"

老师听后笑着说:"虽然很委屈,但还是要表扬他,愿意回家分享幼儿园里的事。"

> 问题二:
> 教师应该怎么和家长分析幼儿的行为?

"宝宝话多得很,喜欢表达,跟人找话题,就是讲得不太清楚,还冤枉老师。"

"哈哈,这也是小班孩子的特点,容易把现实和想象混淆,感觉这是不好的事,担心别人说他,出于自我保护,就觉得是别人的原因。可以帮他回忆一下事情经过,引导他找找自己的原因。"

"嗯嗯,我等会儿也和他聊一聊,还是要让他知道,遇到问题不能总是怪别人,要找找自己的原因。"

之后一次运动完,宝宝喝水,他的衣服又湿了一块,他走到老师面前:"老师,我衣服又湿了。"

老师心里咯噔一下,不会又要背锅吧,问道:"怎么弄湿的呀?"

让老师意外的是,他看着老师,笑眯眯地说:"是我喝水漏下来的,我下次会慢慢喝。"看来他自己找到了原因,老师给他竖个大拇指! 终于这次没有再上老师的当啦。

过去,面对家长的询问和质疑,教师会紧张、会害怕,沟通时会急于表达自己的立场。当幼儿没有遵守班级规则时,教师希望家长及时进行调整。

现在,教师用开放的心态接纳家长的倾诉和质疑,不再急于解释,而是客观描述事实,以幽默的语言坦然与家长沟通,和家长共同分析幼儿的行为,相互交流育儿经验,在轻松融洽的气氛中引起家长主动反思。

将来,教师可以在家园沟通中不断增强宽容、理解的开放理念,和家长相互学习,相互接纳,进一步提高自己的价值判断能力;将一些有趣真实的案例作为范例教学进行分享,使家长们可以在小故事中获得更多的育儿知识和经验。

案例6

课程目标:1. 保持和发展天然的好奇心和求知欲,培养初步的探求真理的热情。

2. 学习创造性地迁移原有经验,表达自己的情感。

我与落叶的故事
(大班日常活动)

秋天是一个美丽的季节,大自然的鬼斧神工,为树叶渲染出五彩斑斓的衣裳。秋高气爽,在这么美丽的季节,幼儿会与自然界的事物有哪些美丽的邂逅呢?

秋风吹,树枝摇,红叶黄叶往下掉。红树叶,黄树叶,片片飞来像蝴蝶。一个日常的综合活动由此产生了。

【树叶烟花】

入秋以来,幼儿园里几棵高大的梧桐树的树叶开始纷纷往下掉,在日常的餐后散步时,幼儿经常捡起地上的树叶抛向空中。

> 问题一:
> 捡到的树叶有什么好玩的呢?

教师:"你为什么要捡起很多的树叶抛向天空呢?"

幼儿:"因为我觉得树叶落下来很好看。"

教师:"你们觉得树叶从天空中落下来像什么呢?"

幼儿纷纷回答:"像烟花,像雪花,像彩虹雨……"

教师:"那我们一起在操场上多捡一点树叶来玩一玩吧。"

幼儿立刻行动起来,在操场上忙碌着到处捡树叶,不一会儿工夫,他们的两只手中已经拾取了几十片树叶,围站成一个圈。

教师:"你们的树叶是什么样子啊?"

幼儿:"我的树叶有的大,有的小。"

幼儿:"我的树叶上有洞洞。"

幼儿:"我能看到树叶上有一根一根的筋。"

幼儿:"我的树叶颜色是黄色的,一捏就会碎。"

幼儿:"老师老师,我捡了好多树叶,我们一起来玩'树叶烟花'的游戏吧。"

幼儿:"我要跳高一点,让树叶也飞高一点,这样树叶飘落下来会更漂亮。"

教师:"那你们准备好了吗?我数'123',准备抛哦。1,2,3……"

幼儿:"哇!好美啊!"

幼儿:"我要抓住烟花!"

幼儿:"我好想留住这美丽的样子!"

幼儿:"我的树叶飞得最高。"

【数树叶】

第二天,午餐过后,幼儿的兴趣仍然未减,他们七嘴八舌说着要去操场上玩"树叶烟花"的游戏。老师看幼儿兴趣高涨,带着他们又一次来到了操场上捡树叶。

教师:"今天捡树叶的数量有要求喽,请每个小朋友先捡10片树叶,拿在手上。"

幼儿这次在操场上忙着一边捡起树叶一边嘴上数,很快,10片树叶已经被牢牢抓在他们的手中,等待着"树叶烟花"绽放的那一刻。

> 问题二:
> 数树叶,数量太多了,数不过来怎么办?

幼儿:"我想看更多的树叶烟花!"

教师看看表,快到午睡时间了,但是看到幼儿意犹未尽期盼的眼神……不管了,继续吧!

教师:"那这次请你们每人捡20片树叶。"

看看20片树叶,幼儿会怎么数呢?

有的幼儿先找来一堆树叶,再一片一片数出20片放在另一堆,生怕少数或者多数;再来看看这位幼儿,他先把捡来的树叶排成一排,像是一条"树叶马路",然后再一个一个数出20片树叶;也有的幼儿依然延续之前的经验,一边嘴里数数,一边捡起地上的树叶。看着他们用各种方法来数树叶,不得不佩服他们。

30片树叶抛向空中,幼儿的感受又是什么样呢?

幼儿:"老师,我还想看看30片树叶绽放的样子。"

教师:"好啊,你们快去试一试。"

幼儿:"哇,30片树叶被扔到空中,感觉烟花更大了。"

过去,教师根据教育教学活动的需要,有目的地带领幼儿在日常活动中捡树叶,当幼儿出现自发捡树叶的现象时,教师更多是鼓励幼儿摆一摆、看一看,引导幼儿去观察秋天的树叶,发现树叶的特征。教师没有突破一日生活环节惯性思维的限制,没有让幼儿充分地感受和体验。

现在,教师用开放的情感和眼光接纳幼儿在生活中随机产生的游戏行为,抓住偶发性教育活动的契机,挖掘幼儿无意识的游戏行为中有可能提升的价值,给予幼儿更多开放的时间和空间,让幼儿在理性层面体会数树叶和玩"树叶烟花"的过程,感受不一样的视觉美感和情绪震撼。合理的限制是为了让幼儿对问题更聚焦、更有层次,教师对幼儿的建设性建议予以接纳。

将来,教师应鼓励和引导幼儿用艺术、语言等多种方式更充分、更全面、更立体地创造表现,并选择不同的媒介把审美感受记录下来,这样,幼儿有更多机会表达和分享自己的内心情感。

案例7

课程目标:尝试选择合理的价值标准来进行创造性的信息表达。

写生:秋天的树

(大班美术活动)

前期带幼儿到大自然中找秋天,幼儿沿途中关注的是地上的落叶,从落叶的颜色、树与落叶的关系等方面感受秋季的变化。银杏树是秋季比较典型的树木的代表之一,于是在幼儿的建议下,我们走进银杏谷写生。

【远近高低各不同】

幼儿自由写生后,集体欣赏、介绍环节。

幼儿1:"我画的是远景,画的是我前面的树,有的离我近,有的离我远,叶子小小的,只能看到绿叶子和黄叶子,风一吹就会落下来,所以地上也有很多树叶。"

> 问题一:
> 幼儿会从什么视角画秋天的树?

幼儿2:"我画的是近景,就是我面前的这一棵树,我能看清楚一片叶子上有绿色也有黄色,是渐变的。"

幼儿3:"我画的是树的上面,你看树干是从四周聚拢,变成圆形的,而且绿色叶子比较多,黄色叶子比较少。"

图1-3-1 幼儿1的画

图1-3-2 幼儿2的画

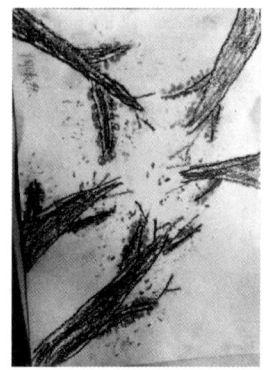
图1-3-3 幼儿3的画

【随风飘扬的树叶】

晨晨:"你画得一点都不像。"

> 问题二:
> 他说我画得不像怎么办?

宝弟低下头,用手捂住自己的画板。

教师:"怎么啦?为什么不继续画呢?"

宝弟:"他说我画得不像。"

晨晨:"他画的是线,根本就不像树叶,树叶是一片一片的。"

教师:"我们一起听听他的想法好吗?你画的线条是什么呀?"

宝弟:"是树叶,我看到风把树叶从树上吹下来,就是这样从上往下的。"

晨晨:"原来是这样,真特别。"

过去,教师会急于从自身的评价视角出发,向幼儿推荐值得欣赏的作品,引起幼儿关注和讨论,希望将自己的价值判断标准传递给幼儿。

现在,教师在观念和行为上进一步开放,控制自己的行为,等待幼儿自主表达,给予幼儿自由交流、与同伴争论的时间和空间,促进幼儿互相了解同伴的不同想法,学会尊重别人的创作方式,在相互欣赏、碰撞、启发和借鉴中,丰富其价值判断标准,提升创造性表达的能力。

将来,教师应进一步创造机会让幼儿通过倾听、解读等方式,大胆表达自己的思考和感受。尽管每个人的关注点和意见是不同的,但只要善于吸收,就会有所收获。

第四节 开放性课程的内容

幼儿园课程的目标是全面的、具有启蒙性的,课程内容是生活的、具有整体性的,课程活动是多形式的,要求幼儿多感官参与的。幼儿园的课程内容是根据课程目标和相应的学习经验选择的,蕴含在幼儿的各种活动的基本情感态度、知识技能和行为方式中。

《幼儿园工作规程》第五章"幼儿园的教育"中重点指出"以游戏为基本活动,寓教于各项活动之中"以及"教育活动内容应当根据教育目标、幼儿的实际水平和兴趣确定,以循序渐进为原则,有计划地选择和组织"。随着课程改革与发展,课程内容的价值取向形成多元化格局,从注重知识逻辑回归到儿童经验上,课程内容从教师主导逐渐向师幼、家园共同建构转变。《纲要》第二部分"教育内容与要求"明确指出"幼儿园的教育内容是全面的、启蒙性的,可以相对划分为健康、语言、社会、科学、艺术等五个领域",并强调"各领域的内容相互渗透,从不同的角度促进幼儿情感、态度、能力、知识、技能等方面的发展"。从中看到,幼儿园的课程内容可以有多种维度,每种划分方式都有其针对性或特定的适用范围。

我园的开放性课程内容以师生共建的开放性主题活动、幼儿自选的开放性区域活动、混龄参与的开放性全园大活动、家园同构的开放性线上活动、"1+4"课程活动五大教育活动模式呈现,更加注重整合性融合、综合性渗透,突出课程内容的过程性、活动性、经验性、情境性,重视幼儿的个体差异和持续性发展。

一、开放性课程的内容特色

开放性课程是在开放性理念的引领下,以培养"具有开放性生存智慧的人"为目标,充分发展幼儿的主体意识、主体能力和主体人格;它要求课程内容对幼儿个人经验系统开放,对社会生活大系统开放;在幼儿、教师、家长等多主体对话的过程中不断建构课程内容。我园的课程内容是在幼儿、教师、家长等卷入者之间,是在幼儿园、家庭、社区之间的信息交换、观点碰撞中不断生成和发展的;是以"自组织"的管理模式呈现"多元价值"和"建设性"的立场;强调所有课程的卷入者既是课程内容的学习者,也是课程内容的实施者和建构者。为此,我园课程内容充分彰显着开放性理念的特点。

(一)课程内容的不确定性

开放性课程的形态特征具有多元性、灵活性、生成性,预设的课程计划只是"一般"的指导,而不作为必须遵从与贯彻的固定内容,幼儿、教师、家长等每一位课程卷入者既是学习者,又是课程的实施者和建构者。因此,课程内容的产生、教育方法和手段的运用等包含的价值取舍,都不是教师可以完全预先予以固定的,而是在教师和幼儿之间的互动过程中逐步发展的,且处于不断发展、变化和深化的过程。

在幼儿自选的开放性区域活动中,每个班级按照学科领域将区域划分为数学区、科学区、健康区、美术区、音乐区、语言区,每个区域遵照各学科领域的核心经验和学科特点创设环境、设置内容、提供材料。区域活动的内容和材料具有很大的不确定性,并非千篇一律,更不是既定不变的,而是伴随着班级的课程发展呈现出动态性和生成性,并突出具有班级特色的课程内容。例如,大班年级围绕"我爱祖国"开展活动,其中一个班级以"青花瓷"为主题,区域环境营造出浓郁的"青花"色调,健康区的餐桌布、语言区的沙发套都是以蓝印花纹为基调,摆设在桌上的茶壶、花瓶也都是青花瓷的,美术区更是摆放了幼儿搜集的各种青花瓷工艺品、绘制的青花纹的装饰画和自制的青花瓷作品。从营造的氛围到支撑的材料资源,由外而内都体现着课程的核心内容,让幼儿在环境的浸润中自主选择各区域活动,在亲身操作和体验中感受课程内容中蕴含的文化内涵和丰富经验。另一个班级以"水墨画"为主题,区域活动也随之呈现明显的特点,环境布置、物品摆设中都充满着古色古香的水墨之韵所营造的意境美,美术区有大小、粗细、质地不同的毛笔挂在造型各异的笔架上,一旁还放置着各地生产的砚台,区域墙面上陈列着齐白石、徐悲鸿等不同画家的山水、静物水墨画。幼儿在美术区挥毫泼墨感受中国画的文化气息,在科学区研究墨的由来,追溯毛笔的起源、特点、类别,探索宣纸的吸水性等,一系列的课程活动内容在师幼之间的交流、思考、研究、表征的过程中生成,促进了幼儿的发展,推动了班级课程的多元化、个性化发展。

混龄参与的开放性全园大活动的内容也具有不确定性,这使课程内容在已有基础上呈现出特别的新意和发展的变化。例如,在传统节日专题的课程大活动中,2019年我园分别开展了中秋节和国庆节的活动,而2020年恰逢中秋节和国庆节在同一天,该节日也随之合二为一变成了"中秋邂逅国庆"的专题活动。随着社会的发展、时代的变革,结合当时的重大事件,会产生一些应时应景、即时性的主题内容。例如,2014年正逢南京青奥会,幼儿园借此契机开展了"首届健康节"课程大活动。又如,在国家广泛倡导和推进"垃圾分类"的活动时,幼儿园的课程大活动也陆续增添相关内容,全园普及、全体师幼带动,积极响应号召,学习垃圾分类,加强环保意识,懂得从我做起、从小做起,共同保护绿色家园。幼儿园的开放性理念,让教师更具开放的眼光,对各种教育资讯、教育信息具有敏感性,用教师独有的专业教育视角去挖掘教育资源、发现教育契机,积极且创造性地将其转化成为适合幼儿园的课程内容。

家园同构的开放性线上活动的课程内容因家庭教育问题而具有不确定性。我园在时代发展和课程改革的当下,在面临各种社会话题、教育问题时,充分展现课程发掘意识和课程实施能力。2019年初,面对突如其来的疫情,我园教师以开放的心态,主动了解幼儿及家长的需求,引领幼儿园开展线上课程研讨,率先创新推送线上《幼儿园居家亲子自主学习指南》。每个家庭的需求不同,每个幼儿的实际情况不一,每位家长的教育方式各异,给课程内容的设定带来一定程度上的不确定性。我们根据各年龄段幼儿的发展特点、各学科领域的关键经验,围绕当前活动的重点目标,带动家长共同建构线上课程活动,其中包括家长和幼儿园共研的亲子活动内容以及教师有计划地引导家长在家庭中开展的适宜的亲子活动。我们借助微课、微信群、微信公众号等信息化手段,推送学习资源,发布学习指南,以一系列在线课程资源和每周的远程家园互动,满足不同家长居家亲子教育的需求,减轻家长的焦虑,共同推进幼儿的学习与发展。课程内容中有针对家长的亲子活动内容指导;有针对疫情防控期间因居家隔离缺乏户外运动这一情况,特意增设的体育游戏和生活健康等活动内容;还有幼儿可以通过自主参与视听等不同形式阅读的电子图书、手工制作等系列微课音视频等活动内容。家长和幼儿可根据各自的需要自主选择,并通过分享作品、交流感受以及家园信息沟通,让这些课程内容在评论和反馈中得到验证,在反思中不断调整,在实践中逐步优化。这样的学习方式,打破了时间、空间的限制;这样的学习内容,既有针对性的指导,又具有广泛性的学习价值,不仅让幼儿学习有更多自主选择性,也使家长的教育指导有更多策略支持。

教师因时、因地、因幼儿的实际情况,思考和选择课程活动内容,使课程处于动态发展之中,也使课程保持着较强的灵活性。这样的课程内容,不仅切合不同时期幼儿不断变化发展的实际,也能够较好地体现开放性课程动态发展的过程。

(二) 课程内容的对话性

开放性课程的建构过程就是教师与幼儿、家长、社区人员、专家之间,与幼儿园、家庭、社区之间进行持续的"有意义对话"的过程。对话过程就是教育展开的过程和促进课程发展的过程。开放性课程的建构就是将每一次对话都作为促进人的改变和拓展课程发展的一次机会,并由此不断生发出新的学习和教育内容。

"1+4"课程活动中,通过每一次的园外课程"1"和园内课程"4",教师与幼儿在互动对话中不断拓展课程内容。例如,中班幼儿在阅读了图书《下雨的味道》后,和教师对话,讨论"我们怎么在生活中知道下雨的味道"的问题。幼儿纷纷提议"等到下雨的时候或下雨后,到幼儿园附近的和平公园和较远的玄武湖公园去看一看、找一找"。教师也不再受限于只有晴天才能外出,而是让雨季的外出成为可能,并共同了解外出地点、明确外出的目的、注意需要关注的安全事宜等。这也更加激起了幼儿与环境"对话"的兴趣,在细雨中、雨后的公园里,幼儿兴趣盎然地根据图书中的线索去寻找"下雨的味道",自由主动地调用听觉、视觉、触觉等多种感官,感知大自然在春雨中独特清新的味道。在寻找的过程中,幼儿不仅惊喜地看到植物上晶莹剔透的雨滴,听到雨中小鸟依旧"啾啾"鸣叫不停,闻到春天里各种花儿在雨中开放散发的清香,有的幼儿还发现小池塘中有池水味、草地上有雨打湿的泥土味和青草味。当外出归来时,园内课程"4"的活动内容也在教师和幼儿、幼儿与环境互动对话中不断丰富。幼儿尝试用语言表达自己的发现和问题,用画笔记录寻找的过程和找到的答案,并将春天里的发现和问题呈现在环境中,增加了在语言区中对图书《下雨的味道》的阅读兴趣和讨论的热情,对图书内容也有了更加深入的认识和理解,进而激起了再次在春雨中到不同地方外出寻找的愿望。教师和幼儿在对话中交流,在交流中分享经验,教师突破了传统,尊重了幼儿的想法,拓展了活动开展的思路,教师和幼儿在共同的探索中收获经验,在彼此经验的碰撞中获得共鸣,推动后续课程活动内容的不断生发和丰富。

在师生共建的开放性主题活动课程中,教师和幼儿之间的对话是课程内容生发和课程线索发展的契机,对话的过程也是课程活动展开的过程,更是推进课程发展的关键。幼儿的经验、家庭的资源在师幼的对话中会影响课程内容的拓展,也会造成课程线索的不同发展走向。例如,在大班"我爱祖国"的主题活动中,同一老师不同班级的幼儿和不同老师不同班级的幼儿,其已有经验不同、兴趣点不同,家长提供的资源不同,教师在对话中对课题的价值取向不同,都会使每个班的课程内容各不相同、各有特色、各显风格。A大班的幼儿对祖国的少数民族感兴趣,选择了三个民族,自主分成三组,由三位教师以项目研究的方式分别带领各组幼儿展开探索和研究。其中一位能歌善舞的教师选择了维吾尔族,一位男教师选择了蒙古族,另一位教师选择了瑶族。而B大班,围绕刺绣、剪纸、围棋、陶瓷技艺、茶、丝绸、京剧、中医、中国功夫、书法中国十大国粹共同开展研究。在对话中,教师发现幼儿的经验点、兴趣点、问题点不同,课程的内容、研究的方式也会有侧重点。例如,在京剧的研究项目中,幼儿对京剧的服装配饰、说唱腔调、妆容等产生问题而生成更多的研究点,并持续了一段时间;在剪纸的研究项目中,幼儿通过在区域活动中的作品欣赏和操作中学习,感受剪纸技艺的奇妙,体验剪纸的操作要领,获得作品的成就感;在中医的研究项目中,让人意料不到的是,幼儿竟然对中草药特别感兴趣,因此班级的种植园打破通常只种植蔬菜、水果的惯例,增加种植可以驱蚊、药用的薄荷、芦荟等中草药植物,并在经历播种、插苗、照料、收割的过程中幼儿初步了解中草药植物的特点和用途。

在幼儿自选的开放性区域活动中,幼儿不仅与教师、同伴对话,还与环境、材料对话,并在对话中不断地充实与发展自己。幼儿和教师对话,和教师一起玩游戏,向教师表达自己的所见、所闻、所思,遇到问题时向教师求助,寻找办法时征求教师的意见,完成任务时向教师展示自己的成果,思考并回答教师的问题,倾听教师的建议,和教师一起探讨活动中的问题。幼儿和同伴对话的方式也是多种多样的。幼儿在和同伴一起游戏的过程中,观察同伴的活动,模仿同伴的游戏;在解决问题时,学会和同伴共同游戏、合作游戏、共同讨论、合作学习;在与同伴的对话中学习表达与交流,学习包容与分享。在区域活动中,幼儿通过与环境和材料的互动,让活动玩法和教育价值得以丰富。

对话充分体现了教师和幼儿的平等关系,对话的过程是激发教师和幼儿双方智慧的过程,是不断生成的互动过程,也是教师充分调动自身积极性、能动性和创造性引发幼儿的积极性、能动性和创造性的过程。对话的过程,让教师用开放的理念去接纳、尊重、倾听幼儿的想法,以平等的态度与幼儿感同身受,并给予幼儿支持、帮助和引导,鼓励幼儿创造性地表达,使对话中不断产生话题,不断出现问题,才会有不断丰富和多元的课程内容。

(三) 课程内容的发展性

3~6岁幼儿具有明显的年龄特点和学习与发展规律,他们的学习是以直接经验为基础,在游戏和日常生活中进行的;他们的发展是一个持续、渐进的过程,同时也表现出一定的阶段性特征。为此,我们要关注幼儿学习与发展的整体性,也要充分理解和尊重幼儿发展进程中的个体差异,更要给予幼儿最大限度的支持,满足幼儿通过直接感知、实际操作、亲身体验获取经验的需求,还要重视幼儿在游戏、生活、学习等活动过程中表现出的积极态度和良好行为倾向,注重幼儿学习品质等身心发展各方面的培养。

1. 发展幼儿积极的情绪情感,养成健康人格

对于幼儿来说,"建立良好的师生、同伴关系,让幼儿在集体生活中感到温暖,心情愉快,形成安全感、信任感"尤为重要。缺乏安全感和信任感是幼儿入园时首先需要解决的问题。入园是幼儿人生中第一次离开家人,他们会因为与家人的分离而失去安全感、产生不适应,会因为环境和教师的陌生而产生焦虑和恐惧,进而会出现哭闹、绝食、静坐等消极情绪和行为。如果在此期间问题得不到很好解决,幼儿会形成孤僻、抑郁、胆怯、不信任人等性格情绪特征。因此,我们将发展幼儿的积极情绪情感放在首位。

在主题活动中,小班上学期的"我上幼儿园"、小班下学期的"亲亲热热一家人"、中班的"我是中班小朋友"和大班的"我是大班哥哥姐姐"的课程内容,都是从幼儿的情感需要出发。教师接纳了环境改变期间幼儿因成长转折、环境改变而带来的情绪和行为上的变化,使幼儿体验到教师的接近、理解、尊重、接纳,从而感到亲近、舒适、愉快,让幼儿在教师身边也能得到安慰和安全感。同时,幼儿积累应对办法,知道如何做出积极、有控制的反应。教师通过各种游戏情景和生活活动,逐步降低幼儿的分离焦虑和成长的烦恼,降低其在环境改变时的不安和不适,使幼儿与教师、环境建立信任感,对幼儿园产生安全感,愿意上幼儿园。同时,教师让幼儿尝试接近新事物、新情景,培养他们乐于与人相处、信任人的基本交往态度。教师还逐步引导幼儿参加各种集体活动,体验与教师、同伴等共同生活的乐趣;经常与幼儿分享情绪体验,共享同样的情感,帮助幼儿形成积极的情绪情感,养成健康的人格。

2. 培养幼儿广泛、多元的兴趣,激发好奇心和探索求知欲

3~6岁幼儿对丰富多彩的世界具有强烈的好奇心。培养幼儿广泛、多元的兴趣是开放性课程的另一个重要内容。幼儿的好奇心和探索求知欲是需要成人来引导的,需要成人给他们一个合适的支架,让他们在探索中保持和发展。

在"走出去""请进来"的"1+4"课程活动中,一方面,教师带领幼儿从幼儿园走出去,亲近自然、亲近社会,给幼儿提供了各种视觉、听觉、味觉和嗅觉经验,让幼儿学习用自己的眼睛看世界,用自己的耳朵听世界,用自己的手触摸世界,多渠道发现大自然中动植物的生长变化和周围社会生活的事物发展,感知世界的有趣。幼儿在多接触、多探索、多体验的过程中,逐渐具备对周围环境、事物的敏感性,产生好奇心和探究兴趣,主动去观察、提问、尝试、探索。另一方面,教师主动调用家长资源,邀请家长、外援专家以"虫虫专家""运动员叔叔""编织阿婆""烹饪大厨""故事大王""水墨画师"等身份走进幼儿园客串教师,开展幼儿园课程和幼儿教育活动,参与到幼儿的集体教学、区域活动、创造性游戏活动中。这样不仅让幼儿感受到各类人群带来的丰富多样的活动,产生积极尝试、自主探究的愿望,也因此积累了更广泛的经验,同时,增加了家长参与幼儿园教育的内容和参与频率,增进了教师与家长对幼儿园课程内容的深入理解。

3. 建立幼儿良好的集体生活常规习惯,发展秩序感和社会性交往能力

幼儿入园后,从只与家庭的交往扩大为与教师、同伴的交往。他们不仅需要建立新的生活秩序,也需要建立与教师、同伴交往的新秩序。当幼儿原有秩序被打乱时,会表现出极度的不安和焦虑,甚至大哭不止。因此,教师要培养幼儿的秩序感,采取与幼儿对话的方式,与他们一起建立明确的生活规范、日常礼节,帮助幼儿把自己的行为和规则结合起来,达到自我控制的目的,使其日后能遵守社会规范,养成自律的生活习惯。

课程活动中的目标皆是出于培养幼儿的秩序感和社会规范的意图生成的。教师与幼儿对话,为幼儿参与规则的制订提供了空间。班级日常活动中,教师与幼儿商议《班级约定》,如"学习入园后有礼貌地鞠躬问早、离园后鞠躬再见"等,引导幼儿形成稳定的班级常规和文化礼仪意识。在数字化被引入幼儿园课程,成为班级的活动内容时,教师结合数字化设备的使用,与幼儿共同讨论区域活动中《iPad使用公约》,如"小班每天看一次,每次3~5分

钟""中班每天看一次,每次 5～10 分钟""大班每天看一次,每次 10～15 分钟"等,以此帮助幼儿了解规则与健康的关系,明确规则的重要意义,进而逐渐成为幼儿自律的行为准则,帮助幼儿形成自主管理的习惯。教师渗透语言、艺术的教育内容,引导幼儿学习用前书写的方式对公约进行图文表征,公示于班级环境中,成为共同坚守的行为约定。随着幼儿年龄的增长,根据班级的实际需要,这些公约在教师和幼儿的共商共议中共建并不断完善。在课程大活动的升旗仪式中,教师渗透运动安全规范、卫生健康习惯、读书礼仪等教育内容,并结合混龄参与的全园大活动,创设"大带小"角色游戏、"大带小"体育运动等活动环境,为幼儿提供与全园教师、各班幼儿自由交往的机会。在跨班级、跨年龄的交往互动中,教师引导幼儿相互学习,与不同年龄段、不同班级教师和同伴交流游戏的方法策略。教师通过示范、讲解、模仿的榜样效应,提供反馈、评价,为幼儿创造练习、实践的机会,并在具体实践中给予具体帮助、鼓励和指导,使幼儿习得社会行为规范,形成良好的行为习惯,积累初步的交往经验。教师不仅要为幼儿秩序感的培养创设一个有序的时空环境,还要立足于他们的日常生活,让他们学习一些社会礼仪和规则,增强幼儿的自控力,养成自觉遵守人际规范、维护人与人之间的和谐秩序关系的意识。

4. 引导幼儿自主选择,发展自我意识和能力

如何落实《纲要》中"尊重和满足他们不断增长的独立要求,避免过度保护和包办代替,鼓励并指导幼儿自理、自立的尝试"？从小班起,教师要为幼儿创设大量的认识自己、自我实践的机会,给幼儿自己做主和选择的机会,尊重他们的选择,支持幼儿自主地选择活动,培养他们的自我意识。

在主题活动中,小班第一个主题是"我上幼儿园啦"。我们从幼儿入园的第一天起,就将选择权和决定权交给幼儿,让幼儿在观察和熟悉环境后自己选择使用什么样的图片标记,睡哪里的小床,自己的擦手毛巾挂在毛巾架的什么位置,自己的喝水茶杯放在茶杯箱哪一格,想选择哪个区域,想玩什么玩具,等等。在中班主题活动"我是值日生"中,教师和幼儿共同商讨一周哪几天值日,什么时段值日,值日生要做哪些事,每天的值日生有几人；让幼儿自主选择一周内自己在哪一天值日,并在做值日生的当天自主选择值日的内容；幼儿如果在做值日生当天有事请假,则可以自己做主找同伴协商调整值日时间。在大班主题活动"四大发明"中,幼儿根据班级的课程活动内容自主选择具体的研究项目、研究的合作伙伴,自己制订研究计划,自己选择研究的

方式,自己寻找研究的材料,自己搜集项目活动开展过程中的资料,自己确定和大家汇报项目研究的结果。教师不仅尊重幼儿的选择,还通过积极的语言、表情等来强化他们的选择结果,使他们感受到通过自己的努力得到成功后的自豪感以及被他人喜爱、称赞等获得的愉快感,从而获得自身积极情绪的体验,促使他们形成和加强对自身的积极看法及肯定性评价。同时,教师对于幼儿的选择给予适时适当的支持,促使幼儿在课程活动中能够不断推进、发展活动,使活动内容能够真正达成活动目标。教师还要根据幼儿各年龄阶段的能力水平给予相对应的自己做主和选择的机会。对于幼儿能做到的、有选择可能性的事,给予他们选择的机会和做主的空间;对于超出幼儿能力范围的,教师要进行指导和限制,保证幼儿的自主能力能够更好地发展。

二、开放性课程的内容选择

虞永平教授指出,"幼儿园课程应该充分关注和利用幼儿的现实生活,从幼儿的现实水平和兴趣需要出发,鼓励和支持多样化的活动,注重生活化、游戏化,让幼儿在适宜的活动中获得多样化的经验,得到全面和谐的发展"。因此,开放性课程的内容来自不同层面,有着多种来源:以幼儿的现实生活为课程内容的主要来源,面向幼儿的整个生活世界,注重幼儿的经验;不仅关注幼儿的生活经验和兴趣点,还要关注幼儿的发展需要;不仅关注幼儿谈论的热点,还要关注幼儿的成长盲点;既有对经典的传承,也有不断的开拓与创新。

幼儿园开放性课程内容的选择需遵循以下原则:一是目标价值性原则,课程内容要符合并有助于实现课程目标,选择对幼儿发展有价值的内容;二是发展适宜性原则,课程内容既要符合幼儿已有的发展水平,又要具挑战性并能促进其进一步发展,难度水平处在幼儿的"最近发展区";三是直接经验性原则,课程内容应具有直观性、情境性和活动性,使幼儿能够通过直接感知、操作和体验,将学习内容转化为自己的直接经验;四是兴趣性原则,课程内容要考虑到幼儿的兴趣,可将必要的课程内容转化为幼儿的兴趣;五是基础发展性原则,应立足于幼儿基本素质的全面发展,并为其一生的可持续发展奠定坚实的基础;六是科学逻辑性原则,课程内容也存在一定的连续性和逻辑性,要按照内容本身的逻辑顺序,关注内容之间的联系性和学科所存在的内在规律性。

(一)关注课程目标

课程内容的选择是为了更好地实现课程目标,在选择课程内容时应考虑课程内容实现了课程目标的哪一条或是哪几条;这项课程内容指向了哪些课程目标;同一条课程目标,可以通过不同的课程内容来达成,哪种课程内容更有利于课程目标的达成。因此,在课程内容的选择上,我们不能只求新求异而忽略了对课程内容的发展价值的筛选,要关注课程内容在促成各领域目标的达成方面的平衡性,以利于幼儿全面健康发展。例如,某大班班级在开展"动物"主题活动中,课程内容更多关注动物的名称、种类、特征、习性等科学方面的知识经验的获得,更多让幼儿进行语言表达,往往忽略了课程内容在学科领域上的均衡,造成幼儿发展的不全面和不完整。这值得我们思考,是否有必要花费一学期的时间来认识动物,应选择什么样的内容能够相对比较全面地达成课程目标。

(二)关注幼儿生活经验

教育家杜威提出的"积累生活经验是儿童教育的重要目的""强调经验与儿童的生活相结合""教育既影响当前的生活,又为将来的生活做准备"等观念,成为开放性课程内容选择的理论基础之一。课程内容与幼儿的生活经验相结合,有利于调动幼儿学习的兴趣,同时也有利于幼儿对相关内容的理解,还有利于幼儿对所学内容的现实意义的理解,要尽量选择贴近幼儿生活的内容,不要舍近求远地选择过于远离其生活经验的学习内容。课程应关注生活中有价值的真实事件,并借助真实的事件情境,让幼儿获得多样的经历。例如,从社会热点话题"病毒来了怎么办"而生成的健康教育主题活动,在阅读图书的过程中,教师要引导幼儿从故事中了解病毒的起源,用朗朗上口的儿歌学习病毒防控的卫生健康方法,并用前书写的方式记录用于表达和宣传。根据幼儿每天上幼儿园的不同方式,生发出"各种各样的车"主题活动,教师要带领幼儿参观马路,参观、乘坐各种车辆,用绘画、手工制作等艺术方式和语言表征对各种车辆的认识。根据每天午餐食谱引发的"红红绿绿的蔬菜"主题活动,教师引导幼儿在购买、种植、收获、观察、品尝的过程中认识蔬菜,养成不挑食且愿意吃蔬菜的习惯。结合节日,生成"过节啦""我的节日我做主"等主题活动,这些活动不仅贴近幼儿的生活,还与幼儿已有的生活经验有着密切的联系,这些生活的事件中蕴含了丰富的学习元素和活动主题,使幼儿在经验的建构中,在语言、动作的表达中,在认知、情感、态度等方面获得完整经验。

根据季节、节日、周围的事物等与幼儿生活相关的内容,形成相对独立又相互联系的课程内容,形成主题活动之间的发展线索。教师不仅在关注已有经验的基础上提升并激发幼儿构建新的经验,还为幼儿的经验构建创设环境,鼓励幼儿创造性地表达经验;同时,为幼儿创造调动各种经验的机会,促进经验间的整合。例如,在社会性主题活动中,从小班的"我爱我家"到中班的"我爱家乡南京"再到大班的"我爱祖国",幼儿的经验范围在逐步扩大,幼儿的认识也在不断深入。在开展这些课程活动时,教师引导幼儿搜集资料,带领幼儿用多种方式表达自己对家人、家乡、祖国的认识,通过多种方式的表征,营造出"我的家""我的家乡南京""我的祖国真大"等场景,让幼儿融入游戏情境中,不断巩固和创造性地表达自己的经验。

(三) 关注幼儿的兴趣点

幼儿的学习兴趣是由他们对活动本身的兴趣所激发决定的,课程内容应是幼儿具本身感兴趣的或者是经过教师的努力让幼儿感兴趣的。幼儿的兴趣爱好在一定程度上能促使幼儿学习,激发他们不断探索周围世界的愿望。支持幼儿的兴趣爱好、满足幼儿的愿望,也是幼儿园教育应给予的回应,更是筛选课程活动内容的一个要素。这就需要教师在幼儿活动时,做个有心人,留意观察、留心倾听,站在幼儿的视角去品味和解读,去思考和尝试。教师要善于捕捉幼儿眼中闪过的亮点,敏锐发现他们驻足观望时的兴趣点和激烈谈论时的热点。例如,大班幼儿质疑"兔子的肚子大是长胖了还是怀孕了";中班幼儿感慨"家乡南京到底有哪些好吃好玩的";小班幼儿好奇"小草怎么变绿的"。幼儿还喜欢搜集各种各样的纸张、小物件、小玩具等。这些发现、问题、认识都展现了幼儿独特的爱好与倾向,隐藏着他们的兴趣、愿望、梦想,显现着他们对周围世界好奇的积极的生活态度。因此,课程内容的选择正是源自我们对幼儿的兴趣、爱好和选择的尊重,才使幼儿积极愉快地全身心投入到活动中,才让幼儿在经历过程中体验无穷的乐趣。同时,在分享交流和深入探索中,教师和幼儿都拓宽了视野,教师也发现了课程内容的更多可能,给教师带来课程发展的契机、灵感和资源。

(四) 关注幼儿的成长盲点

盲点,通常形容认识不到的或被忽略的地方。这里特指幼儿在成长发展中有些家长或许忽略,幼儿可能认识不到的,但是作为教育者的教师是需要特别关注,不可大意的问题。"一日生活皆课程",课程就是幼儿的生活,生活中的人、事、物、点滴细节和随时产生的问题都有可能成为课程内容。课程内容并非只有那些深奥的知识内容,如"恐龙""神秘的星空""动物的世界"等;也不限于常规的经典的节日主题、季节主题等,往往与幼儿有关的不起眼的小细节,看似普通的小事件,貌似常态的小问题,都可以成为课程内容。这就需要教师用开放的眼光和独特的视角以及研究的心态去挖掘和发现,去思考和实践。例如,什么使刚入园的幼儿"急了",也许是要尿尿、要便便了;也许是想做不会、想要得不到了;也许是不知道要说、不知道怎么说、不敢说;也许是被玩具吸引而控制不住;也许是被食物吸引而迫不及待……对自己的无法控制,对离开父母的依依不舍,对新环境的诸多不适,常常让幼儿着急地大呼小叫、暗自流泪。这就是课程的内容,通过语言游戏安抚幼儿恐慌不安的心理,用各种操作练习、指导他们学习自己脱裤,主动如厕;用生动有趣的"等一等""摸一摸"的游戏,帮助他们充分感受到教师带给他们的安全感,体验到集体活动的轻松愉快。又如,即将毕业的大班幼儿,内心独白是什么,真实想法又是什么,是否有升入小学的自豪感,是否都期盼着成为小学生,是否还留恋幼儿园的生活,是否渴望小学生的生活;家长是否耐心聆听了幼儿的倾诉,理解了他们的心情;到底是喜是忧、是开心还是担心,作为家长是否关注过、是否留意过。作为教育者的教师,有专业的眼光,有教育的意识,更有课程的视角,因此,在大班常规性的"幼小衔接"课程活动中,教师关注到幼儿的这个"节点"或许是家长的盲点,使其成为课程内容的要点,以此展开一系列的课程活动。教师要以开放包容的态度,对幼儿的心灵开放,鼓励幼儿敞开心扉、畅所欲言,引导幼儿坦然面对、充满信心,引领幼儿积极思考、做好准备;对幼儿的活动开放,带领他们走进小学校园、进入小学课堂、模拟小学生,在实践中体验做小学生的感受,学习适应未来的新身份,让大班幼儿内心不再迷茫,使他们充分感受到成人给予的关怀、信任、理解和鼓励。

(五) 关注幼儿的成长发展需要

幼儿的成长需要是指幼儿因生长发育而自然产生的内在的要求和愿望,它给幼儿提供了学习和发展的内驱力,幼儿正是在不断满足成长需要的学习活动中得以主动发展的。开放性课程内容的筛选更凸显了新时代教育发展价值导向下幼儿的可持续发展和核心素养的提升,因此,课程中也包含了知识经验、生活能力、思维发展、意识品质等方面的内容,并渗透在幼儿园的一日生活的各项活动中。根据各年龄段幼儿的年龄特点、学习发展规律,筛选出最有价值的核心经验和适宜的活动内容。

开放性课程内容要向各领域的内容开放,尽可能地兼顾健康、语言、社会、科学、艺术等五个领域的内容。课程既要有充分的体育活动以促进幼儿基本动作和基本运动能力的发展,也要在进餐、午睡、穿脱衣服等生活自理活动上促进幼儿的健康发展;通过美术或音乐等艺术活动,既培养幼儿对美的感受力,提供给幼儿想象和创造的空间,也要为幼儿大小肌肉的发展提供不同的锻炼形式;引导幼儿参加各种集体活动,在大带小、混龄游戏中,体验与教师、同伴等共同生活的乐趣,养成对他人及社会亲近、合作的态度,学习初步的人际交往技能,提高社会性发展;为幼儿提供探究活动的机会,引导幼儿对周围环境中的数学、科学现象产生兴趣和探究的欲望;提供各种活动引导幼儿学习听说读写,并创造性表征对周围动植物、自然现象、生活活动的认识和发现;运用数学、科学方法解决生活中的问题,促进思维能力的发展等,使多样化的、多形式的课程内容满足幼儿成长发展的需要。

在课程主题活动内容的筛选中,还要关注课程内容本身所具有的学科核心经验倾向性,关注各种学科知识之间的联系和一体性,重视课程内容结构的均衡性、综合性,关照到每一个领域和幼儿学习经验的系统性和连贯性,依据幼儿的身心发展规律,关注幼儿学习经验的进展性、阶段性、序列性和层次性。

综上所述,幼儿的现实生活、感兴趣的生活就是开放性课程的基点,向幼儿的生活开放,向幼儿的心灵开放,向幼儿的需要开放,开放性课程理念让课程内容更具广泛性、更具深度、更具可持续发展性。

第二章 开放性课程的实施

本章主要呈现的是在开放性课程理念指导下的课程活动实施案例,由师生共建的开放性主题活动、幼儿自选的开放性区域活动、混龄参与的开放性全园大活动、家园同构的开放性线上活动和"1+4"课程五个块面组成。根据各块面自身所体现的开放性理念和不同课程活动类型的特点,本章分为开放性主题活动、开放性区域活动、开放性全园大活动、开放性线上活动、开放性"1+4"课程这五个小节。

每个块面的内容均来自各个年龄班不同类型的课程活动案例,以活动缘起、课程目标、主题线索、故事展开和教师反思来呈现课程目标实施的过程。一方面体现了课程卷入者对开放性课程活动的组织实施不断深入、丰富的过程;另一方面体现了课程卷入者将开放性课程目标落实并融入幼儿园、家庭、自然和社会生活之中,融入幼儿的生活、学习、游戏活动之中。

每一个课程故事围绕多元价值、探究质疑、表征创造的体系对开放性课程目标的实施进行反思,努力使课程活动充分体现开放性课程理念。

第一节 师生共建的开放性主题活动

师生共建的开放性主题活动是开放性课程的基本活动形式,是教师和幼儿以感兴趣的话题为主题发展线索,将信息经验和生活经历带进活动中,一起体验、探索、操作和思考,共同建构的生活故事课程。

一、师生共建的开放性主题活动实施要点

我们努力建构一体多元的开放性主题活动课程框架,使其成为教师设计、实施课程的支架,使各个班级、各位教师在此基础上,关注本地、本班幼儿学习的特殊性,根据自身特点形成适合于自己的教育活动设计。

(一)开放和规范的关系

任何开放系统都需要有边界限制,"开放"和"规范"是我园开放性课程理

论中的两个相互依存的重要概念。开放是在理性指导下建设性的开放,是在多元价值观引导下的态度倾向。它必须是一种在内外客观规律约束下的开放。合理的开放和合理的规范必须是同时存在的。开放是限制基础上的开放,规范是为了更有效地开放,开放和规范都是为了更好地实现个人与周边环境共同可持续的发展,两者是对立统一的。正因为如此,我们强调课程开放,不能无视幼儿年龄特点和学习规律,不能无视各领域各类型课程组织实施的规律,而坚守规律和规范既是限制,更是保障课程质量和幼儿健康发展的底线。

1. 必须坚守各领域各类型课程组织的基本结构规律

虽然不同领域不同类型课程的内容安排顺序、组织教法以及时间分配等是不同的,但每个领域每个类型的课程都有一定的基本结构,是有规律可循的。基本结构规律既是各种理论的研究成果,也是实践证明的成果,在编制和实施课程时必须合理使用。例如,体育课三段体结构运用了教育心理学、教法学、运动生理学和运动保健学等理论和科研的成果,它以人体的生理机能活动能力变化规律为依据,为体育教学特点所制约。虽然教师在备课时设计的教育情境、教育内容、组织安排等,因课程的目标、内容、幼儿情况以及实施条件(场地、器材、季节气候等)的差异而有所不同,但体育课的基本结构:准备部分、基本部分和结束部分,是缺一不可的,先准备动作、再基本动作、最后放松的顺序是不能改变的。因为按顺序安排每个环节的流程是保障幼儿健康发展的必要措施。准备部分主要促进幼儿身体全面发展,使全身各肌肉群、关节、韧带得到充分的活动,特别是促进较弱的肌肉群的发展,为身体、心理等各方面进一步学习做好准备;基本部分是教学过程中的主要环节,也是决定体育课教学目标完成与否的主要部分;而结束部分的内容应根据基本部分最后一个教学内容的性质,可选择一些逐步降低运动负荷的练习,不能忽视这部分内容,不能挤掉这部分内容的时间而仓促下课,否则不仅会影响课的效果,也会影响下一节课的进行,甚至会影响幼儿的身体健康。

2. 必须坚守幼儿学习各领域各类型课程组织的规律

幼儿的学习有自己的特点:注意力容易转移、需要不断的新鲜刺激点等,课程组织时要遵照幼儿学习的规律,来调动幼儿的学习积极性。为此,各类型的学习活动都有相对稳定的科学流程和多形式的教学方法来保障教学的有效性及课程实施的质量。例如,儿歌学习中教师不仅要让幼儿自己去学习,让幼儿自己去补充儿歌的内容和发现儿歌的顺序,让幼儿自己决定学习过程中是否需要图片帮助,需要多少张图片帮助等开放内容,教师还要关照到用单一方式学习的幼儿容易疲劳的特点,要变换不同的学习方式,要不断增加教学流程的刺激点。因此,幼儿学习层次安排要营造情境,调动学习动机,例如,学习儿歌时,教师采取自己朗诵儿歌、听录音、看图片、看视频、动作表演、角色扮演等方法,逐步增强刺激度,不断调动幼儿参与学习的积极性和主动性。

建设高质量课程必须有一定规律。我们在编制和实施开放性课程时,遵循各领域各类型教学活动组织的规律。它既是限制更是支架,通过它帮助教师具体明确在开放性课程模式系统中,教师开放什么、限制什么;教师能做什么、不能做什么;教师要做什么、怎么做才更有利于幼儿主动高效地学习……它不仅规范了教师的操作行为,还保障了课程实施的质量,有效促进了全体幼儿的健康发展。

(二) 主题与系列的关系

开放性主题活动课程,既重视课程结构的均衡性、综合性,又关照到每一领域和幼儿学习经验的系统性和连贯性。我们用开放的视野,从纵、横两个维度将课程在不同范畴的要素和经验做有效的组织,不拘泥于主题概念,努力做到既将幼儿的经验和生活整体相联系,关注到各学科知识之间的联系和一体性,又依据幼儿的身心发展的规律,学习经验的进展性、阶段性、序列性和层次性,关照到各个年龄段之间的协调及同一主题在不同年龄阶段目标的广度和深度的层次性,努力使课程趋向广度和深度的平衡发展。通过提供丰富、平衡、不断深化和拓展的课程内容,幼儿能够层层深入地学习,满足幼儿全面的发展。

在构建以主题为核心来实现课程整合的同时,通过以下系列来实现垂直组织的有机性。

1. 学科系列

课程以主题的方式呈现,也关照到学科领域的循序渐进,由于不同年龄阶段幼儿认知水平的差异,再加之每个学科都有自身的连贯性和系统性,尤其是科学、数学、健康教育内容,所以,我们不拘泥于某个主题,可以和对应的主题进行横向整合的就整合,不能整合的,我们就按照学科自身的顺序性进行。为此,在不同主题中有些内容是按照学科体系安排的,和主题内容没有很紧密的相关性。

例如,在以大班社会教育为主的"祖国祖国我爱你"主题中,内容大多涉及社会、语言、艺术领域。为了学科平衡,考虑此时已逐渐进入秋季,气候变化大,幼儿特别容易流鼻血,按照科学和健康的顺序性,我们穿插了"流鼻血怎么办""认识温度计""天气预报"等和本主题没有紧密相关性的内容。

2. 季节系列

随着春夏秋冬四季的交替,气候、气温会发生变化,动植物会发生变化,幼儿的衣着饮食等方面也随之发生变化,这些都是幼儿亲历和可感受的,也是小中大班共同的课程内容之一。我们在编制和实施课程时,要关注到小中大班幼儿学习经验的逐层深入,某些学习经验必须在另一些经验之先;要关注到幼儿发展阶段、不同层次的学习材料的复杂度和各层次学科内容的发展逻辑。

以"春季"系列为例。小班以主题"红红绿绿的蔬菜"来感知春季蔬菜的多样性。教师带领幼儿走进蔬菜园、菜场感知红辣椒、紫茄子、绿黄瓜、白萝卜……幼儿在观察、触摸、欣赏的同时,共同品尝好吃的蔬菜,增进对蔬菜的情感,知道蔬菜有营养,多吃蔬菜身体好。教师和幼儿一起种萝卜、照顾萝卜、观察萝卜的生长过程,让幼儿在萝卜发芽、开花、结果的过程中体验发现和探究的乐趣。

中班以主题"豆子生长记"来认识植物的生长变化及其生长的基本条件。教师带领幼儿播种下黄豆、红豆、四季豆、芸豆等豆子,在照料豆子的过程中,引领幼儿运用多种感官感知种子的特征,去经历豆子的每个生长阶段的变化及认识其生长的基本条件,让幼儿感知春的变化,体验春的惊奇。

大班以主题"春天的秘密"来发现动植物的外形特征、习性、与生存环境的适应关系。通过挖野菜、郊游等活动,幼儿感受春天的美好,发现春天的秘密。幼儿观察春季自然界的细节变化,了解季节变化的周期性与动植物的生长过程的关系,了解动植物与人们生活的关系,知道保护身边的动植物,知道春季是播种的季节,懂得尊重农民的劳动。

3. 节日系列

节日是中华文化传承的重要载体,也是幼儿重要的生活内容,为此,应将节日活动纳入课程之中。同一个节日课程,让不同年龄班感受、体验和学习的内容应体现出层次性要求。例如,以"春节"为系列的主题中,小中大班节日活动的层次如下。

小班着重了解春节最主要的民俗,感受节日的氛围。通过主题"亲亲热热一家人"帮助幼儿回忆和分享过年时和妈妈、爸爸、爷爷、奶奶等家人一起放鞭炮、看花灯、吃元宵的情景,感受家庭生活的温暖,体会长辈对自己的爱,在享受长辈宠爱和保护的同时,也学会关心长辈,学会表达自己的爱,让自己的家更温馨。

中班拓展相关的经验,了解与春节有关的活动,进一步体验节日的氛围。中班通过主题"过节啦",从幼儿亲历的、最令他们开心的事如放烟花、点爆竹、赏花灯、拿压岁红包等入手,到讨论"过春节吃什么""玩什么""干什么"等有趣的话题,帮助幼儿回味过春节的趣事,体验过春节的欢乐和热闹。幼儿学习过春节的祝福语,享受向他人问候的快乐;了解拜年的方式和几种常用的祝福语,知道拜年是过春节的一种风俗习惯;学习拜年的动作和祝福语,体验相互拜年的快乐。

大班通过主题"红红火火过春节",感受节日的喜庆氛围:噼里啪啦的爆竹、火红的春联、喜庆的年画以及翻腾的舞龙……幼儿初步了解有关春节的传说、民俗及其简单的寓意;知道春节是我们国家的传统节日,丰富关于过春节的经验;初步感受中国民俗图案的多样性与丰富性,尝试用不同的表现手法表达自己的感受与想象。

4. 成长系列

通过小中大班每一个阶段的自我成长系列活动,幼儿能够不断感知和体验自己在每一阶段的自主性和成就感。成长系列具体有:小班"我上小班了""我的故事""小手拉大手",中班"我升中班了",大班"我是大班小朋友""大手牵小手""我要上小学了"。

5. 成人劳动系列

成人劳动系列是按照与幼儿生活关系由近至远的顺序设计的关于成人劳动的课程内容。在课程学习的起始阶段,以幼儿周围的环境为起点,循序渐进地开展。以下为成人劳动系列的两个例子。

小班"老师、阿姨为我忙":认识、感知为了幼儿的生活成长,幼儿园里的各岗位工作人员的工作内容,增进幼儿对各岗位工作人员的情感。

中班"叔叔阿姨忙又忙":认识、感知自己生活的社区周围的理发店、菜场、超市、小吃店等与人们生活密切相关的场所的工作人员的劳动,了解为了人们生活得方便舒适,有很多人为大家服务,激发幼儿对他们的情感。

6. 安全教育系列

安全教育是幼儿安全健康发展的重要课程内容，无论是哪一个年龄段幼儿，都应该时时、事事、环环、处处接受教育，安全课程应安排在幼儿每一个发展阶段，幼儿园每一个主题、每一个活动之中。因此，在开放性课程编制和实施中，我们不仅有开学时的新环境的安全教育，还有放假前的假期安全教育。我们在每个主题中都安排了至少一个专门的安全保健教育活动，将安全教育课程融于全学期课程之中。例如，大班在"我是大班小朋友"主题中有"新环境中的安全""明亮的眼睛"活动；在"秋天多美好"主题中有"小心小火苗"活动；在"可爱的动物"主题中有"保护皮肤"活动；在"冬天"主题中有"灵敏的鼻子"活动……总之，为了落实《纲要》中的健康目标"知道必要的安全保健常识，学习保护自己"，我们在全学期的每个主题中都安排了帮助幼儿熟知安全保健常识的课程，让幼儿学习保护自己的每一个器官，爱惜自己的身体和生命，健康成长。

7. 时序系列

有些主题在以主题教育开展的同时，也考虑到了教育时机，这时的主题是大概念主题，在此大概念主题下包含几个小主题。例如，中班"过节啦"主题是包含了"过年了"和"'三八'节"两个小主题的，因为这两个节日时间靠得近，感知和体验节日的欢乐氛围、节日文化等很多内容是共同的，所以，分两个小主题一方面可以避免内容的重复，另一方面又可以将主题内容做得更深一些、更广一些。再如，中班"清凉一夏"主题，由于端午节在此主题时段，同时又是接近期末放假时段，故而在此主题中包含了三个小主题：夏季相关主题、端午节主题和假期安全教育主题。

二、师生共建的开放性主题活动实施案例

蔬菜在哪里（小班）

缘起

我们种的蔬菜长大了，幼儿对蔬菜很感兴趣。种植园里有蔬菜，还有哪里有蔬菜呢？幼儿纷纷说起了自己知道的有蔬菜的地方：种植园、菜场、超市、家中……这些地方真的有蔬菜吗？都有些什么蔬菜呢？于是我们开启了一段寻找蔬菜的旅程。

目标

开放性课程目标	主题活动目标
1. 在成人的支持下,尝试关注周围常见的事物。	1. 愿意观察各种各样的蔬菜,发现菜场和超市等不同场所中蔬菜的不同。
2. 学习使用感官获得信息,建立初步的异同概念。	2. 在成人的指导下,学习用看、闻、摸、尝等方式感知不同蔬菜的外形和味道。
3. 在成人的帮助下,学习用多种方式表达对简单事物的发现。	3. 在成人的启发下,尝试借助自己的原有经验解决自己在找蔬菜的过程中遇到的问题。

线索

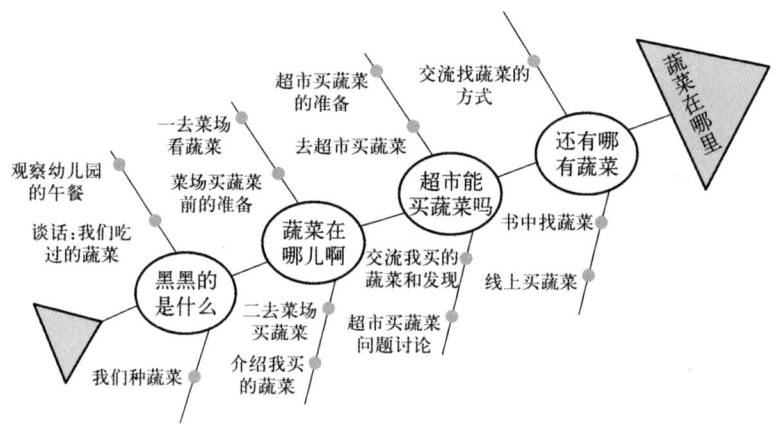

故事

黑黑的是什么

吃饭喽!"老师,这个黑黑的是什么!"小宝指着碗里的黑木耳对我说。

每次吃饭总是会有幼儿指着不同的蔬菜说不吃,怎么才能让幼儿认识并爱上吃蔬菜呢? 于是我们开启了寻找蔬菜的旅程。

"你们吃过蔬菜吗?"

"吃过的啊!"幼儿异口同声地说道。

"你们吃过什么蔬菜呢?"

"青菜、白菜、胡萝卜……"大家七嘴八舌地说着。

"米饭!"

"米饭是蔬菜吗?"听到这个回答我立即追问起来。

"米饭也不是蔬菜啊!"幼儿也发现了问题。到底哪些是蔬菜呢?

"我们一起看看幼儿园里都吃过哪些蔬菜呢?"看着一张张照片,幼儿能说出很多常见的蔬菜,还有一些蔬菜虽然在幼儿园吃过,可是却都不认识,为什么呢?

"因为我们没见过!"原来即使是吃过的蔬菜,我们也不一定都认识,那到哪里能找到这些蔬菜呢?

"那我们能在哪儿找到这些蔬菜呢?"

"菜场!""超市!""蔬菜园!"……

菜场买菜记

蔬菜园里能看到蔬菜,可是蔬菜园的蔬菜还没长出来,那去哪儿找呢?

经过前期考察发现,菜场的蔬菜比较集中,摆放有序,而且菜场空间比较大,便于幼儿清楚地发现蔬菜的不同种类,同时也满足幼儿独立购买的需求,于是我们的第一站就是菜场!

"菜场买菜前我们要准备什么呢?"

"手机。"

"为什么要带手机呢?"

"刷手机付钱!"原来如此,幼儿的经验就是买东西要带手机。

"可是我们都没有手机,那怎么办呢?"

"那就带钱,我阿婆买菜也是带钱的!"

这个方法好,那带多少钱合适呢?幼儿借鉴以往的经验都带了2元钱,准备自己去买菜啦!

到了菜场,幼儿看着花花绿绿的蔬菜,迫不及待地选起来。

"阿姨,我想要买土豆!"园丁有礼貌地对着阿姨说。

"好啊,那你选一个吧!"

园丁左挑右选,终于选到了一个心仪的土豆,看上去还不小。

阿姨认真地接过来放在秤上一称:"孩子,你得换一个小一点的!"

"为什么啊?"园丁不太明白怎么不能买这个。

"这个太大了,2元钱不够买啊!"

没办法,园丁只能"忍痛割爱",挑选了一个稍微小一点的。

2元钱的土豆到底有多大呢?园丁最初只根据自己的意愿选择大的,发现大大的土豆超过2元钱了,在三番两次的调整后终于买到一个2元钱的土豆。原来2元钱的土豆是这么大啊!

拎着2元钱买的菜,大家都心满意足地往回走。

"买菜好玩吗?"

"太好玩啦!下次我还要买菜!"

那我们找蔬菜的下一站在哪里呢?

超市买菜啦

"除了菜场有蔬菜,还有哪里有呢?"

"超市也有蔬菜!"

继菜场之后,我们又准备到超市去找蔬菜了!

幼儿还没去超市,就纷纷计划起了自己要买的菜。

"去超市要带什么吗?"

"钱。""口罩。"有了第一次买菜的经验,幼儿顺利多了。

"还有书包!"太阳立即补充道。

"为什么去超市要带书包呢?上次去菜场也没带书包啊!"我疑惑道。

"超市买很多东西,没有地方装啊!"看来太阳也有去超市购物的经验,知道菜场和超市的不同之处。

于是我们共同计划好,要准备书包、钱、口罩。

"我要买胡萝卜!"

"我要买黄瓜!"

幼儿纷纷计划着这次去超市要购买的蔬菜。

"小宝要买玉米!"

"小宝,你为什么要买玉米呢?"

"小宝喜欢吃玉米!"

到超市啦,小宝一直记着自己的目标,就是要买玉米。

咦?超市里的玉米呢?找了半天也没找到……

"小宝,这个是不是玉米?"看他总是找不到,我指着玉米问他。

"这不是玉米!"小宝肯定地说。

这明明就是玉米,为什么小宝会说不是呢?到底小宝认识的玉米是什么样的呢?回想上次在菜场小宝买的也是玉米,好像上次的玉米没有玉米皮直接能看到玉米粒,难道是因为今天的玉米多了一层玉米皮吗?

于是我尝试着拨开一点外面的皮:"小宝,这个是什么啊?"

"啊,是玉米,我要买玉米!"

哈哈,原来在小宝的眼中,没有玉米皮的才是玉米。

超市和菜场的不同购买经历让幼儿有了很多不一样的发现,比如,超市选好菜后不能直接付钱拿走;超市的玉米和菜场的玉米不一样;超市负责称重的阿姨不收钱;超市里有菜场没有的菜……这样的经历让幼儿多了很多不同的体验,也让他们知道了玉米是有玉米皮的!

手机买菜啦

幼儿意犹未尽,还想体验一次买菜。那还有什么地方可以买菜呢?

"网上啊!"谦谦立即说道。

"咦?网上?网上怎么买菜啊?"大家经验还挺丰富的呢!

"就是用手机买的!"

"谁在手机上买的啊?"

"我爸爸!"

"我妈妈!"其他幼儿纷纷补充道。

"在手机上怎么买菜啊?"

"就是有个购物车,把你要买的菜放到购物车里!"

"还要付款码!"

"要付钱的!"

看来大家都知道手机是可以买菜的,那我们也体验一次手机买菜吧!

打开手机,哇,这么多购物APP,哪个能买菜啊?

我一个个地往后划,刚划到淘宝的界面,幼儿就激动起来了,"这个可以买菜!"他们指着图标大声喊起来。

"京东也可以买菜!"其他幼儿立刻补充道。

"那我们今天用哪个APP来买菜呢?"

"就用京东吧!"幼儿肯定地说道。

打开京东,看着花花绿绿的界面,哪个才是买菜的界面啊?

"这个上面有蔬菜,有西红柿,肯定就是买菜的!"依依指着"京东到家"的标志说着自己的发现。

"哇,有这么多的菜啊!"看到种类繁多的蔬菜,大家立即就兴奋了!

"我想买藕!"

"我想买玉米!"

"怎么买啊?"

"就点那个加号啊,这样就可以放在购物车里了!"远远经验很丰富,一下子就解决了问题。

每个幼儿都选好了自己的蔬菜,突然发现下面的购物车上有个数字:"这个是什么意思啊?"

"就是我们买的菜啊!"

"我们买了29个菜!"

"原来是我们买菜的数量啊,这个数字也能告诉我们一共买了多少菜!"

终于付完款啦,坐等收菜!

"老师,怎么菜还没来啊?"

"老师,快递员打来电话了没?"幼儿怀着满满的期待,觉得时间过得太慢了。

丁零零……来啦来啦,大家一起冲到校门口。

"阿姨,这是我们的菜吗?"

"是的,小一班收!"

拎着沉甸甸的菜,幼儿感受到原来手机买菜也是很方便的。

反思

虽然蔬菜在日常生活中比较普遍,但我们在课程开展的过程中除了带领幼儿一起去观察蔬菜、认识蔬菜、品尝蔬菜,去获取各种关于蔬菜的认知经验,让幼儿爱上吃蔬菜,还关注了幼儿在课程中主体性的体现。在课程实施的过程中,教师鼓励幼儿通过自己的探索去发现问题、解决问题,关注幼儿在每个环节中的兴趣点、问题、困难。比如,在超市买菜过程中,幼儿就发现超市的玉米和菜场的玉米不一样,于是,我们就延伸出活动"玉米什么样"。正是有着这种理念的支撑,我们更能跟随幼儿的脚步去找到课程发展的方向,提供各种支撑,支持幼儿的活动。

此外,我们在实施课程时放手让幼儿在寻找蔬菜的过程中体验真实的生活情境,真实地体验在超市、在菜场、在网络上购买蔬菜,带领幼儿在真正的生活情境中解决买菜过程中的问题,让幼儿自然而然地喜欢蔬菜,丰富购买蔬菜的经验。

小鸡生长记(小班)

缘起

幼儿去兰园菜场找蛋,到了菜场,他们七嘴八舌地谈论着。

"这是鸡蛋,这是鹌鹑蛋,这是鸭蛋……""我知道鸡蛋是从哪里来的,是小鸡生的……"

鸡蛋能孵出小鸡吗?什么样的鸡蛋能孵出小鸡呢?孵小鸡要准备些什么呢?蛋和鸡之间究竟有什么样的神奇关系呢……让我们一起去看看吧。

目标

开放性课程目标	主题活动目标
1. 学习使用感官获得信息。	1. 运用各种感官认识小鸡,观察小鸡的生长变化,发现小鸡的明显特征。
2. 在成人的帮助下,学习用说明、描述等多种方式表征对简单事物的发现。	2. 在教师的鼓励下,学习用动作、语言、绘画等方式表达对小鸡的认识、发现和疑问。
3. 初步学习接纳、理解别人的经验,学习亲近自然物。	3. 在教师的鼓励下,倾听并尝试接纳专家、教师和同伴的经验,愿意照顾和保护小鸡。

线索

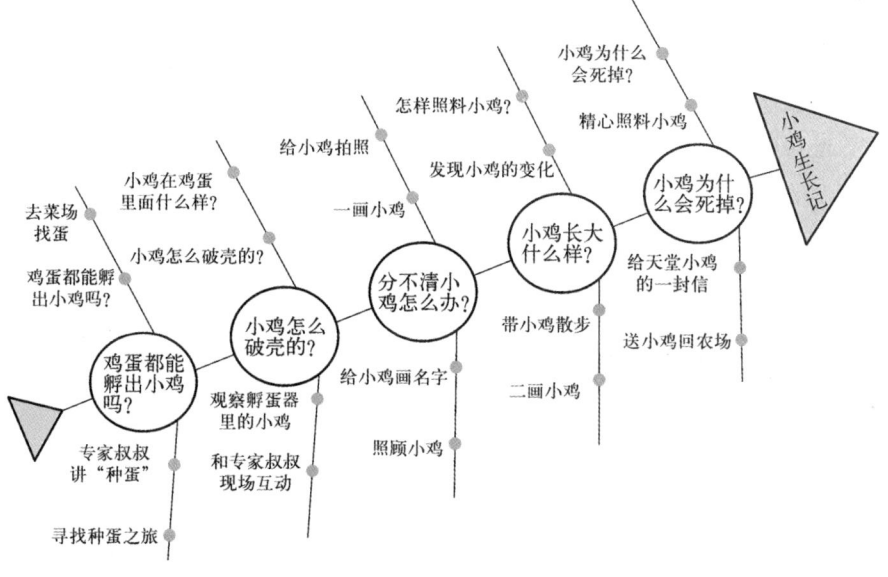

故事

鸡蛋能孵出小鸡吗?

菜场归来,幼儿对孵小鸡这件事兴趣十足。

幼儿提出:"鸡蛋能不能孵出小鸡呢?"

于是,我们向农科所专家求助,得知:"只有种蛋(受精的蛋)才有可能孵出小鸡。"

哪里可以找到种蛋呢?

问题一经提出,幼儿纷纷回应道:

"超市。"
"菜场。"
"农场。"
……

到底哪里才能找到种蛋呢？我们决定去不同的地方找找看。

于是，一场寻找种蛋之旅开始了。幼儿利用周末时间，和爸爸妈妈一起走进大小菜场、超市、农场等地，用稚嫩的声音表达着自己的想法，给自己寻找到的种蛋起了一个好听的名字。

周一早上，幼儿愉快地带着种蛋来到幼儿园，轻轻地放进了孵蛋器里，期待小鸡破壳而出。

小鸡在鸡蛋里是什么样的？

开始孵小鸡啦，幼儿每天都去看孵蛋器里面的鸡蛋，每天都会有各种问题产生："小鸡什么时候能孵出来？""小鸡在鸡蛋里什么样？""小鸡在鸡蛋里怎么吃饭？"……

每天提出这么多的问题，怎样才能记住自己的问题，幼儿决定把自己的问题画下来。

"小朋友说说小鸡在鸡蛋里面会叫吗？怎么画呢？"我问道。

"画一个鸡蛋，里面有嘴巴。"

"画一个喇叭表示有声音。"

"画一个耳朵，还有一个鸡蛋。"

……

就这样，幼儿用自己喜欢的方式记录下了自己的问题。

第二天，农科所的专家叔叔现场解答了幼儿的问题。

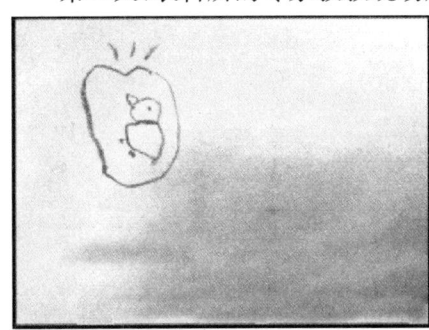 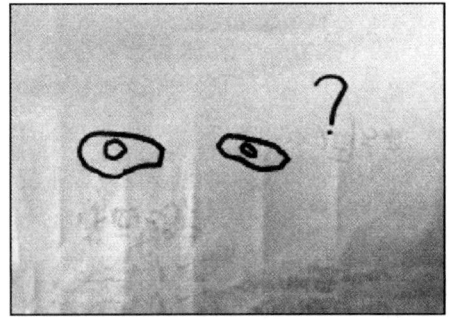

图2-1-1 李志远：小鸡在鸡蛋里会叫吗？　图2-1-2 周方石：天黑了，小鸡的眼睛能看见吗？

分不清小鸡怎么办?

小鸡宝宝陆续破壳而出,参观小鸡的老师和小朋友们也多了起来。

每只小鸡宝宝都有自己的名字,可是其他班的老师和小朋友叫不出小鸡的名字怎么办?怎样让其他班的老师们和小朋友们知道小鸡的名字呢?

幼儿说:"我们告诉他们。"

"但是如果我们不在班里,或者我们也忘记了小鸡的名字怎么办?"我反问道。

"我们给小鸡盖一个印章。"

"小鸡的名字怎么写呢?"

"我们画呀。"

"名字怎么画呢?还要让大家都能看得懂哦,比如'小琴'这个名字。"我继续问道。

"那就画一个(架)钢琴。"

"画一个(颗)芹菜。"

画完小鸡的名字,我和幼儿一起把"姓名标志"贴在小鸡的照片上。

"太好啦,大家都认识它啦。"幼儿为自己的创意感到高兴。

图 2-1-3 给小鸡画名字

小鸡长大什么样?

小鸡宝宝一天天长大,变化真不小呢,幼儿每天都有惊喜的发现:

"小鸡的毛变色了。""小鸡的脚长大了。""小鸡的嘴巴长长了。""小鸡头顶变黑了。""我都忘记它小时候的样子了。"

……

怎样记住小鸡的变化呢?

"给小鸡拍照。"

"把小鸡画下来。"

"每天都去看小鸡。"

"带回家照顾,仔细看。"

……

幼儿说出了很多解决的办法。于是,我在"小鸡的家"旁放了一台iPad,幼儿可以随时给小鸡们拍照。同时,我和幼儿一起给小鸡搬家,把小鸡的家搬到了美术区的旁边,幼儿可以边看小鸡,边把小鸡的样子画下来,随时记录小鸡的变化。

图2-1-4 小鸡刚出生的时候

图2-1-5 小鸡长大喽

有话对天堂的小鸡说

清明节期间,有3只小鸡陆陆续续离开了我们,幼儿在悲伤的同时,也对生命有了自己的一些想法。虽然小鸡离开了,但幼儿对小鸡的思念从未停止过,幼儿经常看小鸡的照片,念出"小冉""小猩猩""叉烧"的名字,想念小鸡怎么办呢?

想念小鸡,就给天堂的小鸡写封信吧。

幼儿在朋友面前大声地说着自己对小鸡的思念:

"小鸡,我想你。"

"小鸡,我想给你吃个糖果。"

"小鸡,希望你在天堂很开心。"

"小鸡,我想再见到你。"

……

这么多甜甜的话,幼儿用心地记录着。

最后幼儿把信轻轻地放进玻璃瓶里,轻轻地埋在小鸡的旁边,希望小鸡能够"看见"这些充满爱的信。

 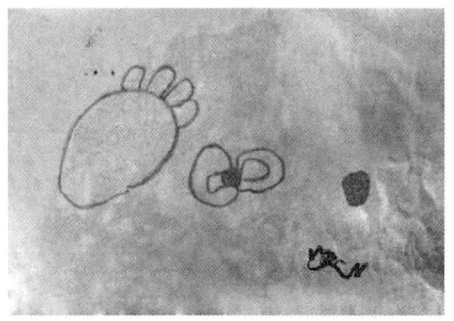

图 2-1-6 笑笑:叉烧,我希望你在天堂好　　2-1-7 熙熙:小冉,我想抓只蝴蝶送给你

反思

(1) 开放内容,鼓励和支持幼儿全程观察小鸡的生长过程

教师打破以往只观察小鸡和蛋的内容限制,向幼儿开放了由蛋到鸡的生长全过程。从去菜场寻找蛋开始到寻找种蛋、给自己的种蛋取名、孵化小鸡、小鸡破壳、照顾小鸡、带小鸡散步,直至小鸡死亡、怀念小鸡等,幼儿亲身经历着这一系列的活动内容,亲身体验和感受生命的变化与奇妙,在与小鸡朝夕相处的过程中学习关心和爱护柔弱的小鸡。

(2) 开放时间、空间,给幼儿创造更多等待和发现的机会

教师不受集体学习和集中观察的时间限制,依据小鸡的生长开展相应的观察学习活动。小鸡的生长是一个漫长的过程,在这个过程中,教师和幼儿一起放慢了脚步,为小鸡"驻足等待"。每每发现小鸡的变化时,幼儿总会第一时间走到小鸡的身边,耐心、细致地观察,亲切、温柔地抚摸,具有想象力和创意地表征。温暖的午后,幼儿带着小鸡去公园散步,在与大自然接触的过程中亲近自然、喜欢自然。

(3) 开放资源,丰富和拓展幼儿多样化的经验

依据幼儿的问题,教师广泛地引入各领域专家与幼儿互动,有农科所的专家、宠物医院的专家、防疫站专家、农场饲养员等。多种资源的综合利用,有效地丰富和拓展幼儿的经验,帮助幼儿更加全面、细致地了解小鸡的生长过程,促使幼儿积极参与主题活动。同时,教师在吸收各方资源的基础上,弥补了自己专业领域的经验缺失,提高了自身的专业素养。

"虫虫"小组项目探究记(中班)

缘起

9月开学,幼儿对地上排着队的蚂蚁、草丛中跳跃的蚂蚱、大树上鸣叫的

蝉、空中飞舞的蝴蝶等"虫虫"产生了兴趣,经常三五成群地围在一起看着说着,于是我们决定一起到中山植物园找一找秋天的"虫虫"。

目标

开放性课程目标	主题活动目标
1. 在成人和同伴的启发下,愿意提出自己感兴趣的问题。	1. 在照料和观察"虫虫"的过程中,愿意提出关于"虫虫"的问题。
2. 学习联合运用多种感官获取信息,学习使用简单辨别异同的方法建构概念。	2. 通过视觉、听觉、触觉等多种感官了解"虫虫"的外形特征及生活习性。
3. 在成人的引导下,尝试使用简单的符号以及说明、描述等多种方式表征对简单事物或过程的发现、认识。	3. 尝试用图画、符号、数字、动作等方式表征自己对"虫虫"的发现、问题、研究结果等内容。

线索

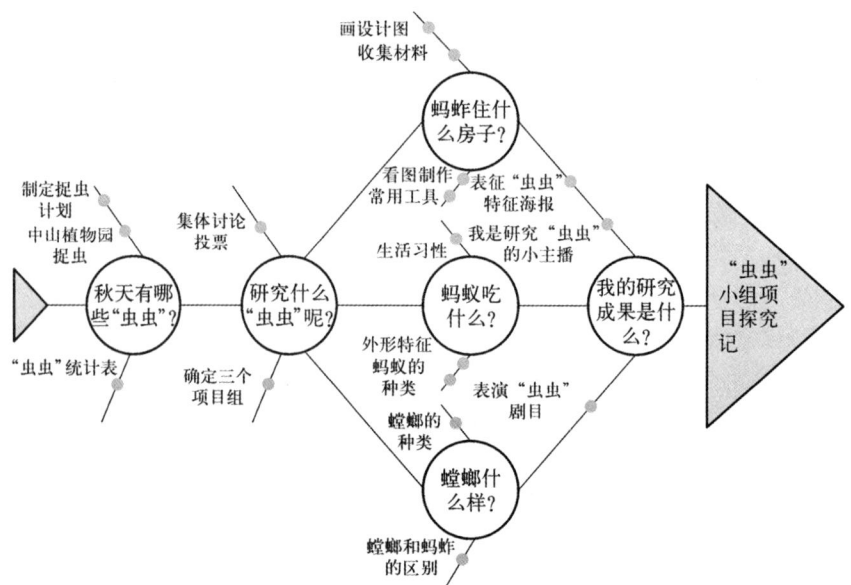

故事

三个项目的由来

幼儿统计全班捉到的"虫虫"一共有15种,那到底研究什么"虫虫"呢?

"研究蚂蚱,蚂蚱最多。"

"研究蝴蝶,蝴蝶最漂亮。"

"研究蚂蚁,蚂蚁力气最大。"

……

"大家对'虫虫'的兴趣不同,怎么办呢?"

"投票吧,少数服从多数。"

"看哪种'虫虫'票数多,我们就研究它吧!"

第一次投票,得票数最多的是蚂蚱,原来捉到最多的"虫虫"是蚂蚱。

投票结束后,有人欢喜有人忧,有的幼儿提出对蚂蚱不感兴趣,没有选到自己想研究的,于是幼儿继续出谋划策。

"为什么不能多选几个呢?"

"多选的话,没有老师带我们一起研究啊。"

"我们有3个老师。"

"对对对,那我们可以选3个'虫虫'啊。"

"老师怎么加入呢?"

"就是一个老师加入一个组啊。"

于是,没有选择蚂蚱的幼儿有了一次继续投票选择的机会。

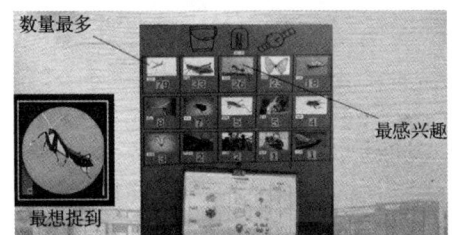

图2-1-8 确定三个项目组

我们最终确定了三个项目组:捉到最多的蚂蚱组,最想捉但没捉到的螳螂组和最感兴趣的蚂蚁组。

蚂蚱的房子

蚂蚱项目组的幼儿将捉到的蚂蚱放在科学区观察,发现蚂蚱没几天就会死,觉得是因为装蚂蚱的容器既小又闷,于是提出问题:"蚂蚱适合住在什么样的房子里?"

幼儿通过查找资料了解到蚂蚱跳得高,房子要有足够的空间,想到用大纸箱做个蚂蚱房。

"纸箱不透气,蚂蚱会闷死的。"

"可以扎洞洞,我用的瓶子就是扎洞洞后给蚂蚱住的。"

"不行,从洞洞喂蚂蚱喝水,纸箱会烂掉。"

"这里有纱布,上面有很多洞洞,可以放在纸箱上。"

"可是,我们看不到蚂蚱了。"

"那我们给纸箱再加一个窗户。"

"蚂蚱会从窗户跑掉的。"

"找一个透明的东西当窗户,我们能看到,而且蚂蚱也跑不掉。"

"所有地方都堵起来了,那捉到的蚂蚱怎么放进去呢?"

"还有怎么喂蚂蚱吃饭呢?"

图 2-1-9 蚂蚱的新房子

"我想到了,饮料瓶的盖子可以拧下来啊。"

最终,幼儿选择了纸箱做房子、纱布做纱窗、透明膜做观察窗、饮料瓶盖做门。

材料都想好了,那怎么制作呢?蚂蚱组的幼儿先画房子的设计图,按照设计图开始制作,在设计窗户时遇到了困难,画的线歪歪扭扭,他们想到了尺子,尝试后发现尺子是斜的,必须将尺子先放正,画出来的线才是直的。幼儿还学会了使用刀具、乳胶、温度计、湿度计等工具。

幼儿将蚂蚱小心翼翼地放进纸箱,观察蚂蚱在纸箱中"跳高",觉得给蚂蚱制作的新房子正合适。蚂蚱组的幼儿每天关注、照料着搬入"新居"里的蚂蚱,继续研究着……

蚂蚁吃什么?

幼儿在科学区照料蚂蚁时,遇到的第一个难题就是蚂蚁吃什么。幼儿猜测了很多蚂蚁可能喜欢的食物,决定用实验的方式验证。

幼儿每人带了一种食物喂蚂蚁,分别喂了面包、苹果块、梨、西瓜、饼干屑等,第二天观察蚂蚁进食情况。

"饼干屑少了一点点,蚂蚁喜欢吃饼干。"

"我们喂的面包、梨、西瓜太大了,蚂蚁比较小,咬不动也搬不动,就算咬了一口也看不出来啊。"

"也有可能蚂蚁吃饱了,已经吃不下其他的了。"

……

于是,幼儿进行调整,将面包掰成小小的面包屑,水果块压成水果泥再次喂蚂蚁。一周后,幼儿发现饼干、面包、西瓜不见了,其他食物变少了,最终得出了"蚂蚁什么都爱吃,但更爱吃甜的食物"的结论。

我们的研究成果

三个项目组的研究结束了,那怎么在集体中介绍呢?项目组的幼儿聚在一起讨论交流起来。

"我们把知道的画下来,看着介绍。"

"那你们谁画,谁介绍呢?"

幼儿争前恐后地举手说:"我!我!我……"

"大家都想画和说,怎么办呢?"

"我们一起合作吧!"

"每个人都画一个,轮流介绍。"

"谁画的就谁介绍。"

三个项目组的研究方向不同、研究内容不同,呈现的记录方式不同,所以每个组分享汇报的方式也不同。蚂蚱组的房子 STEM 活动,按流程步骤呈现,最终分享汇报是幼儿轮流介绍,一次介绍流程的一个部分;蚂蚁组是围绕各自提出的问题一起研究,采取的是一位幼儿介绍其中一个问题与结论的方式进行分享汇报;螳螂组从关于螳螂的问题、螳螂的种类、蚂蚱与螳螂的区别、我眼中的螳螂四个不同方面介绍研究成果。项目组以小组为单位,分工合作,人人参与分享研究成果。

反思

"虫虫"小组项目研究的全过程,教师都是以开放的态度,让幼儿自己发现问题、寻求策略来解决问题,从中获得成功的经验。

(1)开放研究的项目对象,激发幼儿自主探究的兴趣

此项目改变了以往教师做决定,集体研究一种"虫虫"的方式,尊重幼儿提出投票给自己想研究的对象的意见,以及分组研究的想法,满足幼儿对"虫虫"研究需求的差异性,激发幼儿深度研究的兴趣。

(2)创设真实的问题情境,提高幼儿提出问题和解决问题的能力

将捉来的"虫虫"养在班级区域中,幼儿通过看、摸、听等多种感官观察"虫虫",了解其外形特征和生活习性,发现"虫虫"有趣的事情,自发地提出各种各样的问题。当幼儿提出问题后,教师继续将问题抛给幼儿,通过小组交流讨论、查询资料、实验验证等方式寻求解决问题的办法。同时教师注意引导幼儿学习用问句向成人、语音音箱、网络提问的方式解决问题,在提出问题、解决问题、反思调整的循环过程中拓展和丰富幼儿的经验。

蔬菜生长记(中班)

缘起

一次午餐时间,幼儿对菜汤里的蔬菜产生了兴趣。"到底这是什么菜?""它

是怎么长出来的?"……随着问题的深入,幼儿决定在班级的自然角里开始新一轮的种植活动。让我们跟随他们的脚步,一同感受其中的乐趣。

目标

开放性课程目标	主题活动目标
1. 学习联合运用多种感官获取信息;学习使用简单辨别异同的方法建构概念。	1. 能够运用多种感官获取蔬菜生长的信息,学习对比观察蔬菜之间的不同。
2. 在成人的引导下,尝试运用成人、同伴提供的经验解决自己和别人所面临的小问题。	2. 面对问题,能够学习运用多种方法尝试解决,并积累一定的经验。
3. 在成人的引导下,尝试使用简单的符号以及说明、描述等多种方式表征对简单事物或过程的发现、认识。	3. 在成人的引导下,尝试对蔬菜的生长过程进行多种方式的表征。

线索

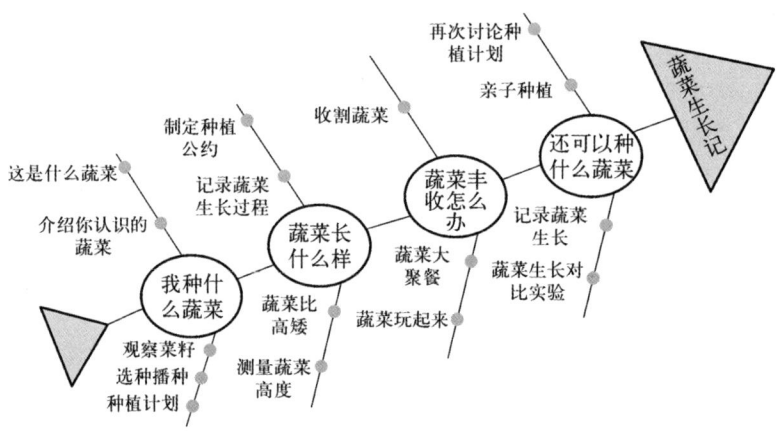

故事

种什么菜?

菜汤里的茼蒿让幼儿对种植蔬菜充满了向往。
"还可以种哪些菜呢?"
"怎么种呢?"
"我阿公会种菜,我去问问他吧!"嘉嘉提议道。

于是,我们请来了阿公和幼儿一起讨论。阿公带来了 6 种蔬菜种子和菜苗,有茼蒿、生菜、芹菜、十月红、青菜和荠菜。幼儿通过举手投票,自主选择了种植蔬菜的种类。

"选哪个种植箱呢?"

经过小组商议,幼儿挑选了种植箱。每个种植箱到底是选择菜苗还是种子呢? 幼儿的意见都不一样,怎么办呢?

"我们制作一张种植计划表吧!"

于是,幼儿用前书写或绘画的方法,将自己选择的蔬菜种类、种植箱序号、种植方式记录下来。

"每种蔬菜要怎么照顾呢?"

幼儿继续请教了种植经验丰富的阿公,得知了自己所种蔬菜每周浇水的次数,也将其记录在自己的种植计划表中。

按照计划,幼儿种下了自己选择的蔬菜。种下后,幼儿都盼望自己的蔬菜能快快长大,每天他们争先恐后地去浇水。

"今天在照顾蔬菜时发生了什么事?"

"浇水的人太多了。"

"那怎么办呢?"

"轮流浇水。"

"怎么轮流呢?"

"每次浇多少水呢?"

……

"我们制定一个公约吧!"

最后我把幼儿制定的公约汇总起来,用前书写的方式记录为:第一,按学号轮流照顾蔬菜;第二,7:50~8:00 每个种植箱浇 1 桶水。

初期公约只有两条,后来随着蔬菜的长大,又出现了许多问题:有的幼儿忍不住把蔬菜刚发出的小苗拔出来;有的幼儿发现有的菜叶上有虫洞。于是,幼儿又针对问题对公约进行了补充调整:第三,不能摘蔬菜苗;第四,帮蔬菜捉虫。

蔬菜长什么样?

【巧用 APP】

在幼儿的精心照顾下,蔬菜宝宝一天天长大。

"我想把芹菜的变化记录下来。"一天早晨,悠悠在观察时说道。

"怎么记录呢?"

"可以拍照。"

"可以录音。"

"可以用前书写。"

"可以把蔬菜的样子画下来。"

幼儿纷纷说出自己的想法。

"但是我们用什么方法记录最方便呢?"

思考片刻之后……

"对了!我们可以用'多肉'记录。"哆哆突然想到了大家从小班就开始使用的"多肉成长记"APP。

哆哆的提议立刻得到了大家的一致认可。于是,在老师的支持下,班级提供了两台 iPad 供男孩、女孩分开使用,避免记录时等待时间过长。

使用 APP 一段时间之后,大家集体讨论了自己的感受。

"拍照有什么好处?"

"可以把细微的东西拍下来。"

"可以保存,以后忘记了可以再看。"

"可以看到蔬菜宝宝小时候的样子。"

"回到班里之后,还能给其他老师看蔬菜长什么样子了。"

"那语音有什么好处?"

"可以听一听别人是怎么说的。"

"看不懂照片可以用耳朵听语音。"

"有没有遇到什么问题?"

"长按录音键有时手会松,声音录不进去。"

"周围太吵,录音时有杂音。"

"那怎么解决呢?"

"可以一只手托着 iPad,另一只手按录音键。"

"可以到人少一点的地方录音,这样就不会吵了。"

幼儿在集体讨论中,不断丰富自己的经验,这将为他们后期记录提供更多的支撑。

【测量比高】

不断长高是蔬菜最明显的变化之一。

"看,我的十月红比你的茼蒿都高一个头了!它现在比种植箱还要高!"

"那你知道十月红到底有多高吗?比我的茼蒿高多少?"

"你们量一量、比一比,不就知道了嘛。"

"用什么量呢?"

……

幼儿各抒己见,开始寻找测量工具。

"看!我的十月红有8个雪花片那么高,你的茼蒿只有4个雪花片的高度,我的植物比你的高4个雪花片。"

"真的哎。那再看看我的工具吧。我把回形针串起来了,我的茼蒿用了10个回形针。看看你的十月红呢?"

"我们一起数一数。"

"1,2,3,4……,一共用了20个。"

其他孩子也加入了测量的"大军",纷纷找来工具,有的用磁铁小棒,有的用软尺,有的用乐高,还有的直接用胳膊量了起来。

经过几天的寻找和尝试,大家一下子发现生活中的很多物品都可以用来测量。

"怎么量我的芹菜都是最矮,我们都按时浇水呀。"嘉嘉有些沮丧地说道。

"是什么原因呢?"

"要是有种植专家就好了,我们可以问问他们。"

经过联系,家长提供了农科所的资源,嘉嘉向种植专家提出了自己的问题:"为什么我的芹菜总是只有一点点高?"

"因为芹菜喜欢暖暖的天气,适宜春天种,冬天太冷了,所以它长得慢。"专家解释道。

图 2-1-10 向种植专家提问

幼儿似懂非懂地点点头,回到幼儿园之后,继续每天照顾蔬菜……

寒假之后,迎来新学期。

嘉嘉开心地欢呼道:"芹菜是第一高啦,真不敢相信。"

初春的暖阳让芹菜飞快地生长,变成了最高的蔬菜。

"我的十月红原来是第一高,但是现在芹菜是第一高啦!"羊羊惊讶地说。

"为什么会这样呢?"

"因为我的十月红适合冬天长,但是现在是春天了,天气暖和了,所以芹菜长得最快!"

蔬菜丰收怎么办?

经过漫长的等待,终于迎来了蔬菜的大丰收!

在收割蔬菜的时候,羊羊把芹菜的茎的一半拔掉了,芹菜的根还深深地扎在泥土里。

大家纷纷出主意。

"我们先用铲子把芹菜旁边的土铲开,这样就好拔一点。"

"我觉得还可以用刀割,我奶奶就是这样割韭菜的。我们小朋友不能用刀,我们可以直接用手把上面的叶子摘掉。"

"有些小一点的菜我们可以留着,等它长大了再收。"

"这两个方法都可以,我们都试一试。"

大家开始分头行动,用自己的方法采摘芹菜。

一个星期后,芹菜地前挤满了幼儿。

"你们看!这就是我上次拔断的那根芹菜,它从中间又发出了小芽,它又活啦!"羊羊边指着那根芹菜,边向大家激动地介绍着。

"这是我们上次割掉的芹菜,有几根也从中间发芽啦,好神奇啊!"

"这到底是怎么回事?我拔掉的芹菜就没有了,你割的芹菜又发芽了!"

老师将这个问题发到了班级群里,当天很多有经验的爷爷奶奶谈了自己的经验,一下子让班级群的交流热烈起来。

原来芹菜有一定的再生能力,把它割掉以后,只要根系完好,那么它是可以再长的,但是再次长出来的比较细弱,大家都恍然大悟。

反思

(1) 表征方式的开放,让教师读懂了幼儿的"一百种语言"

在种植活动中,幼儿在制订计划、记录蔬菜生长过程、丰收后的反思、再一次种植的选择等阶段,都进行了多种方式的表征。教师从幼儿的前书写中读懂了符号的多种含义,从绘画中读懂了幼儿眼中景物的多种形态,从语音中读懂了蔬菜生长变化的奇妙,从照片中读懂了拍摄角度不同蔬菜的造型也不同。正是开放的态度,让幼儿自由而充分地表征,从而让教师能够从多角度了解幼儿的发展情况。

(2)支持策略的开放,让教师领略了幼儿的"一百种策略"

幼儿在自主种植的过程中,面临了很多问题。我们采用了同伴的经验共享、教师的问题引导、专业人员的知识支撑、现代化手段的智慧支持等支持策略。由于支持策略的开放,幼儿能够体验到成长和收获的喜悦,教师能够感受到幼儿的无限潜力。

四大发明(大班)

缘起

在一次关于"祖国之最"的讨论中,大班的幼儿各抒己见,提到了很多"祖国之最"的内容。经过集体讨论、投票,最终"四大发明"成为大班幼儿最想研究的项目。四大发明是什么?四大发明怎样做?四大发明对我们的生活有什么影响?四大发明蕴含了多少奥秘?一场探索之旅由此开始……

目标

开放性课程目标	主题活动目标
1. 在成人的引导下,学习使用各种符号以及说明、描述等多种方式表征对简单事物或过程的发现、认识和创造。	1. 通过语言表达、前书写、绘画、手工、数学等方式创造性运用已有经验表达对四大发明的认知和感受。
2. 尝试改变或重组原有经验解决自己和别人所面临的问题。	2. 体验四大发明的过程中能借鉴原有经验尝试解决问题,在协商分工下探索研究内容。
3. 在成人的指导下,学习理解、尊重、欣赏别人,学习关注与众不同的意见。	3. 分组研究中认真倾听,乐于接纳他人的想法与建议,了解四大发明在当下对人们生活的影响。
4. 初步感受社会文化的丰富性和差异性。	4. 感受中国古人的智慧,了解四大发明相继流传至世界各地为人们所用,萌发探索欲望和自豪感。

线索

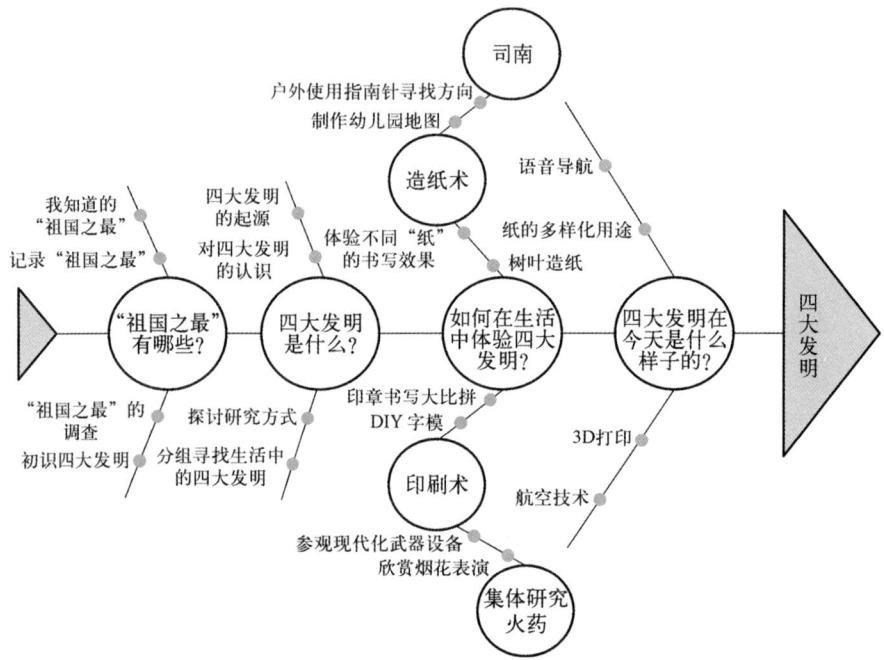

故事

确定研究方式

初识四大发明,幼儿对四大发明的经验、兴趣各不相同,想要研究的项目也有所不同。因此,教师和幼儿针对"四大发明里,你最喜欢哪一项发明?"这一问题展开讨论。

"我喜欢造纸,因为纸可以用来画画。"

"我喜欢指南针,因为我家就有。"

"我喜欢印刷术,因为可以印刷出很多的书。"

"我喜欢火药,因为可以放烟花。"……

幼儿自由地说着。

"大家的喜好不一样,我们到底研究哪一项呢?"问题在继续。

幼儿纷纷表达了自己的想法,有人说研究自己喜欢的项目,有人说研究大家喜欢的项目。最后,大家协商决定以小组的形式分别研究指南针、造纸术、印刷术,根据自己的兴趣选择各自的小组。幼儿郑重地在自己所要研究的项目栏目中签上名字,项目教学开始了。

火药是制作烟花的材料,幼儿都很喜欢烟花,因而火药成为幼儿的集体研究项目。

找"纸"

幼儿收集了各种各样的纸张,了解了纸张的多样性和不同用途。究竟造纸术这项发明,对于人类有什么样的意义呢?幼儿议论纷纷:

"造纸术很重要,人们都需要。"

"因为能在纸上写字,比如小朋友画画的纸。"

"因为以前没有纸,就需要造纸。"

"以前的纸不是纸。"

"生活离不开纸。"

"以前的纸就是树皮之类的东西,也不好写字呀,所以要造纸!"幼儿对以前的"纸"充满了兴趣。

于是,大家走到户外,寻找了很多可以当作"纸"的物品:树皮、树叶、石头、骨头、橘子皮等。回到班级,幼儿建议在不同的"纸"上写自己的名字。

写着写着,他们说:

"树皮太粗糙了,笔都坏掉了。"

"树叶太脆,一写就坏掉了。"

"石头太滑不好写,而且太重,不好带走。"

"骨头根本没办法写,凹凸不平还有油。"

"橘子皮东一块西一块,名字写不全。"

……

最后,幼儿在亲身实践中体会到了纸在人们生活中的作用,感受到了中国四大发明之一的"造纸术"的重要意义。

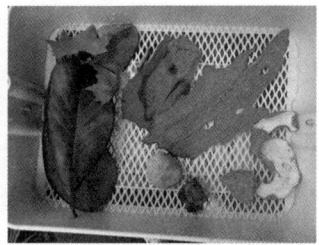

图 2-1-11 在生活中体验"纸"

DIY 字模

幼儿了解了古代泥活字印刷的方法后提出了问题:"我也想做字模,怎么做呢?"

幼儿纷纷表达了自己的困难:

"方方的字模可以用黏土来制作,可是黏土太软了字模会损坏吗?"

"字模上的字是反字,我不会写呀?"

"凸起的字怎么制作呢?"

……

在网络资源的帮助下,大家认识到一种在微温条件下可软化塑形,常温下质地坚硬的精雕油泥,或许能成为制作字模模型的材料。

"制作字模可以分为哪几步?"教师问道。

"我们需要制作一个个大小相等的字模模型。"

"字模上还需要刻上文字。"

"泥活字字模上的文字是什么样的呢?"

"每一个字模上只有一个字。"

"字模上的字是反字。"

"文字是凸起的。"

……

"你们有什么好办法可以制作出阳文反字字模呢?"教师追问道。

"我们可以先写一个正的字,然后照着样子写一个反字呀!"

"可是太难的字,我们不会写呀?"

"那就先从简单的字写起。"

"这倒是个不错的主意,那么如何制作凸起的文字呢?"教师问。

"我觉得在纸板上写好字后剪下来贴在字模上。"

"我觉得可以用油泥制作一个立体的字贴在字模上。"

……

初次尝试后,大家发现在纸板上写字并剪下来过于复杂,难以保证字的完整性;油泥制作的字很难完整保存在字模上,在印刷过程中会塌陷。

再次求助网络资源后,幼儿发现,在白纸上写下字后,将纸反过来放在字模上,用木质刻刀描出文字,再用刻刀将文字边缘多余的油泥去除,这个办法可行,字模终于制作成功啦!

图 2-1-12　DIY 字模

制作幼儿园地图

参观了明城墙并看了其平面图,幼儿看到了明城墙所处的方位和明城墙的轮廓。

"参观的地方都有平面图,幼儿园怎么没有呢?"一位幼儿提出了疑问。

"我们可以自己做一个平面图呀,怎么做呢?"接着,大家针对制作步骤和制作方法展开了讨论:

"我觉得太难了,我不会画。"

"可以看明城墙的平面图,照着画。"

"去楼顶看看幼儿园里有什么,然后再画。"

……

一番讨论后,大家决定找出明城墙的平面图,随后又找出大家去过的明孝陵和九华山的平面图。幼儿在细致观察后总结出画平面图的几个要点:方位、范围、场所特点、标志性的建筑。

大家商讨决定,教学楼、办公楼、后楼、大操场、后操场、大滑梯、攀爬树屋、小花园等场所是需要绘制呈现的。于是幼儿主动报名,每位幼儿拿一张纸,认领自己想要表征的场所。最后,大家将绘制的场所,按照指南针的方向指示组合粘贴在一张大纸上。就这样,一张幼儿园的平面图做好啦!

四大发明的发展

幼儿通过各种方式体验四大发明,了解四大发明的起源、制作工艺及其重要的历史意义。

"现代生活中还有四大发明吗?对我们现在的生活有什么影响呢?"针对幼儿的问题,大家继续讨论着。

"你们知道四大发明在现代生活中怎样用吗?"教师把幼儿的问题抛给他

们自己。

"火箭!"

"打印机!"

"大炮!"

"你们说了火药、造纸、印刷术在现代社会的运用,指南针在现代生活中怎么用呢?"

"导航!"幼儿们异口同声地说。

"你们是怎么知道导航的呢?"

"因为爸爸开车的时候就用导航。"

"导航是更高级的指南针,导航有什么作用呢?"教师追问。

"导航可以带我们去想去的地方,只要你输入目的地就可以了。"

"导航上面有路线。"

"那你们仔细观察过吗?路线上会有什么不一样的颜色?"教师继续提问。

"有绿色、黄色和红色。黄色代表有点堵,红色代表非常堵。"

"那导航在工作的时候是很安静的吗?还是会有声音?"

"会有提示,它会讲话,会告诉我们要往哪里走。"

"是的,现在的导航很先进,有语音提示,爸爸妈妈只要听着导航的声音而不用一直看屏幕就可以开车,这样他们能专注开车,避免危险的发生。"

最后,幼儿一起使用导航APP,感受指南针技术的发展与变革,感受科技的进步。

反思

(1) 充分尊重幼儿研究兴趣,自主项目和集体研究结合

我们以项目研究作为课程建设思路,以分组教学作为课程实施方式。全班幼儿根据兴趣自主分为三组,每位教师带领一组,又根据幼儿的喜好选择集体研究项目——火药。幼儿在亲身体验与聆听分享中既深度研究了自己选择的项目,又对其他的项目有所了解,最大化地满足了幼儿对于四大发明的研究愿望。

(2) 契合幼儿生活经验,亲身体验四大发明

幼儿通过直接感知、实际操作、亲身体验等方式进行积极探索和发现,提出问题并解决问题,在与环境的互动中丰富认知经验。幼儿从在生活中寻找方向到绘制幼儿园平面图,从认识各种各样的纸到用树叶造纸,在了解四大发明的缘起与演变中体会到中华文化的博大精深,萌发出热爱祖国的情感。

兔宝宝诞生记(大班)

缘起

幼儿从小饲养宠物,不仅可以锻炼幼儿的观察能力、动手能力,更可以培养幼儿的责任心,从而使其对生命有敬畏之心。而教师不仅和幼儿一起饲养了小兔子,更神奇的是,还一起亲历了兔妈妈的怀孕、兔宝宝的出生和对兔宝宝的照料,对动物的婴儿期有了更多的了解,对照顾婴儿期的兔子有了更直接的体验。

目标

开放性课程目标	主题活动目标
1. 尝试改变或重组原有经验解决自己和别人所面临的问题。	1. 了解判断母兔怀孕的方法,根据专业人士的建议,学习持续观察记录,判断母兔是否怀孕。
2. 在成人的引导下,学习使用各种符号以及说明、描述等多种方式表征对简单事物或过程的发现、认识和创造。	2. 通过教师的引导和同伴的启发,学习细致对比观察兔宝宝,能抓住兔宝宝的个性特征,为兔宝宝取名字,并用前书写的方式表现兔宝宝的名字。
3. 学习关注自己在探究、发现和改变原有观念后产生的成就感。	3. 学习照顾兔宝宝,通过查阅资料、询问专家等多种方式,营造适合兔宝宝生活的环境、学习兔宝宝的喂养方式,从而产生责任感。

线索

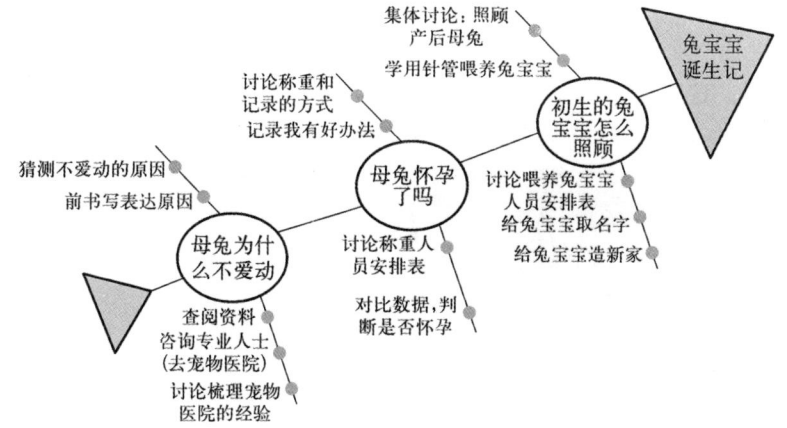

故事

Kitty 兔的不寻常表现引发的一次大胆猜测

不久前的一次机缘巧合,我们班从饲养一只兔子变成了饲养两只,两只兔子住在一起,就像一家人一样。幼儿天天轮流照顾着它们,无微不至。

一天,萌萌无意中提到:"你们有没有发现,最近 Kitty 兔(幼儿给小兔取的名字)没有以前活泼了,在家里不怎么动呢!"

旁边的然然也附和道:"是的,还长胖了很多!"

幼儿纷纷围了过来,七嘴八舌地议论开了。

"会不会 Kitty 兔肚子里有宝宝啦?我妈妈肚子里有弟弟的时候,就是天天躺在床上的!"乐乐大声地表达着自己的猜想。

幼儿听后更加兴奋:"对,一定是有宝宝了!""肯定是有宝宝了!"

教师抛出了问题:"怎么才能确认它有没有怀孕呢?"

乐乐抢答道:"找医生,我妈妈就是医院的医生说她有宝宝的!"

于是,由家委会的妈妈们带着两只兔子去了宠物医院,并用微信群进行了现场直播。大家透过屏幕不断地向医生提问,医生确定了两只兔子是一公一母,但不能确定是否怀孕。最后,医生建议检测 30 天的体重,如果体重有明显增加,就说明兔子怀孕了。

就这样,一场监测 Kitty 兔体重的活动拉开了帷幕!母兔怀孕了吗?我们一起期待吧!

诈孕

教师问:"怎样能知道 Kitty 兔的体重呢?"

"用称体重的秤!"

于是,第二天便有幼儿带来了地秤。可是问题又来了:"小兔子又不会像人一样站在上面不动,它会跑,怎么称呢?"

图 2-1-13 给 Kitty 兔称体重

"把它放在笼子里,把笼子一起放在上面称!"

"不可以的,我们只要称 Kitty 兔的重量,不要称笼子的重量,这样称,笼子的重量也称进去了,不准了!"

"每天都带笼子称,如果 Kitty 兔体重有变化,还是能看出来的吧?"

经过一番争论,我们决定用碗和

钢珠做实验,通过增加钢珠的数量,幼儿知道了有碗在的情况下重量同样会发生变化。

接下来的问题是:多长时间测一次呢?每天都测吗?谁测呢?谁记录呢?

在一番讨论之后,大家约定好,由每天的两名饲养员负责在打扫过兔笼后为其称体重和记录。

一个月后,大家对比了数据以及Kitty兔的身体状况,似乎没有任何动静。原来这次是"诈孕"!

真孕

就在Kitty兔"诈孕"之后的一天,小雨从饲养角跑进教室大声喊道:"不得了啦! Kitty兔发疯了。"班上一下子炸开了锅:"怎么啦?""它又从笼子里跑出来了吗?""它在笼子里上蹿下跳吗?"大家向小雨围拢过来。小雨激动地挥着双手说:"都不是,它把自己身上的毛全用嘴巴拔了下来,拔得一笼子的毛!"

话音刚落,全班幼儿瞬间跑向饲养角去看"奇观"。

"Kitty兔这是怎么啦?"

"它这样不疼吗?"

"它为什么要拔毛啊?难道嫌热?"

"难道是它生病了吗?"

……

到底是怎么回事呢?大家将期待的眼神投向了老师,老师摊开双手:"我也不知道!怎么办呢?"

"打电话去上次的宠物医院!"可是没有号码。

"我们用百度语音搜索吧!"

幼儿找到了答案:原来Kitty兔要生宝宝了,而且就在这两天。

大家激动极了,就要迎接小生命的到来了,这可是头一遭呢!要为母兔做些什么呢?大家迅速在网上查到了三点。

第一,母兔生宝宝时怕冷,也怕宝宝冷,所以它本能地将自己的毛拔来给兔宝宝取暖。我们需要给母兔准备一些保暖的物品。

第二,母兔在生产时需要喝热水。

第三,母兔一般在夜里或凌晨生宝宝。

基于这三点,大家展开了热烈的讨论。

最后,我们决定今天晚上拜托门房爷爷特别关注一下我们班的小兔子,经常来看看它,给它多提供一些热水喝。有几个幼儿自告奋勇地去和门房爷爷说明了情况。之后,我们又把给小兔子过冬的小毯子拿出来垫在了母兔的身下。最后,在老师的引导下,大家纷纷回家查阅资料,学习如何照顾新生兔宝宝。

就这样,我们在忐忑中度过了一个夜晚。第二天一早,7点多,我们班就有幼儿入园了。家长说,孩子们太激动了,太期盼这个小生命的到来了。

果然,笼子里多了五个肉乎乎的小肉团。哇!兔宝宝真的降临啦!

怎么照顾新生兔宝宝

【合作中的精心喂养】

兔宝宝出生了,我们要如何照顾它们呢?兔妈妈可以承担照顾它们的责任吗?当我们围在笼子边观察后,惊奇地发现兔妈妈时不时在笼子里跳来跳去,总是踩到兔宝宝。幼儿园里懂得养兔子的老师说:"赶紧把兔宝宝拿出来,否则会被兔妈妈踩死的,要给兔宝宝保暖。"几个幼儿赶紧从班级里拿来空置的筐和干燥的毛巾,将兔宝宝放进温暖的窝里。

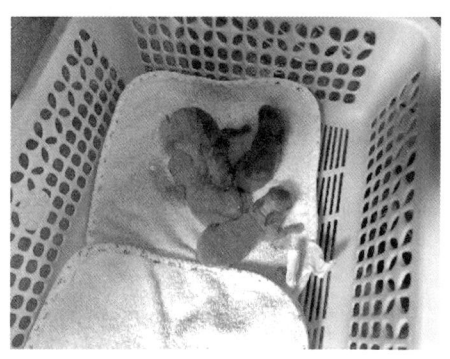
图2-1-14 兔宝宝出生了

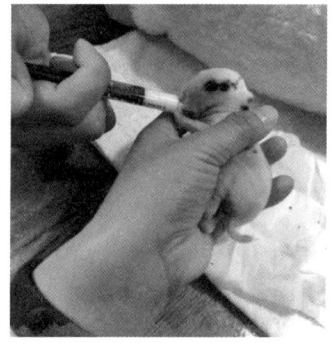
图2-1-15 给兔宝宝喂奶

之后,幼儿根据在家查找的资料,相互交流着。

"我们要给兔妈妈喂一些消炎药,这样防止它生宝宝后伤口发炎。"

"我和妈妈在网上查到,有可能一开始兔妈妈不愿意为兔宝宝喂奶,我们可以先用羊奶代替!但要用针管喂!你看,我的羊奶和针管都带来了!"

"今天早上我们就发现兔妈妈不会照顾自己的宝宝呢!你真是解了我们的燃眉之急呀!"

"但是不能一直喝羊奶,我也去查了,还是要坚持给它喝母乳,因为喝母乳不容易生病!"

"我们先来给兔宝宝饱餐一顿吧!怎么冲奶呢?"

"我会!我的爸爸妈妈每天早上都给我冲奶喝,我知道,先放奶粉,再放热水,搅一搅!"

"为什么要用针管喂呢?"

"针管就相当于我们小时候用的奶瓶,兔宝宝嘴巴小,不会自己喝,要用针管一点一点滴进嘴巴里!"

于是,我们在个别幼儿的示范下学会了用针管给新生兔宝宝喂奶。

大家在自由活动时纷纷开始尝试人工喂养小兔子,每一个幼儿都是那么的专注,那么的小心,轻轻捧着小兔子,万分呵护。

【给兔宝宝取名字】

五只兔宝宝,我们怎么分辨它们呢?它们长得太像了,真的都一样吗?

幼儿展开了对比和观察。很快,四只小兔子都有了自己的名字。只有一只耳朵有残缺的兔宝宝没有名字。大家提议:"一只耳。"

"不能这样取名字,它会伤心的。妈妈说不能用别人的缺点取名字,这是不礼貌的!"

"我之前耳朵上长了一个小小的瘤,我觉得很难看,妈妈帮我想了一个办法,在耳朵边梳了一个小辫子挡住,这样别人就看不到了,要不就取名叫'小辫子'吧!"

就这样,一个故事,一段亲身经历,最后一只兔宝宝也有了自己的名字——"小辫子"。

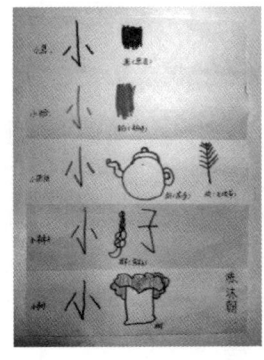 

图 2-1-16 给兔宝宝取名字

反思

(1) 营造坚持观察和照顾的氛围,是促成意外发现的基础

幼儿之所以能够敏锐地发现兔子的变化,是因为他们知道兔子是自己的好朋友,自己有责任照顾它、帮助它。幼儿在自由的氛围下,通过坚持每天观察,发现兔子的细微变化。也正是这样宽松的氛围,才能引发了幼儿的大胆猜测。乐乐小朋友不就是迁移自己妈妈怀孕的经验,给了大家很多建设性的想法吗?因此,饲养宠物不仅仅是陪伴,还给了幼儿共同的话题、共同的关注点,让幼儿感受到自己的责任,从而引发讨论、引发碰撞,提高自身的能力。

虽然经过一个月的坚持测量和观察,幼儿没有等到兔宝宝的到来,但是在这一个月中,幼儿对兔子的关注度明显高于之前。大家每天都很期待轮到自己测量的日子。所以,在这个月中,没有一个幼儿忘记自己作为饲养员的职责,也没有一个"饲养员"漏掉测量和记录体重的工作,就连周末来幼儿园照顾兔子的"饲养员"都坚持完成了任务。可见,活动增加了幼儿的责任意识。

(2) 学科领域的学习经验伴随着课程的需要不断渗透

幼儿在过程中学会了测量和记录,这不正是将数学的经验融入现实生活中所遇到的问题吗?《指南》的"(二)数学认知"5~6岁发展目标中提出:"能发现生活中许多问题都可以用数学的方法来解决,体验解决问题的乐趣。"幼儿在这次测量体重的活动中要学会读地秤上的数字,要学习如何比较数据的大小,从数字的哪一位开始比较。《指南》的"(一)科学探究"5~6岁发展目标中指出:"能用数字、图画、图表或其他符号记录。"当测量结果出来后,幼儿进行了讨论,学习了个别同伴的记录方式——有序地记录,并且将日期的记录融入其中,因为只有这样才能分辨前一天与后一天的数据差异。在此过程中,幼儿自然就会运用到日期和数据的记录。家长对此活动也非常积极,他们和幼儿一样,抱着一颗期盼小生命到来的心。

《指南》中指出,5~6岁的幼儿能通过观察、比较和分析,抓住事物的主要特征。幼儿在给兔宝宝取名字的过程中,正是通过细致观察、联想,抓住每只兔宝宝的外形特征给它们取名字。在这个过程中,幼儿还自然渗透了社会领域教育内容,懂得尊重、接纳他人,不歧视身体有残缺的人,并能从他人的角度考虑问题,关注他人的情绪需要,他们认为,"不能这样取名字,它们会伤心的"。

(3) 课程中的问题抛还给幼儿,鼓励幼儿自主解决

幼儿在日常喂养中能准确地捕捉到兔子们的各种反常举动,可见他们对

兔子的关注程度很高。当发生突发事情时,教师并没有急于帮助解决,而是将问题抛还给幼儿,让他们自己想办法解决。《指南》中的科学领域提出,5~6岁幼儿能经常动手动脑寻找问题的答案,在社会领域中同样也提到了能主动发起活动或在活动中出主意、想办法。当大家都遇到了不能解决的问题时,幼儿能最先想到求助网络,他们能运用之前学到的百度语音搜索的方式查到自己想要的答案,从而共同为兔妈妈待产提供物质准备。

从上述案例中我们看到,丰富的生活经验可以解决幼儿很多的问题,不要小看冲奶这样的小事,这些能力都是幼儿通过每天的观察习得的,可见日常生活的经验对于幼儿的成长是多么的重要。

(4) 陪伴与照顾新生命,是最生动的生命教育

生命教育的目标在于使人们学会尊重生命,理解生命的意义,以及生命与天人物我之间的关系,学会积极地生存、健康地生活与独立地发展,并通过彼此间对生命的呵护、记录、感恩和分享,由此获得身心的和谐,实现自我生命的最大价值。教师让幼儿亲身体验、亲手照顾刚出生的小兔子,让他们感受刚出生的生命的脆弱,产生同情心、怜悯心,从而感受到自己的能干,产生责任感,同时也感受到父母从小照顾自己长大的不易。很多幼儿在喂完兔宝宝喝奶后都喊胳膊酸,可就这样,他们也舍不得丢下兔宝宝,依旧坚持喂完一管奶。当一个平时连自己都不太会照顾的幼儿,为了能得到照顾兔宝宝的权利,努力将事情做完,这不正是现实生活中最好的生命教育、最直观的成长体验吗?

在这一系列的"兔宝宝诞生记"主题活动中,不仅幼儿得到了各方面的发展,教师和家长也受益良多。我们共同见证了一群生命的诞生。我们在活动中看到了幼儿的成长,看到了幼儿的仁爱之心,看到了人与动物的和谐相处。在这次主题活动中,家长空前的热情也让教师深深感到,一个有价值的主题活动,能带动整个班集体的发展和成长。

第二节 幼儿自选的开放性区域活动

开放性区域活动是幼儿园开放性课程的一种教育活动形式,它创造了幼儿个性化、差异化发展的机会,是幼儿自主学习活动的重要手段。区域活动内容丰富多样,层次分明,每个幼儿可以根据自己的需要、能力选择适合自己

的学习进度、学习内容、学习方式、学习策略、学习时间,这有利于激发幼儿的学习动机,增强其学习主体性,并确保所有幼儿在原有水平上获得提高,从而达到让不同发展水平的幼儿根据各自不同的发展需要开展学习的目的。

一、幼儿自选的开放性区域活动观

(一) 和谐对话观

我们强调幼儿、教师、家长共同发展及其过程中主体间的双向或多向对话,所有对话者平等地接纳每个人的想法、意见,每个人都从对话中获得新的体验、认识。在区域活动中,幼儿不仅与教师、同伴对话,还与材料、环境对话,每个对话者都在对话中不断地充实与发展。

1. 幼儿和教师和谐对话

在区域活动中,幼儿和教师一起玩游戏,向教师表达自己的所见、所闻、所思,遇到问题时向教师求助,寻找办法时征求教师的意见,完成任务时向教师展示自己的成果,思考并回答教师的问题,倾听教师的建议,和教师一起探讨活动中的问题……这些都是幼儿和教师对话的方式。

2. 幼儿和同伴和谐对话

在区域活动中,幼儿和同伴对话的方式也是多种多样的。幼儿有时观察同伴的活动,有时模仿同伴的游戏,有时需要同伴的帮助,有时主动介入同伴的活动……在与同伴的共同活动中,幼儿学习关注同伴的活动,自觉或不自觉地相互模仿同伴的活动。区域活动中,同伴间有时和平共处,有时矛盾不断。幼儿在问题解决中,学会和同伴共同游戏、合作游戏、共同讨论、合作学习。

3. 幼儿和材料和谐对话

区域活动材料指区域活动中能够感知、操作的对象,是幼儿主动建构经验的支持物。在区域活动中,幼儿摆弄材料、探索材料,用材料表达自己的想法和创意,感受用这些材料设计玩具的乐趣,从而激发好奇心。他们探究活动材料的奥秘,发现有趣的现象,思考其原理……

幼儿从害怕、不熟悉、不愿意接触操作材料,逐步到愿意摆弄,喜欢用各种方式摆弄、探索材料,在与材料的互动中,幼儿不仅获得了一定的体验和发现,还学会了爱惜游戏材料。同时,通过互动,区域活动材料的玩法和价值不断得以丰富和挖掘。

4. 幼儿和环境和谐对话

在区域活动中,环境也是幼儿对话的重要对象,幼儿在活动中感受着区域环境的氛围,受区域环境的吸引,感受着环境的温馨,欣赏着环境的美。

同样,幼儿也从开始因对区域环境的陌生而抗拒或远远驻足,到逐步走进区域、置身于区域环境之中。同时,幼儿也是区域环境的创设者和丰富者,幼儿的美术作品、科学发现记录、读书笔记都是区域环境的一部分,这些既可以让幼儿有一定的成就感,也可以让幼儿在环境的刺激下,进行交流并做进一步的思考和探究。

(二) 共同发展观

在开放性区域活动中,幼儿、教师(包括保育员)、家长都是学习者,在保持和发展每个人的独特性的基础上,在尊重、理解、接纳、质疑、批判的和谐对话过程中,所有参与者能获得共同发展。

1. 幼儿的发展

各学科区域的划分是相对的,幼儿在区域活动中的发展是全面的、整体的,幼儿在每一个区域中的活动都能促进幼儿认知、情感、态度、社会性等全面的发展。随着区域活动的不断深入,幼儿的活动兴趣不断提高,幼儿探究的问题不断深入,好奇心、求知欲不断增强,同时也获得了相关的经验和体验,这些都是显而易见、毋庸置疑的。

此外,由于区域活动更多的是幼儿分散、自由的活动,因此,幼儿的自我管理和自主学习的意识和能力可以获得极大的提高和发展。

首先,幼儿自主选择的意识和能力得到培养。他们从一开始看着玩具无所适从,到学会按照自己的意愿选择,包括选择玩什么、和谁一起玩、玩多长时间、玩几次等。

其次,幼儿自我管理的意识和能力得到培养。在区域活动中,他们学会从哪里拿玩具、玩好后放回哪里,如何收拾等。随着年龄的增长,他们还将学习在更长的时间里(一天、一周、一个月)安排、调整自己的学习。

幼儿的自主选择和自我管理能力得到提高的同时,他们的自主学习能力也相应得到了提高。

2. 教师的发展

我们强调在区域活动中教师对幼儿的观察,重视在观察中了解幼儿,在观察的基础上给予幼儿适时、适当的指导。同时,教师在观察及与幼儿的互动中,获得了对幼儿、对区域活动等的新认识,从而获得专业理论、教育技能的不断发展。

(1) 对幼儿的认识

幼儿是区域活动的主体,他们有自主探究的需要,幼儿可以通过自己的探究来学习,也可以通过同伴互助来学习,幼儿有自己的学习方式。

教师应给幼儿充分的自由、自主活动的机会,要避免幼儿的游戏是要教师教的、教师不指导幼儿是不会玩的想法。区域活动的本质是游戏,应让幼儿充分地玩起来,幼儿只有玩起来了或玩自己想玩的游戏时,才能激发其内在的学习动机,才能展现其应有的学习能力。

(2) 对区域活动内容、价值的认识

我们应该用开放的观念,多角度、多层次、整合地来认识区域活动的内容和价值。

首先,我们既要看到区域活动中显现的各领域、各学科的知识技能学习的显性价值,更要看到伴随着活动过程中隐含的学习态度、学习习惯、学习品质的隐性价值。

其次,每个区域活动内容的价值都不是单一领域、学科的,而是多元的,因此,我们既要关注该区域活动的本领域、本学科的活动价值,还要关注在此活动中渗透的其它领域、其它学科的价值。

最后,区域活动内容不是对集体活动的简单重复,要处理好集体活动和区域活动的关系,不能使区域活动成为简单的、机械的技能练习。

(3) 对区域活动组织的认识

首先,区域活动的时间是开放的。一方面,一日生活各时间段均可开展区域活动,既可以是相对完整的时间段,例如,晨间活动时间段(8:00~9:00)、上午集体学习时间段(9:01~10:00)、上午游戏时间段(10:01~11:00);也可以是零星的过渡时间段,例如,入园后晨锻前、餐后、点心后、离园前等。另一方面,每次区域活动的时间控制也不是固定的,可以根据区域活动的具体内容、幼儿年龄、幼儿的兴趣等灵活地选择和安排。

表 2-2-1　区域活动的组织形式与各时间段安排

活动区 组织形式	可选择的时间段				限制的 时间段
三段式	9:00~10:00	10:01~11:00	15:00~16:00		晨间、离园
两段式A	9:00~10:00	10:01~11:00	15:00~16:00		晨间
两段式B	8:00~9:00	9:01~10:00	10:01~11:00	15:00~16:00	离园
一段式	一日生活各环节过渡或以上每个时间段均可				无限制

其次,区域活动的过程是开放的。在组织区域活动时,问题应更加开放、更加个性化,活动的目标应更加多层次,指导的形式应更加灵活多样,从每个幼儿发展的实际水平出发,循序渐进。

3. 家长的发展

首先,家长走进幼儿园的区域活动,一方面,他们作为观察者,在了解自己孩子在区域活动中的学习与发展情况的同时,转变了观念,认识到区域活动也是幼儿学习的一种方式。当家长们看见幼儿在区域活动中自发分享、专注投入时,亲身感受到了区域活动对幼儿发展的价值,认识到幼儿学习和发展的全面性,拓展了对教育的认识和理解。另一方面,家长作为志愿者,参与区域活动的指导。作为幼儿活动的支持者和引导者,他们在活动区域中带领幼儿感受中国书画,体验"小机械师"的工作;他们为区域活动提供资源,丰富区域活动内容与材料。

其次,家长通过观摩和参与区域活动,拓宽了亲子活动思路与内容,他们举一反三,让区域活动向家庭延伸和拓展,在家中利用生活中的材料,丰富了亲子游戏的内容,增进了亲子互动的质量。

二、幼儿自选的开放性区域活动指导

从广义上说,区域环境的创设、内容选择、材料提供、活动指导都是区域活动的指导方法。

(一) 区域环境创设

1. 打破原有空间的功能限制,灵活进行区域划分

一是从边角向中心延伸:区域活动不只是在边角上的活动,我们可以充分利用所有空间,为幼儿提供区域活动的场所,使区域空间布局灵活多样。

二是从教室向睡房等拓展：区域活动不只是在教室里的活动，班级的所有空间都可以被充分而合理地利用。睡房、过道、阳台等都可以成为幼儿区域活动的场所。

2. 充分利用各类物品进行区域划分、布局

首先，钢琴、桌子、玩具柜、床、废旧纸盒等都可以用来分隔区域。

其次，可以利用桌面、柜面、墙面、地面等，扩大幼儿活动空间。

3. 将区域活动的规则渗透在环境之中

首先，利用标记提示材料的数量、摆放位置、收放的规则，利用标记、公约、流程图标注活动的玩法。要注意根据幼儿的年龄特点选择相应的标记，小年龄幼儿运用实物标记，稍大些用图形标记，随着幼儿年龄的增长，标记的抽象程度不断提高。例如，小年龄班级用人物活动照片表示阅读区规则，而大年龄班级则用幼儿共同讨论、自己能够理解的图夹文的形式呈现阅读的约定。

其次，用标记、材料提示区域活动的人数限制，例如脚印、椅子、桌边等，用特殊、醒目的标记提醒幼儿新投放的、重点活动的内容。

4. 将幼儿的区域活动和环境的创设融为一体

幼儿是参与区域环境创设的主体，一方面，幼儿有目的有计划地在创设的区域环境中自主活动，另一方面，幼儿在区域活动中也不断地生成、丰富了区域环境。

首先，教师可以通过悬吊、摆放等方式艺术化展示区域活动中幼儿的作品，幼儿的活动作品成了环境的一部分，用来渲染环境，创设温馨的区域活动氛围。

其次，教师将幼儿可以操作的内容制作成幼儿喜欢的、拟人化的卡通形象或动物形象等，为幼儿提供对话形象和玩伴。教师在设计中留有活动空间，让幼儿直接在这些生动的形象上操作，如印一印、画一画、贴一贴、摆一摆、放一放、塞一塞、挂一挂等，幼儿在环境中自主活动，同时活动结果直接形成了幼儿的作品，成了环境的一部分。

5. 区域空间安排时要注意的问题

（1）既要保证幼儿活动中的互动交流，又要注意避免相互干扰

根据具体活动内容及各区域活动的要求确定相应的空间布局安排。

面对面布局。将桌子短边对墙,或将桌子离墙放置,幼儿面对面坐在桌子边上,当幼儿需要进行交流并需要在活动中较多地利用同伴互动的形式进行学习时,可以采取这种布局方式。

面对墙布局。将桌子长边靠墙放,幼儿在活动中面对墙坐,这样可以相对减少外界的干扰,为幼儿独立思考、专心活动创设相对安静的氛围。

静区和动区合理组合搭配。虽然幼儿在自己喜欢的活动中还是比较投入的,但是幼儿的年龄特点决定了他们的注意力易转移,因此,区域安排时要注意减少不必要的干扰。例如,语言区需要安静的氛围,音乐区、结构区活动时常常会有较大的声响,因此语言区要尽可能远离这两个区,减少动区对静区的干扰。

(2) 设施设备等满足、方便幼儿活动的需要

生活区需要靠近水源;音乐区需要靠近电源,方便幼儿使用各种电器;美术区、科学区需要给幼儿较大的活动空间,方便幼儿探索。

此外,空间调整还要注意方便各环节的组织,满足不同类型活动及一日生活各环节活动的需要,如集体音乐活动时需要较大的空间,此时就需要将柜子桌子进行适当移动,为音乐活动腾出必要的空间。因此,区域布局要考虑移动的距离不能太远,移动桌子、柜子时不能太费力。

(二) 区域活动的内容和材料

区域活动的内容和材料选择非常广泛,只要是幼儿喜欢玩的并且安全、卫生的都可以投放到区域活动中。可以是专门设计的区域游戏活动,如扣纽扣、编辫子等。也可以是集体学习活动的延伸与拓展,例如:数学游戏"占地盘""抽乌龟",科学活动"纸桥承重""静电吸纸"等。

1. 区域活动的内容选择时应注意的问题

(1) 操作性

让幼儿能玩起来,能在玩中有所体验和发现。

(2) 层次性

能满足不同幼儿、同一幼儿不同阶段的发展需要,从幼儿发展的实际水平出发,因人而异,因班而异,循序渐进。

(3) 多样性

各区域中要提供丰富多样的活动,让幼儿在活动中能有所选择。多样性表现在数量、种类上,小年龄幼儿爱模仿,应多提供同类活动,提供多样的平

行游戏,用不同的方式呈现;大年龄幼儿更愿选择新鲜的、有挑战性的活动,应提供更多种类、不同层次的活动。

(4) 多功能性

首先,打破年龄段限制,发挥活动价值的延续性。同样的内容、材料在不同年龄段可以发挥不同的功能,如玩气球活动,小年龄幼儿可以玩扇气球、抛气球,稍大年龄幼儿可以探索打气,大年龄幼儿可以探索用气球玩各种游戏等。

其次,打破内容材料限制,材料提供时关注活动价值功能的多元性。一方面,在一个活动中渗透各种价值,如:幼儿在印小鱼吐泡泡的过程中,既能锻炼手眼协调能力,又能感知圆形的特征,同时还能认识各种颜色。另一方面,一种材料可以有不同的玩法,从而实现活动的多元价值,如:玩豆豆活动中,幼儿可以抓、舀、倒豆豆(感知豆豆),可以用豆豆喂娃娃(豆豆分类),还可以用豆豆玩沙漏(探究)等,豆子的多功能价值在活动中得到了充分的体现。

2. 区域活动材料选择的注意事项

首先,利用废旧材料,多给幼儿提供低结构、开放性的材料;不要限制幼儿的玩法,充分发挥材料的作用。

一方面,教师可以将这些材料简单制作成相对高结构的游戏材料,使游戏的动作和结果联系更加紧密,操作动作更加简单,让幼儿能迅速看到活动的结果,吸引幼儿参与活动。例如:提供卷纸筒制作的各种弹子通道玩具,让幼儿将弹子放进开口,就可以观察到弹子在卷纸筒中的滚落。

另一方面,教师还可以直接将材料投放到区域中给幼儿自由摆弄,例如:提供空奶罐、纸盒等,让幼儿搭搭玩玩、敲敲打打等。

其次,利用生活中常见的物品,让幼儿在摆弄水、米、豆、沙等材料中感知物体的特性。

最后,自制和购置的材料结合投放。自制材料和购置材料有着各自的功能和价值。自制材料时教师可能会更有目的地借助学科经验进行设计,活动材料能够更有针对性,但是自制材料牢固性欠佳,易损坏,需要不断更新和替换。购置材料中也有很多能让幼儿在操作中获得发展且经久耐用的材料,如积木、插片等结构游戏材料,叠叠高、多米诺骨牌、纸牌、棋类等智力游戏材料,都可以投放在区域活动中。

(三) 区域活动的组织形式

区域活动的组织也是开放的,根据不同的活动内容的需要及不同的时间段的具体情况,可以采用不同的组织方式。区域活动的组织形式主要有以下四种形式。

1. **三段式**:开始环节导入+幼儿进区活动+结束环节交流、评价

这种形式主要针对新内容、新材料投放或有明确的问题需要幼儿在活动中去思考和探究的活动,教师可在活动的开始环节通过讲解、示范、介绍材料、提出问题等方式引出活动,帮助幼儿明确活动的内容和要求后,再让幼儿进区活动,教师要引导幼儿尽可能去尝试新活动,幼儿进区活动的时间也要尽可能长一些,保证每个幼儿有活动的机会,以便在最后环节有内容交流、评价。

三段式的安排一般会在较完整的时间段,在幼儿基本到齐的情况下进行。

2. **两段式 A**:开始环节导入+幼儿进区活动

这种形式也是针对新内容、新材料投放或有明确的问题需要幼儿在活动中去思考和探究的活动。由于有的活动需要幼儿投入较长的活动时间,在一次区域活动时间里无法做到每个幼儿都玩到,在部分幼儿还没有体验过的情况下,如果没有相关的规则等方面的要求需要进一步强调,幼儿进区活动后就可以不安排小组交流、评价了。

3. **两段式 B**:幼儿进区活动+结束环节交流、评价

有些活动没有太多限制性的玩法和规则,就可以直接提供材料,让幼儿自己观察材料,猜测材料操作的多种可能性,用自己的方式先探索操作,有时前一次活动结束时的小结交流,就可以是本次活动的开始。在这种情况下就不需要开始环节的导入,活动开始,幼儿就直接进区活动,在区域活动中,教师观察、支持幼儿的发展,根据幼儿活动的情况组织最后环节的交流、评价。

4. **一段式**:只有幼儿进区活动

这种形式在每个时间段都可以进行。一方面,这样的组织形式给了幼儿充分的活动时间,让幼儿获得充分的体验,为集中交流和讨论做好准备。另一方面,这有助于教师关注每个幼儿在区域活动中的兴趣、需要,更好地进行个性化的互动与指导。

此外,在一日生活中有很多零星随机的区域活动时间,如入园后晨锻前、

离园前、午餐后,幼儿可以随时进区活动,随时结束活动。这些环节基本是一段式区域活动形式,自由进区的活动还可以减少幼儿消极等待的时间。

(四)区域活动的指导重点

区域活动的指导方法是多样化的,在观察的基础上给予针对性的指导,总体上应把握好以下几个重点。

1. 帮助幼儿了解区域活动的基本规则

必要的规则是区域活动顺利开展的保障,但是,规则不应变成空洞的死板的一成不变的"框框"。它的目的不是限制和控制幼儿的自由,而是确保全体幼儿能够顺利地开展活动,并获得自由、自主的发展。因此,帮助幼儿明确进区、换区、离区以及学习材料的使用和收放的基本规则,是区域活动指导的首要任务。

(1) 帮助幼儿学习和了解进区、换区、离区的规则

进区:每个区域的空间有限,活动的人数也受到限制,在区域活动的初始阶段,教师帮助幼儿了解区域有空位置时都可以进区活动。

换区:教师帮助幼儿逐步明确区域活动中是可以自主换活动内容的,玩好了或不想玩的时候可以到其他区域活动。

离区:教师帮助幼儿明确离开区域的时候(无论是中途还是结束时)都要收好玩具,把材料有序地收到材料框(盒)中,再按标记放到玩具柜中相应的位置上。

(2) 让幼儿学习材料的使用和收放

区域活动虽然是幼儿自主、自由的活动,但也是有一定限制的。如果一味强调无限地开放,就会造成幼儿无目的地瞎玩,这不仅不能使幼儿获得有益的发展,还会浪费材料、破坏环境、干扰同伴,区域活动应是在一定的限制内进行的自主活动。

投放新活动、新材料时,教师一定要根据活动的目标,向幼儿说明材料使用的必要规则、操作的基本方法和要求。小年龄幼儿可以看示范、听讲解,大年龄幼儿可以参与讨论,共同商讨材料使用和收放的要求。

此外,不是每个活动一开始就要教师介绍或讲解活动的玩法的,材料的暗示也能指导幼儿自发地探索与发现。在保证核心目标达成的同时,要给幼儿自主发现材料的设计中所提示的玩法及规则的机会。

2. 指导幼儿学会自主选择,学习自我管理

幼儿能够学会自主选择、自己收拾,不只是为了区域活动有序开展和管理,更是为了培养幼儿自主选择和自我管理的意识和能力,促进幼儿可持续发展,为终身学习奠定基础。

(1) 指导幼儿学习自己选区,建立自主选择的意识,让幼儿知道,玩什么是要自己选择的

教师可通过询问或建议帮助幼儿学习选择,如"你想玩什么?"当幼儿无所适从时,教师可以给予建议:"你玩这个好吗?"

提供选择插牌,让幼儿明确自己的选择。对稍大年龄的幼儿,教师可以用游戏选择插牌,让幼儿在活动前选择好区域,保证区域活动时及时进区活动。

提供区域选择表,让幼儿自主选择并调控自己的选择。

(2) 将直接指导转化为幼儿的自主学习,给幼儿的自主学习提供支架

采用视频、音频等多媒体方式,演示活动的玩法,提供模仿的内容,让幼儿在活动中根据需要自己选择相应的内容播放,通过看看、听听、做做、想想等方式进行自主学习。

利用步骤图,让幼儿自己在阅读中学习,如美工、科学活动的步骤,阅读活动的流程等。

提供材料,让幼儿自己先探索后相互交流活动中的做法、发现和想法。

(3) 利用记录,让幼儿了解自己、管理自己的学习

在区域活动中,教师可以通过记录帮助幼儿学会管理自己的学习,通过记录,可以让幼儿将活动过程留下痕迹,同时,记录也是幼儿自我评价、自我反思的依据。

区域活动记录的目的:教师了解幼儿,幼儿自我了解,教师调整指导,幼儿自我管理学习等。

区域活动记录的形式:根据不同的年龄,可以用表格式、图画式、印章名帖式、游戏式等方式进行区域活动的记录。

区域活动记录的内容:包括幼儿参与活动的情况、幼儿在区域活动中的体验和发现等,如活动记录单(幼儿记录自己的猜测、看到的现象、阅读体会等)、参与活动的计划表等。

教师在利用记录指导区域活动时必须明确以下几点:

第一,记录是帮助教师了解幼儿的重要方式,要注意了解幼儿记录所表征的含义,了解幼儿是否知道自己记录的内容。

第二,学习记录是幼儿学习的内容,要关注对幼儿用记录来表征的指导,要组织交流记录,倾听幼儿对自己记录的解释,帮助幼儿了解不同的记录方式,鼓励幼儿用自己的方式记录,帮助幼儿提高用记录表征的能力。

第三,记录形式要根据幼儿年龄特点,采取适当的方法,可以让记录成为小年龄幼儿有趣的游戏,如贴花、放豆豆等。

第四,记录什么、何时记录、用什么形式记录要根据教师的目的确定,不要为记录而记录,也不是每个区都要记录,应结合教师个人经验、班级特色,大年龄幼儿可以参与讨论记录方式。

第五,要充分利用记录,发挥记录的作用,通过学习记录及对记录后的小结评价,培养幼儿的自主学习、自我管理意识,让幼儿学会用记录平衡自己的学习,培养幼儿的计划性、自主性。

3. 观察、了解、支持、推进

在区域活动中,教师要适时、适宜地指导,给予幼儿支持和指导。

(1) 观察

区域活动开始时,教师首先要观察的是全班每个幼儿是否都玩起来了,幼儿是否都按自己的选择进入了相应的区域,幼儿之间有没有发生纠纷等。其次是围绕重点区域活动进行相应的观察和指导。幼儿活动中,教师要关注幼儿玩什么、说什么、有什么发现。观察是重要的指导方法,幼儿活动中,教师的旁观可以给幼儿更多的独立思考的空间。

此外,区域活动内容面广、量大,不是每一个区域活动幼儿都必须选择,同时不是每时每刻幼儿都在操作活动中的,幼儿有时有观望的需要,观望也是一种学习。教师不必迫不及待地催促幼儿进区,可以先静静地观察,了解幼儿的当前需要,接纳幼儿的观望,分析观望背后的原因,再给予针对性的指导。如果观望是无所事事或逃避困难,教师需要鼓励幼儿去参与活动;如果观望是在思考、旁观同伴的学习,教师也可适当给幼儿一定的时间,等待幼儿有一定的意愿和信心时再参与活动。

(2) 共玩

小年龄幼儿活动时,需要教师更多的陪伴。舒适的心理能激发幼儿参与的动机,教师的陪伴可以给幼儿安全感,同时也给幼儿活动以支持。幼儿可以通过观察教师,在教师的带动、影响下,降低对材料的抵触,学会接纳,尝试摆弄、探究,调动自己对活动的兴趣。

对大年龄幼儿来说,教师更多的是幼儿活动的支持者和合作者。教师与幼儿共同活动可以鼓励幼儿大胆操作,表达自己的想法。

(3) 对话

在区域活动中,教师通过聆听、询问、质疑、建议、鼓励等方式和幼儿对话,在对话中了解幼儿的想法,通过询问、质疑引起幼儿深入思考,在幼儿需要帮助时给予适当的建议和鼓励,支持幼儿在活动中的发展。

对话要选择合适的时机,在幼儿需要时进行对话,不要让对话成为幼儿活动的干扰。当幼儿专心活动时,教师不要随意打断,这样不利于幼儿专注力的培养,要相信幼儿的能力,放手让幼儿玩。

总之,在区域活动的指导中,教师要注意以下几点。

首先,既要有重点指导,也要注意全面兼顾。活动中,教师既要明确活动的重点,也要关注全面活动的情况,在保证活动安全的基础上,促进活动中的发展。

其次,既要尊重幼儿的选择,满足幼儿重复活动、反复操作的需要,又要注意培养幼儿广泛的活动兴趣。注意吸引、鼓励幼儿参与活动,但不强求幼儿,允许幼儿不选择、不参与部分活动。如果把所有的区域活动当成学习任务完成,活动就成了负担,也就失去了区域活动的价值。

三、幼儿自选的开放性区域活动实施案例

(一) 健康区

系列活动　花样吃蛋

活动价值

知道鸡蛋的营养价值;通过多种烹饪方式花样吃蛋,感受蛋类食物的丰富性;愿意吃蛋,喜欢吃蛋。

活动一　剥鹌鹑蛋(小班)

核心经验

- 能将鹌鹑蛋的蛋壳剥下来,提高手指的灵活性。
- 愿意吃鹌鹑蛋。

相关经验
- 科学领域：认识鹌鹑蛋，感知其形状、颜色、大小、质地、味道等特征。
- 数学领域：感知"1"和"许多"。

活动准备

将煮好的鹌鹑蛋凉一凉后放在大盘子里，准备用于剥蛋的小盘子。

指导要点
- 观察幼儿是否知道先洗手，若不知道可提醒。
- 鼓励幼儿选择鹌鹑蛋后自由观察其形状、颜色、大小等特征。
- 观察幼儿剥鹌鹑蛋壳的方法。如有困难，教师用语言鼓励幼儿尝试，如幼儿找不到方法，教师引导幼儿看看同伴剥蛋壳的方法再进行尝试。
- 剥好后可进行品尝，自由交流味道和感受。
- 提醒幼儿收拾蛋壳，可根据需要保留干净的蛋壳，用于美术区制作蛋壳贴画。

活动二　鸡蛋压花（小班）

核心经验

锻炼动手能力，练习用手掌按压压蛋器。

相关经验
- 语言领域：愿意用较清楚的语言描述制作的蛋的作品。
- 美术领域：设计不同的"蛋花"造型。

活动准备

压蛋器、煮好的鸡蛋。

指导要点
- 引导幼儿将剥好壳的鸡蛋用压蛋器压出不同的形状，并摆成自己喜欢的图案，观察幼儿的操作方式。
- 鼓励幼儿自由表述：压制的鸡蛋是什么？像什么？提高幼儿的创造意识和语言表达能力。
- 教师可将幼儿作品拍照留存，并鼓励幼儿向同伴进行展示、分享和邀请同伴品尝。

活动建议
- 观察幼儿活动前是否洗手，如没有，提醒幼儿在制作食物前要洗手，帮助幼儿养成良好卫生习惯。

- 操作中餐具材料需提前消毒备用。
- 在幼儿完成作品后,可通过拍照、视频等方式,鼓励幼儿向他人介绍自己的作品,也可将作品照片陈列在健康区,作为环境布置的素材。
- 剥好的蛋壳可根据需要进行回收,避免幼儿被划伤或误吞。

活动三　煎鸡蛋(中班)

核心经验
- 自己尝试打鸡蛋,并用小煎锅煎鸡蛋,增强手部动作的灵活性。
- 能按照步骤使用简单的小电器,遵守安全规则。

相关经验

科学领域:观察鸡蛋在煎煮中的形态变化。

活动准备
- 小煎锅1~2个,锅铲1~2个,色拉油小喷瓶,洗净的鸡蛋若干。
- 用接线板连接小煎锅的插座。
- 在小煎锅上方的墙面放置实物操作的照片步骤图、图夹文形式的电器使用注意事项。

指导要点
- 集中介绍。

教师出示小煎锅,示范讲解煎鸡蛋的步骤,帮助幼儿明确活动规则。

教师与幼儿共同讨论电器使用的注意事项,观察注意事项图示,进一步明确安全使用电器的规则:不碰插头,轻放鸡蛋,离电器稍远,不触碰电器以免烫伤等。

- 观察。

观察幼儿是否了解煎鸡蛋的步骤,如有困难教师可引导幼儿观察墙面的步骤图,自己按照图示一步步操作。

观察幼儿打鸡蛋的方法,是否能将鸡蛋打到小碗里。如有困难,教师用同步操作的方式引导幼儿观察、模仿学习。

当幼儿将鸡蛋打好后,教师(或生活老师)帮助按下接线板上的电源开关。

当小煎锅通电后,观察幼儿是否会安全使用:用锅铲翻动鸡蛋,手不碰锅边。如出现不安全动作(手靠近锅边,锅铲抓得太靠下、靠近锅边等),教师引导幼儿观察注意事项图示,提醒幼儿安全使用电器。

活动四 小蛋糕(中、大班)

核心经验
- 学习用多种食材制作小蛋糕。
- 能完成清洗、搅拌、舀、倒、夹取等一系列程序,锻炼手的灵活协调性。

相关经验
- 科学领域:观察感知各种食材通过不同电器、工具的加工所产生的变化。
- 数学领域:感知食材不同量的配比,如100克牛奶、2勺面粉等。感知5分钟时间有多长。

活动准备
- 食材:面粉、鸡蛋、牛奶、食用油、糖。
- 各种工具:打蛋器、勺子、量杯(100克处贴上红色标记)、不锈钢盆、刷子、小碗2个、不锈钢夹子、定时器。
- 用照片的形式呈现制作步骤图。
- 教师在幼儿打匀食材时打开电饼铛的电源,进行预热。

指导要点
- 集中介绍。

教师出示步骤图,引导幼儿观察、读懂步骤图,了解小蛋糕的制作方法。

教师与幼儿共同回忆使用电器的规则,进一步强调使用电饼铛时的安全事项。

- 观察。

观察幼儿是否知道清洗所有工具,提醒幼儿把衣袖撸起来再清洗工具,并将手洗干净。

观察幼儿是否知道需要哪些食材,如有困难教师引导幼儿观察步骤图,了解所需食材。

观察幼儿是否会使用打蛋器将所有食材打匀,如有困难教师可引导幼儿观察鸡蛋、面粉是否打匀了,并引导幼儿互相帮助或教师适当帮助幼儿,特别是要将面粉打匀。

观察幼儿是否会安全使用电饼铛,特别是在刷油和倒食材时,提醒幼儿手要抬高,避免碰到锅边烫伤;使用夹子夹蛋糕时教师也要提醒幼儿抓夹子的中部,不要离锅边太近。

● 集中交流。

让幼儿与同伴分享成果,交流制作过程中的困难和解决方法,以及需要注意的地方。

活动建议

进入中班后,幼儿开始使用各种小家电制作点心,为了保证幼儿的安全,教师在幼儿第一次使用小家电时就必须帮助幼儿建立好规则,并在一段时间内关注幼儿操作及遵守规则的情况,使每位幼儿都能明确规则、安全操作。

活动五 做蛋卷(中、大班)

核心经验

学习制作蛋卷,能完成打鸡蛋、切蔬菜等工作,增强手的灵活协调性。

相关经验

科学领域:观察感知鸡蛋等食材通过电器、工具的加工所产生的变化。

活动准备

● 蛋卷机1个,刀和砧板,色拉油。

● 幼儿报名做蛋卷,并自己从家里带食材:鸡蛋、需要添加的食材,如蔬菜(已洗干净)或火腿肠等。

指导要点

● 集中介绍。

教师出示食材及蛋卷机,通过示范讲解帮助幼儿了解操作方法。

与幼儿共同回忆使用电器的规则,同时讨论并明确使用蛋卷机的规则。

● 观察。

教师观察幼儿是否清楚制作蛋卷之前需要做的准备工作,如有遗漏,询问幼儿让其思考并调整。

观察幼儿是否会使用刀切蔬菜,教师提醒幼儿注意安全。

了解幼儿使用的材料,鼓励幼儿按照自己的想法制作。

观察幼儿是否知道蛋卷的制作方法,如清楚则不干预;如有困难教师可用语言进行提醒。

● 集中交流,分享成果。

品尝同伴制作的蛋卷,猜测今天的"大厨"在蛋卷中添加的蔬菜。

评价同伴的特色蛋卷的口感。

活动六 做蛋挞(大班)

核心经验
- 学习用搅拌棒快速打发鸡蛋,学习制作蛋挞。
- 自觉遵守使用工具的安全规则。

相关经验
- 科学领域:观察各种食材通过不同电器、工具的加工后产生的变化。
- 数学领域:感知烤箱烤制时间的长短。

活动准备

鸡蛋、黄油、牛奶、淡奶油、蛋挞皮、水果、烤箱,制作步骤图或微课视频。

指导要点
- 集中讨论。

引导幼儿借助步骤图或微课视频,了解蛋挞的制作流程。

共同讨论安全使用烤箱的规则。

- 观察。

教师观察幼儿是否了解蛋挞的制作步骤,如清楚则不干预;如有困难或操作错误,教师可请幼儿先停下来,再仔细观察一下步骤图,明确操作方法;如不清楚,教师可借助步骤图用动作示范幼儿出问题的环节,待幼儿明确后再继续操作。

引导幼儿自主观察步骤图制作蛋挞,并可在其中加入幼儿自己喜欢的食材。

使用烤箱时,以教师操作为主,提醒幼儿远离烤箱,避免触碰烫伤。

- 分享交流。

制作好后,与同伴分享,交流品尝的感受;激励同伴不断尝试和调整。

分享制作过程中的感受,提醒同伴在制作过程中忽略的问题。

活动建议
- 幼儿在制作蛋液的过程中教师不必过多干预,即使幼儿出现一些配比问题,最终失败了,这也是一次很好的体验,幼儿会通过反思发现自己的问题。
- 由于烤箱在加热过程中温度较高,为了保证幼儿的安全,使用电器的规范性尤为重要,如幼儿在使用电器的过程中出现问题,教师要及时干预,帮助幼儿明确后再操作。

案例分享　今日我主厨

为了使幼儿在参加健康区活动的时候更加有计划性,我们设计了"今日我主厨"的版面,让幼儿可以有计划地开展活动。

一次区域活动时间,我们将"今日我主厨"的底板出示给幼儿看,帮助幼儿了解每个版面的内容。"每次区域活动时间,可以有四个小朋友进行美食制作,参加美食制作的小朋友要在前一天在'今日我主厨'的表格中进行登记报名。"

"如何登记报名呢?"幼儿七嘴八舌地议论了起来。

"'今日我主厨'的表格上共有四排。每一排都包括了两格,一格是大厨的名字,一格是美食的名称。第一个报名的小朋友就在第一排进行登记,在前面的空格处写上自己的名字,后面的空格处根据自己的需要粘贴上小筐中的美食图片。"

"什么时间报名呢?"

"因为我们班的区域活动是在早上进行的,报名必须在区域活动结束后才可进行,你们觉得什么时候报名合适?"

"早上报名。"

"中午报名。"

"放学前报名。"

……

大家激烈地讨论后决定:每天在吃完午饭后进行报名。第一个报名的小朋友要将上面的名字擦掉、图片拿下来。

中午吃完饭后,淘淘第一个走到报名表前,首先用抹布将报名表上的名字擦掉、图片拿下来,接着拿起笔写上自己的名字,写好名字后思考了一下,将鸡蛋卷的图片贴在了自己的名字后。

这时石头走了过来看了看报名表说:"淘淘,你第一个报名,为什么不做松饼呀?大家都喜欢制作松饼呢。"

淘淘笑着对石头说:"我想做一个创意鸡蛋卷。"

"什么叫创意鸡蛋卷?"

"老师不是说鸡蛋卷里可以根据自己的想法,添加不同的食物吗,我决定在里面放火腿肠、胡萝卜和黄瓜。"

"这样放好吃吗?"

"肯定好吃,我奶奶给我做饼的时候,里面就加这些东西。"

"明天做好后,能不能给我尝一尝。"

"当然可以了,我要请所有的小朋友都尝一尝。"

"我去告诉大家。"说完,石头就跑出去将这个消息告诉了所有的小朋友。

下午放学的时候,淘淘刚和老师说再见,几个没有被接走的小朋友就跑了过去:"淘淘,你明天要做'创意鸡蛋卷',记得带材料哟。"

"幸好你们提醒我,我差一点就忘了,我马上就告诉奶奶要准备哪些材料。"

奶奶疑惑地看着淘淘和小朋友们:"淘淘,你明天要做什么呀?"

淘淘拉着奶奶的手说:"明天我要做健康区的大厨,要制作'创意鸡蛋卷',需要带鸡蛋、火腿肠、胡萝卜和黄瓜。"

"做蛋卷不是只要带鸡蛋就可以了吗?"

"老师说谁是主厨谁就可以自己制作创意美食,明天我是主厨,我要在鸡蛋卷里加上你上次做饼时候用的材料。"

"好的,明天做好后,回来告诉奶奶做得好吃不好吃哟!"

"回来一定告诉你。"

第二天早上淘淘如约将准备的食材都带来了。到了区域活动时间,淘淘立即跑到健康区忙了起来,又是洗,又是切,又是打鸡蛋,当淘淘将所有的食材放进蛋卷机后,淘淘大声地对大家说:"等我做好'创意鸡蛋卷',请你们吃呀!"淘淘说完就一直守在蛋卷机前观察鸡蛋卷的变化,当鸡蛋卷慢慢从蛋卷机中升上来的时候,淘淘高兴地跳了起来:"我的鸡蛋卷做好了,我的鸡蛋卷做好了!"

听到淘淘的声音,立即有几个小朋友围了上来:"做好了吗?给我吃点吧!"

"等一等,让我把鸡蛋卷切一下,分给你们吃。"

几个小朋友一边看着淘淘切鸡蛋卷,一边说:"不知道好不好吃。""有红色,有绿色,还有黄色,一定很好吃。"

淘淘切好后,递给每个小朋友一个叉子说:"尝一尝我做的'创意鸡蛋卷'。"

石头第一个叉起鸡蛋卷放进嘴里尝了尝说:"好吃,真好吃,明天我也要来做'创意鸡蛋卷',我要加肉松。"

其他小朋友也一起品尝起来:"真好吃,淘淘真是我们班的大厨。"

听了大家的评价,淘淘高兴地笑了起来,接着也品尝了一个鸡蛋卷,吃完后对小朋友们说:"我觉得下次可以把胡萝卜切碎一些,这样味道就更好了。"

"淘大厨,下次再请我们吃鸡蛋卷哟!"

教师反思

- 在提供基本制作程序的基础上,留给幼儿发挥创意的空间

每一种美食的出现都是在不断的尝试中得出的,因此,到了大班以后,教师尽量只提供一些制作程序简单,但可以发挥幼儿的想象的美食种类,留给幼儿制作创意美食的空间,将教师提供基本食材和幼儿自主准备辅助食材相结合,给幼儿创造的机会,满足幼儿个性化烹饪的需要。

- 通过提供报名表,帮助幼儿有计划地开展活动

通过提供报名表,可以让幼儿从选择制作内容到准备制作食材都具有了一定的计划性,并且可以根据自己的计划执行。因为是幼儿自己制定的计划,所以幼儿在活动中更加积极主动、认真专注,并且还能根据自己在操作中发现的问题及时提出改进的想法,使幼儿在不断地尝试、改进中获得制作美食的经验,帮助幼儿从小养成良好的学习品质。

- 通过同伴间的相互督促、提醒,帮助幼儿有序地开展活动

虽然幼儿在活动前都已经报过名了,但是因为幼儿年龄小、活动多,还是会存在遗忘的现象。每天的报名表不仅能使幼儿有计划开展活动,还在告知活动内容的基础上,使同伴间的督促、提醒成为可能。

(二) 语言区

系列活动 我喜欢读书

活动价值

语言区的环境让幼儿能够自由地选择图书并自主地阅读图书,从愿意到逐渐喜欢阅读图书。有了兴趣的支撑,幼儿更能够发挥自己的主观能动性,主动从阅读中获取经验,让阅读真正成为幼儿的习惯和兴趣。

活动一 好玩的书(小班)

核心经验

喜欢看图书,具有初步的阅读理解能力。

相关经验

- 数学领域:能按标记归类、收放、取用图书。
- 科学领域:学习正确操作 iPad、点读笔、耳机阅读和听电子图书。

活动准备

该阶段幼儿思维逐步由直觉行动向具体形象发展,在直接感知具体事物

时进行思考,同时幼儿语言经验的积累需要依靠多种感官协同作用。因此,可以选择画面主体突出、内容重复、游戏性强的图书。

- 单页单幅画面、画面简单且主题突出、文字少或无文字的图书,如《小蓝与小黄》、"鼠小弟"系列图画书等。
- 情节单一、内容重复性强,便于模仿又与幼儿的经验紧密联系的图画书,如"噼里啪啦"系列图书。
- 具有鲜明的操作性和游戏性,如洞洞书《我最喜欢车子》、立体书《好饿的毛毛虫》。

指导要点

- 低年龄幼儿,主要是需要教师激发他们的活动兴趣,使他们有看、听、说的愿望。
- 教师可采取集中讲故事的形式,激发幼儿在语言区中自由选择图书、自主阅读图书的兴趣。
- 教师可参与到语言区中带动幼儿一起读书。
- 可提供与图书内容相匹配的视频和音频设备,如 iPad、点读笔、耳机等,幼儿根据自己的喜好进行选择,调动视觉、听觉等多感官进行不同的阅读。

活动二　好看的书(中班)

核心经验

围绕班级主题活动内容,从图书中获取相关经验。

相关经验

- 数学经验:按照主题内容进行归类收放图书。
- 科学领域:能够比较熟练地操作 iPad、点读笔、耳机等各媒体设备进行阅读活动,并从中获取信息。

活动准备

- 提供内容较多元、画面较丰富、形象性强的图书,如《糟糕的头发》中各种搞笑的发型,同时人物的表情、装扮、动作也非常形象。
- 提供能拓展主题经验的电子阅读内容和材料,如"昆虫"主题中可提供《昆虫躲猫猫》的图书;在 iPad 里增加有关昆虫的身体结构和生长变化的视频、电子书及简单的游戏,拓展幼儿关于昆虫的经验。

指导要点

- 通过张贴与主题内容相关的图书目录,引导幼儿围绕主题活动进行阅读。
- 利用区域活动后的时间,开展集中的读书交流活动,共同分享从图书中获取的与主题相关的内容。
- 可引导幼儿阅读后,提出自己的问题,大家共同讨论。
- 可围绕主题活动中产生的问题,引导幼儿从图书中搜寻答案,尝试解答问题。

活动三　各种各样的书(大班)

核心经验

了解不同类型的图书,在阅读中丰富相关经验。

相关经验

- 数学领域:根据图书的种类按标记进行归类。
- 美术领域:能根据美术活动需要,阅读美术工具书和艺术欣赏类的图书,进行美术活动创作。

活动准备

- 提供种类多样、风格多元的图书。

童话类图画书,如《籽儿吐吐》《葡萄》。

中国民间故事图画书,包括成语、寓言、神话等主题类型。

科学图画书,如《我们身体里的洞》《长颈鹿好长喔》。

工具书,如美术折纸、手工类图书。

说明书,如电器使用说明书、玩具拼插说明书等。

幼儿自制的图书,如迷你小书、班级日记等。

与主题活动内容相关的图画书和资料,如结合"十二生肖"主题,可提供纸质书、电子软件、视频等。

- 提供拓展幼儿经验、激发幼儿探究的视频和音频材料,如关于人体、海洋生物等内容的材料。

指导要点

- 和幼儿共同搜集各种类型的图书。
- 和幼儿共同讨论商议,根据班级环境和图书柜的特点,将图书按照一定标准进行分类,并根据分类结果用前书写的方式做标记,以区别图书类型。
- 鼓励幼儿根据活动和兴趣需要,选择阅读图书,了解不同类型图书的特点和用途。

- 通过读书笔记,鼓励幼儿互动交流、推荐图书以及分享经验。

系列活动　好书推荐

活动价值

好书推荐活动,不仅让幼儿积极参与阅读图书,进而不断让幼儿能分享自己看过的好书,将阅读后的感受与同伴交流,而且更能激励更多的幼儿关注同伴阅读的图书,从而使幼儿能从同伴的推荐中获得更多的认识和经验。

活动一　一起读好书(小班)

核心经验

发展幼儿叙事性语言讲述、前书写、前阅读的能力。

相关经验

- 美术领域:提高幼儿用图画表征的能力。
- 社会领域:愿意与同伴分享自己喜欢的图书及自己的想法。

活动准备

- 制作"好书推荐"的底板,底板内容包括推荐书目、推荐人。
- 推荐的图书4～6本。
- 教师、家长照片。

指导要点

- 小班幼儿还不理解好书推荐的含义,可以先由教师和家长推荐符合此年龄段的或者幼儿感兴趣的图书,在活动中带领幼儿共同阅读,激发幼儿进一步在区域中阅读的兴趣。
- 教师将图书直接呈现在"好书推荐"区的推荐书目上,在推荐人处呈现教师的照片。当幼儿进入语言区时它可以起到提示幼儿阅读近期推荐的图书的作用。
- 过程中教师可以使用语言指导幼儿阅读推荐的图书。

活动二　好书画一画(中班)

核心经验

- 用较完整的语言介绍自己喜欢的图书,在教师的引导下,说清楚书名、主要内容、自己喜欢的原因。
- 注意倾听并听懂同伴的介绍,选择自己感兴趣的图书阅读。

相关经验

社会领域:愿意与同伴分享自己喜欢的图书,以及自己的想法。体验自我表达的成就感。

活动准备

- 提供纸、笔制作"好书推荐"的底板,底板内容包括推荐书目、推荐理由、推荐人,布置在语言区环境中。
- 幼儿要推荐的图书,可打印该图书的封面图片用于展示。

指导要点

- 教师先向幼儿推荐一本图书,用简洁的语言介绍书名、主要内容以及喜欢的地方和原因,然后引导幼儿说说所听到的信息,一起讨论可以介绍的内容。
- 引导幼儿尝试推荐相应的图书,将推荐图书的封面图片呈现在底板上,幼儿尝试画出推荐理由,教师用文字记录并呈现。
- 鼓励幼儿一边展示图书一边介绍,尽量不打断幼儿的介绍。如果幼儿有困难,教师可以通过问题或提示引导幼儿补充清楚;也可引导幼儿在集体中简单介绍推荐理由。
- 教师引导幼儿阅读后进行记录,以便了解阅读推荐书目的人数。一段时间后可适当和幼儿交流各自的发现。
- 教师可利用饭前、睡前等过渡环节,鼓励每个幼儿推荐好书,还可以与幼儿交流从这些书中获得的信息,自己喜欢的地方以及发现。教师引导幼儿交流或评价:"你听懂了吗?听到了什么?你觉得他哪里说得清楚?听了他们的推荐,你想看哪本书?"

活动三 我来推荐好书(大班)

核心经验

在与成人共读以及自主阅读图书中,发现书中有意义的信息,并尝试用图画或符号的方式表征自己的发现,积极与同伴交流。

相关经验

- 艺术领域:用图画的方式表征自己的想法。
- 社会领域:与同伴分享自己的想法。

活动准备

- 幼儿阅读并熟悉图书内容。
- 水彩笔和画纸。
- 制作"好书推荐"的底板,用于在底板上固定的材料,如双面胶、安全钉。

指导要点

- 幼儿自选图书阅读,教师观察,了解幼儿的兴趣,可与幼儿就喜欢的图书交流喜欢的理由以及对图书内容的理解。
- 教师鼓励幼儿向大家推荐自己喜欢的图书,建议其取来纸笔,用图画、符号表现书名、推荐理由。教师可引导幼儿:"怎么让大家知道你推荐的是哪本书?怎么让大家知道这本书有趣的地方?还要告诉大家什么?"
- 大班幼儿表征和表达能力均有所提高,教师除了引导幼儿用图画、符号的方式来表征推荐理由外,还可以鼓励幼儿用不同的方法表征推荐书目,引导幼儿将自己的"好书推荐"固定在底板合适的位置上。
- 大班"好书推荐"的形式更加多样,可以是班级个别幼儿推荐,定期更换,也可以是全体幼儿共同推荐。底板内容包括推荐书目、推荐理由、推荐人。
- 观察阅读推荐图书的幼儿人数,鼓励幼儿记录自己的阅读发现。
- 集中交流时,教师鼓励幼儿根据自己的记录向大家介绍推荐的图书,并能有序地说出推荐书名、推荐理由、推荐人。教师可引导幼儿欣赏同伴的"好书推荐",进行交流或评价:"你看懂了吗?看了他们的推荐,你想看哪本书?为什么?"鼓励其他幼儿参与"好书推荐"活动。

系列活动　听故事点赞

活动价值

这是一种以"点赞"方式引导幼儿参与阅读活动后进行的自主评价,既是幼儿对自己参与活动的记录,也是倾听故事后的简单评价,能够激励幼儿积极参与听故事,也能及时将自己的感受用记录的方式表达。

活动一　点赞爸爸妈妈的故事(小班)

核心经验

喜欢听故事,能认真听并能听懂常用语言。

相关经验

社会领域:愿意给别人的故事点赞,愿意向同伴学习。

活动准备

- 讨论、制订点赞规则。
- 制作点赞墙。
- 爸爸妈妈提前录制好故事音频,教师在 iPad 或电脑中制作好相应的故事目录,每个故事的链接使用幼儿的照片做封面。

故事的选择

小班幼儿听故事时更愿意选择自己的爸爸妈妈讲的故事,这样能安抚幼儿在园的心情,因此教师在语言区投放爸爸妈妈录制的音频故事能激发幼儿听故事的欲望。由于小班幼儿的注意力集中时间较短,因此家长录制的故事时长应为3分钟以内,内容不限;讲故事时语速中速(不要过快),讲述清楚,以便于小班幼儿倾听。

指导要点

- 小班幼儿初期更愿意倾听自己的爸爸妈妈所讲述的故事,因此在活动前,教师可以带领幼儿共同倾听自己家长讲述的故事。
- 当幼儿听过一段时间的故事后,教师可以带领幼儿共同评价听到的故事,学习简单评价。
- 鼓励幼儿倾听其他家长的故事。

活动二 点赞同伴的故事(中班)

核心经验

倾听同伴的故事,了解故事内容。

相关经验

社会领域:愿意表达自己倾听故事后的感受,并用标记记录。

活动准备

- 幼儿插牌。
- 制作点赞墙。
- 同伴录制好故事音频或视频。

故事的选择

中班幼儿开始喜欢倾听同伴讲故事,并开始尝试向同伴学习,因此在语言区投放幼儿自己讲述(表演)的故事的音频或视频。幼儿录制音频或视频时,教师建议幼儿选择自己喜欢的一个故事讲述,可增加动作和音色变化,但不强求。

指导要点

- 观察幼儿是否按照活动流程参与:插入自己的进区牌,选择语言区;在听同伴讲故事的背景墙插入自己想听的同伴的照片牌;在iPad中点击同伴的照片听故事;听完给同伴贴星点赞。
- 在一段时间后,教师和幼儿共同观察、点赞并讨论,了解大家喜欢的同伴的故事有哪些、为什么喜欢、这些讲故事的人有哪些特点。

- 鼓励幼儿尝试向同伴学习,改进和调整自己的故事,幼儿可以选择重新录制自己的故事进行更换。

活动三 点赞电子书(大班)

核心经验

阅读多种类型的电子书,通过阅读和倾听获取不同的经验。

相关经验

社会领域:愿意分享交流自己的感受,对阅读的电子书进行简单的评价。

活动准备

- 制作纸质目录,在 iPad 中下载相关内容。
- iPad 和耳机。
- 下载不同类型的故事。

故事的选择

大班幼儿喜欢的故事内容更加丰富和多元,教师和幼儿可以讨论确定故事类型,如百科类、身体结构类、地理知识类、童话类等,师幼根据确定的类型共同选择合适的故事内容。

指导要点

- 引导幼儿对应纸质目录,找到自己想听的故事;点击 iPad 打开相应的故事页面;放下纸质目录,倾听故事。
- 鼓励幼儿选择不同类型的故事倾听,拓展自己了解的图书类型。
- 引导幼儿发现不同类型的故事的不同之处,愿意表达和记录自己的评价。

系列活动 班级那些事儿(大班)

活动价值

每天班级里会发生很多有趣的事,让幼儿持续地用前书写的方式记录和用语言来表达,在日积月累的过程中,提高幼儿的听说读写能力。

活动一 班级日记

核心经验

发展幼儿叙事性语言讲述的能力,包括使用丰富多样的词句、有条理地组织讲述的内容、感知独白语言的语境。

相关经验

美术领域:提高幼儿用图画表征的能力。

活动准备
- 初步了解日记的含义,如阅读绘本《蚯蚓的日记》。
- 纸、水彩笔、iPad。

指导要点
- 教师和幼儿展开讨论,明确班级日记的相关问题。

班级日记记什么?

在讨论中幼儿逐步从记班上发生的事情到记自己、同伴、集体在班上发生的事情,再到自己、同伴、集体在班上发生的印象深刻的事情,如自己当选升旗手,同伴在过生日时带来了显微镜,集体进行早操表演。

班级日记怎么记?

讨论时,教师首先明确核心经验是叙事性语言讲述。记是为讲述做支撑,所以需要紧扣叙事性讲述的内容。叙事性讲述是用口头语言把人物的经历、行为或事情的发生、发展、变化讲述出来,要说清楚人物、时间、地点、事件和事情发生的原因以及发生发展的先后顺序。

共同讨论后,幼儿提取了四个要素:时间、地点、人物、事件,同时将这四个要素用自己的方式表征呈现。

班级日记怎么说,对谁说?

班级日记需要说给别人听,怎么说才能吸引听众的注意呢?幼儿的回答是:要有顺序地说、要说详细、说细节。细节,在幼儿的讨论下包括:语言、人物、表情、动作、地点、心理活动、道具等。

幼儿对谁讲述自己的日记呢?在区域活动中,幼儿可以说给教师听,可以说给同伴听,当教师和同伴都不能倾听的时候幼儿可以使用iPad自拍录像,这样不仅能弥补教师和同伴不能及时倾听的问题,还能在录制的过程中给自己不断调整、不断完善的机会。

- 教师根据讨论提取要素,创设环境为幼儿提供支架。教师将幼儿讨论出的"怎么记""怎么说"在墙面上进行呈现,为幼儿的记录和表述提供支架;同时将所有幼儿的日记进行展示,进一步激发幼儿阅读、记录的兴趣。
- 教师在区域活动中关注幼儿的活动,提供适时的指导,进一步推动幼儿的发展。
- 教师及时将个别幼儿出现的突破性的发展向全班幼儿辐射。
- 利用集体的时间共同倾听别人的日记,进一步激发幼儿的兴趣。

活动二　娃娃电视台

核心经验

愿意讲话,并能有序、连贯、清楚地表达一件事。

相关经验

美术领域:提高幼儿用图画表征的能力。

活动准备

- iPad,用于视频录制。
- 水彩笔、A4纸,用于记录自己表述的内容。
- 师幼共同制作电视台场景,丰富游戏情景。

指导要点

- 观察和引导幼儿选择角色(两人合作游戏)。当有两位幼儿同时选择"娃娃电视台"游戏时,就可以协商分配"演员""导演"两个角色,幼儿进行合作游戏。如果今天只有一位幼儿选择"娃娃电视台"游戏,怎么玩呢?首先转换 iPad 镜头,使镜头对着幼儿,点击录制按钮;调转 iPad 方向,让镜头对准录制棚,带领幼儿自导自演录制节目。
- 幼儿在游戏的过程中难免会遇到不知道说什么或不知道怎么操作 iPad 等方面的问题,教师可以进行指导,引导幼儿观看电视台播报视频,丰富关于主持人主持节目的经验,如观看《新闻联播》《舌尖上的中国》、旅行类节目、人文百科等。
- 师幼共同讨论节目类别,拓展讲述内容,如念儿歌、做美食、播报身边的事情、介绍知道的生活小知识等。
- 集体学习操作程序,游戏中个别指导。不会用 iPad 怎么办?可在集体中和幼儿共同讨论学习;也可以在游戏中个别指导;或是发挥同伴的作用,鼓励会操作的幼儿去教不会操作的幼儿。
- 集体观摩讲述视频,提高幼儿讲述水平。教师及时介入,以集体观摩、问题引导等形式,鼓励幼儿相互学习,吸取别人的经验,提高自己的讲述水平。

活动三　配音秀

核心经验

发展幼儿的语言表达能力,能根据画面中人物的动作、表情和心理活动选择合适的语言进行配音。

相关经验
- 语言领域：有看视频即兴表达的能力。
- 社会领域：有理解他人情绪和情感的经验。

活动准备
- 幼儿阅读过的故事绘本、听过的故事、看过的动画片。
- iPad、话筒。

指导要点
- 教师和幼儿展开讨论，了解"配音秀"APP的功能和使用方法。
- 在选择配音素材之前，教师首先要统筹考虑内容的适宜性，作为新内容的呈现，调动幼儿参与兴趣是很重要的，所选内容要尊重幼儿的选择，满足幼儿性格、性别的需要，便于幼儿使用口头语言表达。
- 鼓励幼儿将配音的内容绘制出来呈现在环境中，成为环境装饰的一部分。根据幼儿的兴趣，配音的内容也在逐渐增加。
- 围绕幼儿遇到的三个问题——"配音秀"APP怎么操作、"配音秀"几个人玩、怎样让自己的声音更符合角色需要，进行讨论。

"配音秀"APP怎么操作？"配音秀"的内容刚刚提供出来，为了鼓励幼儿主动去说，要降低幼儿操作中的难度。教师不仅组织幼儿集体学习"配音秀"APP的操作方法，还根据幼儿的提议，将操作步骤以步骤图的方式呈现出来，在每一步需要点击的地方做上标记，给幼儿提供操作支架。这样一来，即使教师不在这个区域中，幼儿也可以按照步骤图的提示，独立完成配音游戏。

"配音秀"几个人玩？可以根据角色决定几个人一起游戏，如果只有一个角色就一个人玩，两个角色就两个人合作玩……

怎样让自己的声音更符合角色需要？在欣赏动画片原声以及欣赏同伴配音的过程中，幼儿尝试寻找支撑，迁移经验，如捏着鼻子讲话以改变自己的音色，说语气词、感叹词时加入辅助动作以满足角色需要等。

- 提供辅助电子设备，鼓励幼儿自主操作和相互学习。

创建班级微信群。创建一个班级微信群，幼儿每天配音的内容可以自主地发送到群中，爸爸妈妈既能及时了解到自己孩子的配音情况，也可以给幼儿的作品评论点赞，鼓励幼儿更有兴趣地去说。

保存相册，幼儿相互欣赏。幼儿的配音作品可以直接保存到相册中，幼儿既可以听到自己的配音作品，也能听到同伴的作品，不仅满足了幼儿随时表达的愿望,同时也满足了幼儿被倾听的愿望。

活动建议

- 了解幼儿口语表达的水平,适时推进幼儿发展。每个幼儿的发展水平是不一样的,教师在了解幼儿口语表达水平的基础上给予指导,如丰富关联词、形容词的储备量,了解语气词、叹词的使用等。
- 相信幼儿,给幼儿充分的表达空间和时间;鼓励幼儿更加放松地去表达。
- 关注幼儿的问题,及时组织交流。同时,及时发现幼儿的突破性发展,通过集体交流的形式辐射到全班。

案例分享　班级日记

当我们围绕"班级日记是什么"这个问题展开讨论时,幼儿是这样说的:

"班级日记就是记班上发生的事情呗!"

"可以记班上的哪些事情?"

"可以记自己身上(发生)的(事情)。"

"也可以记别人身上(发生)的(事情)。"

于是,我们和幼儿共同形成了这样的认知:班级日记就是记在班级中发生的、在自己或者他人身上的事情。

这个时候又有个幼儿提出要记"让你印象深刻的事情"。有了这些讨论,我们更加明白了班级日记不是个人日记,它可以记在班级中自己、他人、集体发生的让自己印象深刻的事情。

区域氛围轻松,时间宽裕,不用受集体时间的限制;在区域中随时随地、想记就记;区域中可以边记边讲,不断调整。语言区需要满足幼儿记下自己亲身经历的事情的表达欲望,需要通过各种方法让幼儿尽可能地去表达。

- 创设环境,激发兴趣,提供支架

在语言区中,首先,我们将幼儿记的每一次的日记都进行呈现,这样便于幼儿取阅。在区域活动时,不时会有幼儿拿出来阅读,当看到日记中的自己时,幼儿更加有了兴趣。我们将其中的关键要素进行提取呈现,为幼儿的记录和表述提供支架。这个活动需要两个步骤:一是记,二是说。记的时候记什么呢?我们紧扣叙事性讲述的核心经验来提取要素,和幼儿共同讨论后就有了以下四个要素:时间、人物、地点、事件,请幼儿将这四个要素用自己的方式表征呈现,这样就可以在记录时给他们支撑。

语言区的班级日记最终还是为了"说"服务的,如何说给别人听,同时又能吸引听众的注意呢？当我们问出这个问题时，幼儿说："我们要说得详细，要把一些细节说出来。"那什么是细节呢？是不是只要细节描述清楚就行了？最后有个幼儿提出来："我们要按顺序说，这样别人才能听懂。"有了这些讨论才有了我们环境中"怎么说"的呈现。

开始，幼儿会在每次记完以后就找教师讲述自己的日记，但是，教师很难在区域活动中满足每个幼儿讲述的需求，因此在现代化技术手段的支持下，我们为幼儿提供了 iPad，这样幼儿在记完以后就不需要去让教师倾听、记录，而是自己用 iPad 开始自拍，录下自己记录的日记。这样，即使在讲述过程中有了新的想法，也能不断调整，重新反复录制。这种方式更能创造一个宽松的氛围，满足幼儿讲述的需求。

创设了相应的环境，提供了支架，幼儿就能在区域里面玩起来吗？提供了支架，幼儿就能说起来吗？提供了支架，幼儿就能有发展吗？答案肯定是不能，因为还需要一点：过程中适时适当的指导。

- 在区域中关注幼儿活动，提供适时指导

幼儿在班级日记活动初期的记录和表述：

"吃午饭前我在走廊上拍球，拍了 5 个，我好开心。"

"中午时我和王老师一起在操场上打三毛球，我打了 10 个抛接球呢，看我厉害吧！"

"今天早晨老师带我们参加了早操比赛，比赛之后我们看了跆拳道表演，跆拳道选手把木头都打碎了，真厉害！"

我们发现记录的事件中几乎都是单一的行动事件，包括幼儿自己的单一行动事件、集体活动的单一事件等。听完幼儿的讲述也能发现，幼儿都是使用常见的词语来讲述一两件行动事件，也就是还处在幼儿叙事性讲述发展阶段中的初级阶段。

然而，在一次区域活动中，小叶子跑到教师身边说："老师，来听听我的日记吧。"当时教师听到了一句话是这样的："看他们，我特别地羡慕，希望自己也能当升旗手。"这句话其实描述了幼儿的心理活动，表达了幼儿自己的想法。

幼儿在叙事性讲述时已经慢慢地开始描述一些细节，这可能只是幼儿讲述时出现的无意识的语言。那么，教师如何将这种无意识演变为有意识呢？于是，教师利用区域的集中环节请小叶子向大家讲述自己的日记。从此以后，教师发现幼儿开始有意识地表征心理活动了，讲述时也开始有意识地描述这些细节,使得讲述更加生动、更加引人注意。

教师在个别指导时,需要在了解叙事性讲述核心经验的基础上明确幼儿所处的阶段,适时地推动幼儿向下一个阶段发展,教师要将个别幼儿出现的突破性的发展向全班幼儿辐射,可以利用集体时间共同倾听别人的日记,进一步激发幼儿的兴趣。

- 班级日记促进幼儿发展与变化

第一,培养了幼儿记录的兴趣和意识。

一天下午,一位幼儿小鸡鸡疼,在带他看过保健老师后才知道小鸡鸡发炎了,在走出保健室的瞬间,幼儿就说:"老师,我要记班级日记,就要记我小鸡鸡发炎的事情。"

还有一次,班级开展"大带小"的活动,有位幼儿在小班有一位妹妹,在带玩具给妹妹玩时他选择带了一个陀螺。活动刚结束他就跑过去记班级日记了,记什么呢?原来他今天带的是男孩子的玩具,没想到妹妹也喜欢。

第二,提高了幼儿的表征能力。

幼儿的日记一开始是单页整幅,后期开始出现用单页多幅画面表征事情的连续性。日记开始只是简单线条的描绘,后期随着讲述细节的增多也开始出现正面人、背面人、侧面人等,这些都是在记日记的过程中生成的。这主要是因为幼儿在发展的过程中有了这方面的需求,才让幼儿自主地去发展。

第三,锻炼了幼儿的语言表达能力。

幼儿最初在讲述自己的日记时几乎都是两三句就描述完了,但在后期时幼儿几乎都是用一段话来进行连贯的讲述,而且已经能从描述单一的行动事件到描述几个行动事件及其之间的关系,也能详细地描述一些细节,还会出现一些自己的观点和评价,也就是慢慢地从叙事性讲述的初级阶段向拓展阶段发展了。

(三) 音乐区

系列活动　我的节目我做主

活动价值

音乐区的节目单的设计,一方面,要遵循《指南》中艺术领域幼儿学习的指导建议,激发幼儿在各个类型的音乐游戏中欣赏和参与的欲望;另一方面,更要以幼儿的兴趣和需要为出发点,创造幼儿自主选择和规划音乐节目的机会与条件,支持幼儿自发的艺术表现与创造。同时,教师面对不同年龄段的幼儿,应给予个性化的、适宜的支撑。

活动一 我和音乐一起玩游戏(小班)

核心经验

学习从节目单中选择喜欢的音乐活动,能跟随音乐唱歌、做身体动作,感受和体验乐曲的节奏以及随乐游戏的乐趣。

相关经验

- 语言领域:能大方地说出自己选择的节目,倾听并能理解提示语言。
- 社会领域:体验与同伴共同随乐游戏的快乐。

活动准备

- 教师将幼儿在集体音乐教学活动中学习过的音乐作品和适合3~4岁幼儿模仿学习的舞蹈视频串联在一起,制作成3~4套节目单(如图2-2-1),每套节目总时长以不超过10分钟为宜,供幼儿选择。
- 电脑、可以连接电脑的电视机一台(课件通过可触控屏幕呈现或制作PPT通过电脑连接电视机呈现)。
- 表演节目中需要使用的乐器、道具等。
- 供幼儿点播节目用的伸缩触控笔。

节目单1:
《咯咯咯》《生活模仿动作》《苹果》《猴子爬树》《再见曲》

节目单2:
《我爱你》《我爱我的小动物》《小手爬》《再见歌》

节目单3:
《热身舞蹈》《放松舞蹈》《手绢舞》《再见》

图2-2-1 教师设计的节目单

指导要点

- 区域活动前的集体讨论。

教师将课件投放至音乐区,带领幼儿共同通过观察图片、倾听音乐等方式了解节目单中的音乐活动内容。

教师有选择地演示PPT,告诉幼儿不同的颜色标记包含不同的节目内容,可以自己选择。帮助幼儿明确:什么是一套节目?某一套节目里分别有什么节目?

教师与幼儿共同商定:知道要保护眼睛,每次选择一套节目进行游戏,避免过长时间观看屏幕。

- 幼儿自主轮流进区游戏。

观察幼儿进区后,是否能够自主选择某一套节目单并点击对应按钮进行游戏。

教师可以通过观察、交流,了解幼儿对节目单中音乐活动内容的兴趣和活动难易程度,及时进行更新和调整。

教师观察幼儿倾听提示语的情况,并给予具体的指导。如果幼儿没有按照提示语取放乐器或道具,教师提醒幼儿倾听提示语进行调整。

教师观察幼儿活动情况,根据幼儿合乐情况、道具使用情况、乐器使用情况等进行针对性指导,如引导幼儿观察同伴动作,用语言提醒,以及用手势、体态暗示和带动等。

活动建议

- 教师可将每个节目的图片打印出来,布置于音乐区环境中,以便幼儿随时查看,激发幼儿的活动兴趣。
- 小班幼儿对事物的兴趣及专注力维持时间较短,教师的平行参与十分必要,帮助幼儿获得快乐、融洽的游戏氛围的体验,提高幼儿的参与度。
- 在选择每套节目内容时要兼顾各种类型的音乐活动,活动与活动之间要空出幼儿准备的时间以及归还乐器、道具等物品的时间。
- 可以根据幼儿活动情况及所学音乐活动,不断更换、丰富节目单的内容。

活动二　我会选节目(中班)

核心经验

知道每套节目单的内容,有自主选择表演节目的意识,并积极参加歌唱、韵律、奏乐等活动。

相关经验

- 健康领域:通过夹取节目单增强双手的协调性和力度。
- 社会领域:与同伴意见不统一时,能在教师的帮助下协商解决;愿意与同伴共享活动资源。

活动准备

- 与幼儿共同协商、确定音乐活动内容,由教师将每5～6个活动的音频连接、编制成一套节目(注意每套活动内容要兼顾歌唱、律动等不同形式,时长不超过 10 分钟),将所有活动内容以单个按钮链接的形式制作成 PPT,便于幼儿点击播放。

● 师幼共商节目单选择的规则,可以用图夹文、前书写等幼儿可懂的形式呈现在音乐区环境中。

● 数码播放器或一体机,触控笔。

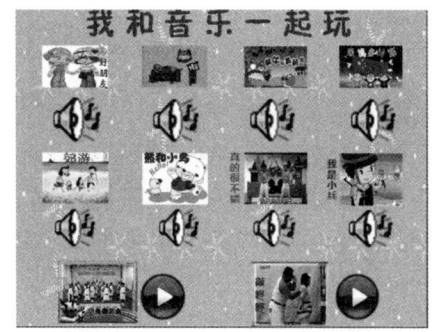

图 2-2-2　幼儿设计的节目单

指导要点

● 活动前集中交流讨论。

教师出示事先与幼儿共同协商、确定的节目单,帮助幼儿明确图标所表示的活动名称。

教师组织幼儿讨论选择节目的规则和方法,并帮助幼儿理解。

"这么多内容,每次选择 4 个,谁来选?怎么选?"当幼儿玩法确定后,教师可以建议幼儿按照进入音乐区的顺序自选一个活动,将相应的节目卡片取下,插在节目单底板上。

"每个活动谁来点击播放?"可教师建议用谁选的节目谁点击触摸屏或鼠标播放的方法,让幼儿明确所有幼儿按节目顺序共同游戏。

"表演结束,节目卡片要怎么样?为什么?"教师明确要将节目卡片夹回夹子上,便于其他幼儿选择活动。

● 幼儿自主区域游戏,教师观察指导。

教师观察每位进区的幼儿是否有选择一个节目的意识,并能将节目卡片插在节目单底板上。

待节目单确定后,教师观察幼儿活动情况,并进行适时的指导,如由哪位幼儿负责点击播放音频、视频,鼓励所有幼儿参与到表演中来。

如果幼儿在选择内容和顺序方面有自己的想法,想和同伴协商,教师鼓励幼儿相互协商,在公平的基础上用自己的方法选择。

一套活动结束后,观察幼儿收拾节目卡片的情况,如果有幼儿忘记将卡片放回原处,教师则进行提醒,并鼓励幼儿双手配合,自己将卡片夹回夹子上。

教师观察幼儿活动兴趣,如幼儿兴趣尚浓,可鼓励他们换几个节目进行游戏。

活动建议

了解幼儿对节目单中活动的兴趣和活动的难易程度,根据幼儿所学音乐活动的内容或幼儿兴趣所在,不断更新、调整节目内容,激发幼儿参与音乐区活动的兴趣。

活动三 自制节目单(大班)

核心经验

根据不同类型的音乐活动内容,制定节目单,共建节目库;共同为表演合理地规划节目内容和顺序,按照自制的节目单做准备并表演。

相关经验

- 语言领域:运用前书写的方式表征音乐活动类型和节目名称。
- 社会领域:学习小组成员共同协商、规划表演的方法,发展合作能力。
- 科学领域:学习多媒体设备的操作方法,感受其便捷。

活动准备

- 教师制作的电子节目库课件,如将视频或音频资料制作成可单独点击播放的PPT。
- 幼儿用前书写方式表征的节目类型、节目名称、游戏约定,呈现在音乐区环境中。
- 电子触摸屏、伸缩触控笔。

指导要点

- 集中交流。

教师出示节目卡片,提出挑战任务"今天自己来做节目策划",激发幼儿的兴趣。

教师与幼儿讨论"怎么策划一台表演",帮助幼儿明确需要共同协商节目内容和顺序、选择节目时要兼顾各种类型、按顺序排列节目单、选择主持人报幕等事项。

- 幼儿自主进行区域活动,教师观察指导。

幼儿协商确定表演内容4~6个,并将相应的节目卡片找出来排列节目顺序,教师观察幼儿互相协商确定节目的情况。如出现争执,教师不要急于帮助协调,观察幼儿的解决情况,如果影响接下来的活动,教师从旁建议协商解决的策略,并提醒幼儿注意时间。

教师观察幼儿推选主持人的策略,在幼儿争执不下时,以建议的口吻提供策略并协调,如果无人愿意当,可鼓励能力较强的幼儿尝试。

教师观察幼儿能否用夹子将节目卡片夹好,制作成节目单,交给主持人。

教师观察主持人报幕以及幼儿表演的情况;观察主持人能否按照节目单的顺序大胆报幕,如"第一个节目是……,请做好准备!";观察其他幼儿能否做好准备,播放视频或音频,配合进行表演。教师不急于帮助,可通过建议、问题、手势鼓励等进行适当提醒,如:"下面该什么节目了?"

幼儿按照协商结果播放选定的视频或音频进行表演。教师观察幼儿接纳同伴意见的情况。如果幼儿在选择节目时意见不统一,出现分歧,教师进行针对性的指导。教师可提问:"你们想表演的内容不一样,可以用什么方法决定到底表演什么呢?"教师鼓励幼儿迁移日常生活中解决问题的策略,根据具体的情况使用猜拳、黑白配或举手表决的方法进行表决,或者排好顺序轮流播放。如果有幼儿不肯接纳,通过表扬同伴行为、重申规则等进行引导。当一个节目表演结束后,教师可观察幼儿接下来选择活动的情况,观察他们能否迁移前面活动的经验,协商解决选择节目的问题。

- 集中讨论。

教师重点引导幼儿交流:当大家意见不统一时,使用了哪些策略解决。

活动建议

- 前书写节目类型等活动需要以集体活动形式展开,让每一个"书写"都能被大家看得懂,帮助幼儿达成共识。
- 可以根据幼儿学习音乐活动的情况,适时更换、调整音乐区活动的内容,并引导幼儿制作相应的节目卡片,激发幼儿参与音乐区活动的兴趣。

系列活动　玩转乐器

活动价值

幼儿对能发出声响的乐器具有与生俱来的兴趣。不同材质、不同类别的打击乐器更是能够为幼儿带来不同音质的听觉感受。幼儿通过探索多样化演奏乐器,不仅可以达到节奏感等音乐素养的提升,还有利于促进其感觉知觉的发展。区域活动中,与同伴合奏,能够帮助幼儿体验自己与同伴之间协商合作的关系,感受共同演奏的快乐。

活动一　"玩"乐器(小班)

核心经验

通过摇、拍、敲等动作探索铃鼓、小铃、木鱼等乐器的声音,感受音乐节奏。

相关经验
- 社会领域:巩固看照片标记取放乐器的规则。
- 数学领域:感知归类和对应。

活动准备
- 贴好照片标记的乐器柜。
- 没有鼓面的铃鼓6个、木鱼6个、小铃6对(同种乐器的数量与音乐区可容纳幼儿的数量相同即可)。
- 选择集体教学活动中学习过的歌曲录音。
- 确定录音中提示语。如,乐曲开始前:"小朋友们,去乐器柜里选一个你喜欢的小乐器,我们一起为歌曲伴奏吧!"(给幼儿一些拿乐器、站点的时间)"准备好了吗?我们要开始啦!"乐曲结束时:"请小朋友们看好标记,把小乐器送回家哦!"

指导要点
- 集中认识乐器材料,引起幼儿参与兴趣。

教师带领幼儿认识铃鼓、木鱼、小铃,鼓励幼儿和乐器问好,说出乐器的名称。

- 幼儿自主区域活动,教师观察指导。

教师观察幼儿选择乐器的情况,引导幼儿说出所选乐器的名称;观察幼儿在音乐区"玩"乐器的行为表现,了解、分析幼儿的学习方式,以便后期为幼儿的发展需要提供适宜的支撑;鼓励幼儿大胆尝试、大胆"玩"乐器,激发幼儿的创造性演奏方式。

如果幼儿不注意倾听提示语,提醒幼儿仔细倾听录音提示语。如教师提问:"听听录音里说了什么?你要怎么做呢?"

教师观察幼儿拿乐器或使用乐器的情况,给予针对性的指导,如用动作带动幼儿正确抓握乐器、合拍地演奏乐器等。

教师观察幼儿收放乐器的情况,适时引导幼儿观察乐器柜上的照片标记,鼓励幼儿按照标记收放乐器。

鼓励幼儿尝试演奏不同的乐器,体验演奏乐器的乐趣,进一步巩固看照片标记收放乐器的规则。

活动建议
- 小班阶段的幼儿多是通过动作探究乐器的属性,对不同乐器发出的声音感兴趣,对于音乐性的感知较少,教师应尊重和理解幼儿"敲敲打打"的需要。

- 教师要对带至班级的物品进行细致检查,确保安全、卫生、适宜幼儿使用。

活动二　创意"演奏"(中班)

核心经验

愿意根据自己对打击乐作品的理解,尝试运用部分替换的方法为打击乐作品配器,感受不同的音响效果。

相关经验

- 健康领域:提高上肢动作的协调性和双手控制能力。
- 数学领域:尝试运用对应的方法替换乐器。

活动准备

- 班级常见乐器如铃鼓、小铃、圆舞板等,每种4~6个即可。搜集到的可替代乐器的废旧物品。教师也可结合幼儿兴趣购置适宜的乐器,如木琴、空灵鼓等。
- 数码播放器、一体机、触控笔。

指导要点

- 中班幼儿对音乐节奏的感知能力较小班有了发展,教师可观察幼儿的演奏方式,如一拍奏一次、一个乐句奏一次、听歌词一个字奏一次等,了解幼儿对音乐节奏的感知能力。
- 观察幼儿配器时是否有困难。

如果幼儿一直犹豫不决,教师询问幼儿的想法,鼓励幼儿大胆选择一种乐器替换,活动初期可先只替换一种乐器进行演奏尝试,待熟悉后再运用部分替换的方法进行替换演奏。

- 教师观察幼儿的演奏情况,能否运用新的乐器合乐地演奏,如果有困难,可引导幼儿共同讨论解决,重新演奏。对于一些特别的乐器,教师给予幼儿充分的探索空间,观察幼儿的演奏动作,了解幼儿在探索中获取的经验和演奏方法,幼儿的发现以及不同的"玩法",激发和保护幼儿对乐器演奏的探索欲。
- 演奏结束后教师观察幼儿是否将乐器送回乐器柜里。
- 根据幼儿表演情况进行集中交流。教师关注幼儿是否按照新的配器方案进行演奏,演奏中是否合乐。

活动建议

- 随着幼儿对乐曲节奏、结构的不断熟悉,对演奏乐器的不断熟练,可以适当增加替换乐器的种类。

- 在前期的集体教学活动中，教师在指导幼儿熟练按原图谱演奏的基础上，可以适当引导幼儿运用小图谱进行替换演奏，让全班幼儿知道乐器是可以替换的，然后在区域活动中满足每个幼儿尝试替换的愿望。
- 此活动需要幼儿之间协调的内容较多，集中交流要待多数幼儿参与过此活动后才能进行，让参与活动的幼儿将问题提出来，全班幼儿共同协商、确定解决的方案，并形成一定的规则，促进幼儿合作能力的发展。

活动三　奏乐团(大班)

核心经验

基于对乐器的了解和对音乐性质的把握，自主匹配音色和谐的乐器进行演奏。

相关经验

社会领域：关注"小指挥"传达的信息，控制自己演奏的音量，寻求与同伴合奏的和谐。

活动准备

- 教师制作课件、各类乐器，包含自制与购置的正规乐器与生活物品替代乐器等。
- 幼儿熟悉音乐区里的各类乐器。

指导要点

- 音乐区的奏乐活动多是从班级集体活动中转化而来，因而多有固定的奏乐方式。区域游戏中，教师应给予幼儿更加开放的空间；可鼓励幼儿根据音乐性质和自己对乐器的已有了解，替换、匹配不同的乐器。
- 保证"小指挥"这一角色的创造性发挥的空间。鼓励"小指挥"通过动作、体态等多种方式传达信息；尊重"小指挥"的自我挑战，在指挥的过程中打破原有演奏的乐器匹配，即兴变换，如本该由铃鼓演奏完整的 A 段音乐，"小指挥"在过程中即兴调整为碰铃。
- "小指挥"的角色可能会深受部分幼儿喜欢，教师应关注幼儿在过程中如何协商着担当这一角色。同时，对于不敢尝试当指挥的幼儿，教师也可采取适宜的鼓励策略，如榜样激励、帮助其树立信心等。

活动建议

- 乐音给人带来美的享受。在幼儿合作演奏时，教师应引导幼儿注意倾听和感受合作创作所产生的和谐美。

- 鼓励幼儿既专注自己的演奏,又关注他人的演奏,追求与他人合奏的和谐。

系列活动　我的队形我做主(大班)

活动价值

幼儿尝试为熟悉的律动编排队形,在协商规划与练习的过程中,培养幼儿组织活动的目的性、计划性。

活动一　队形变变变

核心经验

在熟悉律动动作的基础上,尝试迁移已有的队形变化经验,通过协商和练习进行队形变化。

相关经验

- 社会领域:愿意与同伴协商,调整自己在队形中的位置,以相互配合。
- 数学领域:感知队形中各自的位置和方向。

活动准备

- 幼儿在集体活动中学习过的律动或操节律动,将音乐添加在音乐区PPT中,如操节律动《健康动起来》。
- 可根据场地条件,练习时提供镜子给幼儿观看。

指导要点

- 集中介绍。

教师提出问题,鼓励幼儿迁移经验,知道可以变换队形跳。

教师:"律动《健康动起来》大家都已经会跳了,我们除了可以一个人单独跳,还可以怎么跳呢?"(还可以变换队形跳)

教师:"你们知道哪些队形呢?"教师引导幼儿思考,并鼓励幼儿在区域中尝试。

- 幼儿自主区域活动,教师观察指导。

教师观察幼儿协商决定队形变化的情况。

当幼儿想不出变化何种队形时,教师可引导迁移早操队形的经验。

当幼儿为了变换不同的队形而发生争执时,教师可引导幼儿进行讨论,明确协商的方法,并确定队形变换。

教师观察幼儿练习的情况。

当幼儿在队形、站位上有问题时,教师观察幼儿是否能有意识地利用镜子调整队形中出现的问题,鼓励幼儿借助镜子观察队形、站位是否合适,然后进行调整。

- 集中分享交流。

教师鼓励在音乐区中练习的幼儿在集体面前表演有队形变换的《健康动起来》，全班欣赏。

结合表演，教师和幼儿共同讨论有哪些队形变化、在音乐的什么地方进行队形变化等问题，引导幼儿学习队形变化的简单规律。

活动二　队形图谱来帮忙

核心经验

在熟悉律动动作的基础上，运用队形卡片或利用摆放圆形磁铁的方法进行队形变换，初步学习有计划地变换队形。

相关经验

数学领域：能根据磁铁摆放的位置或数字标记明确自己在队形中的站位。

活动准备

- 将幼儿熟悉的舞蹈律动音乐添加在音乐区 PPT 中，便于幼儿播放，如幼儿早操《健康动起来》。
- 队形图谱、可操作磁性图谱。
- 一面幼儿用于观看的镜子。

指导要点

- 集中介绍。

教师出示队形图谱，幼儿观察有哪些队形。

教师请几位幼儿上前试着按照队形图谱站一站，观察幼儿是否能够看懂队形图谱，了解困难在哪里，引导幼儿知道要在图谱上标出代表自己的数字，知道自己站哪里。

- 幼儿自主区域活动，教师观察指导。

教师观察幼儿是否能够协商选择队形图谱，并在图谱上标出代表自己的数字。

幼儿按照队形图谱进行练习时，教师观察幼儿能否按照图谱上的标识站位，如不能则通过问题引发幼儿思考，鼓励他们借助一定的策略明确自己的站位，如使用镜子观察。

教师观察幼儿能否在预设的乐段变换队形；适时鼓励并与幼儿讨论表演的情况，针对实际问题提出进一步的调整和改进。

幼儿基本能借助队形图谱进行队形变换后,教师再提供可操作磁性图谱,鼓励幼儿试着摆一摆。教师引导幼儿明确代表自己的数字。

观察幼儿使用可操作磁性图谱的情况,如在协商摆放磁铁、队形规划、站位等方面出现问题,教师不要急于指导,而是先放手让幼儿自己发现问题并进行调整。

如果幼儿自己解决问题有困难,教师可带领幼儿针对出现的问题或困难进行讨论,尝试解决。

● 集中分享交流。

教师请幼儿演示摆放磁铁进行队形变换,全班幼儿欣赏。

教师引导幼儿交流在摆图、练习表演中的问题或体会,讨论解决问题的策略。

案例分享　音乐区中自主学习律动

小班下学期的6月份,我们在音乐区投放了三个律动,分别是健身操《小鲨鱼》、儿童舞《奇思妙想梦工厂》、街舞 Hiphop,将其作为幼儿自主学习律动的素材。幼儿在这三个律动中选择一个自己最喜欢的,在一周的时间内,利用区域游戏时间进行自主学习。

小雅在练习的初始两天,都是去自己选择的区域进行游戏,所以每次区域游戏的后半段,都需要教师提醒,她才会从其他区域出来,进入音乐区学习律动,而且只跟着视频跳两遍就会离开。连续两天都这样后,教师和小雅进行了交流:

教师:"小雅,你选的是什么舞蹈呀?"

小雅:"街舞。"

教师:"学会了吗?"

小雅:"会了。"

教师:"怎么知道是不是会了呢?"

小雅(有些犹豫):"跳一下吧!"

于是,小雅自己点开舞蹈视频,转身背对视频,听着音乐开始跳,可两天只跟着视频跳了4遍的小雅,显然很多动作都没有掌握,小雅的眼中噙满了泪水。

教师:"小雅,别哭呀!我们正好用这个方法来试试自己到底会不会,你觉得自己都会了吗?"

小雅默默地摇了摇头,泪水顺着脸颊流了下来。

教师赶紧边用纸巾帮她拭去眼泪边说:"现在不会没有关系!接下来我们应该怎么做呢?"

小雅:"要多练习!"

说完,小雅默默走到一台 iPad 前,点开了自己选择学习的舞蹈视频,开始了练习……

有了这一次的对话,小雅在每一次的区域游戏中,都很积极地首选音乐区的自主学习律动。她点开视频,认真跟随视频中的教师学习每一个动作,当有一个动作不会时,她会拖拉进度条,反复进行练习,直到自己觉得满意为止,笑容逐渐洋溢在她白净的小脸上。练习过后,小雅还不忘在自己的记录单上贴上笑脸娃娃,表示今天自己练习过了。

这天区域游戏开始了,好朋友小果拉着小雅的手说道:"我们去搭积木吧!"

让教师没想到的是,小雅轻轻挣脱好朋友的手,来到音乐区,学跳了5遍街舞后,才走向结构区,与好朋友会合。

学习了一段时间后,我们会提供集体展示的机会,供孩子们展示阶段学习成果。选择街舞的孩子们聚集到台前,音乐响起,只见小雅微微扬起嘴角,自信满满地进行展示,尽管此时尚有个别动作不太记得,但她明显更加淡定从容。

最终独立展示的时间到了。

教师:"小雅,现在会跳街舞了吗?"

小雅:"会了!"小雅的声音显得很自信。

果然,在背对视频,面对摄像机,仅听音乐的情况下,小雅微笑着将街舞完整地表演了出来,做完结束时的造型动作,小雅开心地看向教师。

教师:"现在确实是会了,小雅太棒啦!"

在与家长沟通幼儿自主学习律动的情况时,小雅妈妈惊喜地反馈:以前从没接触过街舞的小雅,竟然要求在暑假中学习街舞!

教师反思

- 音乐区的自主学习律动活动是培养幼儿任务意识的途径之一,也会激发幼儿的成长感

从一开始基本没有任务意识,需要教师提醒进行练习,到后来即使好朋友拉着去其他区,小雅都坚持练习完律动才去,可见她的任务意识在逐渐增强。表演展示时小雅的笑容、由内而外散发的自信都让我们感受到她的成长。

- 在幼儿自主学习中，教师的引导作用要发挥

幼儿的任务意识是需要成人引导的，他们有时不会自动自发地完成任务，需要教师在观察的基础上，适时进行提醒和帮助，幼儿的主观能动性被激发出来后，会越来越主动地参与到自主学习中来，并会为自己取得的成绩感到开心，从而会越来越享受学习和实现自我挑战的乐趣！

（四）科学区

系列活动　老鼠吃奶酪（大班）

活动价值

编程老鼠既是幼儿科学探索游戏的操作对象，也是学习编程的载体。通过搭建迷宫、探索编程、寻找路径等方式，幼儿在熟悉探索、操作挑战和拓展经验的过程中发展思维能力。

活动一　与老鼠第一次亲密接触

核心经验

掌握启动编程老鼠的方法，熟悉每个按钮的基本功能。

相关经验

健康领域：发展小手肌肉的灵活性。

活动准备

编程老鼠、玩具收纳筐。

指导要点

- 在科学区摆放"新活动"标记，直接投放材料，鼓励幼儿自主探索老鼠身上的按钮和老鼠动作之间的关系。
- 引导幼儿按老鼠身上相应的按钮，观察老鼠依照方向指令出现动作。
- 所有的幼儿都操作过材料后，师幼共同梳理老鼠的开关方法、按键功能等基本的操作要领。

活动建议

引导幼儿爱惜材料，收放、整理时轻拿轻放。

活动二　有趣的编程卡片

核心经验

明确编程卡片的含义，了解编程卡片与老鼠行为之间的联系。

相关经验

社会领域：愿意与同伴分享自己的发现。

活动准备

编程卡片、编程老鼠、玩具收纳筐。

指导要点

- 引导幼儿观察编程卡片,猜测卡片的作用。
- 在区域游戏中,引导幼儿随机抽出编程卡片排成一排,将指令输入老鼠身上,观察老鼠的动作行为与卡片之间的关系;探索利用编程卡片进行游戏。
- 区域游戏结束时,师幼共同商定利用编程老鼠和编程卡片进行游戏的方法。请一名幼儿在集体前面演示完整玩法,师幼共同总结老鼠动作行为与卡片之间的关系。

活动建议

可升级为双人游戏。一人摆编程卡片,一人在老鼠身上输入指令。

活动三　老鼠找奶酪

核心经验

判断以自己为中心的左右方向,并尝试运用策略,将主体方向与客体方向进行转换。为小老鼠输入指令,使其到达终点,吃到奶酪完成任务。

相关经验

语言领域:清楚地表达自己在操作的过程中遇到的困难。

活动准备

全套材料:游戏卡、迷宫网格板、编程老鼠、编程卡片、玩具奶酪等(如图 2-2-3)。

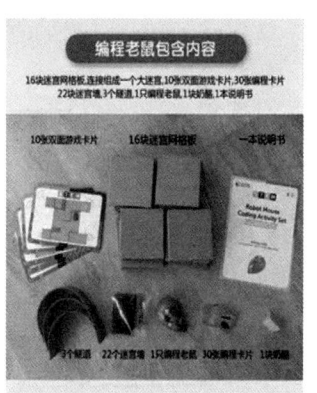

图 2-2-3　全套材料

玩法说明

第一步:选择游戏卡。

第二步:参照游戏卡搭建迷宫。

第三步:使用编程卡片设计行动路线。

第四步:给老鼠编写设定好的行动路线。

第五步:按动行动开关,观察老鼠是否到达终点。

指导要点

- 幼儿自主进区操作编程老鼠。
- 根据幼儿情况从层次一进行至层次三,由易到难地跟进或退位指导。

层次一:在迷宫网格板上摆放编程卡片,一格摆一张图片。
层次二:依据路线,将编程卡片按先后顺序排成一排。
层次三:不需要编程卡片,直接在老鼠身上输入指令。

教师观察:幼儿是否能根据奶酪位置设计路线,操作时能否成功到达终点;幼儿输入指令时能否以小老鼠为中心判断前进方向。

幼儿在输入指令后,小老鼠未按设计路线到达终点。教师可引导其观察小老鼠的错误路径。

当幼儿输入指令不成功后,教师可引导幼儿反思为什么小老鼠的方向和预设的不一样,观察小老鼠方向和自己所在位置方向的不同。

教师引导幼儿把自己当成小老鼠再次判断方向。

教师观察幼儿转换主体方向后,是否能够输入指令成功完成任务。

- 集中交流。

教师引导幼儿在集体面前交流自己遇到的困难,请全体幼儿帮助其解决。

教师鼓励幼儿针对今天方向转换的困难进行总结,分享进行操作后的经验。

教师小结:可以把自己当作小老鼠,随着小老鼠的方向输入指令,最终完成主体方向与客体方向的转换。

活动建议

- 老鼠方向有误时,教师不要急于指导,给幼儿留出足够的时间让幼儿自己寻找原因。
- 基于大班的已有经验,幼儿能够分辨以自己为中心的左右,但转换客体方向和主体方向还是有难度的,教师可以引导幼儿转换自己的方位,使其保持与小老鼠的方向一致,使用代入的方法分辨客体的左右。

活动四 记录小老鼠吃奶酪路线

核心经验

尝试在学习过程中不断理解各种符号的作用,学习运用符号提高提取、记录、存储信息的效率。

相关经验

语言领域:运用前书写的方式,记录小老鼠的指令。

活动准备

- 全套游戏材料:游戏卡、迷宫网格板、编程老鼠、编程卡片、玩具奶酪等。
- 纸、彩笔。

指导要点

- 幼儿可以与同伴合作,共同搭建网格底板及紫色障碍墙,自主确定小老鼠及奶酪的位置;分工运用前书写的方式将网格底板和路线指令进行记录。

- 幼儿自主游戏,教师观察指导。

观察幼儿用哪些符号进行记录。

观察幼儿是使用颜色代表指令方向,还是用方向箭头表示指令方向。

当幼儿记录完毕后,与幼儿讨论其符号的意义。

引导幼儿思考怎样记录又简便又快,并且同伴合作时双方都能看懂。

观察幼儿合作时是否双方都能够看懂记录单。

当一方幼儿不理解符号时,引导幼儿共同商议。

同一指令循环出现时,引导幼儿关注循环规律,并探究如何快速记录。

观察合作幼儿能否根据指令记录,输入指令成功完成任务。如果没有成功,引导幼儿共同寻找原因,并尝试解决。

- 集中交流。

引导幼儿在集体面前大胆介绍自己设计的游戏和指令记录单。

引导幼儿大胆地和同伴介绍自己使用的记录方式及每个符号的意义。

师幼共同小结梳理:在记录指令时可以选择多种方式,例如,颜色方向或箭头方向。

教师与幼儿共同讨论:当某一指令循环出现,或者多次反复出现时可以用什么方式简便记录。例如,在指令下方或者右下角用数字标记,循环时将循环的指令圈出来标注循环次数。

活动建议

大班幼儿已有用数字、图画等符号记录的经验,在与同伴合作中可以探寻符号的共识性,以及寻找算法规律,用简单的符号将重复指令及循环指令进行简便记录。

活动五 我来摆,你来闯

核心经验

两人合作,进一步巩固搭建迷宫、设计行动路线、编写路径的操作方法。

相关经验

语言领域:能够主动和同伴用语言进行沟通,相互协调。

第二章　开放性课程的实施

活动准备

全套材料:游戏卡、迷宫网格板、编程老鼠、编程卡片、玩具奶酪等。

指导要点

- 双人游戏。两人简短讨论双人游戏的角色分工。一人摆出迷宫,设置起点和终点的位置,另一人输入指令使老鼠找到奶酪。
- 幼儿进区进行操作,教师观察幼儿双人游戏及搭建迷宫、设计行动路线、编写路径等情况。

活动建议

- 双人游戏,迷宫难度由易到难(可以借鉴游戏卡,也可以自己创造)。
- 鼓励两人第一轮游戏结束后互换角色,体验对方的活动。

活动六　看谁走得少

核心经验

关注路径,尝试用最少的指令到达终点。

相关经验

数学领域:比较路径数量的差异,找出较少路径的一组。

活动准备

全套材料:游戏卡、迷宫网格板、编程老鼠、编程卡片、玩具奶酪等。

指导要点

- 出示迷宫网格板,引发幼儿思考如何到达终点。
- 观察不同的路径,引发幼儿思考最优路径,尝试使用最少的指令到达终点。

活动建议

也可采用区域活动的方式,教师引导幼儿记录自己的路径卡片,一段时间后交流最优路径。

活动七　逃离网格迷宫

核心经验

尝试估计规划路径的步数,设计路线,输入程序帮助老鼠到达终点。

相关经验

数学领域:通过测量或目测,估计规划路径的步数。

活动准备

- 全套材料:游戏卡、迷宫网格板、编程老鼠、编程卡片、玩具奶酪等。
- 教师在地板上,通过测量设定好起点和终点的位置。

指导要点

- 创设"老鼠跑出了网格迷宫,你能帮它吃到奶酪吗"的问题情境,引发幼儿参加区域活动的兴趣。
- 引导幼儿观察起点和终点位置,规划路径,帮助老鼠到达终点。
- 幼儿操作时,教师注意观察引导幼儿用测量、估测等方法解决;在幼儿不断调试出现焦躁情绪时,给予及时的心理安慰。
- 区域活动结束后,引导幼儿交流自己的困难,分享或共同商讨解决的办法。

活动建议

可设置多个终点,如制作"1""2""3"等关卡标志,或使用隧道升级难度。

活动八　迷宫大挑战

核心经验

通过工具测量、目测,不断调试搭建有效迷宫,输入指令帮助老鼠到达终点。

相关经验

社会领域:愿意自主探索,不断尝试。

活动准备

- 全套材料:游戏卡、迷宫网格板、编程老鼠、编程卡片、玩具奶酪等。
- 拓展性材料,如积木、乐高等。

指导要点

- 出示多种材料,引发幼儿搭建迷宫的兴趣。
- 幼儿尝试使用材料搭建迷宫。
- 关注迷宫的有效性,引导幼儿用工具测量、目测等方式不断调试迷宫围墙,让老鼠能在迷宫中行动。
- 引导幼儿观察指令,帮助老鼠到达终点。

活动建议

鼓励幼儿寻找自己喜欢的低结构材料进行搭建,进一步激发幼儿参与的兴趣。

案例分享　自然角里学科学
——我和"菜玉"共成长

一天,我们班的京京小朋友带来一只可爱的小白兔,大家给它起了个好听的名字叫"菜玉"。幼儿每天都会给菜玉带好吃的东西,带着菜玉晒太阳、散步……在照料菜玉的过程中,幼儿慢慢地知道了:菜玉喜欢吃青菜、胡萝卜、兔粮、青草；菜玉需要喝水；菜玉还会拉便便……可爱的菜玉成了我们大家的宝贝。

【菜玉的便便】

一天，幼儿围着笼子看菜玉，发现笼子的底部潮潮的，还有很多的小黑球。教师问："笼子里面的小黑球是什么？""是菜玉的大便吧。""它的大便是什么样的？""圆圆的。""黑黑的。""像小圆糖。""我的大便和菜玉的一样，圆圆的。""我的大便是长长的。"……幼儿七嘴八舌地议论着。"菜玉住在里面舒服吗？""不舒服。""那怎么办？""帮它换一换。"于是，教师和几个幼儿一起给菜玉重新打扫了笼子。

【菜玉到我家】

照顾菜玉并不是一件容易的事。平时在幼儿园会有老师和小朋友照顾，到了假期，该由谁来照顾菜玉呢？于是，教师就和幼儿一起讨论，最后，决定由大家轮流带回家照顾。

这次，菜玉来到了笑笑家。一到家，妈妈刚要拎着菜玉的耳朵让它出笼子，一旁的笑笑赶紧说："妈妈！要轻一点，菜玉会疼的。"菜玉一出笼子，笑笑连忙边摸菜玉边说："菜玉，你疼不疼啊？我帮你摸摸。"

到了喂食的时间，妈妈为菜玉准备了一根胡萝卜，笑笑提醒道："菜玉还是个小宝宝呢，这根胡萝卜太粗了，它吃得太累，你要切成细长条。"……在妈妈和笑笑的照顾下，菜玉很快适应了这个"新家"。

但是，到了第二天早上，妈妈和笑笑突然发现菜玉全身抖动得厉害，妈妈很紧张，赶紧在班级群里发出求救，请大家帮忙诊断这是怎么回事。一开始，大家都建议妈妈带菜玉去宠物医院看看，可是，妈妈连哪个宠物医院可以给兔子看病都不清楚。终于，有位有经验的家长告诉大家，菜玉可能是热了或者受到了惊吓，没有大问题，建议观察一段时间再看看。果然，一段时间后，菜玉渐渐平稳下来，妈妈和笑笑悬着的心也跟着放了下来。

事后，妈妈感叹道："养菜玉比养孩子还难，尤其是这样一只全班的宝贝兔子。但是，在饲养的过程中，我们也收获了许多——我们不仅了解了很多有关兔子的知识，更培养了笑笑的责任感，从来没有看过笑笑这么认真地对待一件事情，所以，再辛苦也值！"

【菜玉是"男生"】

在大家的精心照料下，菜玉长得很快，已经快15斤了。因为太重，周末已经不太适合让大家带回家照顾。于是，我们和家长进行了协商，改变了照顾方式,安排家住得近的家长利用周末的时间,早上、晚上各来一趟幼儿园照顾菜玉,平时由家住得远的家长利用接送孩子的时间来照顾菜玉。而在照顾菜玉的日子里,家长和幼儿也有了更多的发现。

一天,团团妈妈带着团团一块儿给菜玉打扫笼子。突然,团团妈妈像发现新大陆一样,大声喊道:"马老师,不得了了,你快来看,菜玉屁股下面拖着一根像半截火腿肠一样的东西,是怎么回事啊?"她这么一说,引来不少家长,大家围在笼子边,纷纷猜测道:"是不是吃了什么不好的东西,拉肚子,把肠子也拉出来了?"当时,谁也弄不清楚是怎么回事……

事后,有热心的家长上网查阅了资料,发现,原来是菜玉长大了,变成一个"男子汉",并发了相关的图片。我们经过反复的对比,终于可以判断,这是菜玉成长阶段的一个生理变化过程,于是,我们告诉幼儿,菜玉是一个"男生",小的时候,是个可爱的宝宝,不容易看出来是个"男生",现在长大了,就变成了真正的"男子汉"。幼儿激动极了,在家长来接的时候,都等不及地告诉家长:"我们班的菜玉是个'男生'!"……

教师反思

- 在饲养中,收获了鲜活的经验

在饲养菜玉的过程中,大家和菜玉建立了朋友般的情感。幼儿每天早晨来园后,第一件事就是拉着爸爸、妈妈的手到自然角去看看菜玉,亲切地和菜玉问好,而菜玉也会在大家的呼唤中挥动着爪子,好像在示好。

大家在照料菜玉的过程中,每天都有新的发现:菜玉的毛是软软的;菜玉的前腿短、后腿长;菜玉的尾巴很短,不容易被发现;菜玉的便便是臭的……同时,也会产生不同的问题:菜玉的眼睛为什么是红的?它的耳朵为什么长那么长?菜玉生病怎么办?……带着问题,幼儿、教师、家长一起收集资料、寻找答案。这不仅仅是一个饲养的过程,更是一个学习的过程,大家在其中不断获得新经验。

- 在饲养中,拉近了家长间的距离

菜玉的成长离不开家长的照料,家长从最初为了幼儿照料菜玉,到后来主动照料菜玉。在这个过程中,家长不仅收获了有关养兔子的经验,知道了很多自己以前不知道的事情。同时,也给家长制造了交流的话题,家长们会相互交流怎么照顾菜玉、怎么给菜玉打扫兔笼、菜玉最喜欢吃什么等。共同的话题让家长间变得更加亲密。而家长也会在照料菜玉的过程中,自然地和幼儿分享自己的经验和发现,和幼儿共同研究有关兔子的问题。菜玉不仅拉近了家长间的距离,更拉近了家长和幼儿间的距离,也使得家园之间的联系更加紧密。

- 在饲养中,感受到了生命的成长

菜玉和我们一起生活了快一年,在这么长的时间里,我们陪着菜玉一起从一个"小宝宝"长成了一个"小男生"。幼儿、教师和家长共同亲历了菜玉的每个成长阶段,分享着菜玉的每个变化过程。通过长期的饲养和观察,我们对菜玉的生命成长开始有了一个完整的认识,这种认识,让我们感受到,生命的成长离不开大家的关爱,而关爱则需要每一个人的付出和努力。幼儿在照料菜玉的过程中,不仅收获了饲养的经验和技能,更懂得了责任和担当。

如今,菜玉还在继续长大着,对于幼儿、教师和家长而言,菜玉已不再是一只普通的兔子,它不仅是我们研究、观察的对象,更是我们的朋友,我们将继续和菜玉一起成长!

(五)数学区

系列活动 趣味七巧板(大班)

活动价值

七巧板是一种古老的智力游戏,它由七块板组成,可拼成1 600种以上的图形,如几何图形、字母、动植物、建筑物等。操作七巧板是一个发散思维的活动,有利于培养幼儿的观察力、想象力、创造力等,尤其对幼儿的数学思维能力有很大的促进作用。伴随着各类APP的开发,电子版的七巧板游戏也应运而生。

活动一 初识七巧板

核心经验

通过摆一摆、拼一拼,初步认识七巧板,知道七巧板由七块板组成,有不同的形状。

相关经验

健康领域:发展小手肌肉的灵活性。

活动准备

七巧板玩具材料、收纳筐。

指导要点

- 出示七巧板,鼓励幼儿进入数学区探索七巧板的玩法。

如有幼儿知道材料名称是七巧板,可提问:为什么这个材料叫"七巧板"?

鼓励幼儿带着问题进行探究。

观察幼儿玩七巧板的方法,鼓励幼儿说一说自己的发现。

- 集中交流,幼儿分享自己的发现。

鼓励幼儿分享自己玩七巧板的方法或发现。

引导幼儿说一说七巧板有什么形状,一共有几块,知晓游戏材料的名称。

活动建议

- 引导幼儿爱惜材料,收放、整理时轻拿轻放。
- 收放材料时,教师有意识地引导幼儿观察发现七个形状、颜色不同的几何图形为一套,可展开讨论,引导幼儿发现快速收纳的方式、方法。

活动二 多样七巧板

核心经验

尝试运用桌面、墙面、地面的七巧板操作材料进行创意拼图。

相关经验

社会领域:愿意与同伴共享、轮流玩七巧板材料。

活动准备

- 桌面七巧板材料、墙面磁性七巧板材料、地面自制七巧板材料。
- 自制七巧板全范例、半范例提示卡片。
- 一体机、iPad。

图 2-2-4 半范例提示卡片

图 2-2-5 全范例提示卡片

指导要点

- 集中介绍。

介绍新增的墙面、地面七巧板材料,激发幼儿参与的兴趣。

介绍七巧板成品模板,鼓励幼儿在观察模板的基础上,拼出相应物体。

- 进区操作,教师观察指导。

观察幼儿的操作情况,对幼儿出现的问题或困难提供帮助。如幼儿观察只有成品外形轮廓的模板(如图 2-2-4)时拼不出来,可引导其观察有每一块图形轮廓呈现的成品模板(如图2-2-5),降低操作难度,激发幼儿成就感。

鼓励幼儿三种形式的七巧板都试一试。

当幼儿玩游戏材料出现矛盾时,引导幼儿学习同伴间共享、轮流玩七巧板的方法。

鼓励幼儿为自己完成的作品拍照,一则留存作品,二则为集中欣赏、评价提供素材。

● 集中分享。

将iPad与一体机连好,呈现幼儿作品。

鼓励幼儿介绍自己拼出的物品以及过程中遇到的困难,自己是怎么解决的。

活动建议

● 可鼓励幼儿参与制作墙面、地面的七巧板材料,如在美术区为已经剪裁好的地面大型纸板七巧板涂色等。

● 可将在网络上筛选的七巧板作品图片,调整好大小后直接打印出来,自制全范例、半范例提示卡片。

活动三　线上线下七巧板

核心经验

愿意探索线上七巧板的玩法,尝试借助全范例或半范例的提示,通过拖动、旋转、翻转几何图形等方法拼出自己喜欢的物品。

相关经验

语言领域:愿意与同伴分享自己的发现。

活动准备

● 线下材料:桌面七巧板、地面七巧板、地面七巧板操作材料,自制七巧板全范例、半范例提示卡片。

● 线上材料:筛选便于大班幼儿操作的七巧板APP。

指导要点

● 集中介绍。

观察线上七巧板APP及线下桌面、墙面、地面七巧板操作材料,鼓励幼儿自行探索。

● 幼儿操作,教师指导。

鼓励幼儿自主探索七巧板线上游戏,了解其玩法。

鼓励幼儿线上、线下操作材料都试一试。

及时统计、了解尝试过线上游戏的幼儿人数,鼓励没有玩过的幼儿在一定的时间内进行尝试。

- 全班幼儿都操作过线上七巧板游戏后,师幼共同讨论。

鼓励幼儿说一说在线上游戏中有什么发现,明确每一个按键的作用及玩法。如:如何通过拖动、旋转或翻转让七个图形拼成最终的作品?"小问号"表示什么意思或有什么作用?

鼓励幼儿说一说线上游戏和线下游戏有什么不同,自己更喜欢哪一种形式的游戏,为什么。

讨论后,教师鼓励幼儿用图画、符号等方式表达"我们的发现",呈现在数学区的环境中,帮助幼儿巩固游戏玩法,并进一步激发幼儿的探究兴趣。

活动延伸

- 随着幼儿线上、线下游戏的不断熟练,可提供计时器,通过"七巧板快快拼"的游戏,鼓励幼儿进行两到多人的拼七巧板比赛,在规定的时间内,如5分钟,比一比谁拼出的物品最多,激发幼儿不断探究的兴趣,提高幼儿的空间思维能力。
- 可鼓励幼儿尝试自定主题,不借助底板,用七巧板进行创意拼图,如比一比谁拼出的小动物最多。
- 通过集体教学、同伴互助、观看微课等形式鼓励幼儿学习在 iPad 中建立自己的作品文件包,及时将自己的作品拍照放入文件包中,有保留作品、分享作品的意识,激发幼儿成就感,不断进行新的尝试。

案例分享　趣味七巧板

【案例1】

区域游戏的时间到了,恬选择了到数学区玩"趣味七巧板"。

"徐老师,你知道我为什么喜欢玩这个七巧板吗?"恬突然对我说。"不知道呀!"我回答。"你看,它很神奇的,这样看它是一个人,但是你一点它,它就变成七巧板的样子了!"说完,恬就点了一下屏幕,准备开始尝试拼图。选中板块、拖动、旋转……随着恬的不断尝试,很快,奔跑中的小人儿就拼出来了!

"徐老师,你看,我拼出来了!"恬开心地喊我看她的成果。可是,恬突然不说话了,若有所思地低下头,轻声说道:"我要再玩一次这个小姐姐!""哪个小姐姐?"我问道。"就是这个!"恬边说边指着页面左下角坐着的小姑娘图标。"这个游戏打开的时候,这个小姐姐已经完成一半了,我要再玩一次!"

"为什么呀?"我问她。"我还不知道我没拼的几块我会不会拼呢!"恬回答。很快,恬将图片点开,"小姐姐"的形象变成了几何形状。开始拼的几块没有难倒恬,还剩两块时,恬怎么都无法将图片放在轮廓线中。旋转、翻转、再旋转、再翻转……终于,恬发现了正确的方法,将所有图片放在了相应的位置!

"徐老师,我完成啦!"恬大声告诉我,语气中难掩开心。

恬在数学区中玩"趣味七巧板"时,特别有耐心,在拼一个图形时,能进行多次尝试。更值得称赞的是,由于前一个幼儿玩平板电脑的时间到了,所以留下只完成一半的"小姐姐"拼图,恬能接着将其拼完。当她完成自己想拼的奔跑的小人儿后,还能主动再次尝试拼"小姐姐",原因是"我还不知道我没拼的几块我会不会拼呢"。可见这个游戏激发了幼儿探究的欲望,幼儿追求的并不是完成的结果,而是完成的过程——是不是完全由自己进行尝试后完成。

【案例2】

蓉蓉来到数学区,玩起了平板电脑中的"趣味七巧板"游戏。

蓉蓉点开海底世界关卡,轻轻地触摸了一下小海豚的图案,小海豚立刻变成了由七巧板拼成的几何图形。"徐老师,我觉得这个好神奇啊!七巧板还能拼出小海豚呢!"蓉蓉抬头对我说道。"嗯!快试试你能不能拼出来吧!"我轻声建议道。"好!"蓉蓉干脆地回答。

只见她认真地看了看图形,才动手将第一块七巧板图形拖拉进了轮廓线内。接着,又选中、拖动图形,放在轮廓线内,当遇到无法刚好放进去的情况时,蓉蓉开始尝试旋转、翻转图形,直到恰好放进去。

就在还剩两块拼图的时候,问题出现了,倒数第二块怎么都无法正好放在轮廓线内,蓉蓉试来试去都没有完成。时间一分一秒地过去了,蓉蓉点开了帮助按钮,图形分割的虚线立刻出现了,蓉蓉认真地观察起来,若有所思地说道:"哦,原来是这样呀!"

很快虚线消失,蓉蓉赶紧拖拉起倒数第二块七巧板,通过旋转和翻转,将这块七巧板放在了正确的位置,当最后一块七巧板放好后,小海豚完成了。

"我最喜欢的小海豚!徐老师!"蓉蓉开心地邀请我观看她的成果。看着由七巧板拼成的小海豚变成真正的摆动尾巴的小海豚形象,蓉蓉开心极了!

在这个活动中,蓉蓉特别专注,努力尝试着用七巧板拼出小海豚。当她遇到困难时,并没有立刻求助,而是自己先尝试,当尝试了很长时间后,蓉蓉才使用游戏中的帮助功能,可见她也能及时调整自己的学习方式,跟着提示学习拼七巧板呢!

【案例3】

蛋蛋完成了平板电脑中的"趣味七巧板"游戏后,又拿起桌面七巧板游戏材料,认认真真地拼了起来。

"徐老师,你看,我把这个字母 H 拼出来了!"蛋蛋开心地将拼好的图形拿起来给我看。"咦,刚才在电脑上你不也拼出这个字母了吗?怎么还要再拼一次呢?"我好奇地问道。"这个我没试过,我想试试看!我要把这些都拼出来!"蛋蛋边说边指着七巧板的图示。

接着,蛋蛋拿着拼好的作品,走到自拍区,给自己和作品拍了一张合影,满意地走回座位,继续拼其他的图形。

教师反思

学期结束时,我们从态度、能力、习惯等方面,分五个内容对幼儿进行观察评估。评估的目的一是了解幼儿用常见的几何形体进行创造性拼搭的发展情况及解决问题的能力;二是在数学区线上线下"趣味七巧板"活动中了解幼儿自主学习的方式,了解幼儿自主学习的探究能力及数字化资源对幼儿自主学习的促进作用;三是了解线上和线下游戏方式对幼儿的影响。

通过观察我们了解到:在接受挑战方面,88.8%的幼儿能够主动尝试,7.4%的幼儿在教师鼓励下愿意尝试,没有幼儿不愿意尝试;在数字化操作能力方面,96%的幼儿能够熟练掌握数字化操作技能,3.7%的幼儿需要借助帮忙进行操作,没有幼儿完全不会操作;在数学能力方面,70%的幼儿能用七巧板拼出图形,29.6%的幼儿在引导下能拼出,没有完全不会的幼儿;在收纳常规方面,92.5%的幼儿能够主动按照规则将活动材料收好,7.4%的幼儿需要在提醒下进行收纳。

通过日常观察,结合学期末的观察评估,在数学区中投放"趣味七巧板"的线上线下游戏对大班幼儿自主学习品质的影响如下。

"趣味七巧板"游戏 APP 由于自身有情境(如动物园场景、海底世界场景等),有动态效果(如开始时需要拼的图形由具体形象的图片变成抽象的图形,拼出来后再变成具体形象的图片)。有音效(如完成后的表扬音乐、夸赞语言)等,深受幼儿的喜爱。同时该 APP 还能提供三次帮助机会,呈现虚线,帮助幼儿解决面临的三个问题,降低了幼儿的操作难度。这些都激发了幼儿自主学习的兴趣,提供了支持策略。

探究操作方法也是幼儿自主学习的过程。在操作的过程中,当幼儿一时拼不出来时，他们会不断尝试变化操作动作，如顺时针转一转，再逆时针转一转，正面不行再双击翻转等，坚持不懈地解决问题。

线下实物操作的七巧板也非常受幼儿的欢迎。在投放该类材料前，我们习惯性地认为实物操作七巧板会因为不够有趣而受到幼儿的冷落，然而事实是幼儿非常喜欢。在询问了幼儿原因后，我们才知道，原来这种七巧板虽然没有美丽的背景、动听的音效，但一方面，它能让幼儿根据自己的想法创造性地拼一拼、摆一摆；另一方面，该材料也有提示线条，且不会像APP提示那样有时间和次数的限制。完成后，幼儿还非常喜欢带着作品到iPad前和作品合影，非常有成就感，有的幼儿一次活动能完成7～8种图形，并进行自拍留影。

通过以上分析可见，在提供区域游戏材料时，要多样化，既有线上游戏，也有线下实物操作材料，利用它们各自的优势，满足不同幼儿的需要，为不同幼儿的自主学习提供支撑，最终推进幼儿自主学习品质的提升。

(六) 美术区

系列活动　美丽的花瓶（大班）

活动价值

在"美丽的花瓶"活动中，线上活动操作简单、耗时短，作品审美性强，非常吸引幼儿参与，可以作为"陶泥花瓶"的导入活动。线下活动满足了幼儿"我想要做一个真正可以插花的花瓶"的需要。两个活动在美术区可同时开展，两种经验相互借鉴、相互补充。线上活动中获得的花纹装饰、花瓶造型的经验，为线下制作花瓶提供美术元素。线下造型的真实体验，又可以弥补线上泥塑造型手感、连接等真实经验的不足。

环境创设

前期：提供多种造型的实物花瓶或图片，帮助幼儿积累花瓶造型的经验。提供线上活动（制作、购买）的步骤图，鼓励幼儿关注图片，自主探索玩法。

中期：将幼儿参与活动的照片、视频二维码呈现在美术区，激发幼儿参与活动的兴趣。布置"作品未完成等待区"保护未完成的作品，让幼儿能在多次的区域活动中找到自己的作品并持续完成。将线上游戏中的多样花瓶花纹和造型截图、打印，呈现在美术区，为幼儿绘制实物花瓶提供支撑。

后期：展示有幼儿签名的线上陶泥花瓶的作品图片，用展架呈现幼儿完成的实物陶泥花瓶，师幼讨论如何用作品进一步丰富美术区的环境。

活动一 线上陶泥花瓶

核心经验

欣赏各种各样的花瓶花纹和造型,尝试在 iPad 上制作陶泥花瓶。

相关经验

数学领域:感受买卖的过程,理解加和减的意义。

活动准备

- 安装了"Pottery" APP 的 iPad。
- 美术区提供多种造型的实物花瓶或图片。

指导要点

- 教师语言提示,引发幼儿对线上"Pottery" APP 的关注。

"美术区 iPad 上有一个制作陶泥花瓶的 APP,你们可以试一试,看谁能在 iPad 上制作一个陶泥花瓶。"

- 幼儿自由进区,教师重点观察并适时指导幼儿使用"Prottery"APP。

一是使用 iPad 时,提示幼儿使用计时器控制操作时长(15 分钟)。

二是鼓励幼儿大胆尝试。当幼儿不求助时,不要打扰幼儿的探索。当幼儿主动求助时,用语言提示鼓励其自主解决。当幼儿自主解决有困难时,再告知其相应的操作方法,鼓励其继续探索。

三是区域结束环节,展示幼儿线上陶泥花瓶的作品,引导幼儿表述自己的发现和困难,相互分享经验,尝试解决困难。

四是关注每一位幼儿在一周时间内都尝试过"Prottery"APP 后,鼓励幼儿交流自己在操作过程中的发现,师幼共同梳理塑形、烧制、上色、设计花纹和配饰、拍卖、购置更多花纹等步骤具体的操作方法。

塑形:通过手指的拖拽制作不同造型的花瓶(葫芦瓶、广口瓶等);借鉴实物花瓶和图片,进一步丰富不同造型的花瓶。

烧制:模拟真实高温烧制的环节,了解泥土经过烧制会变硬。

上色:了解上色按钮的位置,选择自己喜欢的底色;通过手指点击选择上色位置,手指点击的次数可以控制颜色的深浅。

设计花纹和配饰:了解花纹和配饰的按钮位置,选择自己喜欢的花纹和配饰;通过手指点击选择花纹或配饰位置;如果觉得花纹或配饰不好看,可以通过撤销键消除刚刚装饰的花纹或配饰;从实物花瓶和图片中,借鉴具有审美性的花纹搭配技巧。

拍卖:完成花瓶制作后,明确拍卖的按钮位置;点击后,等待系统分析价格。

购置更多花纹：了解使用虚拟硬币购置更多花纹的方法和路径；运用拍卖花瓶所得的硬币，购买解锁更多的花纹。

五是引导幼儿用截屏和保存作品等方式，将线上制作的陶泥花瓶的照片保存在相册里，用于相互欣赏。

教师可将幼儿线上作品的图片及时打印出来，展示在美术区，用作品激发全体幼儿进一步参与的兴趣；拓展语言领域的经验，让幼儿在打印出的作品上签名，在真实情景和需求中，练习正确书写自己的名字。

图 2-2-6　幼儿作品

活动建议

在美术区的环境中呈现相关流程的图片，帮助幼儿了解操作的流程和方法，明确不同按键的作用。

活动二　线下陶泥花瓶 DIY

核心经验

运用陶泥和工具制作花瓶，绘制花纹。

相关经验

- 健康领域：在玩泥的过程中，促进手部肌肉的灵活性。
- 科学领域：感受陶泥的特性，探索泥工板、刮刀等陶泥工具的使用方法。

活动准备

- 环境布置：提供实物花瓶或图片。
- 陶泥、泥工板、刮刀等陶泥工具，水粉颜料、油画笔。
- 幼儿姓名贴、作品展架。
- 陶泥花瓶微课视频。

指导要点

- 集中介绍，引导幼儿初步了解制作材料、方法和安全规则。

一是教师引导幼儿观察完成的作品，集体观察、猜测陶泥花瓶是怎么做的。

二是教师介绍制作陶泥花瓶使用的工具材料及制作步骤，帮助幼儿了解制作方法，并明确每步完成后放置在"作品未完成"区域，阴干后再上色。

三是集体讨论使用陶泥工具的注意事项,如使用工具时不能对着同伴等。

- 幼儿自由进区,教师观察指导。

一是观察幼儿是否明确制作的步骤,如不明确,可反复播放陶泥花瓶制作的微课视频,支持幼儿自主学习。

二是指导幼儿迁移线上活动中多种花瓶造型(耳饰、镂空、带盖)等经验,尝试使用陶土探索制作方法。

三是关注耳饰的连接、镂空瓶的掏空、盖瓶等细节制作方法,引导幼儿提出自己在制作过程中的困难,是否需要帮助,需要怎样的帮助。教师为幼儿提供支持性的材料(耳饰利用牙签接插连接,掏空利用刮刀等)。

四是引导幼儿将制作好的泥坯放置在"未完成等待区"阴干,等泥坯变硬后再上色,观察幼儿上色时色彩搭配、花纹画刻等情况,鼓励幼儿迁移线上作品的花纹设计的经验,尝试设计自己喜欢的花纹。

五是引导幼儿表达自己花纹设计的想法,分享、交流自己制作好的花瓶。

活动建议

教师将制作好的陶泥花瓶放置在贴有幼儿姓名的泥工板上进行晾晒,便于晾干后辨认;在美术区提供具有审美性的展架,展示幼儿的陶泥花瓶,让幼儿真实感受到自己制作的陶泥花瓶布置了环境,美化了生活。

活动三 剪纸花瓶

核心经验

用对称剪的方式设计不同造型、花纹的花瓶,使用剪刀沿曲线将花瓶剪下来。

相关经验

健康领域:安全使用剪刀,保护自己及同伴的安全。

活动准备

- 彩纸、剪刀、胶棒、装有白纸的密封袋(用于装裱)。
- 剪纸花瓶的步骤图、微课视频。

指导要点

- 集中观察剪纸花瓶的步骤图,了解对称剪花瓶的主要步骤和方法。

教师:美术区有新活动,用什么方式制作花瓶呢?(剪纸)

教师:你能看懂步骤图吗?第一步干什么?第二步干什么?……如果看不懂没有关系,iPad上有视频,你可以打开跟着视频学一学。

- 幼儿自由进入美术区活动,教师观察指导美术区剪纸花瓶的活动。

一是观察幼儿对折彩纸时是否能边角对齐,压出折痕。

二是观察幼儿是否能关注折纸的开合口,考虑画出剪不破的花瓶。如果幼儿从开口处绘画花瓶轮廓,教师不要急于指出问题,留给幼儿探索的时间,即使作品最后剪出了两半的花瓶,也鼓励幼儿自己寻找问题的原因。如果幼儿找不出原因,引导幼儿细致观察视频,重点观看从折纸开合口绘画的提示。

三是鼓励幼儿迁移花瓶造型和花纹的经验,设计出有创意的造型和花纹。

四是观察幼儿剪花瓶时,是否能灵活使用剪刀沿曲线剪,边线吻合、平滑。

五是提示幼儿打开剪纸作品时,动作轻柔小心,保护好自己的作品。

六是提示幼儿将作品装进密封袋时,如果一个人操作有困难,可以主动邀请同伴协助。

活动建议

如果没有密封袋,也可以使用胶棒将剪纸花瓶的作品粘贴在底纸上进行装裱。在贴有剪纸花瓶的底纸上,进行绘画花朵的美术活动,通过多次活动不断提高作品的审美性,让作品在一次次美术创作的过程中越来越美,幼儿获得的成就感越来越强烈。

活动四 绘画青花瓶

核心经验

欣赏青花瓷,感受青花瓶的素雅美。尝试用蓝色水彩笔在青花瓶瓶身上绘画不同的花纹进行装饰。

相关经验

社会领域:知道青花瓷是中国瓷器的品种之一。

活动准备

- 在日常教学活动中开展"青花瓷"的活动,欣赏相关视频、阅读图书,对青花纹样、寓意有所了解。
- 美术区布置"青花角",摆放师幼共同搜集的青花瓷实物和图片。
- 各种造型的塑料瓶(请幼儿从家中收集来)、白色餐巾纸(或卷纸)、水盆、抹布、蓝色水笔、姓名贴等。
- 制作纸浆子瓶步骤图或用 iPad 录制微课视频,完成作品范例。

指导要点
- 集中介绍。

引导幼儿观察作品,讨论、猜测制作方法。

介绍工具、步骤图及微课视频使用方法。
- 幼儿自主进区,教师重点观察美术区新活动。

鼓励幼儿自己看步骤图或观看微课视频明确做纸浆瓶子的方法,有疑问的地方可以反复观看,探索操作步骤。

观察、了解幼儿的制作方法和步骤,建议幼儿根据已有经验绘制青花图案。

制作过程中,教师提醒幼儿注意尽量不要把水泼洒到盆外,用拍一拍的方法将餐巾纸贴合在瓶子外面,检查不要有纸片翘起的情况。

提醒幼儿在瓶子上合适的部位(如盖顶、瓶底)贴上姓名贴,利于晒干后辨认。

观察幼儿在瓶身上绘画图案的情况,如果花纹比较单一、布局比较局限,引导幼儿观察图片或模仿绘画,在瓶口、瓶颈、瓶身等不同部位创作,尝试表现有寓意的连续或独立纹样。
- 集中交流。

相互欣赏作品,引导幼儿交流制作体会,介绍花纹寓意。

活动建议
- 用颜料、纸黏土等材料在纸卷上进行不同风格、图案的造型。在纸卷、纸扇、纸盘、纸碗上绘画青花纹样,装饰物品。
- 此活动操作步骤多,每步之间都需要间隔一定的时间,可以分为几次区域活动进行。每次进行下一步骤时,可以在区域活动前再组织幼儿回顾、检查已完成步骤情况进行活动衔接。

活动五 "制作创意花瓶"

核心经验

设计自己的花瓶,尝试用自己喜欢的材料制作"创意花瓶"。

相关经验

社会领域:共享材料,建立节约材料的意识。

活动准备
- 开展"创意花瓶"的集体欣赏活动,幼儿绘制"创意花瓶"的设计稿,生活中收集自己制作"创意花瓶"的主要材料(蛋壳、果壳等)。

- 环境布置：将"创意花瓶"集体活动中的图片、师幼共同收集的"创意花瓶"实物作品或图片呈现在美术区。
- 美术区自选材料：剪刀、水彩笔、卡纸、麻绳、双面胶、胶棒、纸黏土等。
- 幼儿有大量的创意制作的基础经验。

指导要点
- 通过问题，引发幼儿回忆有关"创意花瓶"的经验。

教师：上一次我们欣赏了各种各样的"创意花瓶"，你们都绘画了"创意花瓶"的设计稿。大家搜集了自己需要的材料，这一周，请你根据自己的设计稿，抓紧时间到美术区制作一个独一无二的"创意花瓶"吧！

- 幼儿自主进区，教师重点观察美术区新活动。

教师观察幼儿是否能围绕自己的设计稿开始制作。如果没有，用问题引导幼儿回忆自己设计的"创意花瓶"。

教师观察幼儿围绕设计稿进行"创意花瓶"制作时，出现的花瓶轮廓塑形、多种材料粘贴等实际问题。如果幼儿不断尝试自己解决困难，教师不要打扰。如果幼儿主动求助，教师用语言提出是操作性的建议。如果幼儿出现挫败情绪导致活动无法进行时，教师可从旁协助保证其活动顺利进行。

当设计稿在实施的过程中有困难无法达成或调整后更具审美性时，教师引导幼儿依照实际情况对设计稿进行调整，完成作品，使其更具审美性。

- 欣赏交流。

相互欣赏制作好的"创意花瓶"，引导幼儿表达制作"创意花瓶"过程中的困难和解决的小窍门。

活动建议

在班级设立 iPad 自拍区，鼓励幼儿和自己制作的"创意花瓶"合影或拍摄作品介绍的视频。利用"创意花瓶"为载体，让幼儿大胆表达自己在设计、收集材料、制作花瓶等过程中的做法、想法或感受。

案例分享　虎儿爸，怎么画？

通过多年与家长的深入接触，我们了解到班级里有位深藏不露的专职自由画家——虎儿爸。进入大班后，我们和他交流，了解他的想法，同时表达老师的意图，希望他能参与班级美术区水墨画的指导。但是，他却认为，"画画就是应该有创意，并不太认同水墨画的表现，更希望每个人有自己的自由创意表现"。听了这番话，我们觉得还是以尊重家长的想法和意愿为前提。于是，我们决定改变初衷，提议换个"京剧脸谱"的内容。他欣然答应："这个好，会有一些有创意的内容在其中。虽然没画过,但愿意一试。"于是,我们就和他聊了我们之前的准备,如笔和面具等材料的准备,以及经验的前期铺垫和相关素材图片的提供等;并与他确定了美术区指导的内容,也明确了每周两次的参与时间。作为一个自由职业者,他能够自由安排自己的时间。

  区域中,我们放手让他参与指导,并不过多干涉,而是在一旁留意观察。他建议幼儿将扁头油画笔换成毛笔,并告诉我们:"毛笔的笔头和笔触比较利于细致地表现脸谱上的五官的细节。"自从他到来后,参与绘画脸谱的幼儿逐渐增多,他们的绘画速度加快了,轮流更换的频率也快了。我们看到,有的幼儿会主动请他欣赏:"看我画的。"有的会主动拉他帮忙:"虎儿爸,怎么画啊?"虎儿爸就直接拿起笔,二话不说帮他们画好。也有的幼儿提着笔犹豫不决,思考着或是不知如何画的时候,虎儿爸就会主动帮他落笔完成,并边画边说道:"可以这样画……"

  我们觉得有必要给他一点建议,但又不能过于直截了当。于是,我们借着和他一起在美术区中指导的机会,有意在一旁近距离地用语言指导幼儿,期望通过教师的间接性示范给虎儿爸暗示,也特别提醒他:"虎儿爸爸,你可以让小朋友自己试试。画不出来,也尽量不要代他们画,可用语言引导他们,给他们自己独立练习的机会哦!"

  接连几天,虎儿爸也有所改变。他以看为主,很少主动上手帮画了,但是当幼儿主动询问时,他会顺手在一旁的纸上画一个范例,让幼儿学着画。有时他也会和幼儿一起对着素材范例图观察研究:"你看,眼睛是怎么勾画的?"但是当幼儿仍然不会或画不好时,他就会不由自主地帮着一笔带过,有时也会手把手地握着幼儿的手一起画。

  每次活动结束后,他会建议幼儿给每种颜料瓶里加点水,并告诉他们:"颜料怕干,每次存放时,用一点水封住它,下次再用就不会干。"幼儿也能牢记他的话,并认真执行。他看到区域里的写生画,对我们提出建议:"写生画要注意实物摆放的位置,要和幼儿坐着的位置水平线一致,这样便于幼儿观察绘画。刚开始写生的物品,要从最简单的入手,不要太多,可在物品大小上有所区别。"

  连续几周,虎儿爸都能按时到班级参与区域活动的指导,无论刮风还是下雨。当我们以为他可能来不了时,他依然准时准点地出现在班级门口,着实让人感动。

教师反思

- 多交流,挖掘家长的资源

正因为平日里教师与家长的紧密联系和深入沟通与交流,才会让教师了解到家长的专长、兴趣爱好,才能将那些深藏不露的人才挖掘出来,使其成为班级里的有利资源,发挥其积极的作用。同时,家长的专业性也很好地补足了教师在某些领域知识的缺失,也能够使幼儿从家长处获得比较专业的学习,不仅丰富了幼儿的经验,也提高了幼儿的能力。

- 多倾听,尊重家长的想法

家长的参与是要建立在家长自愿的基础上的,教师要尊重家长的意愿,要和家长进行有效的协商。这样才能发挥家长的主观能动性,尽可能地给家长以展示才华、充分发挥的空间,而不是用教师单方面的个人想法限制家长。

- 多学习,接纳家长的建议

家长所具有的专业性知识,会使其从比较精准专业的角度去看待问题,不仅对班级的活动有推进,对幼儿的学习有帮助,而且对教师的教学有很多启发。因此,教师要擅用机会,注意观察和学习,从中吸取经验和了解一些专业知识,获取更多信息。

- 多观察,间接影响家长

教师不要指望家长来班级开展活动、进行区域指导时,一定能和教师的教育理念达成一致;也不要过高期望家长对幼儿的指导一定是合适、有效的。教师既不适宜过多干涉家长的活动指导,但也不能任其自由发挥。教师要顾及家长的身份,要站在家长的角度考虑,适时地旁敲侧击或者对其间接影响,家长会有所悟而有所改变的。但是,这也需要一个过程。因此,当家长参与区域指导时,教师更需要对幼儿进行引领和指导,避免幼儿对家长的主动依赖和盲目跟从,要让幼儿有自主学习和独立解决问题的意识。

第三节 混龄参与的开放性全园大活动

开放性全园大活动是汇集多方资源,不定期组织开展的,由全园教师和幼儿(有时还有家长)共同参与的活动。其主题更聚焦,内容更丰富多元,有别于班级每天开展的活动,能营造出一种全园大联欢的氛围,由此激发幼儿参与活动的积极性和主动性。它打破了年龄和班级的界限,增加了不同年龄段、不同班级幼儿之间相互学习和交流的机会。每次活动的主持人由全园教师轮流担任,也让幼儿有机会认识和了解不同的教师,增进了幼儿与不同教师之间的互动,让幼儿体会到教师们各自的教学风格和魅力。更为重要的是,举办全园大活动是落实园本课程,促进幼儿全面发展的手段和途径之一。

一、从全园大活动看幼儿园的课程领导力

每所幼儿园都会开展全园大活动。有的是围绕"六一""新年"等节日的相关主题开展的,其目的是以全园集中活动的方式庆祝节日。有的是围绕园本课程或一些生成性的主题活动开展的,其目的是引发全园教师和幼儿共同关注这一主题,从而更好地挖掘活动的价值。当然,也有的大活动是一些幼儿园为了追求形式,制造新闻,迎合家长而组织开展的。很多家长看到一所幼儿园经常举办各种形式的全园大活动,就认为这所幼儿园办得好,这似乎已成为家长衡量幼儿园教育质量的一条重要的标准。这一现象引起了我们的思考。我们为什么要举办全园大活动?它和幼儿园课程之间是怎样的关系?在全园大活动的设计与组织过程中,如何体现幼儿园的课程领导力?在活动开展过程中,各个班的教师需要做些什么?不同班级不同年龄段幼儿的想法和意愿该如何体现,不同能力水平的幼儿的发展该如何实现?只有澄清了这些问题,全园大活动对幼儿的发展价值才能真正得以实现。

(一) 主题内容的来源

每一次全园大活动的主题、内容、形式等,都是由全园教师集体研讨确定的,它有别于教师日常在自己班里开展的活动,它对教师开展班级日常教育活动具有引领性和示范性的作用。因而,举办全园大活动也是促进教师专业成长的途径之一。为了保障全园大活动的质量,我们成立了幼儿园大活动领导小组,由园长直接领导,园长分管业务,副园长为小组主要负责人,成员则由各个班的教师组成,这样有利于教师根据不同年龄段幼儿的兴趣和能力对活动的实施提出适宜的建议。

混龄参与的开放性全园大活动的主题及内容是在本园课程的基础上产生的,我们在具体确定每次活动的主题时会考虑到活动的不同类型。一般有以下三类大活动。

一是源自重大节日的大活动。幼儿园会在"元旦""六一""国庆"等重大节日时,策划和组织全园大活动来庆祝节日。虽说是源自节日,但依然可以

有不同的主题。比如,我园的"六一"活动主题有"变废为宝,我型我秀""童心玩乐,同创无限""数学玩起来"等。

二是源自社会上重大事件的大活动。我们会抓住社会上发生的重大事件,结合幼儿的兴趣和学习特点来组织全园大活动。比如,第二届青年奥运会于2014年8月16日在南京开幕,我们围绕该事件策划了以"我爱运动"为主题的全园大活动。又如,2017年5月17日第八届中国京剧艺术节在南京开幕,我们围绕该事件策划了"我是京剧小明星"的全园大活动。

三是源自园本课程的大活动。除了以上两类大活动外,我园更多的是根据自己的园本课程研究设计全园大活动。我们从健康、语言、社会、科学、艺术五大领域入手设计全园大活动,举办了"健康节""读书节""数学节""科学节""美术节""音乐节"等大活动。"领域节"活动的具体内容一方面是依据该领域的核心经验来设计的,尤其是实践中教师、幼儿及家长理解、把握不到位或常常忽略的核心经验;另一方面是依据幼儿对该领域的学习特点来设计的,比如,"数学节"系列活动中有围绕数与量、空间与图形等数学核心经验所设计的专题活动,有"音乐中的数学""美术中的数学""语言中的数学"等与其他领域结合的专题活动,有"生活中的数学""游戏中的数学"等关于幼儿数学学习方式和途径的专题活动,等等。开展针对同一领域的一系列专题活动,有助于引领教师、家长更好地掌握该领域的核心经验,理解幼儿在该领域的学习特点,从而更有效地推进幼儿在该领域的学习与其他领域的整合学习,促进幼儿在日常生活和游戏中学习,让每一个幼儿都能获得更好的发展。

在策划具体活动时,我们还会有意识地将源自重大节日的活动与"领域节"活动的内容有机整合,充分发挥一次活动的价值。比如,在"美术节"期间,"六一"活动可能会围绕美术创意来开展,每个班都把活动室布置成本班幼儿的创意作品展览室,全园幼儿可以去各个班参观,并体验不同班级的美术创意活动。有的班让幼儿穿上自己设计的服装或拿着自己制作的道具等走秀,也有的班让幼儿现场作画、做手工等。又如,在"读书节"期间,我们将新年活动设计成各个班用音乐剧或童话剧等方式来呈现绘本故事,每个幼儿都可以选择自己喜欢的角色演绎,以拓展对绘本的阅读和理解。每个班的幼儿、家长和教师共同讨论后,选择一个或几个适合该年龄段且幼儿感兴趣的绘本故事进行表演,设计角色语言及动作、准备表演服装及道具的过程就是课程展开的过程。

每次大活动的主题都是在学期末做课程总结时或学期初讨论新学期课

程时确定的。全园大活动领导小组负责人会组织教师集体讨论,每位教师都要表达自己的观点,例如:新学期课程研究的重点是什么？个人的课程研究方面有怎样的需求？即将发生的哪些重大事件可以成为实施课程的新资源？等等。领导小组负责人将大家的意见汇总筛选后再集中讨论,最终聚焦到某一个领域或主题,然后大家一起讨论活动的价值和目标是什么,可以分哪些专题,需要通过几次全园性的集中活动来实现,可以通过什么样的形式组织实施,可以运用哪些资源,等等。我们每学期都会选择五大领域中的一个领域作为该学期的研究重点,开展"领域节"活动。但具体某一学期将哪个领域作为研究重点,一方面要考虑当年会发生的重大事件能否成为课程资源,比如,由南京的全民阅读活动引发我们举办的"读书节"活动；另一方面要考虑教师专业发展和实际研究的需要,比如,针对我园教师普遍对美术教育活动如何开展、如何在一日活动中渗透美术教育等问题缺乏经验,我们举办了"美术节"活动,推动教师共同来研究这一问题。

(二) 活动开展的历时

我们认为,无论是节日活动,由社会重大事件引发的主题活动,还是"领域节"活动,都不可能仅通过一两次全园性的集中活动就将教育目标落实到位。正因为如此,我园的大活动基本都是要历时一个月甚至更长时间,而其中"领域节"的活动基本要贯穿整个学期,其间,包含多次全园性的集中活动,以便让幼儿经历完整的计划、准备、实施的过程。

比如在某一年以"变废为宝、我型我秀"为主题的"六一"活动中,我们共组织了四次集中活动。第一次集中活动是帮助幼儿理解什么叫"变废为宝",引导幼儿去关注和寻找生活中变废为宝的事例。第二次集中活动是全园教师和幼儿先开展创意活动——哪些东西可以变废为宝,怎样变废为宝？幼儿还可以自主报名展示或介绍自己在生活中发现的变废为宝的事例。第三次集中活动是让幼儿自主报名,展示自己是如何变废为宝的,然后将这些作品展示在幼儿园环境中,同时以班级为单位,各自选取一种废旧材料介绍如何变废为宝。第四次集中活动是在"六一"当天,每个幼儿都要自主选择一种或几种废旧材料,并将它们制作成自己喜欢的动画片或绘本中的角色的服装来进行时装秀。小班采取让幼儿和爸爸妈妈共同制作、表演的方式,中班、大班则都是让幼儿独立制作和表演的。幼儿在家长、教师的指导下,几乎将生活中可用的废旧材料都利用起来了。男孩子们把自己打扮成变形金刚,用废旧电线圈表现其眼镜,用废旧玩具枪的电路表现其跳动的心脏,用废旧管子表现其关节部位,用锡纸、废旧纸盒等制作成外衣。女孩子们把自己打扮成公主,用废旧的塑料纸、雨衣、礼品包装纸等制作公主的衣裙。该主题的四次集中活动,也是变废为宝成果的展示会、交流会,循序渐进地帮助每个幼儿理解学习,积极参与到变废为宝的行动中。

又如,在"我是京剧小明星"的全园大活动中,我们请京剧演员来幼儿园现场表演京剧,介绍京剧服饰,展示画脸谱的过程,全体幼儿学习京剧演员表演走圆场、亮相,晚上请家长带着幼儿走进剧院看京剧……这样的大活动与大事件紧密相连,伴随着大事件的发生而发生。大事件为大活动提供了很好的资源,它有可能历时一天,也可能历时一周、一个月,甚至更长时间,这要根据事件持续的时间以及幼儿对此项活动的兴趣和发展需要而定。

"领域节"活动通常历时一整个学期,在开幕式和闭幕式期间一般每两周组织一次全员性的集中活动。我们将每一个"领域节"活动用一整个学期的时间来完成,其目的是让全园的教师、家长都特别关注幼儿在这一领域的学习与发展,研究如何通过该领域的学习来促进幼儿情感、态度、能力、知识、技能等方面的全面发展,如何将该领域的学习与其他领域的学习以及幼儿的生活相结合,作为成人,我们应当如何从幼儿的学习特点出发,选择适合他们身心发展特点的内容、方法、途径,将每个领域的学习融合到幼儿的游戏和一日生活。

为此,我们将"领域节"活动分为多个专题,从深度和广度上不断培养幼儿对该领域的学习兴趣和能力,每个专题内容的确定既要考虑园本课程的目标、幼儿的兴趣和发展需要、季节和时令的特点以及周围可利用的教育资源等,也要考虑专题是否适合在全园幼儿中开展,不同年龄段的幼儿是否都能参与进来并开展讨论。

比如,我园的"读书节"活动,设了"我是读书小明星"、"我喜欢的绘本"、"绘本中的秋季"、"绘本中的冬季"(与开展"读书节"活动的实力相匹配)、"绘本中的朋友"、"绘本中的家人"、"绘本中的安全"、"绘本中的交通工具"、"绘本中的数学"和"绘本中的音乐"10个专题。这些专题活动的开展,极大地激发了幼儿对阅读的兴趣,他们了解到原来绘本有很多种类,当自己想了解知识或遇到问题时,都可以去书中找寻答案。同时,他们发现和好朋友以及爸爸妈妈等一起交流自己读过的图书中的内容,这很有趣。这些专题活动也让家长和教师了解到绘本种类的丰富性,家长和教师会在生活中主动和幼儿一起阅读,共同成长。如在开展"读书节"活动前,有一名小班幼儿的家中只有三本书,分别是《三字经》《西游记》《成语故事》,都是以文字为主的。在参与"读书节"活动后,他家里的绘本数量大大增加。每次活动后,幼儿让家长买的不仅有教师推荐的绘本,还有小朋友推荐的绘本,家长逐渐了解到自己的孩子喜欢什么样的书,发现只要是孩子喜欢的书,孩子就会主动阅读。在期末的家长座谈会上,这位家长说:"这样的活动太好了,让孩子成长了,也让我们成长了。原来我买书都选字多的,孩子不愿意读,我以为孩子像我一样不爱读书,通过'读书节'活动我知道了在幼儿园阶段,孩子读书是以看图画为主的。自从我买了适合孩子读的书后,孩子一回家就去读书,因为他想和小朋友们一起交流书中的内容。"

"领域节"活动中每两周一次的全园性的集中活动都不是孤立的,而是依据课程的需要精心设计和不断生成的。它是有计划、有目的、有主题的一系列活动,每一次活动的开展都在不断地推动幼儿的深入学习。比如在"读书节"活动中,有幼儿介绍自己读过的书的活动;有幼儿自主报名来为大家讲故事、表演故事的活动;有每周"读书小明星"的介绍和表彰的活动;有请家长来和幼儿一起读绘本、演绘本、创编绘本的活动;有请教师为幼儿读绘本、演绘本、创编绘本、现场为经典动画片配音的活动;有请电视台的播音员、主持人来为幼儿读绘本的活动;有请小学教师来介绍自己怎样读书的活动;有请图书馆的工作人员来介绍怎样去图书馆借书的活动;也有请幼儿介绍节假日到图书馆读书的经验的活动。

总之,历时一整个学期的系列活动不仅让每个幼儿在原有水平上获得了发展,也让教师、家长有了很大的收获。

(三) 全园大活动与班级活动之间的联系

全园大活动的目标不可能仅仅依靠几次全园性的集中活动就得以落实,所以在日常的班级活动中,给予幼儿充分的时间体验和探究显得尤为重要。为此,每个班的教师都要围绕大活动的目标制订计划,针对大活动的每一项专题内容,结合本班幼儿的学习兴趣、学习特点,做具体化思考和研究。内容包括如何帮助幼儿理解大活动的主题,如何引导每个幼儿积极主动地参与到活动的每个环节之中,如何使每个幼儿都能在原有水平上得到发展。

此外,教师还可以依据大活动的目标和内容,在大活动之后深入开展班本课程。比如,在"读书节"活动中,各班教师认为引导幼儿爱读书、会读书是在各个年龄段都应该开展也可以开展的课程,所以每个班级都应该围绕"读书节"活动在班级中深化关于阅读的班本课程。

如,小班和大班开展了点对点的"大带小"读书活动,在"读书节"活动期间,每周五上午,小班的教师带着小班幼儿到大班找一位哥哥或姐姐一起读书,回来后教师让小班幼儿说说:和哥哥姐姐一起读书时有什么好玩的事情?哥哥姐姐喜欢和你一起读书吗?你做了什么让哥哥姐姐喜欢和你一起读书的事情?教师还请大班幼儿来班里说说:我喜欢和怎样的弟弟妹妹一起读书。不仅如此,教师还请小班幼儿的家长来班里给幼儿讲故事,对每个家庭给幼儿提供的书籍进行了数量和质量的调查,召开了关于亲子阅读问题的家长座谈会,引导家长分享和交流如何在家庭中开展有质量的亲子阅读、怎样为孩子选择合适的绘本。中班的活动紧紧围绕"读书节"的几个专题,先在班里开展"我喜欢的图画书""我是故事小明星"等活动。在参加了园里的集中活动后,教师组织幼儿讨论:怎样和小班的弟弟妹妹一起读书,怎样和大班的哥哥姐姐一起读书,和弟弟妹妹一起读书可以学到什么,和哥哥姐姐一起读书又可以学到什么。在大班开展的活动就更丰富了,不仅围绕几个专题开展班级活动,还将活动范围拓展到园外,比如,组织幼儿参观图书馆,鼓励家长带幼儿一起去图书馆读书,同时在班级开展"班级小小图书馆"活动,每个幼儿每周五下午从班级图书馆借一本书回家阅读,下一个周五还书并借新的书回家阅读。

当然,并不是每一个全园大活动都需要各个班的教师在班级活动中深化拓展的。比如,园里开展的"我是京剧小明星"大活动,虽然全体幼儿都在活动中对京剧艺术产生了初步的兴趣,但年级组在集体讨论后决定在大活动结束后,小班、中班暂不围绕主题继续实施相关的班本课程。而对于大班幼儿,教师发现他们在参与活动后对京剧产生了较浓厚的兴趣,他们想进一步了解京剧演员的工作及工作环境,想了解和学习怎么样画京剧脸谱,想自己尝试扮演京剧中的人物……于是,教师就此深化主题,围绕京剧开展了一系列的班本课程活动。

(四)全园大活动中教师的参与

无论是班里的一日活动还是园部组织的全园大活动,都是幼儿园课程的一部分。大活动是推进全体幼儿发展的途径之一,如何有计划、有目的、有组织地开展?如何使其价值最大化呢?我们认为全园大活动仅仅靠某一位教师或某一个年级组的力量去组织是无法高质量开展的,它会受到教师个人专业水平及领导力的限制。所以，它应该由园部统筹，并由园部负责建构和组织实施，它需要园里各个部门的参与和协助，需要相应的组织机构或机制提供保障，它可以体现出一所幼儿园的课程领导力，体现出全园教师对课程目标、内容、组织实施以及评价的认识和理解的水平。正因为如此，我园成立了大活动领导小组，由领导小组牵头策划每学期的大活动方案，然后提请全体教师集体讨论。

我们一直将全园大活动的策划、讨论、实施的过程视作帮助全体教师提升专业能力的过程。从大活动主题的产生、确定到活动方案的实施都是全园参与讨论和决定的，每位教师都要对此发表自己的观点。这一过程不仅能帮助教师提升课程意识，而且有利于教师更深刻地理解和把握活动目标价值，从而更好地参与到活动的实施中。

比如，在讨论"读书节"开幕式方案时，教师就如何给幼儿及家长写一份倡议书，展开了细致的讨论。大活动领导小组负责人先让各班教师自己起草一份倡议书，在此基础上集体讨论。有一位年轻教师的倡议书，词句写得非常优美，使用了很多文学性语言。讨论时，大家建议他将其改成通俗易懂的语言，刚开始这位教师还不太理解，觉得把这些文学性语言删去会显得太普通。经过大家的讨论，他明白了以幼儿为主体的思想，应体现在幼儿园一切活动环境和教师的行为之中，倡议书是给幼儿看的，而不是针对成人的，所以能让幼儿理解和落实才是最重要的。

每次大活动前的讨论不仅可以向全体教师澄清活动的价值，也能让教师理解该如何实施课程，让教师更加了解和理解幼儿。在讨论中，教师要明确活动对不同年龄段幼儿的发展价值，并思考自己可以做一些什么、怎么做。比如，在策划"读书节"活动时，教师讨论了适合各年龄段幼儿阅读的绘本，各年龄段幼儿喜欢的绘本有哪些，它们有怎样的特点和规律，等等。这样的讨论对于教师在班里实施大活动有很大的帮助。

除此之外，教师还一起研究大活动的组织。比如，集中活动时使用电子大屏播放图片或视频以增强直观性，充分利用家长和社区资源，请专业人员现场给幼儿表演讲述，多运用故事案例来讲述、说明，等等。又如，在互动环节提问要从易到难，简单的问题先让小班幼儿来回答，然后再请中班、大班幼儿回答。要是小班幼儿也能够参与进来，活动环节应动静交替，在讨论交流后一定要让幼儿动一动，一起来体验、表现、模仿、创造。教师通过全程参与讨论，亲身参与每次大活动的设计和组织，自然提升了专业水平。

(五) 全园大活动中幼儿自主性的体现

以幼儿为主体充分发挥幼儿的自主性,是我们在实施全园大活动的过程中始终要贯彻的理念。无论是以领域研究为主题的大活动,还是源自重大事件和节日的大活动,我们都给予幼儿充分的自主权,让幼儿自主申报要参与哪些活动、如何参与。比如,幼儿可以报名来给大家讲故事,表演绘本剧,展示自己的绘画、手工作品,表演歌曲、舞蹈,等等。为了让每个幼儿能有计划地报名并自主地练习准备,我们会在开学初将什么时间开展什么活动的安排表发到班级群,告知每个幼儿及其家长。

大活动的常态化和幼儿活动的自主申报制,不仅充分发挥了幼儿的自主性,也受到了家长的欢迎。家长感受到幼儿园开放性课程的理念,感受到幼儿园为每个幼儿都提供了公平的机会。大活动常态化了,幼儿表现的机会大大增加,幼儿和家长都充分感受到:只要自己有愿望,就可以通过申报获得展示自己的机会;只要自己有计划地坚持练习和准备,就可以在全园幼儿、教师和家长面前很好地展示自己;展示自我的机会不是他人给的,而是自己努力争取的。

大活动主题及内容的丰富和多元,也满足了不同年龄段幼儿的不同兴趣,满足了有特长的幼儿展示自我的愿望。比如,仅仅一个"读书节"活动,我们就策划了 10 个专题,幼儿总能从中找到自己特别感兴趣或擅长的内容,即使有的幼儿因为不太擅长语言领域的内容,而在"读书节"中没有把握机会进行展示,也可以在其他大活动中得到展示。比如,喜欢数学的幼儿可以在"数学节"活动中报名参与数学游戏;喜欢科学探究的幼儿可以在"科学节"活动中展示自己的科学小制作;喜欢运动的幼儿可以在"健康节"活动中展示自己的运动能力。

总之,我园的大活动关注的是幼儿之间的差异,不同兴趣能力的幼儿都能找到适合自己的活动,获得展示自我的机会,满足了全园幼儿自主化、差异化发展的需求。

(六) 全园大活动中混龄差异的解决

全园大活动从某种意义上说是混龄教育活动,不同年龄段幼儿之间的差异是一种课程资源。在组织开展全园大活动时,我们应从资源的角度发掘年龄差异在幼儿发展中的价值,并思考如何充分利用这一资源。教师首先要理解并尊重幼儿间客观存在的差异,在关注幼儿共性的同时,照顾幼儿的个性差异,不断从差异中寻觅新的课程资源,捕捉其教育价值,寻求新的教育生长点,实现全园大活动的内容、组织方式等与各年龄段幼儿学习和发展的最大限度的匹配,使每个幼儿都能在原有水平上获得发展。

无论是园部大活动领导小组成员还是各班的教师,都要尊重幼儿间的差异,不可仅从某一个年龄段的需要出发来策划和组织大活动。比如,不是仅让大班幼儿做主角,小班和中班幼儿做配角或观众,而是要让每个幼儿都能在大活动中找到适合自己的位置,最大限度地发挥他们的积极性和主动性。

例如,在"音乐节"大活动之"秋天音乐专辑"活动中,围绕秋天的特点开展音乐游戏。主持人问幼儿:"秋天是什么样的?你们知道哪些关于秋天的歌曲游戏?"主持人总是先问小班幼儿,然后依次问中班幼儿、大班幼儿。接着,主持人引导幼儿用肢体动作创造性地表现树叶的特征,表现树叶从树上旋转飘落的样子,依然遵循先小班,然后中班和大班的顺序。每个年龄段的幼儿在表现时,其他两个年龄段的幼儿就在一旁观摩学习。最后是"大带小"自由组合创造。小班幼儿多表现单片树叶的样子,他们基本上都是用上肢动作来表现的,主持人引导他们只要尝试表现出和他人不一样的造型即可。对于中班幼儿,主持人引导他们尽可能地运用整个肢体的动作,来表现不同的树叶造型。在大班幼儿表现时,主持人引导他们用行进动作及通过与他人合作的动作来表现树叶飘落的运动状态和运动轨迹以及树叶的造型姿态。在这里,差异就是学习的资源,幼儿看到其他年龄段幼儿的想象力、创造力和表现力后,主动向他人学习,借鉴他人的经验,在此基础上再进行创造性的表现。

这样的大活动由于打破了年龄段的界限,给幼儿提供了更丰富的学习内容,使不同能力水平的幼儿都能得到满足。比如在"读书节"大活动中,一些小班幼儿在听了中班、大班的哥哥姐姐介绍绘本或看到他们表演的绘本故事后,就让教师或爸爸妈妈给他们提供这些绘本,一起阅读这些绘本,还尝试在语言区表现这些绘本中的故事。而一些能力较弱的中班、大班幼儿在看到比自己年龄小的幼儿读的绘本、表演的故事后,也获得了自信和满足。

(七)全园大活动中家长的参与

全园大活动的价值之一是将家长纳入幼儿园教育的共同体中,不断提升家长的科学育儿能力。那么,怎样让家长知道该如何参与幼儿园的大活动呢?

首先,要让家长提前知道我们的活动计划。我们会在开学初就通过家长会、幼儿园电子大屏、班级微信群等,让家长知道本学期要开展什么样的大活动,活动会在什么时间开展,活动目的是什么,有哪些系列活动,家长可以做些什么。这样,一方面有利于家长了解幼儿园的课程,另一方面便于家长主动配合幼儿园的课程实施。

其次,幼儿园要开展相应的家长讲座活动,尤其是"领域节"大活动,我们需要帮助家长了解每个领域,学习幼儿学习与发展的最基本、最重要的内容,引导家长了解在家庭中如何结合每个领域的学习内容开展亲子活动、实施家庭教育。比如,在"读书节"大活动中,我们邀请语言领域教育专家向家长介绍如何帮助幼儿选择绘本、如何开展亲子阅读、如何挖掘绘本的教育价值,并现场示范如何和幼儿一起读书,表演书中的故事、创编故事等;邀请金陵图书馆的工作人员向家长介绍图书馆中的儿童馆有哪些书籍、专家讲座和互动类活动等,呼吁家长带幼儿到图书馆借书读书,利用社会资源来开展学习,感受与其他幼儿一起读书的乐趣;邀请幼教专家来谈阅读与幼儿语言发展的关系、与学习兴趣激发的关系、与全面发展的关系;邀请小学语文教师来谈阅读与幼小衔接的关系,等等。这一系列讲座,不仅引领家长重视幼儿阅读习惯的养成,并且指导家长如何在家庭中有效地开展亲子阅读,营造鼓励幼儿阅读的家庭氛围。

再次,班级要开展有针对性的家长学习讨论活动,每个班可以根据家长的需求开展有针对性的家长指导活动。比如,在"读书节"大活动中,小班教师组织家长开展了"我给宝宝讲故事"活动,请爸爸妈妈给幼儿讲一本绘本,并录制成视频。教师将这些视频投放到班级语言区,让幼儿观看后用星星贴纸给予评价,谁家的视频获得的星星贴纸多,谁就可以成为讲故事明星。接着,教师组织家长们开小型座谈会,交流小班幼儿喜欢什么样的绘本,他们喜欢怎样看书,家长在和孩子一起看书时可以怎样做……通过交流,家长们相互启发学习,开展家庭亲子阅读活动的水平得到提高,从而更加积极主动地参与到"读书节"大活动之中。

最后,在全园大活动中,要给予家长参与活动的自主权。家长们都有自己的工作,他们想要参加大活动,但有时安排不出时间,所以园部要将需要家长参与集中活动的时间提早告知家长,让家长安排好工作,根据自己的兴趣有选择地参加。园部可统一要求每位家长都要参加每次集中活动,即使有的家长一次都不能来现场,也可以通过录制视频等方式参与。比如,在"读书节"大活动中,佳佳的爸爸妈妈因为在美国访学,就选择每天和孩子通过视频对话的方式开展亲子阅读。教师在集中活动时播放了佳佳的爸爸讲故事的视频,不仅让佳佳感受到爸爸妈妈对她的爱,也让全园幼儿和家长感受到只要重视亲子阅读,空间和距离都不是问题。贝贝的爸爸妈妈从事自由职业,所以每一次集中活动他们都能参加,无论家长参与一次,还是多次,教师都给予鼓励和表扬,告知幼儿爸爸妈妈多么爱他们,即便工作很忙,也尽可能抽出时间和他们一起阅读。这样,家长们没有了负担,也不存在攀比现象,真正拥有了参与的自主权。

总之,全园大活动是幼儿园实施课程的一个途径、一种形式,我们既不应追求其数量形式,也不应一味追求其新意或热闹,而不追求活动的质量。活动的质量取决于幼儿园对课程的领导力,这种领导力应该贯穿于大活动主题的确立、计划的制订以及每一个专题活动组织实施的全过程。唯有如此,才能真正实现大活动的价值,也才能实现每一个幼儿在大活动中的发展。[①]

二、全园大活动助推青年教师的专业发展

全园大活动主要由升旗仪式、才艺展示、集中游戏、"大带小"活动等环节构成,是融安全健康教育、传统文化礼仪教育、社会性教育、体育运动、艺术创意、阅读讲述为一体的活动,突破了班级、年龄界限,体现了融合开放、宽松自主的特点。与设计、组织日常的教育教学活动相比,教师参与全园大活动的策划、组织和管理,对他们的专业水平要求更高,对他们的专业发展更有帮助。为此,鉴于青年教师在我园教师队伍中占比较高的现状,我们借全园大活动的契机,给青年教师创造机会、搭建平台,给他们提供充分的实践和锻炼的机会,增强他们的专业自信,促进他们的专业发展。我们组建了由青年教师组成的"全园大活动小组",本着从实际出发的原则,因人而异、因势利导、分层推进,重视在实践中学习,在活动中锻炼,尽可能地扬其所长、尽其所能,有效地促进青年教师的专业成长。

(一)给综合能力较强的青年教师压担子,助其独当一面

自组建"全园大活动小组"后,园领导给综合能力较强的青年教师压担子,鼓励、支持他们独当一面地开展工作。比如,刚入职不久的 X 老师,她在

---

① 吴绍萍.从全园性大活动看幼儿园的课程领导力[J].幼儿教育,2019(Z1).

学校时就是优秀生,入职第一年就表现出认真的工作态度和较强的工作能力。为此,我们决定让她担任全园大活动小组长。我们先在全园教职工大会上公布这一信息,让大家积极支持和配合。我们将X老师推到台前,放手让她负责组织"全园大活动"小组的活动,园领导只在必要时给予适当建议和帮助。

全园大活动每学期都有明确的活动内容,每次的活动时间也是相对固定的。但是,作为一个全园性的半日常活动,要顺利高效地组织和实施,对青年教师来说是有很大挑战性的。X老师借鉴了之前大家常用的"石墨文档"登记方式,在小组成员微信群中发布报名表,让小组成员自主报名,认领一学期中全园大活动各时段、各环节的任务。这既让组员明确自己的任务,早做安排和准备,也让X老师对组内成员的工作任务有清晰的了解,便于及时督促和落实。

全园大活动有不同的内容和环节,涉及不同的人、事物,虽然各项内容任务由专人负责,但作为小组长的X老师要对各环节中的人、事、物有全面清晰的了解和整体的统筹安排。开始,X老师有畏难情绪,认为自己无法驾驭。我们便鼓励她,并支持她从一个小项目的组织者做起,逐步积累经验。比如,我们让她担任周一升旗仪式的组织者,请她先设计活动方案,在此基础上我们一起讨论、修改。几次下来,X老师逐渐掌握了组织活动的要领,基本能独当一面地组织一个小型的课程活动,并形成了自己的风格。同时,为了锻炼X老师的组织协调能力,我们让她负责搜集活动所需资料,如活动环节的乐曲、图片和视频等。我们看到她能充分调动组员的积极性,共同通过绘本APP、微信公众号、搜索引擎等途径搜集大量相关资料。她还带领组员们对这些资料进行甄别、遴选,提供了宝贵的课程资源。当发现组员们搜集来的都是网络链接,只能播放不能存储、编辑时,X老师主动创建网络账号下载音乐和视频资料,转换成MP3和MP4等可播放和编辑的文件格式,并进行汇总、存储,丰富了全园大活动的资源库。后来,X老师多次主动承担全园大活动的PPT制作,对活动流程、环节、内容有了更清晰的了解。一段时间下来,X老师有了自信,对全园大活动的统筹安排也胸有成竹。在一次全园大活动前的筹备阶段,恰好园部主要负责人Z老师要出差,X老师主动承担起这次活动的设计、组织、实施等统筹工作,并井然有序地一一落实:与负责信息技术的教师共同拍摄和编辑专题采访视频;利用班级区域活动,协同班组教师带领幼儿运用绘画和前书写等方式制作图文并茂的开幕式倡议书;协调组员购买活动中所需的人偶道具等物品,安排组员参与人偶表演;撰写主持稿并制作开幕式PPT……当Z老师与其联系了解筹备进展时,她早已胸有成竹,蓄势待发。全园大活动当天,正逢园领导另有对外接待和培训活动,X老师带领组员各司其职,顺利地完成了当天的全园大活动,不仅得到了园领导的充分肯定,还得到了众多家长的赞赏。机会是留给有准备的人的,经过一段时间的锻炼,我们欣喜地看到了X老师的成长。

有能力、有担当的青年教师,只要我们信任、支持他们,放手让他们发挥自己的潜能,便能看到他们脱颖而出,快速成长。

(二) 挖掘青年教师的个人特长,促其扬长避短

幼儿园的青年教师有自己的兴趣爱好、特长优势,但在日常教育教学中,展现个人才能的机会是有限的。而全园大活动的活动环节多,活动内容广泛,活动形式丰富多彩,这就给青年教师创造了锻炼的机会,提供了展示的平台。我们抓住这一契机,充分挖掘青年教师的个人特长,促使其扬长避短,比如,在一次"数学节"大活动的开幕式中,需要一段包含数学元素的开场舞,经了解,刚入职的N老师曾获得"啦啦操"比赛奖项。于是,我们就把设计和组织教师表演开场舞的任务交给了他。起初,他有些犹豫,但最后还是接受了任务。接受任务后,N老师利用休息时间翻阅资料、观看视频、编队列、剪辑音乐、改编舞蹈动作,忙得不亦乐乎。然后,他主动召集其他青年教师练动作、排队形。当他发现因表演服装不统一而表演效果不佳时,便找到了我们,我们给予充分支持,想办法统一了服装。在开幕式现场表演时,他们在舞蹈动作中呈现数字变化、在队形转换中体现几何图形,给观众带来了耳目一新的体验,获得了同行和家长们的交口称赞。由此,N老师建立起了信心,后来他还作为主要负责人承担起"数学节""六一节"等全园大活动的舞蹈节目的编排任务。被认可、被信任带来的成就感和自身价值实现带来的荣誉感,让他对工作充满了激情。

又如,M老师说话铿锵有力、富有激情。我们就让他担任升旗仪式的主持人,最终我们看到他在主持台前的完美表现,在带班时也没有了之前的无措和慌乱。L老师喜爱摄影,我们就让他担任全园大活动的专属摄影师,用镜头捕捉活动的精彩瞬间和活动花絮,当同事们纷纷选用他拍摄的照片时,他的成就感油然而生。D老师曾获舞蹈大赛特等奖,喜爱音乐、擅长舞蹈,所以每次全园大活动开幕式的开场、退场舞蹈我们都请她领舞,展现她的才艺。我们让文笔好的教师撰写全园大活动的报道,一方面宣传幼儿园全园大活动;另一方面促使他们在撰写、编辑报道中获得更多经验,得到更好发展。在全园大活动组织中,我们更是发挥男教师熟练操作多媒体设备的特长,把进行全园大活动时操作多媒体设备的任务都交给他们。每次活动时,他们都能够自如地进行视频与PPT的切换以及音效与画面的调试,保障了全园大活动的多媒体设备顺畅运行。

青年教师的身上隐藏着很多我们未知的可能,每个人都有自己的潜能,这就需要我们以伯乐的慧眼充分发掘,给他们锻炼和展示的机会以及自主成长的空间,推动他们尽其所能、扬其所长。

(三) 让更多的青年教师得到锻炼,推动他们快速成长

在青年教师团队中,也有一部分教师各方面表现并不是很拔尖,但是他们认真努力,通常是默默无闻地工作着,或许有时还会有那么一点不自信,有时也会有些许安于现状。这些教师平时很少有抛头露面的机会,如果我们不给予机会,他们可能会一直默默无闻。所以,我们利用全园大活动锻炼机会多的契机,看准时机,及时出手,推其一把,让他们得到锻炼和发展。

E老师平日在班级工作中表现平常,我们有意锻炼他,便把一次全园大活动的主持任务交给了他。他欣然接受,但也心存顾虑。我们鼓励他放松心态,并告诉他这是成长的台阶,要珍惜这次锻炼机会,有迟疑、有困惑没关系,只要愿意接受挑战,我们会帮助他解决困难的。于是,E老师主动和我们商讨活动的内容和组织形式,共同设计活动方案,拟写主持稿。E老师在一遍遍整理主持稿的过程中,熟知了活动的内容和流程;在一次次的主持练习中,逐渐做到语音清晰、语调抑扬顿挫……最后,E老师出色地完成了这次主持任务,获得了同事、家长及幼儿的赞赏,从而建立起对自我的认可。

在"读书节"全园大活动中,我们引入了一个有趣且独特的"围裙故事"表演形式,向大家呈现一种独具特色且生动有趣的"读绘本"形式。我们发现青年教师F入职3年来,一直默默无闻,很少在集体中表现自己。我们请一位擅长讲故事的老教师带领和指导青年教师F,进行"围裙故事"表演。我们请老教师讲述故事,F老师表演故事,两人合作进行故事表演。我们放手让他们分别进行自主准备,适时询问、观看他们的准备情况和表演状态,并给予支持和适当的建议。在准备过程中,他们不断反思、总结经验、调整状态、相互配合,从开始的手忙脚乱到驾轻就熟,再进行精雕细琢,认真研究故事表演中哪些环节可以进行创造性处理,然后进行调整。有空余时间时,F老师经常主动向老教师请教，找老教师一起练习，而老教师也很乐意指导、配合 F 老师。正因为前期的不断努力，在这次全园大活动中，我们看到了两位教师自信的表演，看到了他们创造性地演绎了独特的"围裙故事"，看到了幼儿专注的眼神中流露出的对教师的喜爱和崇拜，也看到了 F 老师充满自信和快乐的笑容。

我园的全园大活动一般每月定期开展两次，一学期下来至少有 10 次活动。这给了青年教师持续锻炼和学习的机会。我们针对个别青年教师的实际情况支持他们持续学习和锻炼，如，刚入职不久的 G 老师，做事主动积极，但是常会丢三落四。起初，我们让他承担全园大活动的摄像任务，但他不是忘记给摄像机插卡，就是忘记充电，他拍摄的照片被采用的数量也很有限。为此，他深感不安，常自责不已。我们并未指责和弃用他，反而特意让他连续多次承担摄像任务，给他更多的学习、锻炼机会，帮助他逐步克服自身的不足。在每次活动前，我们都会提醒他检查自己的工作是否落实到位，并现场指导他如何选择适合的时机和角度拍摄，事后与他一起分析照片拍摄要领，帮助他养成细致有序地做事的习惯，掌握拍摄技术。G 老师后来感慨道："经历了连续几次全园大活动的拍摄工作，我的收获很大！我不仅学会了基本的拍照技术，提高了审美能力，更改掉了丢三落四的不良习惯，养成了细致有序地做事的良好习惯。"从挫败中吸取教训，积累经验，是青年教师成长中需要经历的过程。我们要让他们意识到，任何事情都要经历从学习到学会的过程，对待工作要有良好积极的态度，还要学习好的方法和策略，不断反思调整，才能获得成功和发展。

知人善用、人尽其才，这是管理之道。青年教师的成长与发展是一个持续的过程，任何机会、任何活动都可能促成其发展。全园大活动给青年教师提供了支架、搭建了平台、寻找到契机，努力助推青年教师实现自我发展。①

案例 1：全园大活动中的"围裙故事"②

课程大活动是幼儿园根据园本课程理念，围绕一个特定的主题，集中组织全园教师和幼儿以及协同家长共同参与的全园性专题大活动，有着丰富的活动内容和多样的活动形式。其中，"围裙故事"表演就是深受教师和幼儿喜爱的一种形式。故事中的"围裙"看似是一件家常的日用品，实则是精心设计

---

① 张琴.全园大活动助推青年教师的专业发展[J].幼儿教育，2020(3).
② 张琴，姜杨.全园大活动中的"围裙故事"[J].保育与教育，2019(3).

的巧妙而实用的教具。它作为幼儿园故事表演的道具,绒布围兜上呈现了不同的场景变化,出现了各种各样的角色,给幼儿带来了丰富的动态故事。

1. 借用现成视频表演,现场配音讲故事

教师结合课程大活动中的一个"读绘本,赏艺术"的主题,进行了尝试。首先,教师从众多的"围裙故事"视频中选择了《咕咚来了》。它是一个经典的民间童话,故事内容简单,故事中的动物角色是幼儿熟悉的。我们通过对《咕咚来了》问题的层层推进,营造了神秘感,激起了幼儿的好奇:"小动物干什么要跑啊?咕咚到底是什么呢?"从而,他们对故事产生了浓厚的兴趣。此次活动,我们并不是只让幼儿观看现成的视频故事,也没有忽略教师的参与,而是借课程大活动这一平台给教师提供一个展示的机会。我们借用原版"围裙故事"的视频,运用视频编辑软件,通过媒体技术处理,保留了视频中的画面,消除了视频中的故事音频,并请了擅长讲故事的姜老师,在课程大活动中看着视频进行现场配音讲故事。

"一千个人眼中,有一千个哈姆雷特。"一本故事书也是如此,不同的人阅读同样的故事,会有不同的理解和想法。姜老师为了这个配音讲故事做足了准备,她说:"与看故事书上的文字不同,视频中的讲述者赋予了她对故事的个人理解和对故事节奏的把握,能够使我们较快地理解故事内容,融入故事情境,也使自己揣摩讲述故事进行配音的时间相对缩短了许多。"她连续看了五遍视频之后,将视频中的文字记录下来,对照着文字稿,跟随着视频进行跟读练习。起初,姜老师可能因为个人语速习惯和对故事的熟悉度不够,常会跟不上,通过不断的练习,她逐渐能够使自己的语速合上视频中的操作表演,并且能够基本保持视频动作与语言讲述的同步了。多次练习后,她已经能够达到完全同步。此时,姜老师就开始了自己的再创造。

一是对故事中角色的音色处理。故事中有不同的角色,当它们说话时,为了能够区分不同动物的出现,教师在讲述时特意通过嗓音的变化,来突显每个小动物的特点。如:用温柔的声音表现小兔子,用细小的声音表现小老鼠,狐狸出现时故意捏着嗓子说话,小猪出场时,特意用鼻子发出类似呼噜呼噜的声音表现小猪的瓮声瓮气;并且还在小羊、小鸡、小牛说话的时候,分别加上了它们的叫声,如"咩咩咩""叽叽叽""哞哞哞",使故事更加生动、更具趣味性,更能吸引幼儿。

二是对故事中词语的处理。如故事中的感叹词"哎哟喂",就通过音量上的夸张、首字的加重和拖长,突出强调动物对"咕咚"的惊奇感,使讲述更带有情感色彩。

三是对故事中重复对话的处理。如每个小动物都在向同伴叫喊:"大家一起快逃啊!"除了在音色上区分每个动物的声音,还进行了首词加快语速、尾字音延长渐弱的处理,体现每个小动物急切地对远处同伴呼喊的感觉,以及声音由近及远的效果。

2. 利用"围裙"道具,合作表演故事

在"读绘本、重健康"的"读书节"主题课程大活动中,我们再次尝试了"围裙故事"表演。我们选取了绘本《好喝的汤》为表演素材,帮助幼儿从健康饮食的角度感受故事中所蕴含的教育理念。

我们请了两位老师在现场合作表演,孙老师穿着故事"围裙"进行操作表演,姜老师在一旁配音讲故事。在现场合作表演开始之前,两位老师针对自己表演的部分进行了充分的备课和钻研。

首先,他们各自熟悉故事视频和表演材料。我们将故事视频和"围裙"操作材料分别给了姜老师和孙老师,让他们熟悉相关内容并进行准备。姜老师发现《好喝的汤》视频有三分半钟左右,并根据视频中的故事讲述,了解到每个小动物说的话都有重复的地方,以及对应小动物每次讲述的食材数量是在1~5依次递增的,从而大大降低了故事记忆的负担。孙老师看到了丰富的"围裙"材料,有猪、猫、鸡、兔、鸭、鼠六个角色;有一个大萝卜、一条鱼、两棵青菜、三个蘑菇、四只大虾、五粒豌豆的食材。孙老师了解到,随着角色的逐个出现,"汤锅"中要放入相应数量的食材,并逐层揭去"汤锅"的边框而使其变大,能容纳下满锅的食材,还要更换场景,出现"餐桌",让小动物们依次逐个坐在"汤碗"边。

接着,他们精心考虑操作者的材料取放。对于操作者孙老师而言,不仅要清楚角色的出场顺序,还要能快速准确地对应故事讲述的内容更换角色、增添食材、变更场景。表演时,她既要顾及现场观众的视觉效果,又要方便操作材料,做到快速而不手忙脚乱。为了方便操作,孙老师先将食材对应贴在动物身体的背面,按照出场顺序放置在围裙后面的大口袋中,方便拿取,有序出场。考虑到小动物中途要退场,然后还要返场,退场的小动物又不能随意放,既要方便返场又要考虑到观众的观看效果。于是,我们为孙老师提供了可移动的小推柜,方便她按出场的顺序摆放,又能直接看到材料,再次按序拿取表演。

最后,他们相互配合与磨合,培养默契度。要想充分表现出故事中的变化和内容所呈现的画面感,讲述者和操作者需要经过反复练习,以达到较高配合度。讲述者要关注操作者的操作,语言要配合操作者,如果动作慢了,讲述时也要适当放慢,保持同步。因此,姜老师先减慢讲故事的速度,和孙老师的操作配合,再适当根据故事需要和操作需要调整速度,逐渐从开始的慌乱到后来的驾轻就熟。随着熟练度的提高,大家再精雕细琢,研究故事表演中可以创造性处理的地方,以突出画面感和趣味性。

比如,姜老师说到"大大的萝卜"时,孙老师就刻意夸大放慢动作,拿着萝卜围着锅慢慢地画了一个大圈,以突出表现"大大的";当听到小鸡"叽叽叽"叫时,操作小鸡的手也有节奏地随着叫声上下起伏。表演的孙老师虽然不用讲述,但是对故事内容、角色形象应十分熟悉,从而能用动作表演让观众感受故事的发展,使故事更具有律动感和情境画面感。孙老师感慨道:"我心中是有一个剧本和动作流程的,不能随意而做,我的动作也是要能够带动幼儿情绪的。"也就是说,孙老师是在用上肢的肢体动作来表达对故事的理解。孙老师只有在动作上越细致地琢磨和在细节上越精细化地表现,才越能体现她对故事的情感和内容理解得深刻。

讲故事的姜老师根据自己对故事的理解,通过改变声调和音色来体现不同小动物说话的声音。比如,小老鼠用较尖且轻的声音说,小鸭子用扁一些的声音表现,小兔子说话的声音有跳跃的感觉,小猪说话时声音拖长一些,并加上鼻腔"哼哼"声,力求用声音表现小动物的特点,让动物的形象更加生动。同样,在每个小动物出现时,姜老师多次增加它的叫声,也方便了孙老师拿取材料。

正因为前期的琢磨和钻研以及不断地练习和配合,我们在课程大活动中看到了孙老师和姜老师合作表演时的自信,看到了他们创造性地演绎出独特的"围裙故事",更从幼儿兴奋和专注的眼神中看到了"围裙故事"的神奇魅力。

案例2:全园大活动中的安全教育①

幼儿的健康和安全是幼儿园的首要任务,《指南》在健康领域中"生活习惯和生活能力"部分明确提出"幼儿需具备基本的安全知识和自我保护能

---

① 陶蓉.全园大活动中的安全教育[J].好家长,2019(10).

力"。因此,安全教育是幼儿园课程中非常重要的内容之一。

我园尤为重视幼儿的安全教育工作,不仅在一日活动中和教学活动中渗透了安全教育内容,还开展了一系列安全教育课程大活动,通过活动,不仅全方位地增强了幼儿的安全意识和自我保护能力,还增强了家长的安全防范意识和能力。

1. 邀请不同安全领域的专业人员进园开展教育活动,增强幼儿安全意识及防范能力

(1) 入园、离园安全——邀请派出所民警进园

开学初的安全教育对幼儿来说是非常重要的,对新入园的小班幼儿尤为重要。他们刚刚入园,对一切都是陌生、好奇的,所以开学初是建立各项规则的最佳时期。因此我们邀请了辖区内的派出所民警走进校园,针对幼儿入园、离园时的安全问题开展活动。

首先,民警从幼儿入园乘坐的交通工具入手,提醒幼儿乘坐私家车和电动车需要注意的地方。如:乘坐私家车时不能坐在副驾驶的位置上,低龄幼儿必须坐在安全座椅里;骑电动车时一定要佩戴头盔,遵守交通规则。其实,这不仅仅是幼儿入园、离园路上需要注意的安全问题,也是在日常生活中大家需要了解和掌握的安全知识。接着,民警借助PPT,向幼儿强调入园、离园时一定要刷门禁卡的必要性。同时,民警还特别提醒幼儿在入园、离园时一定要拉好家长的手,不能独自离开,要保证自己的安全。最后,民警还向幼儿介绍了每天入园、离园时始终在校园门口值班的特勤叔叔、保安叔叔、家长志愿者和总值班教师。活动过程中,民警和中班、大班的幼儿进行互动,引导他们迁移原有经验,向小班的弟弟妹妹们进行介绍,帮助他们进一步明确在入园、离园环节的注意事项。为保证大家的安全,幼儿园采取了很多的方法,并鼓励幼儿学会运用这些方法、策略来保护自己。

(2) 地铁安全——邀请地铁公安入园

一方面,我园紧邻地铁3号线的4号口,早高峰时期太平门、北京东路一线极易拥堵,因此多数家长接送幼儿会选择地铁出行,幼儿跟随家长乘坐地铁的频率增高,乘坐地铁时的安全就尤为重要;另一方面,生活中幼儿乘坐扶手电梯时,安全事故也时有发生。针对这些问题,我们与地铁公安取得了联系,了解到鸡鸣寺站地铁派出所所长是原珠江路站的"糖果姐姐",幼儿对她非常熟悉,她也深受幼儿的喜爱,因此,我们邀请"糖果姐姐"来园开展"地铁

安全"教育活动。

幼儿其实都有乘坐地铁的经验,于是,"糖果姐姐"首先请大家说说自己是如何乘坐地铁的,以及需要注意的安全问题。在此基础上,"糖果姐姐"借助视频和PPT帮助幼儿了解乘坐地铁时在站内、站外需要注意的安全事项:在过安检机时不要用手去触碰机器或物品,以免被"咬手";在站内候车时要站在黄线外,先下后上;不在车厢内吃东西、追逐哄闹等。"糖果姐姐"特别介绍了搭乘扶手电梯时要注意的安全问题以及候车、乘车中的注意点;还提醒幼儿不要在扶手电梯上嬉戏哄闹,要拉好家长的手。此外,"糖果姐姐"特地向幼儿展示了他们日常巡查时需要携带的装备及防爆设备,还告诉幼儿,在地铁站里遇到任何困难和问题,都可以寻求地铁公安的帮助。通过"糖果姐姐"的介绍,幼儿进一步了解了乘坐地铁、扶手电梯需要注意的安全事项,也知道了在公共场所要拉好家长的手,这是保护自己的最好方法。同时,幼儿也感受到为了保证大家的安全,地铁公安工作很辛苦。

(3) 消防安全——邀请消防员入园

在开展消防安全教育时,我们邀请了辖区内消防中队的消防员开着消防车进入校园。幼儿近距离地观察消防车与一般车辆不同的内部装备,发现消防车里有各种不同的工具,车上有水带,还自带水箱。为什么消防车上要有这些设备?这些设备是干什么用的呢?带着这些问题,幼儿在与消防员的互动中了解了消防安全知识。

消防员重点向幼儿介绍了消防服,消防服的材质不同,用途也就不同。消防员首先进行了摆放消防服和穿消防服演示,幼儿发现仅仅这两件事就有非常严格的要求。接着消防员介绍了灭火器的使用,幼儿还现场进行了消防演习,幼儿听到警铃,弯腰捂住自己的口鼻,跟随教师从班级消防通道撤离到大操场,用时仅1分45秒。消防员表扬了幼儿快速跟随教师撤离过程中的表现,但也提出了建议,捂住口鼻时最好使用湿手帕,并且要折叠多次,这样捂住口鼻时才能挡住浓烟,保护好自己。

(4) 防爆安全——邀请特警入园

我们一直不太敢过多触及防爆安全,主要是担心会对低龄幼儿造成心理影响。但幼儿又切实需要这方面的安全知识,于是我们联系了辖区的特警中队,请他们来园进行防爆演习,开展安全教育活动。

活动当天,特警中队的队员们穿着特警制服,带着装备,开着特警巡逻摩托进入校园,幼儿立刻被吸引了——特警中队的叔叔们好酷!特警队员带着幼儿参观巡逻摩托车,向幼儿展示他们执行任务时背的超重装备以及枪械。当然,更重要的是特警队员通过解答"如果有坏人闯进幼儿园,你们该怎么办"的问题,帮助幼儿了解防爆演习和消防演习的区别。防爆演习是要在教室里找地方把自己藏起来,并且要锁好教室的门窗、关闭电灯。知道这些还远远不够,幼儿还要进行演练,特警队员们一个教室一个教室地检查幼儿的演练情况,他们发现,虽然是第一次演练,但幼儿都能跟着教师完成防爆演习,进一步加强了防范意识。幼儿在演习中的反应也打消了我们的顾虑。他们虽然有点紧张,但没有幼儿被吓哭。由此可见,防爆演习在幼儿园也是可以进行的,关键是选择合适的方式。

2. 充分利用现代化技术,拓展安全教育辐射面,增强家长的安全意识和安全防范能力

安全教育不仅仅是幼儿园重要的课程内容,家长的安全意识和安全防范能力也是幼儿安全的重要防线。因此,我们在开展一系列的安全教育课程大活动时,运用幼儿园网络平台进行直播,让家长也可以了解我们的安全教育活动。

这一尝试受到了家长的热烈响应。通过直播,家长可以及时了解我园开展的安全教育活动,能看到幼儿在活动中的状态,更重要的是,家长们借助直播也在学习、丰富安全知识,提升安全意识。家长在直播互动中感叹:"老师们好专业,孩子们喜欢,我们也学习到了很多知识,希望以后有更多这样的活动……"

安全教育内容很重要。首先是要选择适宜的内容。这里的适宜主要是两个方面:一是活动内容本身不受年龄限制并且与幼儿的日常生活紧密联系,活动中幼儿才会积极参与互动;二是结合幼儿的学习特点,考虑活动的直观性和幼儿的参与度。

真实感受与直观体验很必要。这一系列安全教育活动是我们通过"走进校园"来进行的,并且都是专业人员带来了具体的实物,可供幼儿直接观察与了解。幼儿通过体验进一步感受,这符合低龄幼儿的学习特点。因此,在每一个活动中,幼儿都非常感兴趣,积极和警察、消防员等人进行互动。有了直观感受,幼儿对于每一次活动中的安全要求才会印象深刻,才会在生活中加以灵活运用。

安全防范的内容需专业。不同领域的专业人员介绍相关安全知识会更

专业、更全面,对于幼儿来说,通过活动不仅丰富了自己的安全知识,也感受到警察和消防员等人员工作的辛苦和努力,在潜移默化中培养了幼儿的感恩之心。

幼儿特点的各项准备要体现。虽然说各领域的专业人员有很强的专业性,但也存在问题。他们不了解低龄幼儿,不知道如何与低龄幼儿进行有效互动,不知道如何将理性的安全知识和策略转化为幼儿可以理解的语言和方式。因此,准备就尤为重要,可分为两部分,一个是活动前期,一个是在活动过程中。前期教师和专业人员通过沟通筛选适合幼儿了解并掌握的安全内容,确定活动呈现的方式、幼儿可参与互动的内容、幼儿可体验的内容等。如果是以 PPT 的方式呈现,还要注意 PPT 中不能有太触目惊心的画面,以免惊吓到幼儿。在安全教育课程中,教师要帮助幼儿理解、掌握相关的安全注意事项,保证活动质量。

三、混龄参与的开放性全园大活动实施案例

全园大活动是幼儿园开放性课程实施的一种途径,汇集了全园教师、家长和幼儿的资源,汇聚了所有参与者的智慧,彰显着独特的教育价值。

我们立足于幼儿的需要和能力,在了解全园各年龄段幼儿发展的基础上,针对当下幼儿的实际状况和可能面对的具体问题以及教育发展的契机,判断和筛选适合全园幼儿可参与、教师可组织、家长可融入的活动内容,确定每一次的活动主题。

我们始终贯彻《纲要》《指南》精神,在开放性课程理念的指导下,依据五大领域学科关键经验,制订全园大活动的课程方案,明确活动的目标,细化活动实施的计划,聚焦主题、整合内容,以一日贯穿、多期实施的周期性活动方式,多样化的游戏形式,组织开展混龄参与的开放性全园大活动。

"健康节"全园大活动方案

为了积极响应 2019 年 6 月国务院印发的《国务院关于实施健康中国行动的意见》中提出的"健康知识普及行动、全民健身行动"等专项行动,我们把"健康从我开始,健康从小做起"的理念和要求融入幼儿园日常生活的方方面面,带动全园师生行动起来,树立主动健身意识,养成良好习惯和健康的生活方式,维护自身健康,提高个人的健康素养,让健康知识行为和运动技能成为全园师生普遍具备的素质和能力,以"健康快乐我行动"为主题开展"健康节"全园大活动。

活动目标

1. 营造健康快乐的心理氛围,创造条件和机会,激发全园教师、家长、幼儿参与健康活动的兴趣,体验丰富多样的健康活动。

2. 了解幼儿在健康活动中的发展特点和行为表现,促进幼儿身体动作的发展,形成良好的生活习惯,具备基本的生活自理能力。

3. 强化整合观念,将健康教育综合融入幼儿各项活动中,使幼儿体验健康对于生活的重要性,具备基本的安全知识和自我保护能力。

4. 建立教师、幼儿、家长、社会等多方参与的平台,挖掘适宜资源,丰富亲子课程内容,探索"健康节"全园大活动的内容、组织形式和指导策略。

活动时间

2019年9月~2020年1月。

活动主题及口号

健康快乐我行动。

活动内容

1. 大班师生共同拟订《"健康节"倡议书》,并用前书写的方式制作倡议书展板。

2. 组织开展"健康节"开幕式活动,引入"健康节"系列活动。

3. 围绕健康卫生、运动健身、快乐游戏等系列主题,将日常锻炼内容与每次的全园大活动内容相结合,包括小、中、大各年龄段的体育运动项目和"大带小"混龄的自由锻炼活动。

(1) 深入研究体育锻炼活动,促进师幼身体运动能力发展,提高身体素质。

(2) 引导幼儿在区域活动中借助微课进行操前律动,自主学习第二套器械操。

(暂定:小班组,手铃操或瓶操;中班组,哑铃操或圈操;大班组,椅子操或棍操。)

(3) 各年龄班围绕一项体育运动,结合数字化手段的运用,持续开展自主学习的探索研究。引导幼儿进行初步的计划、反思和调整,并尝试借助数字化和前书写的方式进行过程性记录。

(暂定:小班,自主学习拍球;中班,自主学习跳跳球;大班,自主学习跳绳。)

(4) 结合每次全园大活动,创编开场热身健身操;围绕单人跳绳、团队长绳等项目,坚持开展"每日一练"活动,提高教幼身体素质和运动能力。

4. 探索研究有班级特色的健康区活动环境创设以及内容和材料的提供,将室内运动内容纳入健康区活动中,增强班级保育老师规范指导的意识。

小班健康区:晨间自主吃点心,大肌肉运动的探索研究(吊环、投掷、骑小车等),小肌肉的自理活动(折叠衣裤、扣纽扣等)。

中班健康区:生活自理活动(如使用筷子),小肌肉操作活动,简单的美食烹饪活动。

大班健康区:编织、操作等活动,美食烹饪活动。

5. 将健康领域的内容与各领域有机融合,丰富健康教育的内容和形式。

(1) 组织幼儿园家长故事团,定期开展年级故事会,向各年龄段幼儿推荐讲述有关健康知识的绘本故事。

(2) 结合传统节日活动,开展"亲子健康知识猜灯谜"活动,普及健康知识。

(3) 结合季节特点,围绕幼儿的健康需求,邀请专家和保健老师开展现场急救、日常自我健康防护等安全健康教育活动,拓展和丰富相关经验,提高师幼自我健康保护能力。

6. 结合元旦,组织开展"健康节"闭幕式暨迎新年运动会。

"健康节"倡议书

亲爱的小朋友们,尊敬的老师、爸爸和妈妈们:

健康对我们每个人都很重要!

要讲卫生、习惯好、爱运动、身体棒,快快乐乐每一天!

我们向全体小朋友、老师和家长发出倡议:

制订一份健康计划;

参与一些健康讨论;

知道一些健康知识;

养成一个健康习惯;

参加一项健康运动;

学会一项健康技能。

让我们一起行动吧!"健康总动员,大家嗨起来!"

南京市北京东路小学附属幼儿园
2019 年 9 月

表 2-3-1 "健康节"全园大活动安排

时间	活动主题	活动内容				
		升旗仪式	安全教育	创意展示	游戏活动	大带小
9.2	开学小欢喜	大班升旗手展示跳绳	安全不放松（民警入园）	猜老师	拉个圆圈走走跑跑	花样玩球
9.26	健康总动员大家嗨起来（开幕式）	中班升旗手展示跳跳球	健康是什么健康在哪里	太极系列亲子健身操（家长资源）	健身操：健康动起来	各种运动器械
9.30	祖国妈妈70岁生日	小班升旗手自己进餐	健康出行文明旅游	数学中的健康	竹竿舞两人三足	玩具小车
10.14	爱护牙齿爱运动	大班升旗手展示飞碟车	好好刷牙快乐成长（口腔医生）	音乐中的健康	小班网小鱼中班占圈大班接力赛	各种运动器械
10.21	做早操身体好	中班升旗手展示阅读	运动中的安全	全园早操表演	小班过河中班抬花大班跳绳	创意玩绳
11.4	自我保护快乐成长	小班升旗手展示拍球	儿童自我保护（家长资源）	绘本中的健康	小班玩球中班玩圈大班玩绳	各种运动器械
11.18	快乐自理健康生活	大班升旗手展示夹跳球	生活健康	健身操：水果拳	小班自理穿衣中班自理扣子大班筷子夹物接力赛	多样玩圈
12.2	艺术之美健康之乐	中班升旗手展示跳跳球	冬季户外安全	美术中的健康	拔河、绷绷绳、编织绳、抓尾巴	趣味玩绳
12.16	冬日暖心乐享运动	小班升旗手展示拍球	冬季健康防护	民间体育游戏	小班网小鱼中班老鼠笼大班接力跑	竹蜻蜓
12.31	元旦运动会（闭幕式）	运动员进场	健康安全活动回顾	家长、教师花样运动	亲子运动竞赛	各类运动游戏

全园大活动设计：冬日暖心　乐享运动

活动说明

冬天到来，寒风嗖嗖，幼儿需要在户外活动，锤炼勇敢和坚强的品质。民间运动游戏不仅让教师和幼儿感受到民间运动游戏的乐趣，还在共同游戏中积极运动、参与锻炼,感受和体验冬天运动带来的健康与快乐。

活动目标

1. 玩民间运动游戏,体验冬天运动让身体暖暖的感觉。
2. 知道冬季健康防疫和运动安全防护常识。
3. 体验大带小一起运动的乐趣,增强幼儿之间的关爱和幼儿的责任心。

活动准备

1. 各班升旗手戴好绶带,中班升旗手带好展示用的皮球。
2. 各年级组准备好本年级组的运动游戏。
3. 全园师生穿适合运动的服装和鞋。
4. 准备运动游戏项目所需的材料。
5. 发布通知和相关资源,帮助全园师生和家长了解活动目的、内容和准备要领。

活动版块

活动流程

活动一 升旗仪式

升旗手展示自主学习项目

1. 各班升旗手自我介绍。
2. 各年级组的升旗手幼儿展示日常自主学习的内容。

   小班幼儿展示自主学习项目:拍皮球。

   中班幼儿展示自主学习项目:跳跳球。

   大班幼儿展示自主学习项目:打板羽球。

3. 全园共同开展升旗仪式,明确升旗礼仪,面向国旗,行注目礼。

活动二 安全健康教育

保健老师说《冬季健康》

1. 教师引出健康话题:冬季如何预防生病?幼儿根据已有经验自由表达自己的想法。
2. 展示PPT图片,引起幼儿关注,让幼儿从图片中获取信息。
3. 与幼儿互动交流。

(1) 冬天怎样防寒保暖?怎样预防疾病传染?

（2）了解洗手的正确步骤、方法和打喷嚏时的正确姿势，幼儿集体练习。

（3）了解冬季着装的要点，学习护住肚子、后背和脚踝的方法。

活动三　创意展示
健身操《健康动起来》

1. 观看视频《健康动起来》，了解韵律动作，激起幼儿参与的兴趣。

2. 青年教师表演健身操《健康动起来》，调动幼儿参与健身操的积极性。

3. 全体教师和幼儿共同跳《健康动起来》，进行运动前的热身活动。

活动四　快乐游戏
民间运动游戏

1. 年级组玩体育游戏。

（1）小班组：网小鱼。

小班教师扮作渔翁手持"渔网"，幼儿在"池塘"（操场上的圆圈内）四散躲闪跑，想办法躲过"渔网"的捕捉。

（2）中班组：老鼠笼。

中班教师和幼儿牵手围成大圆圈，把手举高，搭成"老鼠笼"，共同念儿歌"老鼠老鼠，坏东西，偷吃粮食偷吃米，我们搭个老鼠笼，咔嗒一下抓住它"。

部分幼儿扮演老鼠在"老鼠笼"里外四散敏捷地钻进钻出，当听到"咔嗒"，"老鼠笼"迅速放下，"老鼠"要快速钻出圈外，在圈里的"老鼠"就算被抓住了。

（3）大班组：十字接力赛跑。

大班幼儿分别在圆圈的东南西北位置站成十字队形，绕着圆圈按照同一方向接力赛跑，并交流圆形奔跑的感受。

2. 教师玩民间运动游戏。

（1）两人三足。

教师自由组合，两人结伴形成两人三足，体验团队协作、两人协调行走的过程，交流合作行进走时的感受。

（2）盲人击鼓。

教师扮演盲人，与一名幼儿协作，幼儿用语言和身体动作指引和导航教师保持身体平衡，探索向前行走，并完成击鼓任务；交流"盲人"走的感受。

(3) 极速三子棋。

教师代表往返接力跑,同时根据图纸完成三字连一线的对垒棋盘,练习快速奔跑并积极动脑进行思维判断;交流快速运动并动脑竞赛时的感受。

活动五　大带小一起玩
我们一起运动

1. 大班幼儿分别自主分散到各中班和小班带弟弟和妹妹,自由选择不同场地上的运动器具(滑梯、树屋爬网等)和各种小型运动器具(竹蜻蜓、各类小车、各种球类等)进行锻炼和游戏。

2. 教师观察和指导大班哥哥姐姐带着中班和小班弟弟妹妹选择适合的运动项目共同游戏,并关注活动中的安全指导和服装的及时增减,以及运动量的调整。

3. 中班、小班教师在班级门口等候迎接大班幼儿护送弟弟妹妹回班;大班教师在门口和走廊关注幼儿安全,协助提醒大班幼儿送中班和小班弟弟妹妹回班。

全园大活动故事:纸飞机

缘起

一段《世界上飞得最远的纸飞机》视频,引起了我们的好奇和对童年的美好回忆。纸飞机,曾是我们成人儿时的玩具和游戏,它操作简单、好玩,相信现在的孩子也会喜欢的,就让"纸飞机"带着全园的教师和幼儿共同开启游戏之旅吧!

目标

开放性课程目标	全园大活动目标
培养亲近他人、自然和社会的情感。	感受与同伴一起玩纸飞机的乐趣。
保持和发展天然的好奇心和求知欲。	积极探索让纸飞机飞得远的方法。
学习不断提高自己的价值判断能力。	和同伴一起自由选择合适的场地安全地活动。
培养大胆地表达自己的思考和感受的能力。	积极表达自己和同伴玩纸飞机的感受体验和认识发现。

活动流程

活动故事

故事一　自主学折纸飞机

强大的网络空间,充满了各种各样的资源,只要有心,随手可得。经过全面搜索和仔细遴选,我们选择了适合小班、中班、大班各个年龄段的折纸飞机的视频和步骤图,通过资源发布的方式提供给全园教师。

于是,各班教师在美术区中提供了视频资源和折纸步骤图,指导幼儿在区域活动、日常游戏等时间,可借助 iPad 上视频的讲解演示,也可对照步骤图自主学习折纸飞机。幼儿拿着自己的纸飞机,高兴地在教室里、走廊上、操场上挥舞着,起飞、落地,跑向远处,继续投掷,玩得不亦乐乎。

同时,教师还把纸飞机的资源分享到班级家长群中。幼儿可在家与家长一起继续学习折纸飞机。

过了一周,星期一的晨间入园时,每位幼儿手里都拿着物件,有的拿着叠成一摞的纸飞机,有的用塑料袋装了满满一袋子纸飞机,有的手持着一架纸飞机,一路笑着走进幼儿园。

老师询问大班幼儿:"你为何带这么多纸飞机来呢?"幼儿带着自豪的笑容说道:"我的小班、中班的弟弟妹妹可能不太会折(纸飞机),我多折一些,带给他们玩。""哎呀,真是暖心的小哥哥、小姐姐啊!"教师不由夸赞他们。小班幼儿其实也带来了纸飞机,他们笑着,有的在羞涩地低语:"妈妈(爸爸)和我一起折的(纸飞机)。"

感觉今日的幼儿有着不同往日的喜悦情绪。原来,今天是每两周一次的例行全园大活动啊!幼儿都期盼着,也都做好了参与活动的准备。升旗仪式到了。今天的升旗手是谁呢?各班自主学习折纸飞机的幼儿成为本周的"小小升旗手",自豪地展示和介绍着自己折的纸飞机。

故事二　纸飞机飞得远

"哇!纸飞机竟然能飞得这么高、这么远!"

"哦！竟然是世界上飞得最远的纸飞机！"

"这是什么飞机，这么厉害？"

……

操场上的大屏上正在播放视频，正是《世界上飞得最远的纸飞机》。全园教师和幼儿被视频中持续不断飞翔的纸飞机深深吸引，目不转睛，不由发出阵阵惊叹声。顿时，视频激起了大家的兴趣，大家自由猜测着这架纸飞机的独特巧妙之处。

"这架纸飞机，折叠得很特别！"

"这架飞机的纸是特殊的纸吗？"

定睛一看："哦！就是一平常普通的纸飞机嘛！挺有意思的！"

故事三　纸飞机王

教师先来展示各自折叠的纸飞机。预备，开始！嗖嗖嗖——教师手中的纸飞机在一声令下顺风而飞。有的纸飞机疾驰而过直达操场的另一端，有的纸飞机在操场中间盘旋而落，有的纸飞机竟然转弯往后飞了，有的纸飞机打了个转栽向地面……欢呼声、尖叫声中，幼儿发现有架纸飞机勇往直前，不禁好奇："谁的飞机飞得这么远？"原来是许老师的纸飞机。这一情形再次激起了幼儿的欲望和好奇。"为什么这架飞机会飞得远呢？"幼儿纷纷猜测。

"这架飞机折得好！""它的机头可能尖。（能冲破阻力）""它的翅膀大！"……有些幼儿从飞机的外形去猜测纸飞机飞得远的原因。

"许老师飞之前哈了哈气。""许老师的手用劲往前扔。""许老师的手举得高，所以飞得远。"……有些幼儿关注到教师的动作与纸飞机飞行的关系。

"许老师是男的，有劲儿，纸飞机就飞得远。"没想到，性别的优势也被幼儿关注到了。

许老师被大家公认为"纸飞机王"，赢得了幼儿羡慕和崇拜的目光，激发了幼儿参与比赛的兴趣和斗志，幼儿都迫不及待地想让自己的纸飞机"一展身手"。

故事四　"大带小"玩纸飞机

又到了每次全园大活动的"大带小"的环节。

当听到音乐声响起，幼儿纷纷拿出自己的纸飞机，大班的哥哥姐姐分别到中班、小班去接自己的弟弟妹妹，一起来到操场上。

哥哥姐姐还不忘照顾弟弟妹妹，先看看小班、中班的弟弟妹妹手中有没有纸飞机，再牵着弟弟妹妹的手寻找空地，然后带着弟弟妹妹一起玩起了纸飞机。

操场上、草地上、花坛边……此时,每一处场地都成为幼儿可以玩耍的天地,教师也成为幼儿的玩伴,一起玩乐着。

有的手持纸飞机在场地上跑来跑去;有的拿着纸飞机你飞给我、我飞给你;有的站成一排,一起将纸飞机投向远处;有的追赶着哥哥姐姐投出的纸飞机;有的和哥哥姐姐一起挑选着带来的众多纸飞机,试飞着,看哪架纸飞机飞得远……小小的纸飞机在幼儿的手中玩出了不同的花样。幼儿忙于拿飞机、投出去、捡回来、再投出去……周而复始,无暇顾及纸飞机在风中飞行的瞬间。

故事五　纸飞机花样飞

随着音乐声的逐渐淡出,"大带小"的玩乐进入尾声。全园教师和幼儿再次聚集在操场上,共同交流。

问题1:纸飞机怎么才能飞得远?

当问题抛出后,幼儿纷纷说道:"纸飞机可以单手飞。""可以双手飞。"

在教师和幼儿展示玩法的过程中,在教师的问题互动中,幼儿发现手持飞机的位置、飞出去时的高度、手的力度等都会影响到纸飞机的飞行。这让纸飞机在投飞的时候显得更有技巧,也更有讲究。幼儿在教师的启发下,根据活动操作体验和现场的观察逐渐梳理出让纸飞机飞得远的经验。

问题2:和同伴怎么一起玩纸飞机?

"大带小",通常都是大班一个哥哥(或姐姐)带着中班和小班各一名弟弟(或妹妹)三人一起玩。有时因有的幼儿缺席未来,会出现两人一起"大带小"。因此,在玩纸飞机时,有的是三人一起玩,有的是两人一起玩。

"两人怎么玩纸飞机?三人怎么玩纸飞机呢?"教师有意问。

"两人玩,可以你飞给我,我飞给你。"

"也可以两人一起同时比赛起飞。"

"三人玩,可以三人轮流飞。"

"三人站成圈,顺着飞。"

"三人一起同时飞,看谁的飞机飞得远。"

……

这个问题对于已经经历过玩纸飞机,且对玩纸飞机的方式有经验的幼儿而言,并不是问题,反而成为他们经验分享的话题,也成为他们感兴趣的话题。

问题3：看纸飞机飞，有何发现？

教师有意拿出不同的两架纸飞机，让幼儿仔细观察："这些飞机飞在空中会怎样，看看像什么？"这一问题再次引起了幼儿的关注，大家都定睛仔细观看。

"看，飞得好远好远……"

"咦？怎么一头栽地上了？"

"哈哈，它转圈圈飞呢！"

"怎么向后飞了呀？"

"怎么掉头了？"

……

当教师投出一架架不同的纸飞机，看到每架飞机飞出去后不同的状态，幼儿都兴奋地拍手，不由惊呼起来，再次激起了高潮。小小纸飞机带给了幼儿无限的乐趣和遐想。

反思

一张普通的纸，在创意折叠中，变成了可以在天空任意翱翔的纸飞机；一架纸飞机，在教师和幼儿的手中玩出了"花"。普通的材料、简单的操作，蕴含着丰富而独特的教育价值，全方位的开放，让全园大活动更加自主、愉悦，更富有创造性。

空间的开放，突破了室内室外的界限，让校园每一处都成为幼儿玩纸飞机的游戏场所，幼儿可以自主选择场地，共享空间，尽情地游戏、欢畅地奔跑。

时间的开放，打破了模式化的作息，让活动不拘泥于时间段和活动环节的限制，而是将活动内容融合贯穿于当天的一日活动之中，并遵循幼儿身心发展特点和学习规律，充分体现了室内外交替、动静交替、集中分组交替的活动原则。

全园的开放，打破了班级和年龄的界限，让全园教师和幼儿都成为玩伴，共同享受着在户外阳光下自由交往、共同游戏的快乐。

资源的开放，冲破了学习平台的局限，让线上的资源学习和线下的操作实践有机结合，教师、家长、幼儿可事先获取资源进行自主学习，也可伴随大活动持续保持着兴趣和不断探索的欲望。

一架纸飞机贯穿全园大活动，也串联着教师和幼儿之间、幼儿和同伴之间、家长和幼儿之间的情感。大班幼儿更具责任心，更有关爱之情，哥哥姐姐想着为弟弟妹妹准备纸飞机,带着他们一起玩;小班幼儿更勇敢、更放松地接纳不同的教师和幼儿。家长也在观望和期待中不由自主地参与,在公众号新闻报道中,家长主动参与评论:

"孩子在家叠纸飞机非常开心,特别是对回旋飞机更是爱不释手。"(陈彦博家长)

"小小一张纸在大小'魔术师'的手中变成了一架架乘风飞翔的纸飞机,让幼儿从生活中发现、找寻乐趣。"(樊骁汉家长)

"小朋友超级喜欢的活动,延续了在家学习的活动,还要'大带小',太有创意啦。为北幼丰富多彩的大活动点赞。"(敬元嘉家长)

"活动非常棒,小朋友回来跟我开心地说了好久,还说有个男老师飞机飞得最远了,从起点墙那边一直飞到中二班的第二排小朋友那边了。"(鲍昱成家长)

"活动超级赞,宝贝在家精心准备,特别盼望看这次的活动。"(燕宋熙家长)

"可以想象小朋友的笑声、欢呼声跟随纸飞机一起乘风飞翔……"(章鸣珂家长)

"孩子玩纸飞机可开心了,抓着爸爸妈妈又叠了N种纸飞机!北幼活动真丰富!"(冯墨白家长)

"在幼儿园玩得太开心啦,回家又叠了一堆纸飞机,飞来飞去,带着爸爸妈妈也回到了童年。"(史芯睿家长)

"小朋友都玩得好开心。从玩中学,寓教于乐,为老师们点赞!"(周易文家长)

"小朋友的好心情跟纸飞机一样飞得老高,哈哈!"(秦子矜家长)

"孩子很开心,说他的飞机是飞机王,开心的一天。"(靳明澄家长)

全园大活动让幼儿、教师、家长在自然融入中感受和体验着活动的乐趣,在不断参与中拓展和积累着各自的经验。

第四节 家园同构的开放性线上活动

家园同构的开放性线上活动是落实开放性课程目标,倾听幼儿及家长需求,借助微课、微信群等信息化手段,借助家长力量,家园合力共同推进幼儿发展的活动。活动分为两类：一类是指家长和幼儿园共研亲子活动的内容、方法、资源；另一类是教师有计划地引导家长在家庭当中开展适宜的亲子活动。

在家园互动的实践中，教师发现家长在指导幼儿、寻找合适的资源等方面存在着相同的困难。于是，教师借助网络平台深入开展家园互动，在线上为家长提供个性化的指导与专业支持，帮助家长丰富家庭育儿活动内容，提高亲子互动质量，促进幼儿的全面发展，"践行"的北幼目标。

家园同构的开放性线上活动打破了时间、空间的限制，方便幼儿随时随地根据自己的学习效率、兴趣等进行自主学习。幼儿学习过程中出现困难，家长在指导幼儿开展活动中遇到困难，都可以通过信息化手段及时与教师进行沟通，寻求教师专业化的教育支持。同时，家长在班级群发布的自己孩子的视频、照片等，又可以成为其他幼儿学习的资源，激发全体幼儿共同参与的兴趣。

一、家园同构的开放性线上活动实施要点

（一）基于需要的主题征集

主题征集满足了不同的需要，有的是教师发起的，有的是家长发起的，有的是幼儿发起的，有的是共同研究后发起的。例如，家长说不知道看什么书，我们开展了适合家长阅读的书籍的引导，提供了视频、图片、音频等全方位的线上资源；疫情期间，了解到家长逐渐复工，爷爷奶奶不知道如何指导幼儿学习，我们收集了爷爷奶奶擅长的民间游戏，引导幼儿参与家务等，利用爷爷奶奶擅长的内容凸显其教育价值；与幼儿交流假期最想做什么，幼儿说想出去旅游，于是我们围绕"城市"主题，引导幼儿利用假期时间了解一座城，制作了"如何了解一座城"的微视频。

（二）凸显价值的方案研讨

确定了主题后，教师会思考围绕同一主题，如何从家长、幼儿两个维度进行落实。面向幼儿的方案主要通过视频、图片等直观的方式让幼儿了解活动的主题，知道要做什么。指向活动的操作方法和流程，让幼儿知道要怎么做。凸显幼儿的主体性，让幼儿知道这件事情是自己的事情，家长可以辅助自己，但最好是自己完成。鼓励幼儿个性化的表达，让幼儿了解解决问题的方式是多样的……面向家长的方案要凸显本次活动的价值，让家

长知道为什么要做这件事。指导家长应如何观察幼儿，引导家长退位，充分相信幼儿，给幼儿独立解决问题的时间和空间。对幼儿可能出现的各种问题、如何进行引导等给予策略性的分享，支持家长、幼儿在家顺利开展此类活动。

（三）关注细节的微课制作

微课分为幼儿版和家长版，既满足了幼儿和家长不同的需要，又缩减了幼儿观看微课的时间，有效控制了幼儿观看视频的时长。制作微课时，幼儿版的微课充分考虑幼儿的年龄特点，以幼儿喜欢的动画形象做主角，让幼儿愿意看、喜欢看。家长版的微课简单描述活动的价值，后期以模拟亲子情景表演或亲子对话的形式，再现亲子互动的场景，有效指导家长应对幼儿出现的常见的共性问题。

（四）凸显主体的资源发布

微课的制作，启动要早。假期前一周就应完成相应的视频制作，教师在发布视频前让幼儿在园观看、熟悉微课，让幼儿清楚假期活动的主题，明确要做什么、怎么做，怎样寻求爸爸妈妈的帮助等。教师还可以请幼儿提出观看后的疑问，进行现场解答。

（五）实时跟进的交流指导

教师不是把制作好的微课往群里一发，就高枕无忧了。教师要思考怎样才能做到高质量地指导和帮助家长，进而家长才有可能高质量地陪伴幼儿。因为时间、空间的原因，家长成为幼儿教育的直接引导者，教师一定不能做"甩手掌柜"，而要退居幕后做"军师"，做与家长同行的伙伴。教师利用群里交流，实时跟进每个家庭开展活动的情况，鼓励家长将幼儿活动的视频发到群里，让大家共享；通过实地家访、微信视频等形式，了解幼儿在家开展活动的真实情况；通过私信、电话等方式，给家长和幼儿提供适宜的针对性的指导。

（六）双向共建的反思研讨

家长也是充满教育智慧的。开学后，每个班级会针对假期中的微课活动召开家长小型座谈会，请家长针对过程中的真实情况进行交流，相互分享教育经验，提出宝贵的意见和建议。全体教师聆听整场家长座谈会，收集相应的案例，了解家长的教育策略，为下学期修订微课积累宝贵的经验。

二、家园同构的开放性线上活动实施案例

(一) 家园同构的开放性自主学习活动

拍球(小班)

1. 征集主题

小班是自主学习的萌芽阶段,小班幼儿需要在成人的引导和支持下进行自主学习。小班幼儿已有初步练习拍球的经验。在练习过程中,家长向教师反映,幼儿容易出现畏难情绪、缺乏兴趣等现象。面对此类情况,家长虽然想引导幼儿练习,但不知道具体怎样引导,与幼儿的沟通存在困难。教师与幼儿进行讨论交流,了解幼儿对于拍球的想法后,针对小班幼儿的年龄特点和兴趣需要,教师与幼儿、家长共同制订了假期自主学习拍球计划,锻炼幼儿身体的协调性和灵活性。

围绕拍球这一自主学习内容,家长可通过鼓励幼儿坚持练习,和幼儿共同找到拍球过程中的困难并引导其尝试调整拍球方法,让幼儿体验通过练习获得进步的喜悦与成就感,从而逐步养成主动要求练习的习惯。

2. 研讨方案

确定了自主学习内容后,我们便开始思考怎样在假期中通过线上形式,为家长和幼儿提供有力的自主学习指导和支撑。因此,我们从微课着手,引导幼儿了解活动内容,引导家长学会怎样帮助幼儿。自主学习是以幼儿为主体开展的活动,需要充分发挥幼儿的主观能动性,家长和教师作为活动的引导者和支持者,通过观察幼儿的任务意识、学习品质、遇到问题时的解决策略等方面,帮助幼儿尝试进行自我反思和调整。因此,微课内容不仅要让幼儿了解自己要做什么、怎么做,也要让家长了解自己帮什么、怎么帮,这样才能充分发挥本次活动的价值。

之后,我们会通过线上线下相结合的方式继续跟进幼儿假期中的自主学习进程,为幼儿与家长在活动中遇到的问题提供及时、有效的帮助。

3. 制作微课

在制作微课的过程中,我们吸取了以往的活动经验,并通过了解幼儿和家长对活动的反馈,不断对微课内容进行调整和改进。

(1) 提供两个版本的微课

在自主学习活动初期,微课被制作为一个整体,前半段是对幼儿的活动

介绍，后半段是对家长的家庭教育指导。幼儿在观看后提出，后半段看不懂，仍想再看一遍前半段，但只能等整个视频播放完后重复。家长也提出，原本的微课由于整体时间相对较长，担心会对幼儿视力造成不好影响。同时，微课内容由于没有明确的指向性，既面对幼儿，又面对家长，反而造成了内容主体的混乱，既无法满足幼儿不断观看练习的需要，也无法对家长提出具体、真实的家庭教育指导建议。因此，我们将微课视频分为幼儿版与家长版两段视频。幼儿版中只有教师对活动的介绍和示范讲解。家长版中则是教师对家长在活动中具体的指导策略。

① 幼儿版。

呈现方式：幼儿希望能在视频中看到自己的教师，希望加入可爱有趣的动画形象，这样更能激发幼儿观看微课、学习微课的兴趣。因此，在微课中，我们邀请各班教师出镜，为幼儿讲解活动内容，并在视频中加入幼儿感兴趣的动画形象。

主要内容：在咨询相关专业教师和网上寻找资料后，我们找到了正确规范的拍球方式，将其编为幼儿能够理解的、有趣的儿歌，由教师边示范边念儿歌，帮助幼儿学习拍球。同时，因为幼儿已经有了初步的拍球经验，对于已经能够较熟练拍球的幼儿，我们又添加了各种花式拍球的示范视频，同样是由园内教师录制，开拓幼儿的游戏思路，鼓励幼儿尝试各种各样有趣的拍球方式。

② 家长版。

呈现方式：在了解了家长对于幼儿自主学习的困惑和实际问题后，我们设置了更加真实的对话情境。我们站在幼儿和家长的角度，通过一问一答的形式，更加真实具体地模拟活动中可能会发生的情境；并以此为例，帮助家长积累与幼儿的沟通经验，解决家长遇到的真实问题，为家长提供更有效率、有智慧的解决策略。

主要内容：通过在历届活动中与家长的沟通，我们归纳并整理了大部分家长都会遇到的具体难题。例如，怎样说才能让孩子听懂我说的话？老师常说将孩子摆在前面，家长要退位，那究竟怎么做才是退位？要退到什么程度才合适？什么叫不仅要夸孩子，还要夸得具体？怎样帮助孩子反思？……

在微课中，我们主要围绕家长的困惑展开讲解，通过几个问题情境为家长提供范例。

一是任务意识的培养。

在假期初,家长可主动询问幼儿:假期中老师布置了什么任务呀?观察幼儿是否记得任务,帮助幼儿明确任务内容和要达到的目的。

二是计划意识的萌芽。

每次开始练习前,家长可询问幼儿:你准备拍多少个?观察幼儿是否有计划意识的萌芽,幼儿可在家长的帮助下,尝试根据自身的能力制订较合理的计划。

三是反思意识的萌芽。

练习完后,家长可询问幼儿:你觉得你拍得怎么样?如果幼儿回答"好"的话,继续追问,好在哪里,帮助幼儿明确自己的进步和做得好的地方,激发幼儿的自信心,鼓励幼儿继续努力。如果幼儿遇到困难,或是在提问后回答"不知道"时,家长可以将幼儿的具体动作用语言描述,并说明有进步的地方或是要调整的理由(例如,拍球时小手是否有力气,眼睛是否看着球,动作是否标准,等等),帮助幼儿将动作与语言相连接,提高反思能力,积累认识自我的经验。

四是主动性的激发。

多数家长遇到的一大难题便是怎样调动幼儿的主动性,引导幼儿主动练习拍球。教师在微课中为家长列举了具体的指导方法,如观看拍球视频(同伴拍球、动画片、NBA……),和同伴、家长一起练习拍球,更换场地拍球,更换不同的球……

(2)向家长明晰活动价值

本微课在开头便向家长明晰了自主学习拍球活动的教育价值,教师通过画外音和文字标注的方式,帮助家长更好地了解活动开展的目的,最大化发挥其中的教育价值,为家庭教育提供有效的指导范例,促进家园和谐对话,共同成长。

(3)过程中资料的收集

微课最后,教师提醒家长可将幼儿的拍球视频分为开始拍球视频、有变化视频和反思视频三个部分进行保存和记录。这样既能让幼儿在视频中看到自己的进步、发现拍球的乐趣,又能借助视频分析具体困难,及时调整,同时还能作为之后交流活动中的范例,共同分享活动经验。

(4)关注微课的时长

考虑到幼儿的用眼安全,幼儿版视频时间在2分钟以内,简明、清楚地介绍拍球方法即可,其他可能遇到的问题在假期前的集体观看中解决,这样可避免幼儿因反复观看视频,用眼时间较长而影响视力健康。同时,教师也提醒家长,注意幼儿的用眼卫生和安全,与幼儿沟通制订合适的视频观看规则。

4. 发布视频

制作好微课后,教师先将幼儿版在班级中播放,组织幼儿集体观看,观察幼儿是否能够理解视频内容,并对幼儿出现的困惑进行集体讨论和交流,帮助幼儿熟悉活动内容,激发幼儿的主动性,明确幼儿的主体性位置。之后,教师将两个版本视频发布在班级微信群中,并鼓励家长回家后观察幼儿是否记得要进行的活动,是否理解视频内容,并对家长的疑问进行及时解答。

5. 过程中的问题与指导

由于活动是在假期中开展,因此,线上交流成为家园间主要的沟通手段,并配合线下交流共同展开,主要由以下几种方式进行。

(1) 群内共同研讨

教师鼓励家长为幼儿拍摄练习的视频,不限场地、时间等,并将其发布在班级群内。幼儿有的在家中练习,有的在篮球场上练习,有的在小区院子里练习;有的拍大球,有的拍小球,有的拍两个球;有的自己练,有的和爸爸妈妈、哥哥姐姐等一起练……各种各样的拍球形式充分激发了幼儿的练习兴趣,丰富了练习经验。教师会对每一位发视频的幼儿进行及时的问题反馈和表扬,在同伴、家长、教师三方共同刺激的作用下,全班幼儿练习的主动性被带动起来。

(2) 幼儿自主解答

当拍球遇到难题时,幼儿可以通过观看其他幼儿是怎样拍球的,来尝试解决自己遇到的问题。线上视频的交流,能够更好地将一个幼儿的经验分享给全班幼儿。

(3) 教师解答

教师的微信平台也欢迎每一位家长和幼儿的咨询,无论是幼儿练习的技术困难,还是家长在家庭教育中的指导困难,教师都会详细地进行解答。即使在假期中,家园间仍可通过线上沟通紧密联系。

(4) 家访

假期内,教师会对每位幼儿进行家访,与家长沟通幼儿在家的生活情况,缓解幼儿的开学焦虑,同时对幼儿自主学习拍球的情况进行反馈和引导。例如,有家长提出,幼儿仍无法进行自主反思。教师会先安抚家长的焦虑情绪,告知家长小班只是幼儿自主反思意识的萌芽期,仍需要家长与教师从旁帮助和引导。之后,教师可以观察家长和幼儿的互动方式,提出具体调整策略。通过将问题具体化、情景化,放慢交流的语速,帮助幼儿发现自己拍球时的优点和难点,鼓励拍得不熟练的幼儿及时调整方法并坚持练习,鼓励拍得熟练的幼儿尝试更多的花式拍球方式,激发幼儿的主动性,树立自信心。

6. 反思研讨

开学后,针对幼儿假期的自主学习拍球活动,我们邀请家长来园进行了小型座谈,主要围绕以下几个问题开展讨论:

① 幼儿自主学习的任务意识是怎样的?遇到了什么困难?如何解决?家长在其中起到什么作用?

② 幼儿的反思意识是怎样的?为什么要引导幼儿进行反思?

③ 家长版、幼儿版微课在自主学习中起到了什么作用?还有什么建议?

以下为家长根据一个假期的自主学习活动总结的自身经验与改进建议。

家长1:

孩子年龄较小,自主学习能力不强。疫情期间未入园,所以活动是通过视频形式告知的,家长主要通过提醒的方式启发孩子的任务意识。起初,需要不断地提醒,经过一个暑假的引导,孩子的任务意识得到了加强。孩子起床后会主动安排一天的活动,有时会主动记得去拍球。

刚开始,孩子还不太乐意,觉得自己已经会拍了,不愿意练习。但是拍的时候腰弯得很低,我们进行了引导,并提醒还有其他的拍球方式,鼓励孩子拍球。拍的过程中,孩子有时会三心二意,有畏难情绪。我们通过耐心引导,任务驱动,在孩子拍得好的时候及时鼓励,还会带孩子到院子里拍。但发现他会受到环境干扰,或是怕自己在外面拍得不好,所以我们调整拍球地点,寻找较为僻静的地方。通过榜样示范,观看其他幼儿的视频,家长以伙伴的形式,陪伴孩子一起拍,也能鼓励孩子练习拍球。

我们家长可以旁敲侧击地点拨孩子,及时提醒他完成任务,陪伴孩子。孩子的反思意识不是太强。从短期看,能引导孩子知道这次拍球拍得好不好,为什么,找到拍球方法,有助于孩子更快地学习。从长期看,能培养孩子做任何事进行反思的习惯,语言认知能力对孩子非常有帮助。

家长版的微课会更有帮助一些,家长有时说话方式简单粗暴,微课可以帮助家长从孩子的立场思考问题,从孩子的角度与孩子对话,让孩子能够坚持做这件事情,不再排斥它。幼儿版对于孩子有激励的作用,有各种各样的拍球方式,建议是希望幼儿版能更活泼一些。

家长2:

通过和老师的沟通,我们了解了什么叫自主学习,丰富了暑期中家长和孩子之间的互动。当我们和孩子沟通时,她说老师在幼儿园已经说过啦,很愿意练习并清楚要做什么。

孩子开始会拍,但是姿势不对,我们为其拍摄视频并与教师视频对比,孩子观察后进行改进。爸爸对球比较敏感,会教孩子一些小细节。当姿势正确时,孩子学其他的方式会很快。她练习双手拍球时发现协调性不好,拍不起来会哭。所以给了两天缓冲期,我们示范给孩子看,妈妈也拍不起来,只有爸爸能拍起来,鼓励孩子观察差异,将球往中间拢。之后孩子还发现球的气不同,弹起高度也不一样。孩子成功后,兴趣立即大增。

孩子的反思还是要成人的引导,我们给孩子看同伴拍球视频,并点评。她尝试了不同的球,发现不一样,但说不出区别,我们会引导孩子发现球的材质、弹跳力等区别。就这样,孩子在家长引导和互动下进行反思。

微课对此有很大的作用,家长和幼儿各取所需,孩子看得很清楚、不乏味,我们觉得已经做得很好了。

家长3:

孩子刚开始只能拍几个,疫情期间制订的计划表是任务意识的萌芽,逐渐可以自主学习跳舞等活动。孩子会主动安排一天的事情并记得拍球,但在完成时需要家长的提醒。我们会从旁引导,但不会强制打破她的节奏。她拍球时会有畏难情绪,我们鼓励她多练习,每天进步一点点。我们和孩子一起拍,不管是否连续,每人能拍到300个球,孩子会提出"那我们拍500个吧"。

我们还会一起比赛,并设计了"球宝宝"的游戏,将拍球融入其中。假期中,教师会及时对孩子的视频进行反馈,鼓励孩子,孩子也会想和同伴学习。我们家长是鼓励者、陪伴者。

孩子有反思意识的萌芽,开始拍得不好时,不愿意反思,但之后拍得好时不仅会自己反思,还会评价他人的拍球。反思是幼儿自主学习能力发展的基础,所以家长要多向孩子问一问"为什么"。

微课的作用很大,通过微课知道还有这么多拍球的方式,孩子很喜欢看,希望之后的活动也可以用微课。

家长4：

孩子有兴趣时会一直拍，但我们会提醒她要先遵守规则，不能影响他人，在合适的时间和场地拍球。活动中，我们帮助孩子确立目标，一步步分解计划，制订规则。家长不断鼓励孩子，还让姐姐做示范，帮助孩子调整姿势进行反思。我们觉得，最重要的是家长的陪伴和规则意识的建立。

孩子的反思意识较弱，有时拍球会发脾气，需要家长引导进行反思。陪伴对于孩子也非常重要，我们会不停地问"这是什么"，通过问答进行引导，每天都会问问孩子情况，让孩子有意识地思考。

家长5：

因为小夕开始就会拍球，所以任务意识不强。我们给孩子看同伴拍球视频，我们示范后她就会了，学习拍球很快。她对于体育活动兴趣较强，孩子从不会到会肯定是有反思的，但是不知道怎样表达出来，家长询问"为什么学会了"，她说"我就是想啊"，但具体说不出来，所以我们也想办法，鼓励孩子怎样去表达出来，并帮助孩子知道怎样解决遇到的困难。我们建议可以提供不同难度层次的拍球活动。

家长6：

刚开始孩子的基础较差，随着时间推移，家长的畏难情绪也得到缓解。

刚开始使用的球对于零基础的孩子有困难，我们鼓励孩子连续拍到5个后换一个新球，她立即坚持练习，更换新球拍熟练后，会发现原来的球也可以拍；观看视频并和自己动作对比，可以改善自己的拍球动作。之前孩子不怎么接触电子产品，但会在拍球前观看微课，我觉得这是一个放松和调节的方法。刚开始制订规则，她上午和下午分别拍10组，逐渐养成习惯。我们通过陪伴克服孩子的惰性，并给孩子小的奖励。当孩子越拍越好时，惰性也逐渐被克服了，孩子会主动要求练习拍球。

反思分为两个部分。实时反思，通过观看教师视频、自己拍的视频、同伴视频，观察有什么区别，反思怎样改进，帮助孩子更好地掌握动作要领，锻炼语言表达能力。实时反思为阶段性反思提供了语言素材，家长自己思考想让孩子说些什么，目标是什么。为了帮助孩子归因，克服畏难情绪，有做得比现在更好的信心，我们首先询问她有没有进步，放松孩子的情绪，让孩子更好地理解问题。接着通过动作提示，帮助孩子找到回答的要点，把大的问题分细一些，容易一些，这样孩子更容易把自己的想法表达出来。最后问孩子"你能不能把刚刚的话连起来说一说",进行最后小结。当孩子有情绪时,她很难想到办法,过段时间家长会再次引导孩子寻找问题,告诉孩子遇到困难不能退缩。

我们觉得微课很好,嘟嘟前期完全是看老师的视频学习动作。

7. 经验的反思与建构

在了解了家长与幼儿的实际经验与需求后,我们及时吸取经验,并进行反思和调整。

(1) 微课的设计必须符合幼儿的真实兴趣需要

在幼儿版中需注意视频的趣味性和可操作性,例如,将动作放慢速度,分段讲解,根据幼儿的不同需要设计出不同难度层次,鼓励幼儿循序渐进地练习。在家长版中,我们对家长的困难进行了有针对性的示范讲解,幼儿版中同样可以如此。对于幼儿遇到的困难,可以适度列举部分解决方式(怎样调整姿势、怎样救球等),引导幼儿吸取经验,并举一反三。

(2) 拓展游戏的思路和方式

从本次活动中,我们了解到幼儿对于花式拍球非常感兴趣,甚至能主动尝试难度较高的动作,并自主进行练习。有的幼儿和家庭还自创了不同的拍球方式和趣味玩法,例如原地转圈拍球、将拍球加入游戏环节等。这些活动都能拓展我们开展活动的思路和方式。

(3) 鼓励更多活动卷入者的参与

通过家长在视频和交流中的反馈,我们可以发现自主学习拍球不再局限于幼儿、教师与父母之间,还带来了更多的活动卷入者。例如,二胎家庭中的哥哥姐姐、弟弟妹妹,家中的祖辈、亲朋好友,幼儿的同伴,等等,都作为活动的参与者,为幼儿提供不同的支撑和引导,更加激发了幼儿的自主学习动力,促使幼儿养成良好的学习习惯。

(4) 继续对家长的困惑进行收集和解答

家长对于家长版微课中的情境示范给予好评,同时也向我们咨询了更多家庭教育中的困惑,希望能够继续增强家园合作,提高家庭教育的价值。我们积极听取家长的建议与想法,且乐于促成这样良性的家园交流。通过沟通,我们对于家长的需求和现阶段困难有了更深刻的认识和理解,并进行集中收集,寻找其中的共通性。通过在园内开展线下专家讲座、小型座谈、个别交流以及线上互动等方式,我们帮助幼儿与家长解决问题。

趣味扑克牌(中班)

1. 项目缘起

进入中班,教师在数学区提供了扑克牌,幼儿自由探索扑克牌的玩法,对扑克牌产生了浓厚的兴趣。那到底扑克牌还有哪些玩法呢?结合中班幼儿的兴趣和年龄特点,我们生成了幼儿寒假的自主学习项目:趣味扑克牌。

2. 微课的制作与发布

考虑到观看微课是幼儿自主学习的重要途径之一,中班年级组的教师集体备课,共同讨论微课的制作方案,明确微课中要凸显幼儿的主体性,并要符合幼儿的年龄特点和发展需要,便于幼儿理解和落实。同时,针对前期家园沟通中家长提出的困惑(如:中班的幼儿能玩扑克牌吗?怎么玩?如何与幼儿高质量互动?),微课中也要进行解答,让家长明晰活动的价值。

最终,我们制作了两版微课:幼儿版从幼儿的用眼角度出发,控制时长,以可爱的卡通形象为主角,教师通过配音向幼儿介绍扑克牌及其玩法,并在放假前组织幼儿在园观看,清楚自主学习的任务,凸显幼儿的主体性;家长版结合了《指南》,教师帮助家长明确玩扑克牌的核心经验和价值,并通过情景模仿丰富家长在幼儿自主学习过程中的指导策略。

3. 教师的跟进与指导

微课发布后,教师并没有成为"甩手掌柜",而是退居幕后成为"军师",寒假中实时关注幼儿和家长的动态,通过群里互动交流和私信等方式,给家长和幼儿提供适宜的指导。

4. 家园的共建与反思

新学期开学后,为了深入了解幼儿假期中自主学习扑克牌的状态和成果,我们组织了家长座谈会,家园共同反思研讨,分享经验。

座谈会实录

方老师:今天我们针对寒假自主学习扑克牌活动举行本次座谈会。之前的自主学习项目都和体育有关,这个寒假我们选择了数学游戏,想看看孩子在家是一个怎样的状态,相比于之前的自主学习活动有哪些变化,有没有遇到困难,家长在引导孩子方面做了哪些努力。大家畅所欲言,请杨景然爸爸先说。

杨景然爸爸:感谢幼儿园能够给大家这次共同交流的机会。通过几次自主学习，我也在不断地成长和进步，从一开始不知道怎么带孩子去自主学习，到后来慢慢地熟练，能够尽快进入状态，更好地引导孩子参与其中。通过几次自主学习，特别是本次的趣味扑克牌，孩子的任务意识，包括他独立思考的能力都在慢慢提高。一开始我们收到任务后直接和孩子讲，他没有独立完成的思考过程，仅仅是家长说什么，他就做什么。但是这次扑克牌活动，我们收到任务之后，和然然一起看视频，看完之后我就问他"老师在里面说了什么，寒假要做什么，给你提了什么要求"，他都能够回答出来，回答也都是正确的。之后他提出要去制订一个计划，寒假中要按计划去执行。为了制订好这个计划，我和他一起讨论这个扑克牌怎么玩，计划怎么做，大概分成几类。我们讨论后总结了四类玩法：第一类是分类；第二类是数学，如数一数；第三类是搭东西；第四类是玩牌。之后，然然又把寒假自主学习扑克牌放到日常表现的一个打卡项，每天都会对自己的自主学习情况进行测评，记录自己是否完成计划，这是他任务意识的表现。

关于自主学习中遇到的困难，其实然然一开始对玩扑克牌没有什么概念，因为我们平时也没有教过他玩扑克牌，孩子就在幼儿园简单地玩过，可能兴趣不是特别浓。为了体现扑克牌的趣味性和规则性，我和然然妈妈商量，这次自主学习任务就要让他理解：游戏是有规则的，有规则才有趣，有趣大家才能长期坚持玩下去。同时，我和然然妈妈分别将这四类玩法进行示范，然然在边上看，在看的过程中发现哪一类最好玩，哪一类学起来有点难度。计划中先把对他来说简单的、他想学的排在前面。另外，在一类学完之后，他会觉得蛮好玩的，想一直玩这个，其他的几类就不太想玩。正好过年家里人也比较多，我们就和几位亲戚一起玩其他的玩法给他看，他觉得蛮好玩的，慢慢地对其他的玩法也有了兴趣，主动去学了一些。

对于家长在幼儿自主学习中的作用，我想大概有三个：第一个是用语言去引导他，带领他去思考，想办法战胜困难；第二个用行动去示范，比如我们先做一遍让他看，有困难的时候我们也会做一些简单的分解帮助他去解决；第三个是用我们的激情去感染他，这个活动需要体现趣味性，要让孩子感受扑克牌的好玩和有趣。

方老师：我觉得我和然然爸爸学到不少。首先在制订计划上，之前我们既按时间制订，一周制订一次，也按个数制订。但是然然爸爸这次换了一个思路，将整个游戏进行分类，通过分类的方式让孩子有目标性。然然爸爸还一直很强调计划性，当孩子想放弃的时候，不断地帮他回忆之前制订的计划是怎样的,我觉得这点是很重要的,孩子不能遇到困难就放弃。其实一开始孩子玩扑克牌,他是没有概念的,也不知道扑克牌怎么玩,我们在幼儿园最多就玩过"比大小"游戏,具体的"小猫钓鱼"等是没有玩过的。所以我觉得然然爸爸这个方法值得我们借鉴,爸爸和妈妈一起玩,孩子看过后就有了概念,最后自己决定想学哪一种。当孩子发自内心想去学的时候,他自主学习的积极性就能被调动起来,我觉得这个分享真的蛮好的,谢谢!下面一个谁来说?

吴伯熹妈妈:其实原来制订计划,他参与的相对少一点,但这次计划是我和他看完视频后一起商量制订的。考虑到过年会有一些时间不在家,我们先制订了比较容易完成的计划。后来发现计划制订得有点太过简单,他会提前完成,于是我们商量后又加了一些东西进去,这是过程中的调整。对于反思的方式,我也先跟他商量好选择前书写还是选择视频,最后他考虑了之后说"我选择视频"。

方老师:这点要讲一下,因为熹宝从小班到中班都不愿意录视频,这次他在家把视频录好,我很惊讶,还问他妈妈怎么做到的,因为这一直是我们困扰的问题。

吴伯熹妈妈:对,后来我想了一下,可能他觉得前书写要比视频稍微难一点,所以他选择了视频。至于遇到的困难,就是关于输赢的问题。因为之前几次他抓牌的运气特别好,一直都是赢,后来偶然一次他输了,就受不了,在那一直哭,说爸爸为什么会赢。第一次出现这种情况的时候,我就跟他解释说这很正常,下次也许就是你赢了,爸爸输了。但是他不能理解,哭了很久。于是,第二次我们专门制造机会,故意藏一些牌让他输。后来输了很多次之后,他会发现输和赢是一个概率事件,有可能会输,有可能会赢。

方老师:那后来输了会怎么样?

吴伯熹妈妈:他还是会有一些不高兴,但是没有再哭了。后来我们用扑克牌搭多米诺,第一次尝试的时候他发现牌站不起来,情绪就不太好,觉得自己没有成功,想放弃。爸爸就带着他用扑克牌搭了个迷宫,他对这个蛮有兴趣的,迷宫会有很多走向,通过调整扑克牌的不同方向,就这样,他玩了一下午。第二天我们又开始尝试搭多米诺,他自己总结了一些经验,觉得之前的牌可能搭得太直了,可以将它稍微弯一点。牌站起来后,他就觉得很有成就感,之后越搭越长。接着我们又发现,这个牌特别弯,虽然站得很稳定,但是推的时候却推不倒。于是,他自己又研究扑克牌应该弯曲到什么程度既能站住,推的时候又能推倒。这是过程中他自己发现的问题,他就比较愿意去探究和解决。

接下来说到家长在其中的作用,我们还是以沟通为主。因为输了哭的时候,我们会给他一些情感上的支持,很多时候他是能听进去道理的,但是面子上不愿意接受。我们就反复跟他讲,多给他创造一些输的机会,他慢慢地就能够适应了。另外,我们也会给他一些技术上的支持,比如一起讨论怎么样才能让牌站起来,玩"小猫钓鱼"时我们用什么办法可以钓到鱼。他慢慢地理解之后,能很快掌握这些技巧。

相比上学期,我觉得他这次自主学习的意识提升了不少,会主动说"今天制订了计划,但是还没有完成,要赶紧完成"。尤其是拍视频,原来都是我们催他,现在都是他和我们说"今天还没有拍反思的视频,我们来拍一下",我说"好"。尽管他有时反思的时候会跑题,但是比之前要好很多。其原因在于:一方面,我觉得是幼儿园的各个活动促进了他任务意识的提升,比如平时做值日生、照顾兔子等;另一方面,他比较喜欢这次的自主学习选题,所以容易进入。情绪方面,这次他在遭遇挫折以后重新进入状态的时间要比之前缩短了很多,对于他个人来说,我觉得这是一个很大的进步。

方老师:我们都能看到熹宝在这些方面的进步。关于愿意录视频,我觉得还有可能是他平时在幼儿园里也会录一些活动和表演的视频,对他也有一定的刺激作用。正好刚才熹宝妈妈提到如何引导孩子正确面对输赢,估计这是扑克牌自主学习过程中比较明显的问题,孩子玩在兴头上的时候,输掉了肯定会蛮伤心的。刚才熹宝妈妈用的是制造输的机会,让孩子感受输赢其实是很正常的。其他家长有什么方法?

陆泊然爸爸:首先,我是故意有时输,有时赢,让她知道有输有赢是一件很正常的事情。其次,在游戏当中增加一些"彩头",像我家然然喜欢唱歌和跳舞,我就跟她说"我们这个游戏赢的人就可以让输的人表演一个节目"。对她来说,输了表演一个节目不是坏事,她也很喜欢看爸爸在那唱歌和跳舞,这就变成了有意思的事。在这个过程中,她知道输了并不可怕,也慢慢能够接受输了这个概念。我们家就是这样引导的。

方老师:我觉得这个点子真是很不错,让孩子知道输其实并不可怕,甚至还有一点有趣,还有没有家长也来说说?

肖睿函妈妈:我们刚开始不会把"你输了"或"我赢了"这个概念直接灌输给她,譬如说"小猫钓鱼",我们只是把牌摊开来说谁的牌多,谁的牌少,淡化了输赢这个概念,所以现在她的反应不会特别强烈。但是有一次我们发现,她跟她公公一起玩"小猫钓鱼"的时候,她把牌摊开来直接找牌。我就很惊讶,问她为什么把牌都摊开来,她告诉我这样就能很快找到相同的,拿到更多的牌。后来我告诉她这个方法在游戏里面是不允许的,不能因为要得到更多的牌,就违反规则将牌都摊开。那一次我们给她解释了遵守规则的必要性,强调玩游戏必须按照规则来玩。

方老师:萌萌(肖睿函)妈妈说的方法是淡化输赢的概念,同时强调玩任何游戏都要遵守规则。关于这个问题,我们先讨论到这里,接下来哪个家长继续来说?

陆泊然爸爸:在制订计划的时候,我先带着她把每一样游戏玩一遍,她了解了每个游戏的玩法后,选自己喜欢的。当她总玩一个游戏时,我会干预一下,介绍其他的游戏怎样玩,让她再重新选择一次。

在学习过程中遇到一个困难,可能家长认为是困难,但孩子并不觉得。比如,规定是按照花色来分类的时候,她会按照大小来分,而且反应比较慢。对于我们大人来讲,这可能是在认知或是分类上有困难。我和她说遇到这种阻碍,说明她对数字和花色的认识不是那么熟练,但她并不认为,完成以后还很高兴,觉得一点难度都没有。

方老师:我想问一下各位家长,你们是怎么引导孩子去意识到游戏中的困难的?

李宜珈妈妈:我们第一次玩牌是搭房子。六六在一个很光滑的平面上面搭,两张牌靠起来,然后慢慢堆上去,但到第三张牌倒掉了,她就一直按照这个方法自己搭。过年的时候有一个哥哥过来,她就让哥哥看她搭房子,哥哥说:"你这样子搭,房子会倒的,还有什么别的方法吗"?她就问哥哥有什么方法。哥哥就在一旁搭,她观察了一会儿,发现哥哥把每张牌都折了一下,牌就更稳、更好。

方老师:陆泊然爸爸也可以试一试,用同伴去影响孩子,哥哥蛮会引导的,让妹妹想一想还有什么好办法。当然解决困难后,你还要和孩子共同回忆,让孩子用语言再说一遍。这样在反思的时候,她就会意识到刚才的困难是我遇到的,这就是及时反思的重要性。好,下面哪个家长来继续说说?

肖睿函妈妈:每到寒暑假,我们都会跟她讨论这个假期我们应该做些什么事情,就会把幼儿园自主学习任务融入其中。我们先一起看微课,认识扑克牌。因为她是认识1到10的数字的,所以我们的重点是认识花色,拿两张数字相同的牌放在一起,看看两张牌有什么不一样。最后通过百度搜索,她了解了 J、Q、K 的来源。

认识了扑克牌以后,我们先问她:"你觉得这个牌可以干吗?"因为她那段时间很迷城堡,第一个反应就是可以用来搭城堡。第一天是在桌上玩的,扑克牌总是滑,搭不高,我也没有催促她赶紧弄。结果过了两天,她跑过来告诉我:"妈妈,我知道怎么搭了。"之后她就带我看她搭好的城堡。我问她为什么上一次没有搭起来,她告诉我说,这次床上软软的,扑克牌不会滑。

后面她跟莫妮卡在一起玩的时候,莫妮卡教她玩"摸乌龟",她觉得好有趣,但她听了莫妮卡的讲解没太听懂,回来以后就找我们教她。于是,我跟爸爸示范怎么玩"摸乌龟",她就要求我们增加这一个任务在计划里面,一个星期集中玩"摸乌龟"。在玩牌的过程中,萌萌提到牌抓不下,我们没有减少牌,而是让她看我怎么抓。她试了一下说,"我手太小,还是不行"。后来她就说把牌往面前一铺,我说这样我们都能看到你的牌了。她想了想把牌背过去铺,说这样我们就看不到。

方老师:非常好,我觉得妈妈是把萌萌推在前面,很多事情第一反应是让萌萌自己去想办法。比如,牌多手小拿不下这个事情,我觉得大部分孩子都会遇到这个问题。萌萌妈妈首先问她想怎么办,萌萌想到把牌铺开来。接下来第二个提示很好,"这样我都能看到你的牌了"。孩子就会继续想办法调整,这种提问就非常的有效。而且妈妈在萌萌第二次搭城堡成功后,问了一个很关键的问题:为什么上一次没有搭起来?我觉得这个问题很重要,通过问题让她去回忆两次有什么不一样,在回忆和比较中找到问题的症结和解决方法。萌萌妈妈的几个方法蛮好的,好的,谢谢。下面请燕子妈妈来谈一谈。

周芷嫣妈妈:这一次幼儿园寒假的自主学习任务,我把老师的视频给她看一遍,让她知道这次的游戏内容有哪些,自己先来挑选,她说想玩搭金字塔和"小猫钓鱼"。因为寒假我们基本上都在老家,我们就把牌带着,利用路途上的时间来玩牌,所以时间比较分散。刚好有两个哥哥跟着,两个小帮手会带着她一起玩"小猫钓鱼",哥哥一般也不让着她,他俩先玩,燕子先在旁边看,就知道怎么玩了。

在玩金字塔的时候遇到了搭不起来的问题,我觉得孩子的头脑是开放式的,不像我们会墨守成规。她在桌上一直搭不起来,之后她就坐到了地上,我问她:"你怎么坐在地上?"她说:"我想试试看在地上可不可以搭,看群里的视频好像在地上是可以的。"我说:"你真棒,想到了一个好办法。"我及时地鼓励了她一下,她就一直说在粗糙的地面上是可以搭的。但是她也跟我说不喜欢搭金字塔,觉得金字塔太难了,不好玩。我也认同了她的这种感受,因为我也只能搭两个,于是我和她一起看百度视频学习。我觉得在这次自主学习的任务当中,我更多的是起到了搭档的作用,和她共同学习和探究。

方老师:燕子妈妈讲到陪伴孩子一起去看微课,和孩子共情,在视频当中去了解任务。我觉得这样才能把孩子推到前面去,而不是由家长去告知。最后请六六妈妈来谈一谈吧。

李宜珈妈妈:刚接受这个任务的时候,六六不太感兴趣,她更喜欢运动。所以在订计划前我们做了一步引导,先让六六看看扑克牌里面有什么不一样,她找出来有四个花。之后六六会问方方的叫什么,我说叫方片;她说这个是不是红颜色的心,我说对,这叫红桃;之后黑色的我通过问"黑什么"来引导他讲出来黑桃;最后还有一个是梅花,她就叫它小花。之后我让她观察其他特殊的牌,如大王、小王和J、Q、K,在认识扑克牌的过程中,她对玩扑克牌产生了兴趣。

方老师:六六妈妈和萌萌妈妈都讲到怎么引导孩子去观察扑克牌,萌萌妈妈是和孩子去百度搜,让孩子知道和了解可以上网查一件事情。六六妈妈这个方法,大家也都可以用,让孩子自己先去观察。家长直接告诉孩子完全是在灌输,但是孩子自己去发现就是从内心的需要出发,还能通过观察牌的样子和颜色去命名,孩子印象也就更深了。其实,孩子玩扑克牌不光是玩,过程中蕴含了很多的价值。我们都知道,孩子能不能清楚表达游戏的玩法和自己的反思,这些是语言方面的发展,能不能发现牌和牌之间的不同,是观察能力的发展。我记得我们的微课最后还带了一句:你还能玩出哪些更有趣的方法?这是希望能够挖掘孩子的创造能力。所以家长要清楚活动的价值在哪里。

今天通过这个座谈会,我们深入了解了孩子在寒假中自主学习的情况。有些家长是把孩子推在前面的,计划由孩子自己制订,当然有的孩子是和家长一起制订,全由家长包办代替的现象没有了。我们也听到不同的制订计划方式,除了从时间、个数方面,也有从游戏类型的方面去制订计划。家长在以后的活动当中也可以引导孩子,让他知道制订计划的形式是多样的。我们也希望家长尽量多问问孩子:你遇到了什么困难?你怎么去解决?家长把孩子更往前推,谢谢大家。

5. 经验的反思与建构

座谈会中,家长发现了幼儿在自主学习扑克牌过程中出现的共性问题——害怕输,并针对这一问题进行讨论,获得更多的指导策略,同时也从其他父母的个性化分享中积累更多的亲子互动经验。家长普遍表示,家长座谈会是家园共建的一部分,更是交流学习的机会,持续开展这样的活动,有利于增进家园沟通,让双方的理念更加契合,共同促进幼儿发展。

作为教师,我们能从家长座谈会中学习家长的方法策略,深入了解幼儿现阶段发展水平和当前需要解决的共性问题,这对我们的教育工作具有启发和推进作用。家长也会针对幼儿的实际情况对教师提出建议,引发我们深思,并在未来进行调整。双方在开放的氛围中相互学习,共同进步。

家长座谈会后,教师和幼儿共同反思了本次寒假自主学习项目。幼儿总结了任务的完成情况,回忆了过程中遇到的困难。可以看到,幼儿在面对问题时的解决策略丰富了许多,在自我认知和价值判断能力上也有了一定的提升。教师将扑克牌继续放在数学区中供幼儿游戏和探索,让自主学习项目在幼儿园和家中持续开展下去。

居家种植(大班)

1. 缘起

疫情宅家期间,幼儿和家长充分利用空间,开展了丰富多彩的种植活动。由此,幼儿和家长对种植活动产生了浓厚的兴趣,同时也产生了一系列问题。暑假前教师和幼儿讨论假期自主学习的内容,幼儿纷纷表示:我们想种植。但是为什么要种植?种什么?怎么种?这成为幼儿、教师集体讨论的问题。

2. 凸显价值的方案研讨

《指南》中指出:"幼儿能察觉到动植物的外形特征,与生存环境的适应关系,在户外活动、参观考察、种植活动中,感知生物的多样性和独特性,以及生长发育和死亡的过程。"

幼儿在种植过程中遇到了各种各样的问题:植物死了怎么办?植物生长需要哪些条件?水培好还是土培好?为什么植物都往一边倒?等等。此外,我们通过调查了解到家长的"真问题":不知道种什么、怎么种,不知道如何引导幼儿进行种植。

从幼儿和家长在种植过程中提出的若干问题出发,基于《指南》的引领,结合幼儿园多元价值、探究质疑、表征创造的开放性课程目标,教师思考如何让幼儿和家长在亲历种植的过程中,体验种植的多元价值,提高幼儿综合能力。植物的成长需要一定的过程,在这个过程中,幼儿对其进行观察、照顾并做好记录。面对种植中出现的问题,幼儿积极探索、自主寻求解决策略,一定程度上提高了独自解决问题的能力。在种植中,幼儿不仅了解了植物及其与生存环境的适应关系,也促进了幼儿各种能力的发展。教师本着以幼儿为主体的原则,充分调动幼儿原有种植经验,推动幼儿主动参与种植的全过程,拓展和丰富幼儿的种植经验。此外,从家长角度出发,教师帮助家长明确任务、学会观察、适度参与、适时引导,有效促进幼儿发展。基于此现状及目的,教师思考并撰写了脚本。

暑假,我们一起种植吧!

本次自主学习的任务:

在成人的引导下,学习制订种植计划,自我监督执行,且能依据计划的执行情况和植物的明显生长变化进行反思和调整。

关注要点:

① 幼儿主动邀请爸爸妈妈共同商讨并制订种植计划。

② 幼儿自主执行自己的计划,爸爸妈妈要及时了解幼儿的执行情况并给予适时的引导。

③ 幼儿根据植物明显的生长变化及计划执行情况进行反思,爸爸妈妈要根据幼儿反思中的困难进行引导。

④ 幼儿能根据自我反思和与爸爸妈妈共商的策略进行调整。

⑤ 幼儿能用图画、符号、数据、动作、语言等多种方式表征,用前书写、照片、视频等方式记录自己的发现并整理收集资料,爸爸妈妈全程协助。

制订计划要点:

① 资料查阅,确定"种植什么",了解该植物习性及其与生存环境的适应关系。

② 确定种植方式:沙培、水培、土培。

③ 准备种子和种植器皿。

④ 确定记录方式,准备记录材料。

⑤ 制订照顾计划:日期、方式。

⑥ 确定任务完成的评价方式:贴画、打钩、盖印章等。

反思与调整要点:

① 有明显变化时的反思与调整:发芽、长高、分支、开花、结果、枯萎、死掉。

② 对计划执行情况的反思与调整：种植过程与种植结果。

3. 关注细节的微课制作

（1）指导幼儿和家长制订系统的种植计划

短小精悍、生动活泼的微课既是幼儿自主学习的平台，也是家长引导幼儿自主学习的重要支撑。微课明确了自主学习内容：查阅资料、确定种植方式、准备种植工具、确定记录方式、制订照顾计划、确定完成任务的评价方式等系统的种植计划，让幼儿和家长掌握制订计划的流程与方法。

（2）指导幼儿运用多种方式表征植物变化

微课中教师将重点和难点知识以声图并茂的形式、直观的动画形象吸引幼儿的注意力，激发幼儿主动参与的积极性和热情，同时便于幼儿理解和掌握。在表征植物的变化时，教师提供了多种方式供幼儿选择，除了语言表达，还可以用前书写、拍照、"多肉"APP、舞蹈、数学测量、美术写生等多种方式。

4. 凸显主体的视频发布

（1）提前观看微课，明确自主学习任务

假期前，幼儿与教师共同观看和自主学习种植视频，明确种植要点及自主学习任务，教师鼓励幼儿大胆提出自己的困惑，分享种植预定方案，并主动邀请家长参与种植。

（2）群内发布微课，提醒家长观看和保存

教师及时将微课上传班级平台，供家长了解和学习，鼓励家长带领幼儿积极参与种植活动，帮助家长正确引导幼儿理解任务、制订计划，并提醒家长在整个过程中需关注的要点。微课里不仅仅有文字说明，还有图表示范，可重复播放，应用便利。

5. 实时跟进的交流指导

（1）群内交流，经验分享

假期种植陆续开始之后，教师也以身作则，和幼儿共同种植植物，并实时分享植物的变化，幼儿深受鼓舞。此外，幼儿和家长在班级微信群里积极分享种植情况和心得，针对种植的共性问题，大家一起讨论、相互交流、借鉴学习。教师还定期以云视频的方式组织分组交流，丰富幼儿对植物多样性的了解，同时也有助于教师了解幼儿的种植现状，并给予有效的指导。

（2）私信互动，个别指导

每个幼儿种植植物的种类不同，出现的问题也不同。根据幼儿的实际情况以及需求,教师有目的、有计划地进行个别指导。对于种植成功的幼儿,教师给予一定的挑战,启发幼儿对植物间的联系进一步探索,并将个体的经验进行集体分享。对于种植失败的幼儿,教师鼓励其积极探究、大胆猜测、进行验证,总结经验再尝试。

(3) 家访询问,现场交流

假期中,教师逐一家访,增加家园联系,更真实、更全面地了解幼儿种植的情况,指导更具体、更有针对性。针对计划制订不明确、家长指导不到位等现象,教师以问题的形式进行询问并提出质疑,引发幼儿和家长进行思考,并及时进行调整。

(4) 专家助力,答疑解惑

针对一些无法解答的种植方面的专业性问题,教师积极整合园内外资源,将种植专家"请进来",与幼儿面对面进行交流。种植专家经验丰富,为幼儿答疑解惑,幼儿根据专家的建议及时进行反思和调整。专家还科普了不同植物的生存习性,种植与照料方法以及用途等,进一步丰富幼儿对植物的认识。

6. 双向共建的反思研讨

(1) 幼儿交流实践经验

开学后,幼儿展示种植成果、分享种植经验,教师对幼儿的成果进行总结和概括,拓展幼儿的眼界。同时,教师提出新的探索方向,引起幼儿更深入的思考、更广泛的探究。

(2) 家长座谈会分享经验

园部也开展了家长座谈会,家长因亲身参与种植活动,全程跟随幼儿的脚步,纷纷发表自己的想法。

家长座谈会主要针对以下三个话题进行探讨:

① 幼儿在本次自主学习过程中,在计划制订、反思调整、表征方式上是怎么做的?

② 计划实施过程中,幼儿遇到困难了吗?如何解决的?

③ 您觉得本次自主学习的微课有作用吗?对于微课,您有什么建议?

家长 1

孩子自主选择水培绿豆,在寒假期间水培的经验和基础上,我们决定增加一些维度,改变一下方式,给予孩子新鲜感,学会新的方法。于是我们考虑采取对比实验方式,检验光照对植物的影响。

我们一起设计了实验名称、实验目标,采用二维表的形式制订了计划,主要体现了阳光、水、空气三个实验条件的异同。为了凸显对比性,我们给放在阳台上的那盘绿豆起名为"光光",放在厨房阴凉处的绿豆起名为"暗暗",这样孩子可以简单直接地对实验内容进行理解和观察。从执行方面来说,我们设计了记录表,包括日期、次数、生长阶段、对比图、照顾方式、当日结论等,每次记录时还拍摄两盘绿豆生长的整体和个体情况的对比照。一开始几天生长变化快时,我们每天记录,后期变化不大时减少了记录频次,最后以前书写的方式进行了总结,以视频问答的方式进行了讨论和反思。最终我们得出的结论是:光会让绿豆长得更高、叶片更绿更大、根系更发达,生命期也长了三天左右。

通过对比实验的方法,孩子学会通过测量严格控制生长条件,比如两份绿豆的数量通过量杯量取保证相同,每次换水量也是通过量杯量取保证完全一致,喷水的时间和数量也保证相同,等等。对比实验还激发孩子去思考,比如在种子萌发的前两天,在暗环境下绿豆发芽更快,但新叶长出来后则是有阳光的长得更好。我们就把这个现象与胎儿、婴儿不同阶段的生长需求进行比较,在子宫内的胎儿需要黑暗安静的环境,但是一旦出生后就对外界环境有更高的需求,婴儿也会爆发式成长。孩子还发现暗环境下绿豆的茎变成紫红色,经查阅资料知道,原来也与缺乏光照有关。另外,孩子还发现绿豆的茎上会逐渐长出绒毛,他会自然而然地去寻求原因,我们一起猜测可能是为了更好地吸收空气中的水分,也可能是防止虫子咬,再上网查询资料进行验证。孩子还发现叶子会向光亮处倾斜、盘子边缘的绿豆比中间的绿豆萌发得更好等现象。孩子在这个过程中,兴趣越来越浓厚,通过这次水培收获满满。

在计划实施过程中,孩子遇到的困难分为三个阶段。第一阶段是实验之初,孩子对水培不感兴趣。我一方面强调任务性,另一方面与孩子一起阅读一些关于植物的书籍,趁孩子兴趣浓厚时,一起讨论制订了计划。第二阶段是实验过程中,孩子出现执行不规律、记录不及时的现象。其原因是一方面孩子还没有足够的自觉,另一方面家长有时也松懈,这是我们要共同改进的。第三阶段是在实验总结时,因为需要对过程进行梳理和概括,这对于孩子是一大挑战。首先,家长让孩子明确总结的重要性,结论是实验中最重要的成果。此外,共同翻看和回顾前面的记录,发现很多结论已经在日常过程中获得,只是需要汇总提炼。孩子开始重视,重燃信心,掌握方法,最后也顺利地完成。反思以视频方式进行,这样,整个实验过程中有表格、有文字、有图片、有照片、有视频,内容丰富多彩。

自主学习对孩子影响深远。家长不是教育专家,但这项活动背后有科学系统的理论和长期实践积累的经验作为支撑。我们作为家长能看到的是,从小班到大班,教师持续对自主学习的强调和主张,对活动循序渐进地设计和要求,对各个环节不断地深化和指导,以及对家园整体环境的渲染和浸润。

成人知道,自主学习能力是一个人的核心能力,通过自主学习获得的知识比被动灌输让人理解得更为深刻。这种学习方式也贯穿了人的一生,工作、生活的方方面面都用得着。作为家长,不能让孩子认为学习就是坐在书桌前看书、写字、做题目、上培训班,认为学习带来的只有压迫感。幼儿园在这方面为我们起到了很好的示范和引导作用,自主学习就是令孩子感到求知的快乐、学会求知的方法,使学习的理念、习惯日常化,知道学习不同的内容有不同的方法、要求。我觉得孩子通过自主学习除了习得新知识和经验,更重要的是获得了很多宝贵的品质。

一是树立任务意识。从小班第一次自主学习任务开始,家长和孩子就树立了任务意识,因为开学后的学习成果可在班级展示、讨论等。家长要正确对待幼儿园的学习任务,进而很好地参与进来。家长在这其中发挥好引导、提醒和督促作用,比如制订计划、每日执行、完成记录表等。

二是克服畏难情绪。孩子通过一次次自主学习活动,学会将抽象的学习目标具象分解成一个个实实在在的任务,过程中对学习的阶段、重点、收获都有直观的认知。我认为让孩子学会、懂得"分解"很重要。特别是当他有畏难情绪、不能坚持时,讲给他听:不管多难的问题,总是可以被分解成简单的小问题来解决,只要坚持把每个小问题解决好,最终就能解决大难题。这能赋予他今后遇到困难时的平静和底气。

三是正确理解"自主"。学习到底为谁,是谁的事?我们曾经和父母有过这样的争论。学习是孩子必须自己要走的路,但父母如何适当有效地发挥作用,是在自主学习中启发家长的重要方面。现阶段的孩子独立完整地完成一个学习目标还不太可能,面对全新任务也难免抵触。但通过家长的理解、指导和陪伴,孩子既学会对自己负责,也知道可以随时获得支持。家长既不要事无巨细、包办代替,也不要甩手不管、放任自由。家长首先要做一个资源提供者,包括材料和信息等资源;其次要做一个教育引导者,主要包括计划的制订和启发与思考;最后是做一个督促执行者,即提示计划的执行。总的来说,我是一个协作者,孩子才是学习的主人,我们是合作共进的关系。孩子通过自主学习,懂自主、能自律、更自信,家长在不置身事外的同时学会如何正确放手。

家长2

一是在自主制订计划方面,充分发挥孩子的自主性。

自主确定种植种类:在选择种植什么植物的时候,充分尊重孩子的意见,孩子在家很喜欢吃绿豆芽,所以想亲自种植绿豆芽。

自主查找种植方法:我们一起上网查了种植绿豆芽的方法,并进行了讨论,确定了水培方式。

自主查找种植工具:我们上网买了育苗盆、喷壶和蒙在上面保湿的纸,孩子收到东西、拆开东西时很高兴。

自主确定照顾内容:在制订计划的时候,孩子确定自己每天要给绿豆芽喷水、晒太阳。

二是自主进行记录,采用多种表征方式。

每天喷水、晒太阳,在计划表上的日期栏打钩。

用"多肉"APP拍照记录。

用前书写记录。

用视频记录,最后整合成一个视频。

三是遇到困难如何解决。

遇到困难:发现每天喷水一次不够。

解决方法:设个闹钟,每天早中晚各喷一次。

遇到困难:发现根部吸水太多会烂。

解决方法:育苗盆底部就放一点点水。

遇到困难:发现晒太阳多的一边会向着太阳倒。

解决方法:轮换各个边晒太阳。

家长3

暑假之前,孩子在家水培了大蒜头,进行了拍照、前书写、画画等形式记录,后来又用网格盘水培了鸡毛菜和萝卜种子,通过"多肉"APP进行观察和记录。暑假期间,在自主学习计划制订方面,大人陪伴孩子一起,让孩子自主选择种什么、用什么器皿种、怎么种等等。有了之前种植过程的铺垫,因此本次暑假自主学习过程还是挺顺利的,孩子有了一定的自主学习基础和观察经验,能熟练地运用一些软件进行观察和记录,并学会了比较观察及种植过程中的反思和调整。孩子用前书写对植物进行记录变化,比如发芽了,长出新叶子了,根部发黑死亡了等;用"多肉"APP里面的拍照和语音方式记录植物不同时期的不同变化和不同植物的比较和观察,以及自己的一些反思。例如,水培植物不能多晒太阳,因为这些植物会喜欢阴凉的环境,另外,水培时间久了,大蒜头变黑发霉了,孩子觉得土培可能更合适,因此又进行了大蒜头和萝卜的土培。可以看出,孩子根据自己持续观察的经验进行反思,调整种植的方式,对同一个植物进行土培和水培两种种植方式进行对比和观察等,所以自主观察学习一直在延续。

孩子会遇到一些困难,比如,计划用网格盘水培,但操作起来才发现,有一些种子(如鸡毛菜种子)特别小,放网格盘上就直接从洞洞里漏下去了,孩子尝试新的方案,及时调整器皿进行种植。

微课从自主学习的任务布置、计划制订、反思调整要点等方面对孩子进行了非常细致的指导,对孩子的自主学习和家长在自主学习中的角色作用都进行了全面的指导。

自主学习可以培养孩子的规划能力、内驱力和责任感。在自主学习的过程中,老师和家长抓大放小,负责把握方向,划定范围,让孩子在范围内有自主选择权;抓前放后,可以和孩子共同商定方向和方法,之后让孩子自主执行。我们不能忘记还有最重要的一个步骤:反思复盘,总结调整,及时吸取经验,调整策略,做出优化。当然,在这个过程中孩子会遇到各种问题,需要我们成人的帮助,在适当的时候我们成人可以提供一些经验、资料、技术支持等,我们的耐心陪伴,将会是给予孩子力量的最强后盾。

家长4

【水培萝卜】

问题1:为什么萝卜死了?

解决方法:问家长、网上查阅资料。

问题2:萝卜叶有多高?

解决方法:眼睛看、尺子量。

问题3:萝卜怎么吃?

解决方法:回忆吃过的萝卜排骨汤等生活经验。

问题4:下次怎么种萝卜?

解决方法:查资料。

【种小白菜】

问题1:叶子下面有什么?

解决方法:用手拨开看、放大镜观察、纸和笔记录。

结果:叶子下面有种皮、叶子长高了、叶子形状不同、叶子会下垂。

问题2:什么时候浇水?

解决方法:回忆照顾经历,每天浇4次。中午不能浇水。

【总体感受】

第一,自主学习中,成人的支持很重要。

宅家学习期间,老师与孩子们的云见面,分享种的植物,激发了孩子对种植的兴趣。家长将老师在班级群的指导转告给孩子后,激发了孩子记录的兴趣,孩子开始了持续记录。老师家访的时候对种植计划的完整解释,促使孩子最后完成了种植计划。在每次前书写的过程中,孩子需要家长陪在身边一起讨论和查资料,否则就容易分心。孩子的自发表征也需要家长告诉孩子任务是什么,然后孩子会自己演绎。

第二,技术支撑作用大。

微课非常完整地帮助家长了解了幼儿园的教育意图,孩子可以和家长一起看懂其中操作步骤的部分。微课的制作非常清晰地告诉家长任务是什么、这样做的目的是什么。孩子多次反复地学习微课,收获颇大。家庭常用的iPad、小度等电子工具在孩子遇到困难时提供了帮助。

家长5

孩子共种植6种植物,都是从网上购买的,因此可以看着卖家的视频跟着学种植。在种植过程中,植物发芽时,孩子很开心,每天都有动力浇水、观察。每种植物不一样,在外出时才发现有些小苗不及时浇水就会死掉,孩子自己想出了办法,调动原有经验,用两个杯子,并用线吸水。波斯菊之前放在阳面,晒坏了,现在就放在阴面。牵牛花搭架子,架子不够长,调整到栏杆上爬藤。对孩子来说,从播种到发芽,针对不同的植物,进行资料的查询,培养了孩子的责任心,发展了孩子的记录水平。孩子会尽其所能表现出叶子的不同形状;对于细微的变化,也都能观察到,由此训练了孩子细致的观察力。最后,家长要尊重孩子的作品,将作品制作成册,这种做法很有仪式感。

7. 经验的反思与建构

家长座谈会的开展,为家园交流建立了一个平等的平台。这个平台让家长和教师相互交流和沟通,将教育的价值发挥到最大化、最优化。

家长不再是被动的倾听者,而是主动的发言者、参与者。家长座谈会实行"教师抛话题,家园共商议"的形式,家长结合自家孩子种植的实际情况,以及自己的教育观念和价值取向分享种植心得,积极与其他家长展开讨论,得到更多的建议。不同的家庭有不同的教育方式,在教育观念的碰撞中,家长深刻感受到种植过程中蕴含的多元价值,体会到自主学习的重要性,也获得了丰富的教育策略。此外,家长座谈会充分调动家长参与的积极性。家长只有切身参与幼儿种植活动,才能了解幼儿在种植中活动的困惑与解决方法,为幼儿进一步发展做好充分的准备,更好地引导幼儿,在实践中建构和丰富自己的教育经验。

教师不仅是倾听者、引导者,更是学习者。家长座谈会不仅拉近了教师与家长的距离,实质上更拉近了教师与幼儿的距离。一方面,教师从家长的反馈中切实、全面地了解幼儿在家的种植情况与表现。同时,了解家长对于自主种植活动的心声、期待,以及幼儿种植过程中所面临的问题与困惑,有针对性地发挥教育的最大优势,从理论和实践上对家长提供有效的帮助。另一方面,教师学习到了很多实用的教育策略,对家长提出的建议,积极内化吸收、落实。如针对家长提出关于种植微课的建议,教师及时添加情境,吸引幼儿的注意力,并搜集一些不同角度有关种植的优秀案例和有效做法,供幼儿和家长参考和学习。

对于幼儿园来说,家长座谈会充分利用教育资源,实现教育上的优势互补,最大限度发挥教育的作用,形成教育合力。全园教师观摩和聆听座谈会,集体交流和审议,共同整合和建构,不断反思和进步,大大提升教师的专业能力,更好地促进幼儿全面发展以及家园合作。后续,幼儿园可以建立多样的网络沟通平台,针对幼儿种植的成果进行梳理和完善,通过多渠道将智慧的结晶传播得更远、更深。

(二) 家园同构的开放性线上"幼小衔接"

与家长共建,让幼小衔接更科学

缘起

临近毕业,随着大班下学期班级"幼小衔接"主题的不断深入,家长愈发关注"幼小衔接",经常与教师交流心中焦虑。家长的困惑是真实存在的,我们该怎样解决家长的问题呢?于是,我们开启了一系列的尝试与探索。

故事一

"老师,上小学要学语文、数学,孩子需要有一个什么样的知识储备,能比较好地适应小学?"

"有哪些规矩和习惯是家长现在就要给孩子培养的,以更快适应小学?"

"上小学是否会教得很快,学习能力稍弱一点的孩子会不会跟不上?"

"我们需要做哪些事情去帮助孩子调整好心态?还是需要孩子自己去适应?"

"我们和孩子在家里还需要做什么物质上的准备?"

……

我们在和家长的日常交流中常能听到这样一些问题,教师也积极地予以回应。

"您希望我们邀请哪些人来帮助您解答呢?"

"小学老师吧!他们更了解小学生,特别是语文和数学老师,最好还能有班主任!"

"好的!那我们来试着帮助大家联系小学老师,到幼儿园里来给大家互动解答。"

"哎呀!好可惜哦。我和她的爸爸工作都比较忙,那只能让奶奶来参加了……"

因为工作原因,父母没办法亲身参加,爷爷、奶奶可能不能完全转达,这是家长的困难。可幼小衔接的问题始终困扰着家长,还是需要解决的呀!于是我们想到了通过线上交流的方式,在小学老师相对空闲的时间里,让家长们都能实际参与到讲座中来。

故事二

根据家长希望了解入小学应该具备哪些知识储备、学习习惯、生活作息、心理疏导和物质准备等方面的需求,我们将问题整理后发送给小学老师,共同商定好讲座时间,在周末的晚上,在全员的期待中,线上"家长学校"开始了。

语文老师左老师主要从幼儿的生活习惯、学习习惯与阅读习惯的角度出发,帮助家长做好心理与物质上的准备,同时指导家长关注幼儿社会交往的培养,如学习处理与同学、老师的关系等。数学老师赵老师向家长介绍了小学低年级数学中,数量、几何、空间的学习要点,以及要注重将数学渗透在真实的生活情境中,学习解决问题,培养幼儿的逻辑思维能力。家长在聆听讲座的过程中也积极地与小学老师互动着:

"左老师,哪些学习习惯需要培养以适应小学的呢?"

"说得清——清楚表达;听得进——专心聆听;问得多——敢于提问;想

得妙——愿意思考。"

"在幼儿的心理建设上,我们可以做哪些事情呢?"

"我们要关注培养幼儿责任感、保护幼儿羞耻感,还要给予幼儿安全感。"

……

第一次的线上"家长学校",观看人数达到了240多人,覆盖当届的全体家长。家长现场热烈地讨论、提问,也有很多点赞的声音。

我们有针对性地邀请了语文、数学学科的两位小学老师开展了线上"家长学校",给处在幼小衔接焦虑中的家长们一颗"定心丸"。但家长却意犹未尽,如何继续满足家长的个性化需求?我们想方设法向家长开放资源,提供往届"家长学校"的视频,由家长自主选择小学老师、讲座话题进行观看学习,让"家长学校"内容更全面。

故事三

通过线上"家长学校",家长们到底学习到了什么,还有什么需求呢?我们开展了班级内的线上小型座谈,交流收获。班级教师征求家长的意见,自主报名,以小组的方式,在碰撞交流中讨论、落实衔接方向与方法。

"大家可以谈谈听了小学老师的讲座有哪些收获呀,一起来分享!"

"增加了我们对孩子上小学的信心,也调整了我的心态。不要过多地干预,让孩子面对挫折与批评,鼓励他勇敢成长。"

"在幼小衔接上,不光要注重知识的衔接,还要注重培养生活习惯、学习习惯的衔接。"

"作为家长,总会时不时地催促孩子按照我们的意愿去做事情,孩子的慢,父母的急,如果没有协调好就会产生冲突,孩子反而容易'受伤'。"

……

家长侃侃而谈。

接着,家长开始在班级群中分享与幼儿共同开展的幼小衔接活动。如,小学数学老师提到的"测量",家长和幼儿共同使用不同的生活物品量一量家中的绿植、阅读的图书……语文老师提及的鼓励孩子"爱表达",幼儿开始尝试自主录制讲故事视频,有目的地讲述……科学而又多元的幼小衔接活动如火如荼地进行着。

与幼儿共建,让幼小衔接更亲切

缘起

"幼小衔接"不仅是家长需要关注的重要阶段,更是幼儿人生的第一个转折点。我们带领着幼儿实地参观小学、观看哥哥姐姐们上课、了解小学生的课间……可是受到时间的限制，我们只能看到小学生部分的学习情况，幼儿对于上小学的事情虽然感兴趣，但也存在着疑惑：

"小学有区域游戏吗？"

"小学的饭菜好不好吃？"

"上学迟到了会不会被罚站？考试不及格怎么办？"

"小学生中午要不要睡午觉啊？有老师陪着吗？"

……

故事一

"小朋友们对小学的生活和学习还有很多想知道的事情，你们想请谁来帮助你们解答呢？"

"小学生。""哥哥、姐姐。"……

于是，线上幼小衔接交流开始了。我们继续搜集幼儿对于入小学还存在的问题，并邀请了历届部分小学生，通过12个幼儿对1个小学生的小组报名形式，来帮幼儿做全面的解答。幼儿在哥哥、姐姐呈现的一张张图片、一段段视频中，了解了小学的生活作息、课程设置、自我管理与他人的交往，等等。在同伴提问的启发下，又延伸出更多对小学的疑问，在与哥哥、姐姐交流和互动的过程中，幼儿对小学生活产生了更多的好奇和向往。

故事二

在幼儿与小学生互动交流的过程中，家长们也坐在一旁静静地聆听与观察。在家长的线上反馈中，我们了解到，经过哥哥、姐姐细致地解答后，幼儿在家庭生活中有了很多的变化，家长们也相应地做出了改变。

"自从哥哥、姐姐说了在学校早晨读书的时候要拿好书本，身体坐直，现在孩子在家里看书都不需要我们说，自己就能坐好。"

"左老师说社会交往也是很重要的一部分，我发现她跟哥哥、姐姐视频的时候，就不太敢提问。现在我们周末都会带她出去多跟同龄的小朋友玩一玩，给她交往的机会，帮助她学习怎样与别人相处。"

"其实坐在旁边听他们跟哥哥、姐姐聊天很有意思，原来小朋友们在意的是这些事情，都不是我们家长在担心的方面。看来真的要静下心来，问问幼儿的需求。"

通过旁听小学生的线上讲座，家长们感受到了幼儿的主体性有多么重要。成人所认为重要的事，并不一定是幼儿所需要的。通过线上幼小衔接帮助家长了解与认识幼儿,也是我们家园共建的重要内容。

反思

以线上的方式开展"家长学校",相对地节约了时间和空间的成本,弥补了家长因为繁忙的工作而无法次次参加的遗憾。同时,线上的互动更大程度地给予了较内敛的家长表达的机会,文字的呈现让家长能更大胆地提出自己的困惑。我们往届视频资源库的建立,也满足了家长们的个性化需求,家长们根据自己的需要,决定观看类型和次数,从不同方面缓解家长"幼小衔接"的焦虑。对于幼儿来说,通过整理问题,我们发现幼儿充满期待与好奇的不仅是小学的外部环境,还有很多实地参观不到的生活作息、与他人的关系、心理调适等方面的内容。以与哥哥、姐姐聊天的方式了解小学,幼儿的担忧情绪在轻松的氛围中得以缓解。

随着家长群体、社会现状的改变,家园工作也在不断地创新与改革。"线上幼小衔接""搜集家长问题—小学老师座谈—家长座谈",我们结合家长的想法进行活动的组织、设计,提高了家长参与的活动积极性,实现幼儿、教师、家长、幼儿园的共同成长,实现"幼"与"小"的科学对接。

(三) 家园同构的开放性线上"故事会"

《纲要》指出:"家庭是幼儿园重要的合作伙伴,应本着尊重、平等、合作的原则,争取家长的理解、支持和主动参与,并积极支持、帮助家长提高教育能力。"幼儿园家长工作的出发点就在于与家长共同构建教育资源,实现家园互动合作与共育,促进幼儿的发展。"互动合作"是当今瑞吉欧教育取向的一个重要理念和教育主张。"儿童的学习不是独立建构的,而是在诸多条件下,主要是在与家长和教师、同伴的相互作用过程中建构的。在家园互动过程中,儿童既成为受益者,也是教育资源的提供者。"随着现代教育信息技术的发展,幼儿园向家庭亲子开放了广泛的时空,打破了家长个别化、随机性等需求难以顾全的局面,突破了线下资源单一化模式的局限,架起了家园跨时空的沟通桥梁,也搭建了幼儿园与家庭同构学习资源的有利平台。

在幼儿园开放性课程理念指导下的家园互动方式中,我们以"家长故事团"为载体,构建家园共育线上新模式,共建家园线上教育资源,开拓家园共育方式,有效达到家园同步、共育,使幼儿园与家庭建立一种良好合作、平等对话的和谐关系,逐步唤醒家长的主体意识,转变家长教育观念,提升家庭教育水平,共同促进幼儿的发展。

1. 家园携手共建线上志愿团队

我们充分利用线上的便捷方式,拓展家园互动空间功能,开放线上共享空间,汇集教师、家长和幼儿的资源,邀请家长成为幼儿园时空上、经验上、体验上的同行者。我们支持家长成为幼儿共同的图书阅读者、故事讲述者和倾听者,让家庭与幼儿园、教师与家长都对幼儿的成长与发展具有持久性的影响力。

(1) 调动家长志愿者,建立线上"家长故事团"群组

自2015年全园大活动第一届"读书节"启动,"家长故事团"也随之正式成立。自此,每年全园各班教师在线上招募有意愿、有兴趣、有时间参与的家长,每班两名,由家长根据自己的实际情况自主报名成为故事团成员,组建了"北幼家长故事团"并创建了微信群。故事团中的每位家长从小班进入,直至大班毕业,参加了三年的幼儿园故事团团建活动。迄今为止,"家长故事团"成员近百名。园部还给每位"家长故事团"团员正式颁发了聘任证书,家长对此深感荣耀,也感受到责任在身而倍加重视。此时,家长也因成为共建团队的一分子,开始意识到作为"家长故事团"团员角色身份的意义,进而主动而积极地参与到活动中,为幼儿推荐图书、讲述故事、表演剧目。

(2) 带动家园联盟,形成在线"家长故事会"机制

我们立足于促进幼儿的发展,以幼儿园为中心,由园部业务分管副园长为主要执行负责人,一方为各年龄段班级的青年教师组成的大活动团队,另一方为各班"家长故事团"团员。教师和家长双方共同为每一期的全园故事会活动策划主题内容和实施方案,并为后期的公众号宣传和绘本故事资源的发布实行逐层管理,让优质资源有效地为幼儿的发展提供保障。

一方面,我们保证每学期的故事会如期举行,每月两次,兼顾小、中、大各年级组;另一方面,每次的线下故事会内容,由年级组教师通讯员以线上报道发布的方式推送故事资源。这样做既能满足线下班级幼儿的参与,又能让资源在线上持续共享,还起到广泛宣传、扩大教育影响的作用。

2. 家园联盟共创在线教育资源

家长是幼儿园最重要的合作伙伴,也是幼儿园最丰富的教育资源。在幼儿园的故事会活动中,一届又一届的"家长故事团"团员发挥了积极的作用。

(1) 在线集结,同建故事资源

围绕每学期的全园大活动,包括读书节、数学节、科学节、美术节、音乐

节、健康节等专题活动,结合小、中、大各年级组每月定期开展的"家长故事会"活动,教师和家长共同有侧重点地汇集资源。他们根据专题节主题,围绕数学故事、科学绘本、绘本中的美术作品、有关音乐的绘本故事、健康卫生安全知识图书进行搜集和汇总故事资源。

表 2-4-1　北幼 2020 年 4 月亲子故事团活动安排表
("健康·生命·病毒防护"专题,形式不限,公众号推送)

班级	讲故事家长	故事名称
大一班	高艺宸的妈妈	《别输给感冒啊》
大二班	刘天夏的妈妈	《战胜病菌》
大二班	陶品辰的爸爸	《我不是拖拉大王》
大三班	马斯森的妈妈	《身体里出来的东西》
大三班	胡思楠的妈妈	《真干净》
中一班	王执玮的妈妈	《西雅图酋长的宣言》
中一班	王泺钦的妈妈	《国王生病了》
中二班	刘彦彤的妈妈	《有一天》
中二班	彭亦甜的妈妈	《与病菌作战》
中三班	陆熙贝的妈妈	《霍普夫的世界》
中三班	姜玄同的爸爸	《肚子里有个火车站》
小一班	杨舒萌的妈妈	《白衣超人》
小一班	范邵钦的妈妈	《豆豆,去把手洗干净》
小二班	李增熠的爸爸	《打预防针,我不怕》
小二班	许润韫的妈妈	《第一次自己刷牙》
小三班	石曼熙的妈妈	《细菌不是用来分享的》
小三班	袁煜棋的爸爸	《超级细菌王国》

为了在不影响家长的工作和家庭生活的情况下,方便与故事团的家长随时随地的沟通,我们通常采用线上群里商议的方式进行互动交流。首先,开学初教师在群里发布公告,让所有"家长故事团"团员们知晓本学期的故事会活动目标、活动主题意向。然后,通过微信小程序"石墨文档"邀请家长在线即时填报"故事会安排表",给家长近两周的时间做计划安排。"家长故事团"

团员可根据园里统一安排的时间节点,结合自己的工作时间,围绕搜集到的资源,自主报名并确定参与故事会的时段和内容。最后,将"故事会安排表"再次发布到群中,让所有"家长故事团"团员都能清晰了解并做好准备,从而根据时间的安排和自定的故事在家自行筹备,制作故事图书PPT、录制故事音频。

(2) 创意发挥,拓展多样方式

我们给家长开放更多自由发挥、自主表达的空间,鼓励家长用自己的方式推荐图书和讲述故事。在此期间,我们在共建过程中也有一些改变和调整。

一是故事的选择。在初期,有的家长为了贴合学科领域,突出专题节的主题内容,多会选择一些文字较多的图书,其长篇的知识性内容和文字叙述让幼儿不专注且不太感兴趣;有的家长在选择故事时关注当前流行的动画片内容,却忽视了画面多是电视上的动画场景,缺乏绘本独有的画面艺术感;有的家长在选择绘本时只关注主题的契合,却忽视了幼儿的年龄特点。为此,我们提前让家长将准备的图书发来,在共同审议中确定适合本年龄段、有一定画面艺术感且内容适宜、语言描述生动有趣的图画书,再向幼儿推荐。有时,我们也直接建议家长从教师推荐的书目中选择合适的图书。其实,在这一过程中,教师不仅帮助故事团家长了解什么样的图书、什么样的绘本图画、什么样的故事内容是适合幼儿的,也引导家长以教育的视角从良莠不齐的各类图书中为幼儿精心筛选适合且有意义的资源,建构优质的故事资源库。

二是故事的讲述。家长都是将绘本图画制作成PPT,在故事会上直接看图读文字,虽然有的故事生动有趣,某种程度上能够吸引幼儿的注意力,但是从语言讲述方式上,这明显是"读故事",缺乏"讲故事"的生动性。为此,我们在每次的故事会结束时,会组织幼儿进行简单的评价,会和家长进行在线个别交流,在群中及时反馈实际效果,突出做得好的地方,提出建议,以帮助家长进行适当的调整,也为后期讲述故事的家长提供借鉴。教师适时的引导,可以让家长逐渐改进。家长努力用自己的语言方式,将晦涩深奥的故事讲得生动有趣,深入理解故事中的内容,通过设计一些简单的问题与幼儿互动,让原本单一的"你说我听"故事讲述活动变成幼儿可倾听、可参与、可表达的故事互动会。这不仅让家长感受到自身的成功带来的喜悦,也让家长学会如何面对幼儿讲故事,如何亲子互动,如何提高幼儿的阅读兴趣和讲述欲望。为此,家长也会精心准备每一期的在线故事发布的音频录制。音频内容不再只是平淡的语言表达,而是有语音语调的变化;不再只是一人讲述,而是家庭成员共同录制,让故事富有多种角色参与的效果。

三是讲述的创意。我们会受到各种优秀的电视节目带来的启发,在群里向故事团的家长提出建议,鼓励他们突破传统的读故事的方式,用多样的方式呈现故事的内容。首先,教师先"打个样",将现场表演录制视频发布到公众号,供家长和幼儿共同欣赏,也给了家长一个拓展的思路。一直以来,传统的讲故事方式逐渐被多样化、创造性的表达方式所更新。如在"读书节"的全园大活动中,各年级组的青年教师分别展示了用提线木偶形式表演的《白雪公主》《小红帽》的片段,还特意购置了"围裙故事"所用道具,进行现场展示和故事表演。家长的灵感由此触发,有的家长在家和幼儿共同用玩偶、服装扮演角色,自编自导表演并录制了《小兔乖乖》的经典童话剧视频;有的家长和大班的幼儿共同表演了一出话剧,来演绎自编自导的故事,进行卫生健康教育。又如在"美术节"的全园大活动中,有一期是"绘本中的艺术"主题,我们借鉴了电视台栏目《声临其境》的创意,从网上下载了水墨画动画片《小蝌蚪找妈妈》的片段,请教师进行现场配音讲故事;通过沙画视频配音讲述绘本故事《月亮的味道》;配音讲述皮影戏动画片故事《孙悟空三打白骨精》;还借鉴"配音秀"APP,请教师现场给动画片配音讲故事。我们将录制的视频线上发布后,"家长故事团"的成员得到启发,纷纷选择了国内外的经典的动画片进行现场配音讲述故事,有中国经典动画故事《西游记》《黑猫警长》,还有国外动画片《小猪佩奇》《玩具总动员》,相同的画面演绎出不同的情节,相同的角色呈现出不同的语音语调,给了幼儿不同的视听感受。这让故事呈现出千姿百态的讲述形式,也让故事资源的内容更加丰富多样。

3. 家园合作共享资源成果

随着幼儿园开放性课程活动的持续开展,家长对亲子阅读越来越重视,对在线的资源发布和沟通形式也越来越关注。家长希望幼儿园能够提供更多的图书、故事资源,以求得到专业性的指导,以满足亲子阅读的需求。为此,线上故事资源发布成为我们在每学期的一项重要任务。

(1) 在线集结各类故事资源

一方面,假期推送故事资源,促进家园互动教育。寒暑假期间,我们围绕幼儿生活中遇到的实际问题开展话题性的故事资源搜集。如,围绕居家生活中幼儿感兴趣的植物生长搜集相关图书,结合假期中突如其来的疫情防控搜集各类健康卫生和自我防护的故事。另一方面,在节日发布图书资源,助力家园亲子阅读。如,"三八妇女节"报道中,教师在线推送有关妈妈的绘本故事,让幼儿从文学作品的解读中感受和表达对妈妈的爱。教师于"植树节"向大朋友(家长和教师)推送《那些活了很久很久的树》《树的秘密生活》《植物知道生命的答案》《树之生命木之心》等书,引发成人思考人与树木、人与环境、人与自然的关系,丰富有关树木的科学知识;向幼儿推荐有关树的绘本,让幼儿感受树木的生命。又如,"家长故事团"团员们搜集从1月到12月有关传统节气的图书,通过提供绘本图画的PPT和亲子讲述故事的音频,丰富幼儿对"我们的节气""文化都在节日里"等家喻户晓的传统节日的民间传说故事的进一步了解,也丰富幼儿对中国传统文化的认识。

(2) 在线编辑多样发布方式

线上资源的发布虽然是以幼儿园为主,教师在微信公众号和幼儿园资源库中进行资源推送和信息发布,但是,资源库仍然是教师和家长的合力之作。有时是以教师为主,他们围绕每一期的主题为搜集来的故事内容,选择适合的方式制作成视频或音频,如,通过视频配音的方式在线播放,通过音频的方式在线倾听,通过图片的方式在线阅读,满足不同的亲子阅读需求。有时是以故事团中的家长为主,他们自主将搜集的图书画面制作成PPT转成PDF文件,再由教师协助上传至幼儿园资源库,转化成二维码,同时将家长和幼儿在家录制的故事音频,连同家长和幼儿的照片一起进行排版编辑,汇总成每期资源,逐日或隔周或每月不定期地在公众号持续推送。这可以让参与的幼儿和家长得到大家的认可,其资源成果得以展现,其成就感得以增加,也可以提高幼儿的参与度,并能召集到更多的家长积极参与其中。

随着信息化手段的全面普及,家长对信息化的接纳程度越来越大,参与度也越来越高。"家园故事团"活动让家长从被动接受转变为主动参与,使家园同构的线上教育模式向持续化和规范化发展。这一活动不仅使教育信息资源得以丰富和拓展,也让教育信息传播途径更加畅通,既满足了家长的教育需求,增进了家长的"家园共育""资源发现"和"教育反思"意识,也提高了教师的"团队共建""资源共享"和"教育宣传"意识。

(四) 家园同构的开放性线上"亲子活动"

"带孩子,我们也有优势哦!"

新冠肺炎疫情使得幼儿暂时无法返园,时间转眼由1月底到了3月底,幼儿父母陆续返回工作岗位。对于谁在家带孩子这一问题,我与家长进行了一对一沟通,了解到8位幼儿由父亲或者母亲在家带,1位幼儿由父母一起在家带,其余24位幼儿都是由祖辈带。

面对这一现状,一连串问题萦绕在我的心头:祖辈家长每天在家是如何带孩子的呢?我们每天推送的居家活动便于他们操作吗?有没有困难?我们可以提供怎样的帮助呢?带着这些问题,我联系了班级中的9位祖辈家长,开展了线上视频座谈会,请他们围绕这些问题谈一谈自己的做法和想法。

座谈会上丫丫奶奶的介绍引起了参与座谈的祖辈家长们的共鸣:

"带孩子,我们也有优势哦!我们和孩子一起拍球、比赛拼图,有动有静,动手动脑,我们还一起玩扑克。这个时候就会有输赢,当孩子赢了,她自然很高兴,可是输了呢?尽管丫丫会不开心,但我们也教育她,游戏就是有输有赢,要赢得起也要输得起,这样才好玩!所以,现在丫丫看待输赢也好多了。"(瞧,奶奶带幼儿玩的时候还进行了心理疏导教育!)

"寒假里面不是自主学习拍球嘛,我们除了鼓励丫丫自己练习,还带她看小朋友发到群里的拍球视频,看看自己和其他小朋友拍球的区别,自己还能怎么练更好!"(真是一位善于学习并且善于带动幼儿一起学习的奶奶呀!)

"另外,我觉得我们和孩子之间还有几个角色的转换,比如说:

① 为了让丫丫愿意做操,锻炼身体,每天做操时,我们就和丫丫一起做。这时候,丫丫是老师,爷爷奶奶是学生,我和爷爷还会故意做错,让丫丫指正。(师生关系)

② 认字时,奶奶是老师,丫丫是学生。(互相转换的师生关系)

③ 儿歌表演的时候,丫丫是演员,爷爷奶奶是观众。我们不仅要鼓掌,还要点评,说出丫丫哪里做得好,哪里还需要改进。丫丫的积极性很高!(演员和观众的关系)

④ 学习折纸时,我们就共同学习。当丫丫想请爷爷奶奶帮忙时,我们会说"我们在一起学习哦"。(同伴关系)

⑤ 丫丫喜欢做美食,做美食时,爷爷奶奶是大师傅,丫丫就是小徒弟。大师傅为小徒弟提供各种支撑,比如需要拿调料、倒开水等。丫丫做美食的积极性可高啦!(师徒关系)

(不停地变化角色关系,激发幼儿的活动兴趣,创造和幼儿互动的机会,即使同样是老师和学生的关系,一声"大师傅",一声"小徒弟",称呼一变,趣味更多,幼儿在这样的氛围中活动的积极性将会大大增加!)

当然，我们一定会给孩子自由活动的时间。这样她可以调节自己的状态，自主地选择自己喜欢的活动内容。"

听了丫丫奶奶的介绍，其他祖辈家长也纷纷介绍自己是如何与幼儿互动的，归纳起来特点如下：

① 发挥自身特长陪伴幼儿。祖辈家长除了带幼儿，还要做家务，他们会带着幼儿一起学习择菜、烧菜等，既让幼儿动手参与，又完成了家务。

② 重视幼儿的体育锻炼。疫情期间，尽管不能经常带幼儿外出，但是祖辈家长也会借助教师分享在班级群中的体育游戏视频，带着幼儿在家玩，偶尔也会带着幼儿利用小区的健身器材进行锻炼，或找人少的小公园活动。

③ 不仅要照顾幼儿的生活，还要支持幼儿的各类学习。白天父母上班，祖辈家长不仅要关照到幼儿的吃喝拉撒睡、体育锻炼，还要关照到其他的学习活动，如：识字、阶梯数学、阅读等。

④ 不仅关注到幼儿的兴趣，还关注到幼儿的学习习惯。座谈时，祖辈家长说出幼儿的兴趣点，如唱歌、跳舞、画画等；也说出幼儿在视频交流时不愿意开口、坐不住总是跑等问题。可见他们通过自己的观察，对于自己的孙辈还是有较全面的了解的。

通过座谈会，我们了解了祖辈家长在家与幼儿相处的基本方式，他们既要陪伴幼儿，也要做家庭事务，真的很不容易！

"带孩子，我们也有优势哦！"是呀，座谈会后，参与座谈的几位奶奶、外婆开始更多地在班级群中分享自己带着幼儿一起择菜、做菊叶蛋汤的视频，他们还和幼儿一起做操锻炼身体，和幼儿一起将家里的锅碗瓢盆固定在椅背上，玩打击乐游戏……祖辈家长在带幼儿的过程中发挥着自己的优势。

启示

1. 经验交流是祖辈家长需要的，而线上视频座谈会为祖辈家长的经验交流提供了新思路，开辟了新平台

随着父母的返工，陪伴幼儿的重任实实在在地落到了祖辈家长的身上，他们的经验结构不同，带幼儿的方法也不同，由于长时间在家带幼儿，他们也需要倾诉和交流。可是多方面的原因使他们无法见面交流，因此线上视频座谈为祖辈家长的交流提供了新思路，开辟了新平台。

2. 祖辈家长也善于借鉴他人经验，调整自己的带娃方法

从群里的信息反馈以及与家长后期的个别交流，我们可以发现，通过线上视频座谈会，祖辈家长也很善于借鉴他人经验，将好的方法运用到日

常带孩子中,既让幼儿有事可做,推动幼儿的能力发展,又能有序完成自己的事务。

3. 拓展了教师搜集活动资源的思路

线上祖辈家长座谈会让教师知道了祖辈家长做了什么、需要什么,这就为教师后续搜集活动资源拓展了思路。

浓浓爱意的线上故事分享

——利用睡前故事拉近疫情期间教师与小班幼儿距离的尝试

背景

寒假中期,教师和家长都接到了幼儿园延迟开学的通知。小班的幼儿宅在家中,教师心里的那份想念之情只能通过班级群的照片和视频连线得以抒发,看见幼儿的居家、幼儿的游戏、幼儿的运动,感受幼儿的快乐……如何拉近教师与幼儿的距离,让幼儿感受到"疫情期间离园不离师,师幼爱相随"呢?如何真正解决家长在生活中教育幼儿的难题,让家长感受到"疫情期间家园共育,专业指导"呢?

事件

1. 有温度的声音

"叮咚"一声,教师在微信视频里看到了期待已久的笑脸。手机里传来你甜甜的问候:"胡老师,你好啊!我想你了。"我笑着点头:"宝贝,胡老师也想你了。"说着,眼泪竟不争气地流了下来。我们隔着屏幕互诉衷肠,时间在静静流淌,仿佛有说不完的话。最终,你依依不舍地挂电话的时候,说了一句:"老师,我喜欢你的声音。我想每时每刻都听见你的声音。"我的心里一下被你温暖和感动,感动小小的你对老师的喜欢,感动小小的你思念老师的声音。我在思量如何让每个幼儿随时随地听见老师熟悉而有温度的声音。

2. 家长的难题

线上小型家长座谈会如期召开了,目的是让教师了解幼儿疫情期间在家的情况,了解家长在家庭教育中的困难,尝试给予较为专业的指导和帮助。

"老师,不怕您笑话,我家的娃这段时间不到晚上12点不睡觉。有时候,困得坐都坐不住了,还要我和她玩。我知道这是不对的,但是她就是不肯上床睡觉,怎么办啊?"面包爸爸一副愁容地向我和家长们发出了"求救"信号。

面对幼儿不愿意按时入睡,好几位家长发出了相同的感慨。看来这不是个例,由于作息时间的延迟,幼儿不愿按时上床。

"白天运动量够吗?"我进一步询问。

"一整天在家蹦蹦跳跳,运动量肯定够的。她一上床就睡着了,肯定是累的。可是,她就是不肯9点上床。"面包爸爸继续补充。

原来,问题出在不愿上床这个环节。

作为老师的我,想的不是如何规劝和命令幼儿,而是让上床变成一件幼儿喜欢做的事情,让幼儿主动地乖乖地自己上床。

3. 睡前故事如期而至

面对孩子的思念,面对家长的难题,我思量着,心中已经开始盘算"妙招"。

"亲爱的宝贝们,听说你们最近都很乖,会自己主动上床睡觉,所以从今天开始每晚8:30班级群里都会准时推送胡老师讲的睡前故事。想听的宝贝们,赶快洗洗上床,躺在床上闭眼聆听,美妙的睡前故事马上就要开始喽!"

说干就干。

我选择了"喜马拉雅"APP录制了第一个故事:经典绘本——《猜猜我有多爱你》,用来表达我对孩子们的思念之情。

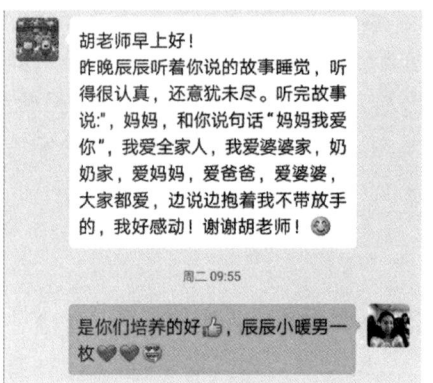

图2-4-1 班级微信群

......

"大兔子轻轻地躺在小兔子的旁边,带着一个微笑,小声说道:'我爱你。从这儿一直到月亮上面,再绕回来。'"

第一天的故事,收到了很好的效果。

故事里表达出浓浓的爱意,让幼儿不经意间向家长表达着爱意,家长十分感动。

自此,每晚8:30幼儿都会乖乖地洗漱完上床,期待着群里的故事,我迟一分钟发,都会引来一些"语音追债"。

后期的家长座谈会中,家长们一致反映"睡前故事"是哄孩子上床的神器。不过,也有一些家长提出了改进意见。例如:故事不要仅限于外国绘本,故事品种可以多样一点,可以讲讲中国传统故事,讲讲中国古代神话,等等。为此我们也增加了多样的故事。

4. 超级订制故事

可是做任何事情时间久了,就会生出一些倦怠,听故事也是这样的。大约20天后,幼儿对于睡前故事的新鲜劲儿明显下降了。通过家长的反馈以及喜马拉雅平台显示的播放次数可以看出,孩子们不再执着于每晚的睡前故事,而是执着于"某个"他感兴趣的故事。例如:"《呀! 屁股》这个故事,他每晚必听,我只要说放'屁股'的故事,他马上就乖乖地刷牙上床了。"兴趣是最好的老师。每个幼儿喜欢的故事是不同的,我突然意识到这一点。

从教师本位的睡前故事,转化为幼儿视角的睡前故事,只缺了一步,就是"宝贝,你想听什么故事? 老师说给你听"这一句话。

"我想听《三打白骨精》。"莱莱留言。

"我想听你在幼儿园给我们讲过的《我想要吃一个小孩》,那个故事最好听。"恒恒说。

"我想听男老师的声音……"丁丁说。

"胡老师,小面包自己爱说故事,我把她说的故事整理成文字,能不能麻烦您念给她听。最好能念出作者:小面包。"面包爸爸给我留言。

……

一个个独一无二的睡前故事就这样诞生了。因为我在故事录音里加上了"送给×××"这看似简单的几个字,所以幼儿感到无比欣喜。其中一个小朋友的原话是:"故事里念着我的名字,就好像胡老师坐在我的床边给我讲故事,太棒了!"

睡前故事还在持续着,一天一个订制故事,幼儿每天都翘首期盼,今天的故事是送给谁的呢? 是送给我的吗? 通过睡前故事,每个小班幼儿仿佛看到了老师坐在自己的床前,轻声呢喃地哄着自己:"亲爱的宝贝,听完这个故事,赶快睡吧!"多么温馨的画面,充满着浓浓爱意。

启示

1. 从家长角度:小故事解难题

(1) 急家长所急,思家长所思

宅家期间,家长提出"孩子不愿上床睡觉"的困难,教师站在家长的立场,想办法帮忙解决问题,而且还起到了很好的效果。家长由衷地感谢老师"急家长所急"。

(2) 利用故事,巧妙教育

宅在家中的幼儿,有着天使的一面,也有着"小恶魔"的一面。有的家长反馈难得的长假增加了亲子互动的时间与机会。有的家长真实反馈幼儿"不愿意吃饭""害怕困难""不讲道理""非常难缠"……对付幼儿,用故事引导远比啰嗦更有用!故事更能吸引幼儿的注意力,幼儿可以通过听故事的方式发现自己的问题,学习解决问题的方法等。

2. 从幼儿角度:小故事超有趣

(1) 世界上没有一个幼儿不喜欢听故事

小故事是教师和幼儿斗智斗勇的有力筹码。睡前故事,让幼儿愉快地接受了自己并不喜欢但不得不做的事情——睡觉。睡前故事能给幼儿营造出安全、温馨、美妙的睡前氛围,幼儿听着故事甜甜地睡着了。

(2) 我喜欢的故事

个性化的故事,让睡前故事又火了一把,也正是个性化的故事,拉近了教师和幼儿之间的距离。通过声音,我们可以想象出教师温柔的笑脸、幼儿甜蜜的笑颜……

3. 从教师角度:小故事大学问

(1) 故事储备,平时积累

要用故事对应幼儿的个性、兴趣,教师就需要大量的故事储备。例如:对于"爱挑食"的幼儿,教师订制了《我永远不要吃番茄》;对于"不爱上床"的宝贝,教师送上了《睡觉去,小怪兽》。书籍是浩瀚的海洋,教师要想随时能在大海中捞到合适的"针",就需要平时多积累故事。"书到用时方恨少",可见平时养成勤阅读、多阅读的习惯是多么重要。

(2) 讲述故事,精益求精

① 故事的背景音乐

网络上的很多幼儿故事都会配有好听的背景音乐,令人感觉非常优美。可是,我念故事时,恰恰没有配背景音乐。不是偷懒,而是小班年龄段的幼儿注意力容易分散。在初次聆听陌生故事时,背景音乐反而会成为分散他们的注意力的因素。教师应该为幼儿创设完全沉浸式的学习环境,让故事本身引发他们最大的关注。

② 念故事时的语速

小班的幼儿语言接受能力一般。如果我们讲故事的语速过快,那么幼儿还没有听明白这一句讲什么,就已经听到下一句了,这不利于幼儿理解故事内容。所以,我讲故事的时候,一般都会想象幼儿就在眼前,实在不行,就让自己的孩子坐在跟前当听众。

③ 念故事时的情感代入

幼儿是最敏感的生物。虽然只是一个故事,但念得好与坏,他们心里比谁都清楚。我录故事时,从不敢懈怠,我把最真挚的情感揉进语言里,希望给幼儿的耳朵带来美的享受。

反思

1. 爱幼儿不需要理由

虽然现在有很多智能设备都可以播放故事,也有很多非常优秀的平台可以听故事。但我为什么要劳神劳力地给孩子们录故事?有的老师不禁要问:"把故事录音直接转到班级群里,不好吗?"是的,这样非常便捷。可是,那些转播的故事是没有温度的,讲故事的人不认识听故事的人。故事好听,但没有爱。我费尽心思地录故事,我可以想象出每一个幼儿翘首期盼、双手托腮听故事时的那份快乐,他们听故事时,脑海里也会浮现出老师温柔的样子。爱幼儿不需要理由,不是因为他们可爱我们才去爱,而是因为我们爱幼儿,幼儿就更可爱了。

2. 把简单的事情做到极致

录故事,说简单了只要有会说话的人就可以。可是说复杂了,里面需要关注的细节一天也说不完。一个个简单的小故事就像是考验厨师水平的"鸡蛋炒饭"。虽然简单,但可以显出真功夫。我们想要说好故事,就要读音准、情感真、抑扬顿挫、铿锵有力……总而言之,想要把故事录好,难哦!我还需要再下一番苦功夫。

3. 信息化技术有效助力教育

我之所以选择"喜马拉雅"APP 进行录音,是因为这个平台录故事操作起来非常便捷,一台手机就可以全部搞定。我们在录故事时难免会有错误,"喜马拉雅"APP 修改录音非常便捷,分享录音也非常方便,还可以进行"专辑"推送,避免了打开电脑录音—电脑程序修音—保存—分享等烦琐的操作,让教师有时间、有精力把每晚的睡前故事坚持下去。

4. 数据让爱留下痕迹、反观儿童特点

"喜马拉雅"APP 还有数据收集的功能,每一条录音推送都会记录播放的次数。这些次数都是自动生成的,省去了教师搜集数据的时间。看着每天蹭蹭上涨的数据,我感受到爱与爱的交互,让充满爱意的睡前故事留下了痕迹。而且通过数据,我们看到了小班幼儿对故事的偏好,幼儿喜欢《猪八戒吃西瓜》这种滑稽的故事,喜欢《疯狂动物城》这种动画片改编的故事……

疫情期间包含着浓浓爱意的睡前故事,真正拉进了我和幼儿之间的距离。两万多次的播放量,是对我一直坚持录故事的最大肯定。"孩子们,老师讲的故事好听吗?老师想你们了……"

第五节 "1+4"课程

"1+4"课程是落实开放性课程的一种新型课程模式,是教师立足于幼儿的活动兴趣和学习需要,围绕开放性课程目标,挖掘课程资源,有目的、有计划地协同家长志愿者组织幼儿参与的开放性系列活动。课程包括每周1次走出幼儿园,在园外开展的亲自然、亲社会活动和4天在园内开展的学科领域相融合的集体、小组、区域游戏等活动。

一、"1+4"课程的思考

(一) 课程"1"是什么

课程"1"是核心,是活动的起点、探究的出发点、经验的生长点,是走出校园的一趟远足活动,一次家园同游,一场亲子互动,一种亲身体验……这"1"天,教师带着幼儿走进了鲜活的"世界"里,看到花草树木,听到鸟语蝉鸣,来到博物馆、图书馆……一切的一切让幼儿感到不一样又似曾相识且无比新鲜。每次外出,走在同一条路上,春夏秋冬,看到不同的景象,感受也会不一样;每次出游,去不同的地方,带着各自的"任务",会有不同的发现,也会有各种问题。每周的一次外出,成为幼儿的期盼,也成为他们的"郊游日",他们会俏皮地问教师:"下一周我们去哪儿玩呢?"每一次走进大自然、走进社会,幼儿都在亲身经历、直接感知的过程中,有感受、有体验,进而萌发兴趣、产生话题、提出问题,也积累了丰富的经验。

1. 课程"1"时时有问题

每一次外出前,教师会和幼儿聊一聊,让幼儿知晓:到哪里去,为什么去,去做什么,如,"春天在哪里?到哪儿找春天?怎么找春天?""哪里有标志?为何找标志?怎么把标志带回来?"等问题让幼儿外出目的性增强,也让幼儿更加聚焦问题,在户外有意识地看、听、问,去感受、去发现。在同伴间的相互对话中,幼儿不仅获得相关的共性经验,也会产生更多问题。如,去公园找秋天的"1"天,幼儿被公园里爷爷们演奏萨克斯的奏乐声吸引,产生好奇,提出问题:"这是什么声音?这是什么乐器?这是怎么演奏的?"幼儿在真实情景中产生的"真问题"引发了后续的课程活动。

2. 课程"1"处处是资源

各种各样的资源也因课程"1"的活动而不断丰富。周边的公园、植物园、草地、花坛等都是课程"1"的自然资源。书店、花店、理发店、博物院等都是课程"1"的社会资源。每一次外出,家长志愿者的参与,也成为课程"1"的人力资源、教育资源。这不仅拉近了家长志愿者与幼儿之间的距离,也让幼儿能够与更多的人员(如植物园捉虫的"虫子"老师、养殖场的"小鸡"饲养员)互动,更好地促进幼儿社会性的发展,拓展幼儿获取经验的多样化途径。

3. 课程"1"安全是底线

在教育幼儿提高安全意识的同时,我们也可以充分发挥家长志愿者的作用。特别是祖辈家长,他们退休了,有时间,也喜欢和幼儿在一起活动。教师根据活动的需要、外出活动的距离远近等决定需要家长志愿者的人数,提前发布在班级群里,让家长自主报名。教师要与家长志愿者达成共识:参与活动时协助教师照顾全体幼儿。

(二)课程"4"是什么

课程"4"是发展,是活动的生成、探究的深入、经验的拓展面,是在"1"的基础上的衍生和发展,根据幼儿的经验、兴趣不断深化拓展的课程内容,可能是4天的系列活动、4种区域活动、4次游戏活动、4个研究项目……"4"不局限于具体的数量,而是由"1"引发的课程发展走向,由"1"生成的课程系列活动内容。这"4"天里,教师随着幼儿一起交流讨论、欣赏作品、讲述表达、艺术创作,共同围绕问题查询资料、翻阅图书、探索研究,充分发挥幼儿的主体性,给予幼儿宽松的氛围,让幼儿乐于思考、愿意表达,让幼儿的经验不断巩固、拓展和深化。

课程"4"是外出活动前的准备和铺垫。教师把主动权交给幼儿,共同商讨。如,幼儿在了解南京的基础上,讨论"希望去看一看南京的哪里"。大家通过投票的方式决定去哪里,满足多数人的需求。

课程"4"是外出活动后的交流和表征。教师与幼儿共同围绕外出的发现、问题和经验进行讨论和交流,用前书写、绘画、讲述等多样化的方式记录并创造性地表征自己的认识和想法。

(三)课程"1"与课程"4"的关系

"1+4"课程中的"1"和"4"的关系是紧密相连又相辅相成的,二者之间是相互启发、互相推进的持续延展的过程。在课程开展的过程中,"1"和"4"并没有固定的先后模式,也没有固有的流程,而是着眼于幼儿在课程中的兴趣需要和探究欲望,有赖于教师的专业水平和研究倾向。有时,教师预设的外出课程"1"中的某个兴趣点引发了在园课程"4"的活动生成,伴随着幼儿经验的丰富,发掘出新的"1"的课程资源,在此基础上又不断扩充了课程"4";有时,现有课程"4"的开展进程,引发了幼儿对外出的需求而寻找资源进而产生课程"1"。幼儿的兴趣点、认知经验也在"1"和"4"的融合过程中呈螺旋式发展的趋势。

"1+4"课程中的"1"并非以往简单形式上的家园共育,也不完全是单一的亲子户外同游,更不是随机的外出参观;"4"也并非通常固定的活动安排,而是跟随着幼儿的经验、伴随着课程的发展在深度和广度上的不断发展。课程"1"和"4"两者不是独立割裂的,而是以"1"促"4"、以"4"补"1"的关系,是"1"推动"4"、"4"深化"1"的关系。"1+4"课程让多领域的主题系列活动、多样化的区域活动内容、多形式的课程活动类型之间相互融合、有机关联。课程"1"与课程"4"之间有着紧密的关系,它们相互支持,让幼儿在不断引入新经验、解决新问题的过程中积累经验。

二、"1+4"课程的实施案例

"1+4"课程,将幼儿的学习空间从园内向园外的自然和社会开放,增加了幼儿与自然和社会亲密接触的机会,激发了幼儿对大自然和社会探究的兴趣和情感。在"1"的课程中,家长作为志愿者,高频率地参加"1"的课程活动,甚至家长就是课程"1"的实施者、组织者和资源提供者。在这一过程中,家长增加了对开放性课程的理解度,成为开放性课程的支持者和建构者。学习资源和学习场所的开放为教师构建多类型的课程发展提供了可能,尤其是幼儿为主体的创生课程。教师更关注对幼儿经验的开放、对活动形式的开放、对家长资源的开放,使班级的课程活动在深度和广度上延伸和发展,课程也体现出班级特色,呈现出动态化的持续发展样态。

案例 1

四看小草（小班）

缘起

"小草会长多高呢？""小草长得有多快呢？""小草除了变绿，还会有哪些变化呢？"春天到了，幼儿被地上的小草吸引着，提出了很多问题。那我们就经常去看一看小草，关注它们的变化。于是，"四看小草"的主题活动就这样开始了。

目标

开放性课程目标	"1+4"课程活动目标
1. 在成人的支持下，乐于尝试生活和游戏中的探索活动，学习关注周围常见事物。	1. 愿意亲近大自然，喜欢到户外看小草。
2. 初步认识自己的感官，学习使用感官获得信息。	2. 调动多种感官观察春天里小草发芽、生长的明显特征变化。
3. 在成人的帮助下，学习用说明、描述等多种方式表征对简单事物的发现和认识。	3. 在教师的引导下，学习用动作、语言、绘画等方式表达对小草的认识和发现。
4. 在成人的引导下，愿意对现实情境的变化提出疑问；在成人的指导下，知道有困难可以寻求伙伴的帮助，体验解决问题的快乐，初步意识到解决问题的方式是多种多样的。	4. 在教师的鼓励下，愿意并尝试对小草的变化提出问题；在教师的带领下，共同使用百度语音查阅资料、向专家请教，初步探索和学习解决问题，体验解决问题的快乐。

线索

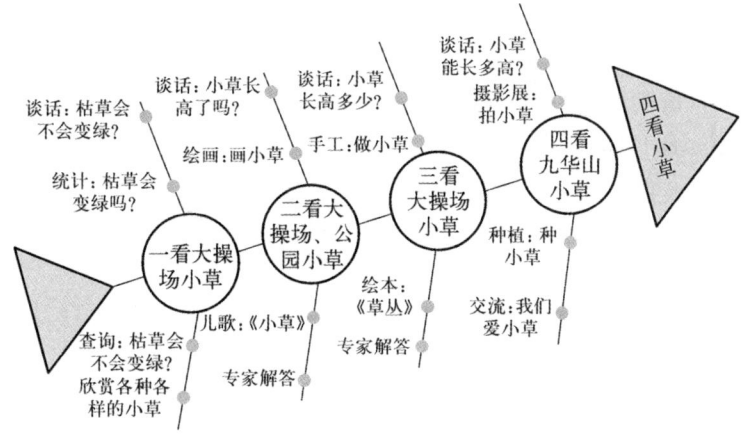

故事

一看小草

初春时节,寒意还没有完全消退。有一天,在幼儿园附近的大操场游玩时,教师发现幼儿聚集在一片枯草地旁,对枯草产生了兴趣。

"这些枯草会不会变绿呢?"

教师反问:"你们觉得枯草会不会变绿呢?"

幼儿纷纷进行了大胆猜测。

"这些枯草会变绿的,因为小草长出来就是绿的。"

"这些草都枯了,最后会变没,土里会重新长出新的小草来。"

……

回到班级里,我们针对这一话题进行了一次投票,结果发现:班级25名幼儿在"枯草会变绿"的照片旁贴上了圆点;13名幼儿在"枯草不会变绿"的照片旁贴上了圆点。面对统计结果,我们还开展了调查,幼儿在教师的带领下,通过小度智能机器人了解到枯草会变绿,机器人上还出现了一张带有造型的小草图片。于是,教师上网搜索了各种各样造型的小草,带领幼儿进行了一次欣赏小草的活动。

幼儿看到后不禁赞叹道:"太漂亮了!"

"小草是细细长长的,像把刀。"

"哇!小草太神奇了,手一碰就会缩成一团。"

"小草的叶子像爱心一样。"幼儿边说还边用手摆出小草的造型。

……

幼儿对小草有了初步的了解,那么枯草会不会变绿?会变成什么样呢?我们一起等待着下一次的探索和发现。

二看小草

过了一周,幼儿迫不及待地来到后操场的大草地,结果发现枯草堆里长了少许嫩绿的小草。

教师:"我们上次来看都是一片枯草,今天我们来看一看小草,它们变样了吗?"

"变了!"幼儿纷纷答道。

"你们去找一找,看看小草长得怎么样了。"

"老师,你看这里的小草变绿了。"

"这里的小草长高了一点点。"

……

教师:"你们还有什么发现啊?"

"小草长得尖尖的。"

"枯草上长出了小的嫩芽。"

"这里的小草变绿了,其他地方的小草也变了吗?"

为了看一看其他地方的小草是不是也变样了,我们紧接着来到了附近的和平公园。

"这里的小草怎么样啦?"

只见幼儿有的蹲下来,有的弯下了腰,有的睁大眼睛看小草,有的趴在地上闻小草,有的用手摸小草。

"老师,你看!这里的小草比大操场的小草长得高,小草长得和我手指一样高。"幼儿边说边比画着。

"为什么呢?"

"地方不一样,幼儿园里的樱花和鸡鸣寺的樱花也长得不一样。"

"为什么大操场与和平公园的草长得不一样高呢?"

我们邀请了在土壤研究所工作的家长进行答疑:阳光、土壤、水分不同,小草的生长速度自然会不同。

幼儿对看草的热情只增不减,共同期待着下一次的继续探究。

三看小草

随着气温的逐渐升高,小草又长高了一点,我们再次来到后操场。这一次,幼儿发现小草大变样了:变绿了,长高了。

教师问:"小草变得怎么样啦?"

"又长高啦!"幼儿很开心,三五成群地聚集在草丛中,有的摸摸小草,和小草说说话;有的观察到枯草上面长出了绿色的小芽;还有的和小草比起了高矮。

回到班级,我们围绕"小草长高了多少"这一话题开展了谈话活动,幼儿因为有了前期的探究经验侃侃而谈:"小草长到我膝盖那了。""小草有的高有的矮,高高低低的。"……

教师启发道:"我们在户外看到了这么多的小草,那怎么让班级里也'长'出小草?"

"可以在美术区里画小草。""用油泥捏小草。"……于是,幼儿把观察到的小草用美术方式尽情地呈现出来。

幼儿用他们喜欢的美术方式呈现他们对小草的细致观察,纷纷拿着作品

介绍着:

"你看我做的小草,像刀一样,旁边还有尖尖的刺。"

"我看到小草的根部是黄色的,所以我把黄色的油泥放在了绿色小草的根部。"

……

四看小草

春夏之交,小草长得更高了,我们又来到了九华山四看小草,观察小草的新变化。这次,幼儿在草丛旁和小草比起了身高。各自站在自己找到的草地上七嘴八舌地说:

"有的小草趴在了地上,和我手掌一样高。"

"小草高高低低的,到我膝盖那了。"

"老师,小草长到我屁股那了。"

幼儿高兴地用手机拍下了一张自己心中小草长得最茂盛、最美的照片。

大家共同讨论后,决定开展一次摄影展。于是,教师将幼儿拍摄的照片布置在展板上,并附上点读笔录音贴,幼儿可随时点读倾听同伴的介绍。摄影展一开始就吸引了大量的家长和幼儿前来参观并贴星点赞。

幼儿对小草愈发地感兴趣,决定自己来种一种小草,并选择了自己想要种植的小草娃娃:情思草、康乃馨、杂草等。

每天入园时,幼儿主动和家长们一起照顾小草,给小草娃娃浇水、晒太阳,期待着小草娃娃快快发芽。没过多久,幼儿惊喜地发现:我的小草娃娃长头发啦……

从冬草到春草,再到夏草,幼儿通过小草的变化,感知着大自然中的万物不断生长变化着。

反思

多次的外出活动中,教师有意识地引导幼儿走向户外,围绕生活中同一事物(小草)进行连续性观察,不断激发幼儿仔细观察小草的兴趣。在看小草、闻小草、摸小草、和小草比高矮等活动中,幼儿有关小草生长和变化的经验不断丰富。

在亲近大自然的过程中,教师关注幼儿的发现,跟随幼儿的兴趣和问题,引导幼儿通过做小草、画小草、说小草、给小草拍照等多样化的表征方式,表现自己眼中的小草,让幼儿喜欢接触大自然,留心观察大自然,对大自然中的事物感兴趣。

案例 2

探索菌菇的秘密（中班）

缘起

由于教室地理位置的限制,少有阳光直射的种植角一直都是我们班的难题:植物存活率很低,到底种什么?我们将难题交给了幼儿,和幼儿一起讨论后,决定种植不需要光照的菌菇。

目标

开放性课程目标	"1+4"课程活动目标
1. 学习了解什么样的活动具有积极的意义,尝试采用更为积极的行动方式。	1. 知道种植菌菇活动的积极意义,愿意积极地参与到活动中探索菌菇的秘密。
2. 在成人的引导下,学习使用简单的符号以及说明、描述等多种形式表征对简单事物或过程的发现、认识和创造。	2. 学习使用简单的符号、描述等方式表征菌菇的生长变化。
3. 在成人和同伴的启发下,大胆对同一主题提出不同的问题,注意解决问题的方法是多种多样的。面对困难不轻易放弃,有不断探索的欲望。	3. 大胆表达自己的困惑和想法,不怕困难,尝试运用多种途径,感知和发现菌菇的生长变化及其生长的基本条件。
4. 学习运用成人、同伴提供的经验解决自己和别人所面临的问题,尝试根据教师提供的价值标准来进行创造性的信息表达。	4. 通过种菌菇、找菌菇、问专家等活动,获取种植菌菇的经验,解决自己和同伴面临的种植菌菇的相关问题。

线索

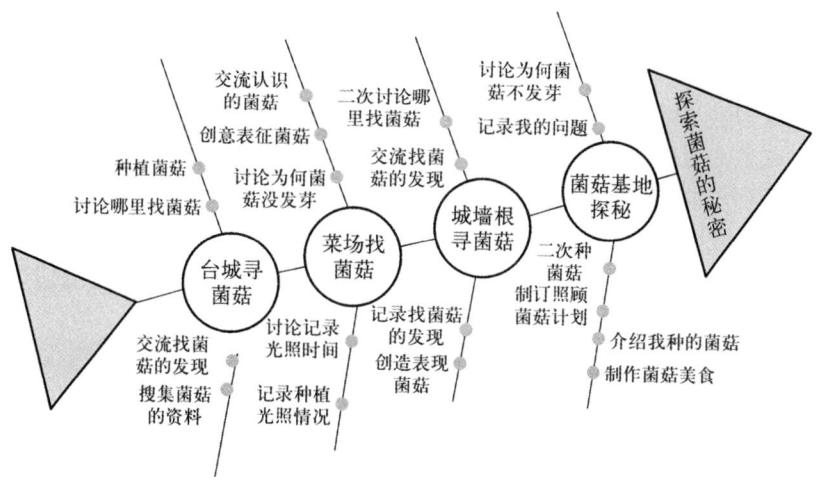

故事

台城寻菌菇

家委会的爸爸妈妈们购买了各类品种的菌包,幼儿一起学习了《种植指南》,认领菌包,开启了探索菌菇的生长之旅。

小小的菌包寄托着幼儿大大的期望。可是,一个星期过去了,菌包还是原来的模样。

"我的菌菇怎么还没长出来呀?"小雨垂头丧气的模样,让我们意识到幼儿对于菌菇生长出来的渴望。幼儿园的菌菇还没长出来,我们就去野外找菌菇吧,幼儿兴奋不已!

"哪里会长出菌菇呢?"教师给幼儿抛出了问题。

"我家楼下有个大大的花园,那里会有菌菇。"

"去和平公园。"

"去农场!"

"去小学!"

"我们亲子班那里有菜地,可能会长菌菇!"

……

幼儿提出这么多地方,先去哪里呢?最后我们一致决定第一站先去大家最熟悉、离幼儿园最近、最有可能找到菌菇的台城亲子部。

幼儿手拉手,信心满满地来到亲子部。可是,幼儿在菜地里找了很久,一个菌菇都没有找到。大家有点沮丧,为什么在菜地里找不到菌菇呢?带着问题我们一起回来讨论。

"台城可能没有种菌菇,他们没有买菌包。"

"弟弟妹妹没有好好照顾菌菇。"

"我们没有仔细找。"

"我不知道菌类长什么样,它有好多样子!"这一想法得到了许多幼儿的认同。那怎么认识菌菇呢?

"问百度。"

"我在菜场看到好多菌菇,我们可以去菜场看菌菇。"这一提议让大家兴奋起来,幼儿纷纷表示家里吃的菌菇都是从菜场买的。

我们决定去菜场看一看菌菇。

菜场找菌菇

来到菜场,幼儿很快就找到了卖菌菇的摊位,在阿姨的介绍下,大家一起认识了金针菇、杏鲍菇、平菇等各种菌菇。

"阿姨,你的菌菇是怎么长出来的?"

"小朋友,阿姨的菌菇都是从别人那里批发过来的,不是自己种的。"

"阿姨,你知道怎么种菌菇吗?"

阿姨想了想,说:"菌菇不能晒太阳,要在没有太阳的地方生长。"

这次的菜场之旅,我们不仅看到了各种各样的菌菇,还强化了关于菌菇生长的重要信息——原来菌菇不仅不喜欢太阳,而且不能直接晒太阳。

回到幼儿园,我们一起讨论:为什么种的菌菇还没发芽?原来是种植角有太阳光照进来。大家决定每天利用进班前、区域游戏时间、午餐后、下午点心后、放学后这五个时间段观察种植角的光照情况并进行记录,寻找最佳的生长环境进行调整,以防菌菇被太阳光直射。

城墙根寻菌菇

知道了菌菇长什么样,幼儿蠢蠢欲动,大家对第二次的寻菌菇之旅信心满满,那么这次去哪里找菌菇呢?

幼儿纷纷回答道:

"菌菇不能晒太阳,要找没有太阳光直射的地方。"

"那我们幼儿园附近,哪里没有太阳光直射呢?"

"玄武湖。"

瞬间教室里炸开了锅:"不对不对,玄武湖也有太阳,那里绝对没有菌菇!"

"我们上次去九华山,那条路上就没有太阳光直射。"

"那里有高高的城墙!"

于是,我们再次出发,一起去城墙根找菌菇!

"好像发现菌菇啦!"杨杨指着大树根大声说道,可是用手一摸,"咦,怎么一下子就掉了?"原来不是菌菇啊,是白色的油漆块呀!

为什么我们还是没有找到菌菇呢?带着失落和困惑,幼儿迎来了周末时光。一场大雨过后,幼儿在小区的墙角、大树根下找到了好多刚冒出来的菌菇!

假期回来,幼儿激动地分享这次的自由寻菇之旅,拿着照片介绍自己的发现。对于城墙根下没能找到菌菇的原因,大家也都有了自己的想法。

吃完午饭散步时,幼儿惊喜地发现,在幼儿园的梧桐树下有刚刚冒出来的小菌菇。

菌菇基地探秘

知道了菌菇生长需要潮湿和没有直接光照的条件,幼儿更加用心地照顾自己的菌包,每天区域游戏时间都会给菌包浇水,观察菌包的生长,并用前书写的方式记录下自己的观察发现。

《种植指南》上说,15~20天菌菇就能长出来。可是一个月过去了,我们种的菌包一点变化都没有,只有几个长出了一点点芽就不长了,这可把幼儿着急坏了。

"为什么我们的菌包不发芽?""为什么菌菇不长大了?"

"我有一天忘记浇水了。""我们放假,它们没有人照顾。""我们的水喷得太少了。"

"问问老师吧。"

"我也没种过,我也不知道呀。"教师摊摊手说,"那怎么办呢?"

"可以问专家。"

教师竖起大拇指:"是个好办法,那你们有哪些问题要问专家呢?"幼儿纷纷记下自己的问题。

图2-5-1 问题:我的菌菇每天浇水还长不出来?菌菇长多大可以吃?

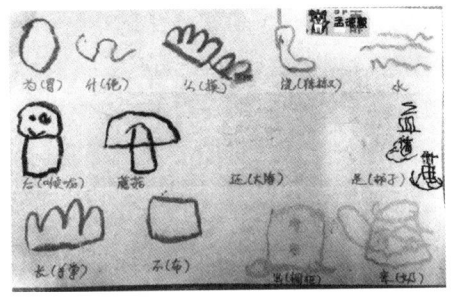

图2-5-2 问题:为什么浇水后菌菇还是长不出来?

在乐乐爸爸的建议和支持下,带着问题,我们一起来到了江苏食用菌研究所寻找专家。大家先在基地里参观认识了更多种类的菌菇。原来,菌菇分为食用菌类和药用菌类,我们在幼儿园培育的是食用菌类,药用菌类包括灵芝等。菌菇家族里的成员可真多!

幼儿还一起参观了菌菇房,房间里光线阴暗、地面潮湿,最里面有好几个大空调"呼呼"往外冒冷气,工作人员拿着一根长长的水管向空中喷水……最后,幼儿向专家提了自己的问题,请教养菌菇的诀窍。

"为什么土会变成绿色的?"

专家:"如果变成绿色,需要先摸一摸表面。绿色的东西能被弄下来,那就是长了霉菌,长出这个来的菌菇可不能吃。"

"我明明给菌菇浇水了,为什么没长出来?"

专家:"你种的是什么菌菇?"

"金针菇!"

专家:"种菌菇需要一定的温度,不同的菌菇需要的温度也不同。金针菇需要10 ℃左右的温度,比如四、五、六、七、八这几个月,天气比较热,金针菇就很难长出来了。现在是几月啊?"

"五月!太热了,所以金针菇不长了!原来是这样啊!"

"我种的是秀珍菇,也没长出来!"

专家:"你每次浇多少水呀?"

"我把水壶里的水都喷完!"

专家:"那你可能水喷多了,每次只要喷一点,表面湿湿的就行啦。不然菌包泡烂了,就会发霉变成绿色啦!"

……

在江苏食用菌研究所专家的讲解中,我们了解到种植菌菇需关注三个方面:① 阳光(阴暗的场所);② 温度;③ 湿度。

带着专家的小诀窍,幼儿回到幼儿园开始了第二次菌类种植。按照专家的建议,根据现在的温度,我们重新挑选了平菇、秀珍菇、杏鲍菇三个品种,制订照顾菌菇计划和注意事项,观察日照情况,用小喷壶给菌包表面喷一圈水……幼儿期待菌菇快快长出来。

"老师老师,我的菌菇长出来了,只有这么一点点。"两个星期后,牙牙兴冲冲地走回教室,边比画边大声说道。其他幼儿听到后,纷纷走到种植角,哇,我们班的菌包终于出菇啦!

接下来的每一天,教师都能听到幼儿的对话:"我的菌菇长出来啦!""我的菌菇是白颜色的。""我的菌菇摸起来滑滑的,软软的。"……

一波一波的丰收,令幼儿兴奋不已,他们一放学就拉着爸爸妈妈们来看长出来的菌菇。可是问题来了:长出来的菌菇做什么呢?

"可以喂小兔子。""请郝哥哥给我们做好吃的。""我喜欢吃菌菇炒鸡蛋!"

于是,"小吃货"们在健康区当起了小主厨,摘菌菇、洗菌菇、倒油、打鸡蛋、放菌菇、翻炒……香喷喷的菌菇炒鸡蛋出锅啦!

反思

我们的课程"1"和课程"4"紧紧围绕着幼儿兴趣导向下产生的问题,不断生成活动线索。

课程"1"中的外出地点,一是从幼儿的问题和经验出发,师幼共同讨论决定,由近到远,从熟悉到陌生;二是家长参与过程中提供的社会场所,能给予幼儿更为专业的指导,这是家长对课程的思考和跟进,为课程连续性提供支撑,也是幼儿园对自然、社会场所和社会人的开放与融合。幼儿、教师和家长围绕着既定目标,来到不同的地方寻找菌菇,不断获取关于菌菇生长的相关信息。

幼儿通过外出课程"1",不断地发现问题,带着问题回到幼儿园,不怕困难和失败,努力寻找解决问题的途径,在课程"4"中通过讨论、测量、统计、表征等方式方法,进行反思调整,梳理信息资料和经验,在与教师和家长共同筛选和确定后,达成共识,总结出菌菇生长所需的基本条件。最终,幼儿将获取的相关经验智慧地迁移和运用到种植菌菇中来,解决了"菌包不出菇"的问题,从而获得成就感,在亲身感知和探索实践的过程中不断收获。

案例 3

家乡南京"打卡"记(大班)

缘起

"家乡是什么?"在一次谈话活动中我们发现,对于幼儿来说,他们虽然生活在家乡南京,却很难说出对南京的具体认识。为了引起幼儿对周围的环境和事物的兴趣,我们将话题聚焦在"南京有什么",跟随幼儿的兴趣开始了一次家乡南京的"打卡"之旅……

目标

开放性课程目标	"1+4"课程活动目标
1. 在成人的引导下,学习使用各种符号以及说明、描述等多种方式表征对简单事物或过程的发现、认识和创造。	1. 了解家乡南京的不同方面,学习用图画、符号等方式记录自己的发现、问题与感受,尝试对比观察并进行简单的记录。
2. 在学习的过程中不断理解各种符号的作用,进一步学习运用符号采、选、加工、储存以及提取信息。	2. 通过实地参观的方式,激发对南京景点、美食、文化等方面的兴趣,找到自己喜欢的探索周边环境的方式。
3. 在成人的指导下,初步感受社会文化的丰富性和差异性。初步发展环保意识。	3. 关心家乡南京的发展和变化,萌发喜爱家乡南京、保护家乡环境的意识。

线索

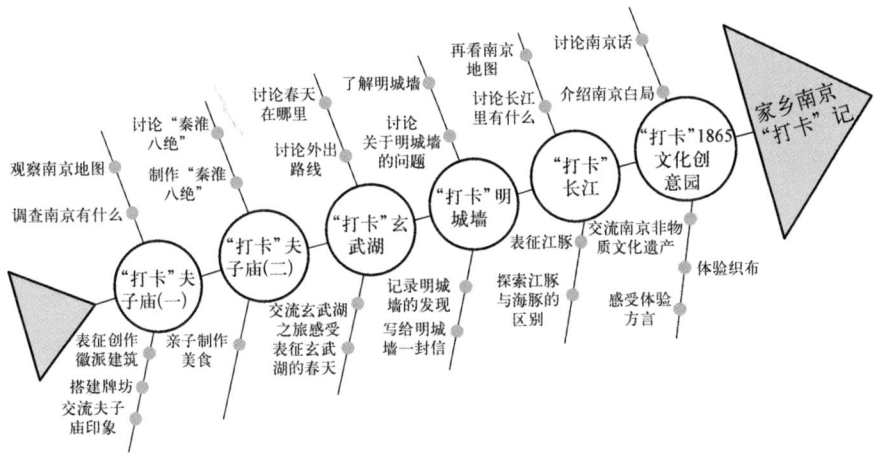

故事

"打卡"夫子庙

家乡南京"打卡"记的第一站是怎么确定的呢?在一次小调查中,幼儿争先恐后地分享着自己对于"南京有什么"的认识,最后发现,"名胜古迹"是被提及次数最多的,其中夫子庙成为幼儿心中最有显著南京特点的"打卡"地。

"我们一起去夫子庙吧!"

"夫子庙在哪里呢?"

"出去玩的时候爸爸妈妈会看手机上的地图。"

于是,我们一起找来了南京地图。看,上面有不同颜色的板块,代表不同的区域,在了解过自己的住址属于哪个区域以后,幼儿在地图上你指我找。

"我家离夫子庙很近。"

"你是哪个区?"

"我住在秦淮区!"

"原来夫子庙在秦淮区啊!"

那我们准备出发吧!

通过亲身游玩,在讲解和参观的过程中,幼儿不断产生问题:像高高的楼梯一样的是什么墙?为什么叫"二龙戏珠"?孔子是谁?……他们穿梭在夫子庙的街巷里去寻找答案的同时,也用自己的感官去获取关于夫子庙的各种信息,有的坐上了人力马车,有的品尝了巷中的美食,还有的亲自做了糖画……大家纷纷通过照片、视频、语音的形式在班级群中进行分享,引起了热议。回到幼儿园,幼儿根据进行了交流并对夫子庙印象进行了表征,又引发了对南京美食"秦淮八绝"的全新认识和了解。

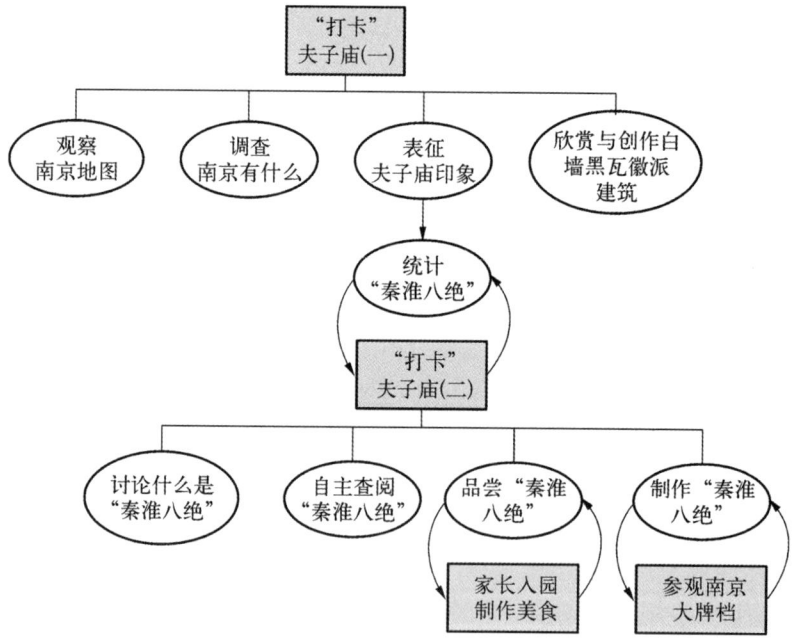

图2-5-3 "'打卡'夫子庙"活动脉络图

"打卡"玄武湖

随着春天的气息越发浓厚,幼儿已经不满足于通过儿歌、音乐等方式去感受春天,尤其是有了第一站第二站打卡的经验,他们在日常活动的聊天里生发了新的打卡点,并主动和教师一起讨论自己的想法。

"我周末去看了樱花,樱花大道就在我们幼儿园旁边!"

"我和哥哥一起去玄武湖划船了……"

"我也想去……"

春天很美,南京的春天是什么样的呢?那就一起去看看吧!

幼儿沿着樱花大道一路向前,来到玄武湖,一边观察樱花,一边进行写生。但是我们很快就发现,他们眼睛里看到的不仅是南京城里的一草一木,同时也将打卡地玄武湖中其他的事物在自己的认知里留下痕迹。

"打卡"明城墙

下一站去哪?

幼儿产生了思考。夫子庙和玄武湖都是大众普遍比较熟悉的地点。前期调查的投票结果显示,幼儿对紫峰大厦了解得也相对较多,可是我们在计划去紫峰大厦时遇到了现实因素的制约,没有更充足的空间去让幼儿感受。

那么,我们一定要去紫峰大厦吗?在玄武湖远足活动之后,幼儿有话要说:

"那天去玄武湖,旁边有城墙。"

"我跟你们说,中华门也有城墙哦!爸爸带我去的。"

"城墙很长的。"

"城墙有多长呢?"

这一次,教师接住了幼儿抛过来的问题,却不知道该怎么将答案抛回去了。

我们发现,教师的引导固然重要,但是幼儿的许多问题是持续衍生并渴望得到解决的,成人不可能对每一个问题都给出完美的回答。那么如何调动幼儿的经验,发挥其自主性,让每一次的打卡拥有更多力量,提供空间和机会让幼儿有目的地观察并探索问题的答案呢?

于是,针对接下来继续参观名胜古迹明城墙的活动,我们和幼儿一起做了充足的前期准备。

教师选择了适量关于明城墙历史的视频、图片,在集体活动中与幼儿一起分享,同时也鼓励幼儿用自己喜欢的方式,例如查阅相关书籍、地图,或者观看相关纪录片等,去了解明城墙。一时间班上掀起了"城墙热",幼儿不仅会在集体中进行讨论,新一天来园时他们也会聊起自己新了解到的关于城墙的有趣事情。

虽然幼儿对城墙已经有了一定的认识,但是他们在互相传达分享个别的经验时往往会产生一定的偏差,并且仍有许多问题似乎通过以上的方式都不能得到详尽解决。最后,幼儿在教师的帮助下总结并提出了四个十分渴望知道答案的问题:

"为什么叫明城墙?"

"明城墙上的洞是用来做什么的?"

"城墙有什么作用?"

"南京有多少座城门?"

这一次,幼儿自主选择"打卡"明城墙的方式来帮助自己解决问题。他们带着探寻问题答案的目的进行游览,让此次"打卡"标注上了幼儿的兴趣重点。因此在观察明城墙时,对于讲解员的介绍,幼儿聆听得更加细致和明确。他们自发地通过多渠道去了解明城墙,尝试自己用语言去表述问题,例如:"阿姨,请问明城墙上为什么会有洞洞呢?"并在成人的引导下从模型、图片、实物、语言的回答中提取关键的信息,解决自己的问题。同时,他们也对已经从视频、书籍、图片上获取过的经验有了直接的具象的匹配,这些发现让他们更加激动,主动拉起旁边家长或同伴的手去分享自己的认识,内心也充满成就感。

此次"打卡"活动调动了幼儿更多的自主性,激发了他们较多感官的参与,获得了更多的情绪体验。"打卡"活动并未随着参观的结束而结束,幼儿在回到幼儿园以后产生了许多想法并迫切地需要表达。"明城墙,我想对你说……"的活动就自然而然地发起了。

幼儿主动在纸上用前书写的方式表达自己的感情,写下了一封封令人感动的"告白信"。他们拿起彩色的画笔,回想起游览的一切,城墙的气息似乎被那天的风送到身边。

——明城墙,谢谢你保护我们的家。

——明城墙,你真漂亮啊!

——明城墙,我爱你。

——明城墙,你长得好高好高呀,我想保护你。

……

此外，美术区的墙面上也延伸出一条长长的城墙，那是幼儿用小手一点一点去构建制作的，他们将看到的、感受到的明城墙带回小小的幼儿园、小小的教室里，内心对明城墙和家乡南京开放的、无限的感情和认识在生长。

幼儿通过了解明城墙去了解南京这座城市的历史文化，在了解的过程中，城墙历史的厚重感和神秘感转化建立为充分的亲密感，如此一来幼儿对家乡的认识也随着亲密感的增加潜移默化地在语言和表征中体现得更加具体和深刻。

"打卡"长江

从初始对南京地图形状的了解——南京地图像什么，到在南京地图上找自己的家，从具象的角度感受到自己住在南京哪里，随着"打卡"的开展，幼儿再看南京地图时，他们对上面一条蓝色的"水带"产生了兴趣。

于是，借助家长资源，我们和幼儿一起前往下关码头，寻找并观察这条"蓝色水带"——长江的样子，并对"微笑精灵"江豚进行基本的了解与实地观测。当讲解员拿出江豚的模型时，幼儿大喊："海豚！"旁边的家长们哈哈大笑。

江豚是海豚吗？江豚和海豚有什么不同呢？

回到幼儿园，幼儿不仅自主查阅资料并请教教师，共同讨论出了江豚与海豚的不同之处，还在美术区绘画从江面跃起或自由畅快游动的江豚，从干净纯澈的画面里，我们感受到了幼儿对江豚的喜爱和渴望保护江豚的感情。

"打卡"1865文化创意产业园

家乡的样子是藏在每个人身体里的文化印记，一次偶然的关于班上幼儿说南京话的讨论，引发了幼儿对南京非物质文化遗产的关注，在参观完1865文化创意产业园以后，幼儿纷纷讨论："我是南京人""我会说家乡话""我的家乡有特产"，这些认识让幼儿雀跃不已，更加激起了他们作为南京人的自豪感。

反思

在开展"1＋4"课程"家乡南京"中，幼儿选择自己喜欢的探索方向，同时也学习选择判断适合自己的探索方式去"打卡"，在幼儿园也能尝试用开放的方式进行艺术方面的创造表达，建构着属于自己的对家乡南京的认识。

课程"1"是围绕南京风景名胜开展的系列"打卡"活动。课程"4"是围绕"打卡"活动中幼儿产生的问题，在园中开展的关于家乡南京经验的巩固、深化、表征和创造活动。

此次"打卡"南京活动的开放性是基于"1+4"课程本身的开放性,尤其呈现的组合形式多样且灵活变化。"打卡"夫子庙("1")后幼儿回到幼儿园讨论交流"夫子庙印象",又通过建构、美术创作等方式进行表征,从而引发了对南京美食"秦淮八绝"的讨论("4"),生成了家长入园制作"秦淮八绝"与参观南京大排档活动("1"),这样"1—4—1"的组合形式来源于幼儿经验的梳理和推进。

在"打卡"明城墙的活动中,教师与幼儿通过多种方式共同了解明城墙("4"),激发探究欲望,提出关于明城墙的问题,再进行明城墙实地"打卡"("1"),最后回到幼儿园进行经验的梳理和总结,萌发了对南京明城墙的情感表达,并通过前书写、美术创作等方式进行表征("4")。这样"4—1—4"的组合形式来源于幼儿的兴趣需要。

家乡是什么?我们不局限于衣食住行等方面引导,而是跟随幼儿的兴趣导向选择探索的内容,因此经过这次的"打卡"行动,幼儿和教师都对南京产生了具象的、个性化的认识。家乡是屹立风雨中不倒的城墙,是热腾腾的鸭血粉丝汤,是亲切的南京话,是长江里畅快嬉戏的"微笑精灵"……在验证探寻答案的过程中,我们鼓励幼儿提出问题,培养幼儿质疑的意识与能力,也尝试使用解决的策略,满足自己个性化的需要。因此幼儿对家乡萌生的感情是丰富多样、细腻温暖的……这种感情能支持他们有兴趣地持续探索家乡南京的方方面面。

当然,所有的问题都是可以解决的吗?我们能了解关于南京全部的事情吗?也许幼儿通过这一个主题的发掘与开展,有了自己的认识,他们丰富了自己了解南京、了解世界的方式,在"走出去"的同时,收获自己的发现与快乐。

第三章　开放性课程的资源

虞永平教授认为:幼儿园课程的资源广泛存在于生活之中。课程资源的开放程度,取决于一个幼儿园的课程理念,取决于幼儿园课程的基础和条件,取决于教师的基本素质。[①]

开放性课程资源是指有利于开放性课程目标的实现,促进开放性课程实施与评价的一切可利用的资源。在发掘、利用和积累开放性课程资源的过程中,我们越来越深刻地体会到丰富优质的课程资源能有效促进课程的落实。课程资源的不断丰富和优化,伴随开放性课程的建构一直在进行。

在建构开放性课程资源系统的过程中,我们遵循"共建共享、自主学习、协同发展、正向公约"的原则。其中"共建共享、自主学习、协同发展"从字面上都非常容易理解。"正向公约"指营造积极向上的氛围,使用者在遵守大家共同认可的规则的基础上,享有使用资源的自由。例如:家长从资源库中下载的照片、视频,不可以用于以营利为目的的活动等。

我们在建设开放性课程资源库时,注重指向幼儿、教师和家长三个群体,本着"发展幼儿、成就教师、服务家长"的目的,针对三个群体不同的需求特点,逐步建构了与之匹配的资源内容,构建了三位一体的资源系统。

同时,我们还将精选的部分优质资源毫无保留、免费地通过微信和网站等平台推向了社会,希望能借此辐射到更多的幼儿、家长、教师,让更多的人了解、使用开放性课程资源,并从中受益。

第一节　指向幼儿的开放性课程资源

根据《指南》五大领域,我们构建了相应的资源内容,以期能满足幼儿差异化的学习方式、学习特点、学习速率等需求,最大限度地调动、支持幼儿积极主动地学习。

[①] 虞永平.生活化的幼儿园课程[M].北京:高等教育出版社,2010:78.

一、指向幼儿的开放性课程资源的特点

指向幼儿的开放性课程资源,说得通俗一点就是给幼儿用的资源。《纲要》中明确指出:幼儿园应综合利用各种教育资源,共同为幼儿的发展创造良好的条件。资源的种类、数量直接影响幼儿的活动,影响幼儿获得怎样的经验,最终影响教育质量,影响幼儿的发展目标能否达成。指向幼儿的开放性课程资源期待为幼儿营造健康、丰富的生活和活动环境,满足他们多方面发展的需要。通过长期的实践研究,我们发现指向幼儿的开放性课程资源有如下特点。

(一) 资源提供者多

让每一类与幼儿直接或间接接触的群体都能发挥其独特的教育价值,为幼儿提供健康、丰富、全面的资源。这些资源提供者包括:幼儿、教师、幼儿园其他人员、家长及社会等。

1. 幼儿提供的资源

这里的幼儿指的是幼儿园中的全体幼儿,既包括幼儿自身,也包括班级同伴、同年龄段幼儿、幼儿园里的哥哥姐姐或弟弟妹妹。幼儿作为幼儿园中的主体,能为课程提供丰富的资源。

(1) 幼儿自己提供的资源

幼儿作为独立存在的个体,作为一个自然人,本身就是资源。例如:在"我的身体"主题中,每个幼儿的身体就是课程开展的资源。

虽然3～6岁幼儿的能力有限,但在一定条件下幼儿也能生成资源。例如:幼儿在观察植物的过程中,他们绘画的植物生长变化过程的记录单、拍摄的照片等都是课程资源。并且在活动开展的过程中,课程资源在不断生成、不断积累。

案例:阅读资源你我共建

暑假自主学习中,每位幼儿都在家学习讲一个故事。

终于开学啦,幼儿迫不及待地想把自己的学习成果跟教师、同伴分享,于是我们就专门留出来一个时间段让幼儿展示自己的成果。

正巧今天轮到贝壳来讲故事。

"大家好,今天我给大家讲一个故事,名字叫《棉被山隧道》,我这个故事很搞笑的!"

第三章 开放性课程的资源

于是贝壳开始绘声绘色地讲起来:"阿健钻啊钻啊……"幼儿认真地听着,哈哈直笑。

故事讲完了,幼儿还意犹未尽,看来这个故事很吸引他们。

"老师,这个故事真好玩!"

"我还想再听一遍呢!"

"我还想看看这本书!"

"让贝壳再讲一遍吧!"幼儿纷纷表达着自己的想法。

"啊?还要再讲啊,还不如我录下来,你们自己听吧!"贝壳自己想了一个省心的办法。

"这个方法好像不错,正好我们也经常录视频,这样想听谁的故事都可以!"幼儿也都认同了这个办法,大家都想要把自己的故事录下来。

"那我们每个人的视频怎么放呢?"教师也提出了自己的困惑。

"就放在 iPad 相册里呗!"

"是一个个在相册里去翻找吗?感觉在几十个故事里选择还是需要很多时间的啊!"

"或者可以用二维码啊,就像音乐区一样,想听谁的一下就能找到!"一个幼儿提议道。

"那我们每个人都可以把自己的视频录好,转成二维码贴在照片后面,这样谁的故事都能听到!"

"这样就可以一下子选择到你想听的故事啦!"

"刚才还有人提到想看看她讲故事的那本书。"教师继续提醒道。

"那我们就把书带过来呗!"

"可是我们也不认识上面的字啊!"有幼儿提出自己在看书时候的困难。

"确实是啊,自己学的故事自己可能能看得懂,可是没学过这个故事的小朋友哪能看得懂呢?"不识字也确实是幼儿在阅读过程中会遇到的问题。

"那我们就学习老师用点读笔录下来,这样大家不懂的时候都可以用点读笔来读一读!"看来平时在语言区中积累的阅读经验对幼儿确实产生了一定的影响。

于是在幼儿的共同参与下,我们的语言区阅读的书本一下子多了几十本,iPad 里的故事资源也增多了。幼儿进入语言区的频率也明显增多了,后期还自然地延伸出"给小朋友点赞"的活动。

在班级的各个区域中,教师总会挖空心思寻找各种适合的优质资源来丰富幼儿的各种经验,正是这样一个讲故事的活动让我们发现,其实幼儿完全可以成为班级资源库建设的参与者、共建者,幼儿完全有能力参与到班级资源的筛选、提供过程中,而教师只有给幼儿提供表达的机会,询问幼儿的需求和意见,幼儿才能有平台、有机会根据自身的能力,运用已有的经验与教师共同去建立属于班级的资源库。

(2)班级及同年龄段同伴提供的资源

每一个幼儿都是不同的。不同的幼儿以班级为单位生活在一起,形成了一个群体。以"我的身体"为例,幼儿会发现班级幼儿都有相似之处,每个人都有四肢、五官……但每个人都不一样,有的人胖,有的人瘦,有的人高,有的人矮……每个人的兴趣倾向和特长也不一样,群体中每一个个体之间的差异性也是教育资源。

案例:我的舞蹈我做主

元旦要到了,经过一番讨论,我们初步拟定在班级内开展一次庆元旦的联欢晚会,由幼儿自主报名参加。他们报了舞蹈、唱歌、武术、体育等五花八门的趣味节目。那我们何不来一次晚会预演呢?

"我愿意给大家展示。"萌萌举起手,大方地表示愿意第一个上台表演。

"你要表演什么呢?"

"我要跳一段街舞,需要《本草纲目》的音乐。"萌萌走到台前,理了理衣服,准备开始她的街舞表演。

"小度小度,播放音乐《本草纲目》。"墨墨已经迫不及待地指挥智能播放器小度播放周杰伦的《本草纲目》。

果然,音乐一响,萌萌一下子就进入了状态。随着前奏的开始,萌萌已经和着音乐做起了 Hiphop 中的 up(上)和 down(下)的律动。随着鼓点声的行进,萌萌有模有样地做着 up 和 down 的律动。此时,台下的小观众们已经开始加油欢呼了。

进入主歌部分,萌萌变幻多姿的舞步与节奏,加上上肢动作的大开大合,完全吸引住了幼儿和教师的眼光。小观众们纷纷鼓掌尖叫,萌萌一跃成为我们班的小明星。

"邵老师,我也想跳。"萌萌表演完之后,墨墨抬头看着我,眼睛里充满着渴望。

"我也想!"好多幼儿附和道。

"你们都想学这个啊?"我问全班幼儿,大家异口同声地都表示想学。

"可是我们资源库里也没有这个舞蹈啊,平时大家在音乐区跳的都是从资源库里寻找的舞蹈,怎么办?"

"可以在网上找啊,小度肯定知道!"豆豆说。

"对啊,抖音里也可能有,我看过抖音。"柠檬说。

"好的,那我们找找看吧。"

在抖音里搜索并观看了一会儿后,幼儿发现每个视频里跳得都不一样。他们觉得有的看起来简单,有的看起来难。

"感觉学起来好难呀。"球球说出了幼儿的心声。

"我们可不可以把萌萌的视频也放在资源库里,大家可以学一学萌萌的动作,既简单又十分有趣。"我提出建议后,立即得到全班的积极响应。

"好呀,我可以和好朋友一起跳舞了。"萌萌也十分满意这个方式。

讨论后我们按难易程度来排名,确定了包括萌萌的舞蹈视频在内的三个不同难度的版本,将其放在音乐区里供大家自己挑选。

"那我们要是把这些学会了,是不是就没有其他的街舞可以跳了?"看来基于这次的街舞观赏,幼儿对街舞有了兴趣,已经开始考虑到后续资源储备不足的问题了。

"你们觉得可以怎么办?"

"可以寻找一点其他的舞蹈。"又又举手说。

"从哪里找呢?"

"网上!"

"百度语音搜索!"

"问小度!"

"抖音里也有!"

"我们家里的 iPad 上有!"

"你们有这么多方法啊!那你们自己回去寻找一下,让爸爸妈妈把找到的视频发到我们的班级群里,最后我们可以在资源库里建立一个大一班的音乐区资源库,大家就可以跳很多不同的舞蹈,跟你们的小伙伴一起分享、舞动起来。你们觉得怎么样?"我提出搜寻视频后建立班本资源库的建议,以更大程度地满足幼儿学习街舞的需要。

"好!"幼儿用坚定的语气说道,他们十分满意这样的方式。

"好,大家以后就可以去音乐区跳起来啦!"

在当今这个信息化时代,自媒体的传播速度超出我们的想象。而幼儿作为数字时代下的原住民,受到更多来自新媒体的冲击,所以更应该具有对于资源的收集与统整意识。因此,资源库的建设者其实不仅仅是园领导与教师,还有幼儿与家长。萌萌将录制的舞蹈视频放置在资源库里,供全班幼儿欣赏与学习,她也随之成为资源库的建设者之一。幼儿自己录制的舞蹈可以为音乐区的活动增添一份别样的精彩,为幼儿带来浓厚兴趣的同时,也提供了多重维度的舞蹈动作,降低了幼儿学习舞蹈的难度。这使我们资源库的内容更具有普适性,接纳了动作发展处于不同阶段的幼儿,让所有幼儿都能选择适合自己难度系数的舞蹈进行愉快活动。

资源库以资源共享为目的,以创建精品资源为核心。教师不可能面面俱到地罗列所有符合幼儿活动的资源,这时家长与幼儿带来的许多资源正好可以丰富我们的资源库,家长、幼儿与教师共同开发资源库。多接口、多渠道共建具有多元价值的资源库,才能更符合幼儿的兴趣、爱好。根据本班幼儿兴趣建立的班本资源库,更有助于幼儿高质量地投入活动中。当然,资源库的内容也可以扩展到同年龄段幼儿提供的资源,吸收来自年级组同年龄段幼儿更多的资源。

(3) 哥哥姐姐提供的资源

这里的哥哥姐姐指的是比本年龄段大的幼儿。哥哥姐姐在资源提供中主要起到的是榜样示范、答疑解惑的作用。例如:在开展中班"值日生"的活动中,教师邀请了大班的值日生到活动现场,演示做值日的方法;并解答中班幼儿提出的有关值日生的问题:"早上起不来怎么办?""忘记做值日怎么办?"通过哥哥姐姐直观的演示、有针对性的解答,中班幼儿对于值日生有了直观全面的了解。

再如,已经上小学的哥哥姐姐到幼儿园和大班幼儿谈入小学的准备和小学的生活,不仅可以帮助大班幼儿更全面生动地了解小学生活,而且能消除他们对上小学的焦虑。

(4) 弟弟妹妹提供的资源

这里的弟弟妹妹指的是比本年龄段小的幼儿。弟弟妹妹在资源提供中主要起到的是肯定赞赏、创设换位思考角度的作用。例如:在"大带小"的活动中,大班的幼儿带领弟弟妹妹读书,有的弟弟妹妹听得非常专注,让哥哥姐姐很有成就感;但有的弟弟妹妹不愿意听,询问这些弟弟妹妹其中的原因,发现是因为书不好看。在教师的引导下,大班幼儿从性别、年龄角度进行换位思考,反思自己选择图书的适宜性。

2. 教师提供的资源

教师提供的资源可分为本班教师提供的、其他班级教师提供的、幼儿园其他人员提供的资源。

本班教师在课程资源的开发和利用中起着关键作用,是保障课程资源价值得以充分发挥的重要条件。教师在提供物质资源的基础上,更重要的是用专业的眼光观察幼儿的行为,搭建问题支架,引导幼儿发现、聚焦、讨论、解决、反思问题。

案例:美术区环境共建

幼儿在美术区制作了大量的虫虫作品,如何能呈现得具有审美性呢?

教师:"你们觉得,做出来的虫虫放在哪里更合适呢?"

幼儿:"我们可以分类,油泥捏的放在一个筐里,纸折的放在一个筐里,蛋托做的毛毛虫挂在屋顶上,画的一起挂在墙上。"

幼儿:"对,分类,把会飞的虫虫挂在屋顶,把会爬的虫虫都贴在墙上吧。"

教师:"好主意,不过你们在捉虫的时候,都是在哪里找到的虫虫啊?"

幼儿:"蝉在树上。"

幼儿:"在地上和树上我都捉到过蚂蚁。"

幼儿:"蚂蚱在草地里。"

幼儿:"还有螳螂也在草地里。"

幼儿:"蝴蝶和蜻蜓在天上飞。"

……

教师:"你们想把自己做好的虫虫也放到树上、草地里吗?"

幼儿:"想!"

教师:"那我们怎么把大树和草地搬到我们的美术区呢?"

幼儿:"我们自己做。"

幼儿:"做的又不是真的。"

幼儿:"真的树又不能搬到教室来,不然树不就死掉了吗?"

教师:"幼儿园的大树要理发了,修剪掉多余的树枝。我们去捡两根大的树枝回来当大树,怎么样?"

幼儿齐声欢呼:"好的,太棒了!"

教师带幼儿一起捡来了两根较大的树枝,齐心协力扛回教室,共同选择合适的位置摆放并固定。在美术区游戏的幼儿会及时地将自己的作品分类摆放,如:纸黏土做的蝉粘在树枝上像在"休息";画的蝴蝶挂在大树旁的墙面上像在空中"飞舞";手工做的毛毛虫粘贴在树干上,头朝上像在往上"爬"……

其他班级教师也发挥着重要的作用。例如:教师拍摄的视频可以让全园班级共用,教师将视频上传资源库方便今后使用等。

幼儿园其他人员指除了教师以外的各岗位的人员,包括:管理者、保健医生、厨房人员、保安等。每个人都有他们的特点、专长,要充分发挥他们的人力资源价值。

3. 家长提供的资源

家长提供的资源可分为本班家长提供的、其他班级家长提供的、已经毕业的幼儿的家长提供的资源。

家长资源对幼儿园来说是一项重要而特殊的资源,对课程的开展起着重要的促进和支持作用。家长除了协助幼儿搜集相应的物质资源外,更重要的是发挥自己的人力资源价值。

案例:耳机里的"爸爸妈妈"

对于刚入园的小班幼儿来说,从熟悉的家庭环境到一个陌生的环境,和陌生的人群长时间地生活,幼儿很自然地会产生不安的情绪。但每当幼儿听到教师讲故事时,总是很安静、很认真,脸上也露出灿烂的笑容。既然幼儿喜欢教师的声音,那一定也喜欢爸爸妈妈的声音,可否将爸爸妈妈的声音"请"到班级里来呢?爸爸妈妈的声音是不是能帮助幼儿尽快地适应幼儿园生活呢?这个问题引起了教师的注意。于是,家长故事资源库开始建立了。

问题一:想听什么故事?

"小朋友们想不想听爸爸妈妈讲故事呢?"

"想!"幼儿异口同声地回答。

"想听什么故事呢?"

"工程队。"

"汪汪队。"

"小猪佩奇。"

……

幼儿纷纷说道。

问题二:请谁录故事呢?

第三章　开放性课程的资源

班级里这么多的家长,既要保证每位家长都参与录制,又要有序地把故事投放在 iPad 里,让每位幼儿都能听到自己爸爸妈妈的声音,怎么办?

报名,这是一个好办法。于是,家长讲故事报名活动开始了,每周有四位家长报名参加录制故事音频,教师将收集的故事音频以 MP3 的格式拷贝到 iPad 里,最后投放到班级语言区中。幼儿在自由区域游戏时即可进区用耳机听爸爸妈妈讲故事。

故事一经投放,语言区立即热闹起来,幼儿戴着耳机,仔细地听着爸爸妈妈们讲的故事。

问题三:是谁在讲故事呢?

"谁在讲故事呀?"幼儿问道。

是呀,怎样才能知道是谁在讲故事呢?

为了帮助幼儿了解故事的"讲述者"和"故事内容",不断提高故事资源库的质量,在讲故事前,教师请爸爸妈妈们录制一段自我介绍,同时配备图文结合的故事目录表。幼儿在听故事的时候会更有目的性、选择性,也能知道是哪位爸爸妈妈在"陪伴"自己。

问题四:喜欢谁讲的故事呢?

幼儿都有自己的喜好,爸爸妈妈们讲了这么多的故事,幼儿听了多少?喜欢哪一个呢?这也是在家长故事资源库建设中必须考虑的内容。于是,教师在班级中张贴了幼儿的家庭合照,鼓励幼儿给"我喜欢的故事"点赞贴点,并且问一问幼儿喜欢的原因。

"我妈妈讲的故事。"

"我爸爸讲的故事。"

"我妈妈在耳机里。"

"喜欢小兔子。"

"故事听过。"

……

慢慢地,家长故事资源库里的故事越来越多啦,参与的家长也多了起来。

幼儿园的家长资源是全园幼儿共同享有的,只要幼儿有需求,就要打破班级的界限,实现家长资源利用的最大化,共同营造全园大家庭资源共享的氛围,以为大家提供资源感到光荣。例如:家长故事会,通过它全园的幼儿都能听到故事,都是资源的受益者。

已经毕业的幼儿的家长资源。即使幼儿已经毕业,由于部分家长具有特殊的专长，幼儿园依旧会与其保持长期的联系，使特定资源得以延续，让更多的幼儿享用到优质的资源。例如：墨墨爸爸是古生物研究所的研究员，对于古生物、化石等幼儿感兴趣的内容有一定的研究。当课程涉及相关内容时，教师会首先引导本班幼儿和家长们寻找相应资源，在没有找到优质资源的情况下，会邀请墨墨爸爸担当特邀嘉宾。

同时，已经毕业的幼儿的家长可以为即将升入小学或上小班的幼儿的家长开展座谈会或讲座，根据他们的亲身经历和经验，告知即将上小学、小班的家长，在心理、物质等各方面可以做什么、避免什么，为他们提供成功的经验，尽可能地消除他们的焦虑。

4. 社会提供的资源

社会提供的资源即社会力量提供的资源，包括公共场所的设施、社会机构的资源、网络资源等。例如：在"读书节"的活动中，金陵图书馆和我园携手共建，为每个班都配备了金陵图书馆的长期借书证，每个班级每月可以借阅一百多本绘本，不仅扩充了班级的藏书量，而且可以持续动态地更换绘本，为幼儿阅读绘本提供了丰富的物质资源保障。

同时，在这个信息化的时代，网络上有非常丰富的资源，如何让幼儿运用网络资源解决自己在生活和学习中遇到的问题和困难？下面的案例就分享了语音搜索的功能。

案例：利用网络资源实现语音搜索

最近班级自然角种植了风信子，有些幼儿的风信子种在水里，有些种在土里。水里种植的风信子长得很快，当其开花时土种的风信子还处在花苞阶段，这让幼儿对水培植物非常感兴趣。正巧班上自然角还有一块闲置区域，幼儿想种植一些可以进行水培的植物，于是，我们幼儿展开讨论。

"除了风信子，还有什么植物可以种在水里呢？"

幼儿一下子愣住了，他们在这方面的经验还是很匮乏的。其实，我本身在这方面的经验也有限。

"那我们大家都不知道什么植物能进行水培，怎么办呢？"

大家纷纷想着办法，有的幼儿说找书，有的幼儿说回家问爸爸妈妈，让爸爸妈妈上网找。这时，一个幼儿直接提出："我们班就有 iPad，现在就找找吧！"

于是我拿出 iPad，直接打开百度，咦，突然发现百度搜索栏上面有个"麦克风"。我指着问:"这是什么?"

"话筒。"

"这是什么意思啊?"

"是让你对着说话的。"

幼儿像发现新大陆一样惊喜,原来这个还可以语音查找。"那谁来查找水培植物?"

幼儿纷纷举手,希望自己来当第一个说的人。小麟子是第一个,他直接按住话筒说:"我要找水培植物。"

紧接着出来了一条条文字,幼儿又愣住了:"我们又看不懂字。"

"你们能看得懂什么呢?"

"图片啊。"

"我们要搜图片怎么办?"

小雅大声说:"那就说'水培植物图片'。"于是小雅上来按着话筒说"水培植物图片"。

果然,小稚刚说完,第一个搜索结果页面就出现了很多图片。幼儿顿时炸开了锅,惊喜万分,原来这样也可以帮助我们解决问题。于是,自然角就出现了我们种植的各种水培植物,有吊兰、慈姑、山芋等。

图 3-1-1 自然角的水培植物

此后,幼儿经常迁移这个经验,遇到问题就问百度搜索。他们看到美术区提供了好多大小不一、形状不一的石头,就开始语音搜索"石头画";想做陶泥花瓶,就语音搜索"陶泥花瓶"。

其实 iPad 本身还有很多可以利用的工具。大班幼儿已经有很多发现问题、自己解决问题的经验,教师可以在每次遇到问题的时候和幼儿共同讨论,如:大班幼儿要会进行区域活动的规划,且需要根据日期进行记录。这个活动刚开始时每天都会有幼儿问"今天是几号",这就大大降低了幼儿记录的效率,如何让幼儿自己知道今天是几号呢? 于是教师开始和幼儿讨论什么样的方式能够帮助我们快速地知道日期,有经验的幼儿直接说出可以在 iPad 中看日期。教师将此经验在全班幼儿中进行推广,从此以后,很少会出现幼儿询问日期的情况,即使有幼儿不清楚,同伴之间也会相互告知。

(二) 资源地域跨度广

资源地域跨度广，从本班到其他班级再到园内公共环境，跨越了班级的界限，让幼儿园内的每一处资源都能适用于每一位幼儿。同时，开放性课程资源还充分体现了大教育的资源观，利用"1＋4"课程的形式，跨越幼儿园的界限，让幼儿有更多的机会走进幼儿园外真实、精彩的世界。

1. 班级资源

班级环境、班级里陈设的物品、班级里的人员等都是班级资源。班级资源是幼儿在园活动中接触、互动最多的内容。开放性课程中，幼儿在班级享有对资源使用的绝对权利。在不影响同伴的前提下，幼儿可以根据自己的需求使用任意资源。

2. 其他班级资源

开放性课程通过全园大活动、大带小等活动形式，跨越了班级的界限，让幼儿有机会走进其他的班级看一看、玩一玩，有机会接触其他班级的幼儿、教师，拓展幼儿园内社会交往的群体。

3. 园内公共资源

幼儿园里的一片落叶、一块树皮、一只小虫、一朵小花……都能引发幼儿的探索欲望。大自然里有取之不尽、用之不竭的教育资源。下面的案例中，一棵枇杷树引发了幼儿的探索行为，成为生发课程的优质资源。

案例：枇杷长呀长

一天饭后，我们散步来到了小花园。靖雯一抬头，兴奋地叫道："树上长豆子啦。""在哪里，在哪里？"幼儿争相抬起头不停地寻找。

我也好奇地问："你说的豆子在哪里啊？"

"就在那个树上。"她一边说，一边用手往枇杷树上指。

"哈哈，你说的是这个吗？"我笑眯眯地用手指向了树上的小枇杷再次确认。

"这是什么呢？"我问大家。

"这是枇杷。"思思说。

"你怎么知道的呀？"我问道。

"我听婆婆说的。"思思笑着说道。

我回头看见了有些沮丧的靖雯，摸着她的头，说道："我也不知道这是什么。不过你说得很好,它很像小豆子呢!你可以给你发现的这个果子取个名字叫'小豆子'呀!"靖雯的脸上露出了兴奋的表情。

"可是'小豆子'究竟是什么,我们怎么才能知道呢?"

带着这个问题,幼儿开始寻找答案。

有的查书翻起了《博物大百科》。

有的使用了"形色"软件,拍照查询。

有的说去问一问幼儿园种这棵树的老师,他一定知道。

策略:教师支持幼儿尝试了各自的方式,并请尝试的幼儿在集体前面介绍自己的方法,其余幼儿选择一种方式进行尝试。通过这样的尝试,幼儿了解到,想知道一种植物是什么,可以通过查书、数字化资源检索、询问等方法,获得较为准确的答案。

大家自从发现了枇杷结果的小秘密,就经常议论纷纷。过了几天,我提议:"今天午饭以后,我们再去看看'小豆子'吧!"

从此以后,我们就经常利用饭后散步的时间去看枇杷!

"枇杷长大啦!""枇杷上面有毛哦!""上面也长枇杷了。"幼儿只要站在枇杷树下,就开始叽叽喳喳地说着自己的发现。幼儿专注的眼神,观察到变化后一张张兴奋的笑脸,交流发现时滔滔不绝的表述,都在传达着幼儿的快乐!

由于下雨,我们有一周的时间没有到花园里散步,也没有去看枇杷了。

终于,有一天天气放晴了。"老师,今天我们吃完饭去看看枇杷吧!"一个幼儿在饭前就提议道。

"好的,吃完饭就去看枇杷!"

大家吃饭有了动力,很快就吃完了。

"枇杷变黄了。"还没有走到小花园,眼尖的幼儿就兴奋地嚷嚷起来。

一个别的班的幼儿也看到了变黄的枇杷,高兴地说:"树上长芒果了!"

"不对,不对,这是枇杷!"我们班幼儿一脸自豪地纠正道。

看着变黄的枇杷,我又问道:"你发现了什么?"

思思说:"我的'小绿'变黄了,不能再叫它'小绿'了,应该叫它'小黄'。"

悦悦说:"树顶上面的几个都黄了,有的是绿色的,还有半黄半绿的。"

有一个男孩子问我:"老师,为什么成熟的果子就变成黄颜色,不变成其他颜色呢?"我知道这可能和果实中叶黄素含量的多少有关。但我说:"你问的问题真好,我也不知道呢。"

策略：学会装傻,和幼儿共同成长。比起直接告诉幼儿果子成熟为什么会变成黄色,经历"提出问题——搜集资料——解决问题"的过程更有价值!

每天餐后散步的时候,有枇杷树的小花园成了我们一定会经过的地方。在我们一天天的期盼下,枇杷越变越黄。幼儿站在树下,眼巴巴地看着。他们一边舔着嘴,一边天真地说道:"枇杷,枇杷,快点掉下来吧!我要把你吃掉。"

"我们用棍子把它弄下来吧。"有个幼儿提议。

于是,区域活动中,我们想着如何把棍子连接起来,用棍子打枇杷。

可惜,还没有等我们用棍子尝试,一天中午刮大风下大雨,等我们去的时候,金黄色的枇杷果已经掉落在翠绿的草坪上,煞是好看!"一颗、两颗……""这儿还有……""还有一颗滚到底下去了。"幼儿把捡到的枇杷交到了我的手上。

枇杷果品尝大会开始了。

我们统计了收获的果实:一共有30颗,其中2颗有破损不能吃。

"今天一共来了25个小朋友。怎么分呢?"

最终我们达成一致:"一人一个,多下来的让班级的三位老师也尝一尝。"

观察了这么长时间,仿佛有了感情一般,幼儿细细品尝着枇杷。

"老师,有黏液。""老师,里面还有一层皮。""老师,我的里面有一颗种子,为什么奇奇的有两颗?"……幼儿一边吃一边将自己的发现和我分享。

资源无处不在。当我们陪伴着枇杷长大,享受着枇杷带给我们的惊喜时,我们也收获了很多。幼儿不仅更加了解枇杷,能说出很多与枇杷有关的细节,也学会了许多观察的方法。细致耐心的观察能让幼儿洞悉细节之美,持久连续的观察能让幼儿感受生命延续的奇迹。

4. 园外资源

充分挖掘园外资源,让幼儿有机会走出幼儿园,到真实的世界中发现真实的问题。"1+4"课程的开展,有效保证了幼儿走进大自然、大社会。北幼身处的环境优越,周围有玄武湖、九华山公园、北极阁公园、古生物研究所、土壤研究所、小学、邮局、理发店、公教一村社区、鸡鸣寺地铁站、兰园菜场、水果店……这些优质的园外课程资源,如何能为幼儿所用、支撑幼儿的发展?在实践中,我们得到了一些想法。

案例:北幼后花园——美丽的玄武湖

《纲要》指出,充分利用自然环境和社区的教育资源,扩展幼儿生活和学习的空间。不同的幼儿园由于自然环境、社会文化环境的不同,课程内容也不一样。我园距离南京著名的风景区玄武湖仅805米,如何能更好地利用这一资源?

- 深入、全面地了解玄武湖的自然资源和社会资源

首先,网络查阅,了解历史和概况。

现在是信息非常发达的时代,想要知道什么,百度一下,都能找到答案。玄武湖位于南京市玄武区,东枕紫金山、西靠明城墙、北邻南京站、南倚覆舟山(现称九华山),是江南地区最大的城内公园,被誉为"金陵明珠",又称"后湖""北湖"。

玄武湖的人文历史最早可追溯至先秦时期。六朝时,玄武湖成为皇帝操阅水师的场所,并被辟为皇家园林,南岸建有华林园、乐游苑等皇家宫苑;北宋时,江宁府尹王安石"废湖还田",玄武湖因此消失二百多年;元朝时,经过两次疏浚,玄武湖重新出现;明朝时,设为"后湖黄册库",系皇家禁地;清末举办南洋劝业会时,开辟丰润门(今玄武门),玄武湖成为游览区。

玄武湖呈菱形,景区总面积约5.13平方千米,湖面面积约3.78平方千米,湖泊被五洲(环洲、樱洲、菱洲、梁洲、翠洲)分为三大块。

其次,实地勘察,了解实况和细节。

教师们常常会走进玄武湖,看看玄武湖的一草一木,领略玄武湖的春夏秋冬。春天,城墙脚下的草坪开始发芽了,湖边的柳树开始吐绿了,粉色的樱花开得着实耀眼……

表 3-1-1 玄武湖周围的动植物资源

	春	夏	秋	冬
动植物资源	樱花(樱花大道、樱苑) 迎春花(解放门城墙) 柳树(解放门草坪) 青草(解放门草坪) ……	荷花 莲花 (菱洲大道)	银杏(菱洲银杏大道) 菊花(金陵盆景园) 红枫(舍利塔边) 柿子树(樱苑边)	蜡梅(解放门城墙边)
	锦鲤(花港观鱼),鸟、蝉、蚂蚁、蜻蜓等昆虫。			

- 将玄武湖的资源与《指南》中幼儿的关键经验相链接

表 3-1-2 资源与幼儿经验的链接

	小班	中班	大班
健康	步行 1 千米	步行 1.5 千米	步行 1.5 千米以上
	从幼儿园走到解放门 805 米	从幼儿园步行至城墙 1.5 千米	从幼儿园步行至银杏大道 2.5 千米

● "1+4"课程带领幼儿走进玄武湖看一看

大自然、大社会是幼儿最好的课堂。我们开展了"1+4"课程,"1"指的是走出去一天,到大自然、大社会中去感受、去体验;"4"指的是利用剩下的 4 天在园时间,开展一系列围绕"1"的活动,拓展幼儿相关的经验。例如:在"菊花"的主题活动中,我们先去玄武湖金陵盆景园欣赏了菊花展览,让幼儿浸润在菊花的世界中,真正感受到菊花的千姿百态。接下来,我们在幼儿园里学习了菊花的儿歌、制作了菊花的手工、细致观察了不同的菊花……进一步丰富了幼儿认识菊花的经验。

● 实践中不断反思、完善对玄武湖资源的开发

每一次活动后,我们都会进行年级组的商讨、审议,交流活动中好的或不足的地方,讨论资源的充分利用、时间分配、前期沟通等细节的实际操作问题,梳理出"家园同游"的文稿及注意事项,方便下一届教师使用,不断完善我们对玄武湖资源的开发与利用。

玄武湖是我园得天独厚的周边资源,蕴含着无数的宝藏,让幼儿浸润在玄武湖的自然环境和社会环境中,在北幼后花园——美丽的玄武湖中不断探索、不断成长!

(三) 专题收集和长期收集并存

1. 针对班级的课程活动的需要进行专题收集

专题收集是为主题活动积累相应的材料,帮助幼儿丰富相关的前期经验。资源的收集过程中我们需关注幼儿参与的主体性,用幼儿能理解的方式,让幼儿明确为什么要收集,收集什么,怎么收集等操作性问题。3~6 岁的幼儿在搜集资源时需要成人的帮助,此次,教师要引导家长了解搜集资料对于幼儿发展的重要价值。幼儿搜集资料对于其自身发展具有重要价值。幼儿用前期积累的相应经验,在活动中有话可说,敢于大胆表述,在一次次搜集表述的过程中获得成功感。

2. 在确保使用的前提下进行长期收集

"巧妇难为无米之炊。"幼儿园里的活动需要很多材料的支持,可以发动幼儿、家长、教师共同搜集瓶盖、卷纸筒、塑料瓶这些废旧物。我园一直秉承着在确保使用的前提下进行长期收集活动,在班级设置小小的资源回收箱,确保幼儿使用材料,常用常新。园部不主张用很大的空间存放资源,一定要保持资源的常用常新。长期不用的资源就变成了"死资源",在一定程度上就是空间的浪费。长期不用的资源会蒙上灰尘,需要有人来清洁,需要消耗一定的人力资源。

(四) 实物资源为主,数字化资源支持为辅

1. 实物资源为主

幼儿的学习是以直接经验为基础,我们要最大限度地支持和满足幼儿通过直接感知、实际操作和亲身体验获取经验的需要。幼儿的学习特点决定了资源以实物为主。开放性课程在实物资源提供方面,从"因材施艺"和"因艺选材"两个角度深入思考,期望发挥实物资源的最大作用。

"因材施艺",就是幼儿及教师根据已有的材料,针对开放性课程资源的特性进行创造的过程。例如:废旧纸盒在生活中随处可见,是非常容易搜集的材料,同时,纸盒安全、易清理,具有一定的艺术性,可塑性强。利用纸盒构建"低成本、高质量"的教育环境,让资源得到最大化的利用。同时,在班级创设资源回收箱,使这一活动能持续进行。

案例:巧用纸盒为小班美术区提供多样化的环境及丰富的材料

1. 利用纸盒为小班美术区创设多样化、有层次的环境

利用纸盒创设轻松涂鸦的环境。美术区不可避免地要使用颜料,幼儿穿上护衣可以避免颜料弄到衣服上,但是颜料常常会弄到桌面和地面上。纸箱可以很好地化解颜料弄到桌面、地面的尴尬。将大纸箱拆开,铺在桌面、地面上,幼儿就可以轻松、大胆地玩颜料了。

利用纸盒创设强大收纳的环境。《指南》中指出,要为幼儿提供丰富的便于取放的材料、工具或物品,支持幼儿进行自主绘画、手工等艺术活动。可见,美术区只有为幼儿提供丰富的材料,才能激发他们创作的灵感,才能让他们体会到玩材料的乐趣。同时,材料要方便幼儿拿取,并且摆放得美观、有序。美术区的柜子里,一排排废旧的纸盒里,分类摆放着短吸管、彩色回形针、纽扣、皱纹纸小球、瓜子……幼儿一会儿用短吸管拼出了一张笑脸,一会

儿用皱纹纸小球摆出了一朵小花。在幼儿都明确了材料分类的标准并建立了"不用的材料及时放回去"的规则后,再多的材料幼儿也能使其保持井然有序。

利用纸盒创设层次展示的环境。美术区通过展示幼儿的美术作品,既能为幼儿提供相互欣赏、模仿学习的途径,又能增强区域的氛围。幼儿的美术作品,有平面的绘画、立体的纸工、泥工等,怎样利用纸箱将这些作品呈现得错落有致也是需要花费心思的。

"纸箱展板"呈现平面作品。将大纸箱拆开变成"屏风",将幼儿作品三三两两地搭配好,贴于屏风上。还可以将大纸箱裁成大小基本相同的相框式展板,将幼儿的作品贴在上面,或悬挂于空中,或连成一片变成作品墙。

"纸箱展架"呈现立体作品。将几个打开的纸箱粘在一起,顶端用绳子穿起来,就可以变成一个悬挂式的迷你橱柜。还可以将扁平的纸箱当成"木板",用透明胶粘贴成一个通透式的展架。

2. 利用纸盒为小班美术区提供丰富的创作材料

一是让纸盒变成手工制作的材料。

幼儿在纸盒上粘粘贴贴,纸盒瞬间就变成一件有创意的美术作品。例如:在"汽车叭叭"主题中,幼儿收集了牙膏盒、药盒等小盒子,给小盒子涂上颜色。等颜料干了以后,再贴上圆形纸片当作车轮,贴上长方形纸片当作窗户,一辆立体的小车就诞生了。

二是让纸盒变成绘画的工具。

"纸条画笔"即把厚纸盒裁开,将厚纸板裁成一条一条的长纸条。这些有一定硬度的长纸条就可以当画笔用了。小班幼儿的肌肉控制能力还不是很强,在绘画线条、装饰细节时往往存在困难。例如:在装饰雪人的时候,橘黄色的胡萝卜鼻子对他们来说有些难。但是用了"纸条画笔",幼儿就能轻松地蘸上颜料,印出一根直直的长鼻子。在画雪花的时候,幼儿只要把"纸条画笔"翘起来,让纸条的一个角和画纸接触,就能点出许多小点点来表现可爱的小雪花。

"纸筒印章"即把厚纸盒裁开,将厚纸板剪成需要的形状,在纸片的一面用乳胶粘上一个纸筒,一个"纸筒印章"就做好了。用这个"纸筒印章"蘸上颜料就可以进行拓印了。例如:教师提供了小鱼的"纸筒印章",幼儿就可以在"海底世界"的底纸上,拓印形态各异的"小鱼"了。

"纸板镂空模具"即把薄纸盒裁开,在薄纸板上用刻刀镂空刻出需要的形状,一个"纸板镂空模具"就做好了。例如:教师提供了"秋天的树"底板,幼儿可以选择不同树叶形状的镂空模具,在自己喜欢的位置用刷子蘸上颜料,刷出一片片美丽的树叶。

三是让纸盒变成绘画的底板。

"平面底板"即把纸盒拆开,让幼儿直接在纸盒上进行美术创作。小班幼儿正处在涂鸦期,创作美术作品时,较大的空间更利于小班幼儿表现出自己的想法。例如:"车轮滚画"活动中,幼儿就用蘸了颜料的小车在拆开的大纸盒上开出了一条条美丽的车轮痕迹。

"立体底板"即将多个纸盒组合在一起,形成多个面,让幼儿在多个面上进行美术创作。这对幼儿的美术技能又提出了进一步挑战。有挑战才有发展。这些材料能满足部分发展水平较高的幼儿。同时,小班幼儿非常易受情境化影响,这些利用纸箱组合的较为大型的半成品,本身就具有一定的欣赏性,对小班幼儿具有强大的吸引力。

例如:教师用一个大纸箱和四个小纸箱制作了一头小鹿,大纸箱当小鹿的身体,两个小箱子当小鹿的腿支撑着大箱子,还有一个小箱子当小鹿的脖子,另一个小箱子连接在"脖子"上当小鹿的头。最后,再贴上"眼睛""耳朵"等装饰一下,一头活泼可爱的小鹿就诞生了。这头纸箱小鹿呈现在美术区的时候,争先恐后地钻进美术区,幼儿忍不住地抚摸小鹿的"身体"。幼儿先是用刷子为纸箱小鹿刷颜色,然后又用撕贴的方式让小鹿变出了美丽的花纹。

幼儿在使用废旧纸盒进行美术活动的过程中,大大提高了动手能力、创造能力。与此同时,幼儿在欣赏纸箱造型等活动中,提高了艺术审美性。例如:看到了教师做好的纸箱小鹿,有一个孩子情不自禁地说"要用纸箱做一个机器人"。虽然幼儿只是进行了语言表述,但可见这种用纸箱叠加的美术表现形式,幼儿已经通过观察习得了,这也为其今后创造性地用纸箱做造型奠定基础。

废旧纸箱在美术区中的运用潜移默化地影响着幼儿,有益于培养他们物尽其用、珍惜资源的低碳环保意识。

同时,"因艺选材"也是开放性课程利用资源的另一种方式,即根据主题、活动的需要,有针对性地为幼儿提供丰富的材料,让幼儿在与材料充分的互动中不断发现、进行创造。

案例:各种各样的虫虫

教师在开展"虫虫"主题时,发现幼儿的美术作品单一,针对这个问题,教师搜索园部云端资源库,翻阅以前幼儿的美术作品图片:有蛋托和茅根组合成的毛毛虫、有豆子拼贴的多彩蝴蝶、有黑瓜子粘贴填画的蚂蚁、有茅根拧在一起的蜘蛛、有半圆卡纸贴在核桃壳上的七星瓢虫……

教师看完后茅塞顿开,原来幼儿作品的单一和教师提供的材料有关系,于是开始收集松果、树枝、树叶、坚果壳、纽扣、茅根、羽毛、蛋托、纸杯、棒冰棍、吸管、毛球、毛线等材料,分类后有序地投放在环境中。

教师:"你们发现美术区有什么新的变化吗?"

幼儿:"多了好多的材料。"

教师:"可以用这些材料做什么虫虫呢?"

幼儿:"我发现有咖啡色的树叶,很像枯叶蝶,可以做枯叶蝶。"

幼儿:"我想用棒冰棍做一只蜻蜓。"

幼儿:"我想做毛毛虫,把毛球连接在一起,再加上腿和触角。"

幼儿:"五颜六色的纽扣可以拼成漂亮的蝴蝶。"

……

教师:"如果你们在制作虫虫的时候,发现美术区没有你想要的材料怎么办呢?"

幼儿:"可以用其他的材料代替。"

幼儿:"可以问老师。"

幼儿:"可以自己去找一找。"

幼儿:"可以自己从家里带过来。"

……

教师:"你们的办法可真多,你们平时在生活中也可以收集材料,放到我们的美术区,说不定会有大用处。"

幼儿热衷于发现生活中的小物品,并将它们带回教室放入美术区的环境中。在做虫虫时,幼儿更愿意选用自己收集的材料进行创意组合,很快"树林"里增加了很多不同材质、形态各异、色彩斑斓的虫虫。

2. 数字化资源支持为辅

开放性课程强调发挥幼儿的主体性,如何能让幼儿自己开展喜欢的活动呢?一些数字化资源能有效支持幼儿开展活动,这在区域活动中尤为明显。

案例:数字化资源在幼儿园语言区中的适宜性运用

语言区域活动作为幼儿园的一种教育活动形式,深受幼儿喜爱,也因其独特的教育价值日益受到关注。随着信息技术的迅猛发展和数字化产品的迅速普及,电脑、iPad 等数字化设备以其迅猛的发展趋势,走进了家庭和幼儿园,各种电子图书、故事 APP 等数字化资源存在于幼儿生活和学习的每个角落,伴随着幼儿的学习、成长和发展。面对这一现实,立足于社会发展的新要求,我们思考:怎样创设和指导语言区能实现其教育价值呢?鉴于此,我们针对幼儿的年龄特点、学习需求和能力发展水平,尝试使用多媒体设备,提供适宜的数字化资源,创设良好的语言区环境,营造积极有效的"听说读写"氛围,激发幼儿的阅读兴趣,拓展和丰富幼儿的阅读经验,促进幼儿语言能力的发展。

1. 提供适合的多媒体设备,创设语言区环境

《指南》中提到幼儿期的语言学习主要以"倾听与表达"和"阅读与书写准备"为主。为此,我们将语言区划分为"看书""听故事""说一说"三个小区域,本着"够用、适当"的原则,每个小区域里按需配备适量、适合的 iPad 和耳机,不贪多,能够方便幼儿轮换,满足幼儿的选择即可。使数字化设备有"用武之地",而非"闲置摆设",真正发挥其实用性和有效功用,以此调动幼儿感官多通道参与的方式,激发幼儿阅读图书、交流表达的兴趣,引领幼儿自主阅读图书。

第一,营造自主阅读的"小书房"。

我们选择靠窗明亮且相对安静的位置,分别设有"看纸质图书"和"看电子故事"两个小区域。窗下摆放适合幼儿的儿童沙发和铺有桌布的小方桌,利用矮书柜和悬挂透明书袋来放置图书。中间宽敞处摆放藤编桌椅,桌面立放 iPad 和摆放绿色护眼植物。注意根据教室光线来确定桌面上 iPad 的朝向位置、倾斜角度以及与座椅的距离,将 iPad 设置成自动调节亮度并调试到适中光线,避免因逆光造成屏幕黑暗而使眼睛疲劳,同时防止光线直射造成屏幕反光形成强光刺眼而使眼睛不适;调试好适度的音量,以确保幼儿看 iPad 时的用耳健康。屋顶房梁垂挂可充电的无线 LED 吊灯,书桌上摆放无线触摸台灯,既作为装饰又可根据需要增加阅读时的照明亮度。将语言区布置得宛若家庭中的儿童小书房,充满温馨、雅致感和时尚生活气息,使幼儿能够置身其中享受阅读。

第二,设置安静倾听的"故事屋"。

针对幼儿喜欢在独立隐蔽的空间里活动的心理,我们选用淡粉色的儿童布帐篷和白色的地毯,柔软低矮的儿童卡通沙发,设置成"故事屋",配备听故事耳机。考虑到幼儿听力正处于发育时期,我们特别关注使用耳机的安全与

健康，选择无杂音、音质明亮、音色稳定的耳机，将音量调至适宜的大小，避免声音太小听得费劲，也避免声音过响听得烦躁，容易耳朵疲倦；注意耳机的尺寸可调节且佩戴舒适，避免过紧造成压迫感，或是过于松大而脱落，影响倾听；耳机的材质以卫生安全为保证，避免耳部周围皮肤接触引起过敏。此外，为了听故事时活动便利和方便存储更换故事，我们选择了无线、可充电、可插卡存储的耳机。幼儿在"故事屋"里戴着耳机，可坐、可躺、可靠，悠闲、自由而惬意地倾听故事。根据班级实际情况，我们在紧邻帐篷处的语言区角落设有插座处，摆放了适合幼儿的圆边角柜，放置连接有线耳机的电脑，幼儿也可在此自由点播电脑中的故事来听。

第三，提供自由表达的"录播间"。

"愿意讲话并能清楚地表达"是《指南》中3～6岁幼儿的语言发展目标之一。我们利用语言区为幼儿创造自由大胆表达的机会，在区域靠墙处用KT板围合了一个半开放、半隔音的"录播间"，放置小桌椅和iPad，幼儿可独自一人也可两人结伴，来此自由表达或是合作讲述故事，并自己录制成音频、视频资料保存，也可分享播放相互倾听。

2. 精选适宜的数字化资源，丰富语言区内容

有了数字化设备，我们还需根据幼儿的年龄特点和学习规律以及语言的学科核心经验，精心筛选适宜有效的数字化材料和内容。

第一，筛选电子读物，拓展幼儿"看书"资源。

网络出版物中电子读物种类繁多、内容丰富，我们并不是盲目提供，而是通过教师的反复阅读、全面斟酌，根据班级课程活动、幼儿的需要甄选出适宜的内容，循序渐进地提供。

首先，根据各年龄段幼儿的特点，选择适合的视频。

小班，我们选择幼儿熟悉、简单易懂的童话类故事，选择可与纸质书相匹配的视频故事。如既有《婴儿画报》《幸福的种子》的图书，又从附带的光盘中提取视频故事，通过iPad上的"QQ影音"播放，或是直接上传至云盘播放，激发幼儿独立阅读的兴趣。中班，我们不仅选择幼儿喜爱的童话故事类APP，还适当增添了有关亲情友爱类故事APP和简单科普类APP。如围绕"虫虫总动员"主题，下载了有关昆虫科普知识的APP和各种各样的昆虫图片等，拓展幼儿有关昆虫的知识经验。大班，我们根据班级幼儿的兴趣点、当前的热点话题、专题主题活动的开展，选择更加广泛的APP，如健康安全、科学百科、人文历史故事、民间传说神话等APP，满足不同幼儿的阅读兴趣和需要，

给每位幼儿提供了多元阅读的机会。

其次,围绕主题活动,投放自制的电子书。

我们借助苹果电脑独特的软件,围绕课程活动制作了《北京》和《螳螂》电子书,幼儿在观察图片、观看视频的过程中积累和丰富相关经验。如幼儿结合实物螳螂观看电子书,可点击图片放大观察螳螂的特写,重点了解螳螂头部和刀状前足的特点,深入了解其外形特征;还可点击视频,通过近距离的摄影视角和真实生动的动态画面,直接感受到螳螂捕食的状态,了解螳螂多样性的食性和螳螂产卵、螳螂宝宝出生时的细微场景。以此,真正发挥数字化的优势,弥补难以现场观察和无法细微处观看的遗憾,大量信息的获取满足了幼儿探究学习的需求,拓展了幼儿的认识经验。

第二,搜集故事录音,促使幼儿"听故事"。

我们结合班级故事会和家庭中日常亲子阅读活动,带领家长和幼儿共同参与语言区故事资源的提供。存储在语言区或MP3播放器的内容来源方式不同:有的是从网络中挑选的经典故事;有的是邀请音色好听、普通话标准的家长,选择语言区中的故事情节进行有趣的图书录制,幼儿听完故事后,还可到图书柜中选择相应的图书阅读;有的是家长协同幼儿一起录制的故事。故事会根据年龄而有所区别:小班多以简短有趣、与提供的图书相匹配的内容为主;中大班多以成语故事、生肖故事、名人传记等主题内容为主。我们引导家长和幼儿积极参与录制故事并与大家分享,让幼儿感受爸爸、妈妈和同伴等带来的不同类型、不同内容、风格迥异的故事,促使大家共同参与语言区材料内容的提供。

第三,精心挑选APP游戏,鼓励幼儿表达和讲述。

首先,用APP游戏,学说反义词。

结合班级幼儿理解能力和近阶段对反义词的兴趣,我们精心挑选了"反义词APP"游戏。该软件因其操作简单、内容适宜,深受幼儿喜爱。据观察,幼儿起初只是无意识地盲目点击画面,随之倾听播放的反义词,逐渐在反复操作中,开始有意识地与游戏互动,知道根据先出现的画面和词语,去应答相应的反义词,进行有意识的思考。日常零散时间,当我们与幼儿玩起"我说正、你说反"的游戏时,幼儿也开始有意识地对答,并积累了一些词语。我们惊喜地发现,有的幼儿还发现了其中的规律:反义词不能说"不";两个字对应的反义词也是两个字。有的幼儿偶尔在餐前饭后也会相互之间"你说黑、我说白"地玩起来。语言区中获得的经验已顺其自然地迁移运用于日常活动中了。

其次,用APP摄录,讲述表演。

初期,针对幼儿怯于在集体中表达和讲述,我们借助iPad中的自拍摄录功能,鼓励幼儿在语言区的"录播间"自由地大声说。随后,我们选择了iPad中的"美摄"APP,引导幼儿讲述自己的所见所闻,谈论自己感兴趣的话题,并将摄录下来的视频与大家分享,倾听各自有趣的话题,激起幼儿表达的愿望。我们还提供了"故事萌工坊"APP,引导幼儿借助画面上的角色形象,结合故事中的情境,借鉴已有的经验,进行简单的故事讲述。大班阶段,我们提供了"配音秀"APP,引导幼儿在已有画面的基础上,自行改变音色、语调进行角色配音;我们还结合语言区中幼儿的手偶表演,利用iPad中的摄录功能,借助自拍遥控器,进行现场拍摄,记录下手偶表演过程。以此,通过媒体的介入,发挥软件的功能,为幼儿创造说话、表达的机会,使其体验交流表达的乐趣。

数字化资源是幼儿学习的工具,但不是唯一的工具,幼儿最大的学习特点是直接经验性,幼儿自身的发展需要得到多方面、不同性质的经验的支撑。因此,数字化资源与实物资源,是相互补充、紧密结合,但不能完全互相代替的。身处数字化信息时代,我们需要放眼未来的持续性发展,将现代教育理念融入幼儿园活动,努力创设和营造个性化的教育环境和氛围,倡导自主学习,搭建个性化的教育平台。我们要有勇于接纳新事物的心态,努力发挥积极而有效的作用,而不是消极地回避和无为地等待或盲目地跟从;应本着认真严谨的态度,从理性、客观的角度思考,从实际的问题研究中,寻找发展的契机,推进发展的进程;要不断学习,掌握现代教育理论和相应的现代教学技术,不断提高运用现代化教育信息技术的能力和水平,满足当前社会教育改革的需要,满足教育教学的需要,满足幼儿学习的需要;还需关注家长的需求和想法,要加强与家长的沟通,及时了解家长对待幼儿使用现代媒体进行教学的态度和对班级开展数字化教学的想法,通过现代化信息手段及时向家长反馈幼儿在园学习活动的情况,有效地转变家长的教育理念,争取家长的支持与配合,稳定家园协作的模式,让家长感受到利用数字化教学在促进幼儿的自主学习、提高幼儿的自主创新学习能力上带来的优势。

二、指向幼儿的课程资源的运用

(一)梳理、筛选,找准资源与幼儿之间的切合点

有了丰富的资源,如何将其运用到课程中,为幼儿所用?我们梳理了相

关的资源,以表格的形式帮助教师将资源与开放性课程进行链接。

表 3-1-3 资源与开放性课程相链接

资源类型		概述	开放性课程资源运用(举例)
园内	自然资源	在幼儿园自然环境中一切可以直接获得用于落实开放性课程的物质资源。	幼儿园植物大调查 幼儿园里的虫虫
	社会资源	同伴及幼儿园人员(教师、保育员、幼儿园管理者、厨师等)提供用于落实开放性课程的经验资源、物质资源、专业资源、人力资源等。	教师生肖大统计 保安叔叔忙又忙
园外	自然资源	在幼儿园外自然环境中一切可以直接获得用于落实开放性课程的物质资源。	玄武湖畔赏菊展 春天在哪里
	社会资源	家长、社区等园外人员或机构,提供的用于落实开放性课程的物质资源、专业资源、场所资源、人力资源等。	虫虫老师解答有关虫虫问题 妈妈榨果汁

表格的分类整理便于开放性课程资源的条理化,但围绕课程的资源运用一定是相互联结与支持的。开放性课程在开展的过程中,常常会用到多方资源,幼儿在与多方资源的互动中,可以获得丰富的经验。例如:在开展"虫虫总动员"的活动中,我们首先会利用园内的自然资源,在幼儿园里寻找各种各样的虫虫,再利用园外自然资源,走进玄武湖等幼儿园周边的自然环境中寻找各种各样的虫虫。在这个过程中,幼儿产生了许多有关虫虫的问题,教师通过挖掘家长资源等方式寻找专业的人员解答幼儿的问题,再利用社会资源走进虫虫博物馆进行深入的了解。

(二)支持自主,便于幼儿获取资源

幼儿能便捷地获取资源,是幼儿使用资源的前提之一。如果幼儿获取资源非常麻烦,需要教师的帮助,会大大降低幼儿使用资源的积极性。

由此,开放性课程实物资源放置在利于幼儿取放的位置,教师与幼儿共同做上标志,确保幼儿在标志的帮助下物归原处,方便同伴的使用。这样,幼儿获取实物资源是非常便捷的。

数字化这一类无形的资源,我园也研究了相应的方式,支持幼儿自主获取。例如:视频微课存储在 iPad 里,幼儿根据需要直接点击获取需要的资源;在 iPad 上粘贴路径图,帮助幼儿快速找到自己想要的 APP,或者通过扫描二维码获取需要的视频资源。大班幼儿经过教师的引导,都能学会基本的操作方法,完全能够根据自己的需要获取相应的资源。

(三) 深度挖掘,发挥资源的多元价值

资源除了本身教育的价值,在管理资源、收放资源的过程中,还会产生许多实践性的问题,在发挥幼儿主体性思想的引领下,让幼儿在解决问题的过程中,进一步培养任务意识,提升解决问题的能力。例如:iPad 是班级区域的支持性资源,但是每天 iPad 都需要被收回检查电量,安全收纳。谁来负责这项任务?第二天由谁放进区域里,怎么放?使用 iPad 这一资源产生了一系列的问题。这一系列的问题就是无形的资源,是课程起始的生长点,师幼共同想办法解决问题的过程,就是深度挖掘资源多元价值的过程。

第二节 指向教师的开放性课程资源

技术的普及为教师获取学习内容、拓展学习方式提供了更多可能。通过借助信息技术,我们在整合丰富原有园本课程实物资源的基础上,又建构了教师专业发展数字化资源,形成一个跨终端的线上开放学习平台,打破时空的限制,使得教师可以根据自己的实际情况自主安排学习的时间和地点、选择需要的学习内容、制订适宜的学习计划、检索和下载相关学习资源来进行有针对性的学习。教师资源库包括:政策法规、制度规范、园本课程、环境创设、专家讲座、园内教研、外出培训等多方面的内容,为教师的进一步研修提供了自我学习的空间,为教师自主学习赋予了新的活力。

一、指向教师的开放性课程资源的特点

(一) 便于教师开展日常的各项工作

供教师使用的资源库,最基础的作用是便于教师开展日常的各项工作。集体教学活动中的每一项活动都需要准备相应的材料。物质材料的准备,会花费教师很多的时间。例如:新授一节儿歌课,材料准备中有一条是和儿歌内容相匹配的 PPT。如果有资源库,教师就可以直接下载相应的资源,不需要搜索图片、筛选图片,制作 PPT。应把制作 PPT 的时间,用于研究如何在活动中更好地发挥 PPT 的效果,让资源发挥最大的价值。

案例:年级组年轻教师居多,新生家长会怎样筹备?

今年的小班年级组,三位班长都是年轻教师,第一次带小班。

"新生家长会怎样筹备？怎样能一炮打响,给家长留下好印象?"这段时间,小班组的教师凑在一起就会商量。

园部特别委派了中班年级组的组长协助小班组。可是,中班组也在准备家长会的内容,年级组长被抽调走,中班组群龙无首,一下子没有了方向。麻烦过中班组几次以后,小班组的教师就不太好意思占用中班组教师的时间了。

"关于组织新生家长会其实还是存在一些问题,这可怎么办?"小班组的教师仍旧很焦虑。

"我们看看资源库里新生家长会的内容吧!"

通过观看往年的家长会视频、文稿和PPT,几位年轻的小班组教师很快明确了新生家长会的流程及小班家长普遍关心的问题:① 幼儿适应能力的培养;② 幼儿园一日活动的安排和家长接送制度;③ 家委会的成立和相关事宜。在这些内容的基础上,教师可以根据各班班况的不同,丰富自己班级个性化的内容。

资源库中新生家长会的内容有效解决了年级组年轻教师居多、新生家长会怎样筹备的问题,大大缓解了新接小班的教师开家长会前的焦虑。

资源库给教师带来了诸多方面的便捷,下面是一位教师使用资源库的一些感想。

案例:浸润在北幼数字化环境中受益成长

幼儿园的信息化应从教育的立场以及幼儿发展的立场来筛选相应的资源,创设适宜的教育信息化环境,从而支持幼儿的学习与发展,使幼儿受益。浸润在北幼智慧校园中,作为教师的我也受益匪浅。

我最大的感触有三点:① 便捷高效;② 分身有术;③ 解决难题。

以前寻找资料,费事费时费力。在智慧校园的创建过程中,园部建立了网页版的北幼资源库。打开资源库,我可以随时随地检索、调用我需要的课程资源,大大减少了搜寻资料的时间。为了让我们更加方便,除了网页版,在手机等移动端一样可以登录资源库,上下班途中碎片化的时间也能被充分利用。

上交资料,依照统一格式,直接复制、粘贴,"一秒钟"搞定。

在之前的区域活动中,遇到难题时个别幼儿还是会喊:"老师,老师。"资源库中指向幼儿的资源:微课、自拍、适宜的APP等,成了我"分身有术"的"法宝",资源满足幼儿个性化的学习需求,有效支持了幼儿在信息化环境中的自主学习。

我在集体教学活动中曾经遇到过一个难题:幼儿用绘画的方式记录自己的发现,有的幼儿受技能限制,有发现但难以画出,而且绘画花费了较长的时间。查找资源库时,iPad自拍给了我灵感,我为幼儿提供了iPad,幼儿想出了iPad自拍的方法记录。幼儿在活动中把更多的时间和注意力都放在了观察物体上,而且他们的观察热情空前高涨。信息化技术帮我解决了难题。

在使用资源库受益的同时,我也获得了信息化方面的专业成长。例如:信息化资源的检索能力、对信息化资源的敏感性、开展线上线下活动的能力……总之,在北幼资源库的支持下,我作为教师感觉到切实受益、迅速成长!

(二) 利于教师个性化的专业发展

每个教师的关注点是不同的,有的喜欢环境布置,有的喜欢制作玩教具……对于资源类型的需求也是不一样的。我们将视频按照精品课视频、优秀教师示范课视频、教研活动、一日活动每一环节规范指导视频、专家讲座视频等进行分类存储,教师登录平台,能够及时搜索到所需资源,进行在线或下载观看及使用,满足了教师个性化需求,助力教师专业化发展。

案例:专家"金句"激发教师"新点子"

幼儿园每学期各领域的教研活动,都会邀请大学、教科所等领域的专家来观摩。在观摩活动之后的研讨环节中,专家们的点评都会让教师受益匪浅。这些"金句"解析不仅解决了教师的困惑,明晰了活动的价值,更拓展了活动设计的思路,让教师不断产生"新点子"。

专家们从以下方面对活动进行评价分析:领域核心经验的准确界定,指导策略运用的有效筛选,幼儿现场表现的深度解读,个别幼儿指导的层次剖析。

作为一名数学教研组的老师,我每学期观摩的公开课都是以数学活动为主,很少参与其他领域的公开课。以前,幼儿园没有提供教师资源库平台时,我便失去了很多向其他领域老师学习、聆听专家们对其他领域活动点评的机会。但现在,教师资源库里的"教研资料包"为我在专业上全面发展提供了有力支撑。因为里面不仅有历届各领域老师们上课的视频可以借鉴,而且有专家们的"金句"讲解视频可以随时下载,让我们反复学习研摩。

例如,在大班数学活动"排座号"中,核心经验是认识10以内单双数。很多老师之前在上这个活动时，共同的感受是幼儿都能够一口说出10以内的单双数是哪些，但再问其缘由，以及在生活中的运用，便经验甚少。

在资源库中找到多次教研资料后，经过不断的学习和大量的研究，专家们的"金句"给了我很多启发："什么叫'单数'？什么叫'双数'？幼儿的理解是什么？它们到底有怎样的排列规律？这些规律能够在生活中起到什么作用？"

我不仅从数学活动后的专家点评中找到新的灵感，还从音乐领域的专家点评中深受启发："活动中的评价体系是怎样的呢？不同的活动在评价上会有所侧重。""评价的三主体是：幼儿自我评价、幼儿同伴评价、教师引导评价。""教师在评价时给予孩子的'范'很重要。"

反复琢磨专家们的"金句"之后，我对活动的目标做了以下调整，从之前的单纯了解"单双数分别是哪些"，转变为"了解单双数的含义""感受单双数在生活中的有用性""引导幼儿尝试在过程中进行评价"。于是，我设计出"动物电影院""小猴家的新灯""身体中的单双数"等有趣的活动内容，帮助幼儿深度理解单双数的意义，感受单双数在生活中的实用性。当幼儿提出自己解决问题的方法后，我先对其中的一个方法进行示范评价，幼儿习得之后，再鼓励他们进行迁移，进行相互评价，幼儿在评价中，不断建构自我解决问题的经验以及自我认知的经验。

这样的深度研究不仅让我对这节活动有了新的认识，同时也让幼儿的新经验得到了多元建构，幼儿的学习品质得到了发展。

不同领域的专家从不同的角度对教育进行了深度阐释，这不仅促进了教师对某一领域的研究，更让教师跳出自我的思维界限，从不同的视角、不同的维度重新思考教育活动中的核心经验、组织形式、策略运用、评价体系。专家们的"金句"不断地融通整合，为教师的专业成长不断助力。

案例：资源库精品课对教师原创教研课的帮助

针对年轻教师，教师资源库里有很多供学习、研摩的优质教学活动视频，教师可以随时随地观看，根据自己的需求进行筛选、研究。每一个经典、优质的活动，都会有不同层次、不同类型的教师进行演绎和诠释，后续的反思研讨、专家指导更让这些活动锦上添花。

本学期园内开展美术教研，我准备了一节原创美术活动。作为年轻教师，原创本身对我来说是一大挑战，如何设计和实施活动更是一大难题。我立即想到线上教师资源库，里面有许多优质的美术活动资源可以借鉴学习，打开教师资源库进行搜索，便呈现出了不同年份、不同老师、不同类型的美术活动。面对这么多优质的资源,我应该如何挑选?

首先,确定活动内容。统观这些经典的活动,我发现这些活动源于幼儿的实际生活,或与班本课程相结合。因此,我从幼儿的兴趣和需求出发,结合班级幼儿特点开展了"我的家乡——南京"主题活动,选取了南京著名的风味特色小吃梅花糕作为活动内容。

其次,确定表现形式。怎么样表现梅花糕?是采用绘画的方式还是手工的方式,我开始缩小了资源搜索的范围,在教师资源库有目的地寻找了关于美食制作的美术活动,逐一观看视频进行研摩,发现A老师的中班手工"甜甜圈"与我的活动相类,活动采用了纸黏土手工制作甜甜圈,最后幼儿的作品也很独特、立体、美观。我深受启发,决定用纸黏土制作梅花糕。

最后,设计活动方案。在确定手工表现梅花糕的形式后,我进一步明确自己的目标,收集资源库关于手工类的美术活动视频。预设活动过程中,我先将自己有困惑的地方进行梳理、整合,带着这些问题到教师资源库中寻找答案,按照上课的年份有序地进行观看学习。这样有目的性、计划性的搜索与运用线上教师资源库,大大提高了我的工作效率。

针对以下3个问题,我有目的地在线上教师资源库进行查阅,学习借鉴其他教师的活动设计流程以及教学策略等,并加以概括和运用。

首先是梅花糕装在哪里?要给梅花糕做一个器皿。从装饰器皿到制作梅花糕,一节活动内容会不会太多?从B教师"蚂蚁和西瓜"活动中,我意识到可以分解活动。幼儿需要获得新经验,但是一次活动中不能有这么多挑战,因此一个活动可以分解为多个活动。所以第一节活动让幼儿用不同形式装饰梅花糕的器皿;第二节活动让幼儿手工制作梅花糕。

其次是教师要提供哪些材料支撑幼儿的创作?从C教师"好饿的毛毛虫"活动中,我了解到教师提供材料时要结合幼儿创作的任务,美术类活动的原则是以创作为主。欣赏围绕创作,欣赏是支架,帮助幼儿构思。所以除了提供制作梅花糕的材料外,我还提供了大量关于梅花糕局部及整体的图片供幼儿欣赏。幼儿通过欣赏图片,了解制作梅花糕的主要食材的形与色的特点。巩固性活动不是最主要的任务,一般是能给幼儿带来一点挑战性、新经验获得的任务。在提供纸黏土时,除了表现梅花糕固有的色彩,还增加了一些其他色彩。不同食材有不同颜色,幼儿受材料的启发用各种方法制作食材丰富的梅花糕。

最后是美术活动怎样层层推进幼儿创作?从D教师"创意京剧头饰"手工活动中,我明确了活动流程及实施要点,开始是前期经验的回顾,先由梅花糕什么味道、有哪些食材开始，再引入什么形状、怎么做、还可以加什么食材。以开放有效的提问建构和提升幼儿的经验。此外，活动中要把握幼儿年龄特点。从中班开始，幼儿的目标意识开始增强，教师在过程中要强化目标意识，这也是一种学习品质。幼儿园以游戏为基本活动，让幼儿沉浸在游戏的情境中，迁移到美术活动中就是创造一个意境，让幼儿在审美的意境中去感受、体验。所以在活动过程中，我创设了"我是一个小厨师"游戏情境："我要为小吃店游戏的开展做梅花糕"。

通过借鉴线上教师资源库多位教师的教学视频，我不仅加深了对美术活动关键经验的建构，了解了多种教学方式以及有效的教学策略，而且能够及时将这些经验进行梳理、内化吸收，并积极投入实践，在实践中进一步检验、完善。当然，在学习借鉴的基础上，我还根据班级幼儿的实际情况、需要等，及时进行调整、延伸，将幼儿制作的梅花糕放到班级中的"小吃店"里，与更多的幼儿一起分享，让幼儿感受制作梅花糕的乐趣与成就感。

最终我挑战成功，原创了一节精彩的美术活动。原创活动也被上传到了资源库，为教师资源库增彩助力。

从线上教师资源库最初的借鉴者、运用者到建构者中的一员，教师深深感受到成长的快乐。正是教师一次次思想的碰撞、精心的打磨、经验的整合与提升，才凝结成了这些优质资源，这些优质的资源无疑是年轻教师的珍贵宝藏，充分发挥了教育的最大化、最优化，促进年轻教师快速成长，提高教师队伍整体素质。

案例：观摩活动在一天，时间冲突怎么办？

每学期，园部都会根据各班情况，委派班级教师参加市、区幼儿园的开放周，进行观摩、学习。对于作为年轻教师的我们，能前往各具特色的幼儿园参观，自然是不可多得的好机会。今年，我有幸去逸仙实验幼儿园观摩半日开放活动，受益匪浅。其他幼儿园又有着哪些值得学习的内容呢？园部资源库的设置，帮助我解决了这个问题。

"哎，吴老师，今天季老师去半山园小学附属幼儿园了，我看同学的朋友圈，他们园的老师在做有关'鼓'的主题，好像很有意思。"

"你也想去现场看吧？"

"是啊！可惜没机会。"

"怎么会呢？大家外出学习回来以后都把拍到的照片、视频上传到资源库啦！你可以去看看啊，别忘了把你学习到的内容也传上去哦！"

打开资源库我才发现,老师们在前往不同的幼儿园进行观摩后,将拍摄下的照片、视频,按照层级,分类整理成文件包,如"某某幼儿园—小一班—美术区",同时将富有特色的内容,或公共的环境整理成一个文件包,如"班标""多功能室""种植园"等。当然,我最感兴趣的"鼓韵童心"主题活动,也被清晰地用照片记录在其中。浏览三个年龄段分别围绕"鼓"开展了哪些活动,以及每个区域里的呈现方式后,大大弥补了我未能去现场参观的遗憾。

通过每位外出的教师将自己观摩到的资源分门别类地整理上传后,每一位教师都能直接选择幼儿园名称,迅速找到需要浏览的年龄段及内容。这种方式甚至使"足不出户"的园部其他教师有如身临现场之感,使其在开展本班活动的过程中,能借鉴这些资源引发自己更多的思考。

案例:开题报告不会写怎么办?

又到了本学期申报课题的时候,在平时对幼儿的观察积累中,我已有了想要研究的课题方向,可是怎样撰写申报表,表格中的每一项又该怎样填写呢?我和教科室主任开展了一系列的讨论。

"李老师,我想好了要申报的课题,可是我不会填写申报表,怎么办啊?"

"填写申报表很关键哦!从哪些角度撰写课题研究的背景与意义、文献综述该怎样做都是有技巧的。"

"听上去好难哦!还是不知道该怎么写。"

"对了,我上次外出学习了课题怎么写,已经把资料传到资源库了,你有没有去看过呀?还有往届老师们撰写的课题申报表,你都可以学习、借鉴。"

"太好了!那我先去看一看,有问题再来问你哦!"

"好的。"

通过阅读教科室主任外出学习后上传的资料,我逐渐摸索到了课题撰写的方向。原来,撰写"课题研究的背景与意义"通常表述方式为"……的需要","课题研究的内容"要分子课题呈现……

在浏览课题撰写资料的同时,我发现"教科研资料"总包里还有关于"如何撰写论文题目""参考文献格式"等内容,我决定下次写论文的时候再打开来好好研读。

资源库的建立给予教师最及时的支撑,同时满足了教师个性化的需求,满足每位教师不同阶段的不同需求,例如,本次教师只需要寻找与撰写课题有关的指导文稿,可能下一次是寻找怎样撰写调查报告的文稿。大到整体文章的架构,小到参考文献的格式……资源库让不同教师依据自己的需求在层级清晰的文件包里随时找到相对应的资料。相较于直接请教教科室主任,资源库更便捷、更丰富。

(三) 保质保量,不断更新

这里的优质表现在两个方面。一方面是数量,资源库包含各类数字资源,能满足老师全方位的需要。我们不仅按照课程内容分块建文件包,还按照小中大年龄班不同的发展层次分块建文件包,并且依据教师和幼儿的使用需求分类建设子文件包,合理分类存储幼儿园优质资源,实现了开放性课程资源的体系化和序列化。即使一节活动也要做到资源全面,例如,资源库一节音乐活动配备的资源:活动的教案、音乐 MP3、歌谱、与音乐内容相符的PPT、音乐动画等,有些经典的活动还会附上优秀教师的示范课录像,全方位满足不同教师的需求。另一方面是质量,资源库在保证数量的同时,更重要的是要保证质量。不仅让教师在下载资源后,打开即能方便使用,更为重要的是要不断更新资源,不断补充丰富最新的资源,使其能够满足教师了解最新教育理念和经验的需要。

案例:在资源库的帮助下,环境创设的继承与创新

环境创设时每位教师都需要思考环境的审美性、互动性等,每位教师都要进行相应的整体思考和前期规划。

当教师接触新的年龄段时,可以在资源库中搜索关键词"×班环境创设",便可查询该年龄段以往的环创照片、PPT等资源。教师通过学习他人以往的经验,对该年龄段幼儿所需的环境有初步了解,有选择地学习与继承原有的环境创设,这有助于教师快速了解幼儿的年龄特点和有序地开展班级工作。

教师在环境创设的过程中会遇到各种瓶颈。幼儿在美术区中自发地捏、做、画虫虫的造型,将虫虫作品平铺在桌上和挂在墙上展示,缺乏情境和情趣。我遇到了困难:如何将幼儿制作的虫虫美术作品有情境有情趣地展示在环境中呢?我想到了资源库,搜索关键词"环境"便能阅览往届班级环境资料,打开"虫虫"主题的环境资料包:用绿色的底板裁剪出树叶,用咖色的底板裁剪出树干,将树叶和树干连接在一起贴在墙面上,放大照片细看,墙上还粘贴着幼儿制作的虫虫标本,创设出虫虫在树叶上休息的情境。

我从中得到了一些启发,预设用自然物创设树林的情境,可以将制作出来的虫虫直接展示在树林中,既符合虫虫的自然规律又能营造生动活泼的环境氛围。

当教师面临换新的教室时,可以从资源库中搜索该教室以前的环境创设资料,借鉴教室区域的划分布置,结合现有的材料进行调整,最大化利用班级区域环境。

教师在资源库中不仅可以快速搜索到自己以前的环境创设资源,而且可以搜索到最新的园内外环境创设资源,从而不仅可以充分吸取自己以往经验,而且可以借鉴他人经验,在此基础上进行继承和创新。这大大降低了教师对环境创设的焦虑,提高了教师的工作效率。

(四) 随时随地,交互方便

教师使用资源库非常便捷。一方面,下载资源非常便利。在接入网络的情况下,教师能够在任何时间、任何地点、任一终端自主在线或者下载查看和使用丰富的资源。教师通过目录索引或者关键词检索,实现快捷搜索自己需要的资源。另一方面,互通资料非常便利。例如,有一次幼儿园需要教师上交教师资格证的电子照片,以前是通过邮箱发送给相应的汇总人员。汇总人员需要一个个下载,进行汇总整理。现在只要发送通知,教师自行上传资源库,一份完整的资料就收集完成了。

一个资源库,就相当于大家可以共享的超大云盘,节省了教师相互协调寻找资料的时间和精力。写通讯报道是每个幼儿园都常见的事情,以前写报道的第一步就是请教师整理照片,把相应的资料发到邮箱。现在有了资源库,大大节省了到每个班寻找照片的时间和精力。

案例:运动会中的照片资源共享

2020年即将进入尾声,随着时间的推移,元旦越来越近啦!幼儿园里的幼儿和教师都满怀期待地为元旦运动会做着准备。

在运动会中,为了能够记录下每位幼儿的精彩瞬间,将其发给家长作为活动留念,每个班邀请了一位擅长摄影的家长志愿者,为幼儿拍摄活动中的精彩瞬间。可是教师和家长志愿者们也有些犯难,当比赛项目开始后,幼儿较多,移动速度较快,要拍摄到每一位幼儿清晰、完整的照片,对于家长志愿者来说无疑是一个巨大的挑战,以往家长们只需关注自家幼儿即可,可现在每班都有三十多位幼儿,万一拍照出现疏漏怎么办?教师通过讨论想到了好办法!

第三章　开放性课程的资源

教师与家长志愿者们进行沟通,提醒同一个年级组的志愿者们在拍摄本班照片之余,也尽量多拍整个年级组幼儿的照片,互相进行补充和完善。拍好后,可将照片传给教师,并由教师将其上传至园内资源库,由各班教师负责对本班幼儿照片进行整理。

活动结束后,负责发布本次活动报道的教师,也可直接在资源库上传的照片中寻找合适的加入新闻中,而不用向各班教师一个个询问、收集。小小的照片,无限的资源平台,记录下了每一位幼儿开心的笑颜,这是我们所有人珍贵的回忆!

二、指向教师的开放性课程资源的运用

(一) 划分区域,进行共建

资源库划分为两个版块。一块是固定资源,只有管理员可以删减、移动。这一块的资源相对固定,是经过筛选的相对成熟、完整、优质的资源。例如:下图中的总园资源库、月香资源库、台城资源库,教师只享有查询、观看、下载的权限,没有移动、删除、新建资料的权限。这样做的目的在于避免资源库因为教师的误操作,丢失材料,或出现归类错误等情况。

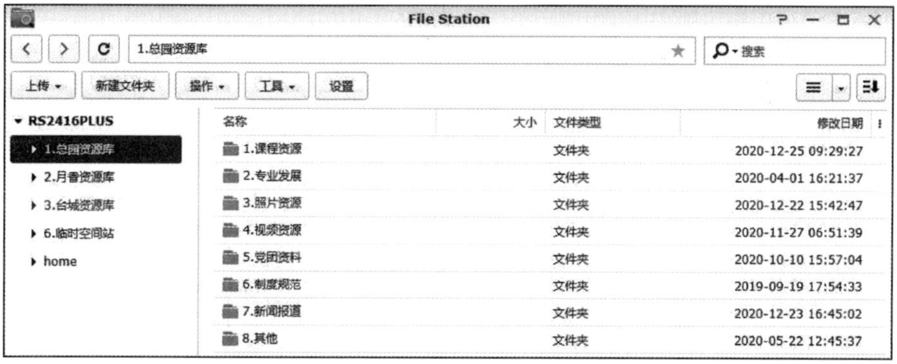

图 3-2-1　资源库中的固定资源

另一块是临时空间站。在这个区域,每一位登录的教师都享有下载、移动、删除、新建资料等权限。这个区域用来存放教师最新的资料。教师只要上传了资料,随时随地都可以查阅、下载。

幼儿园开放性课程

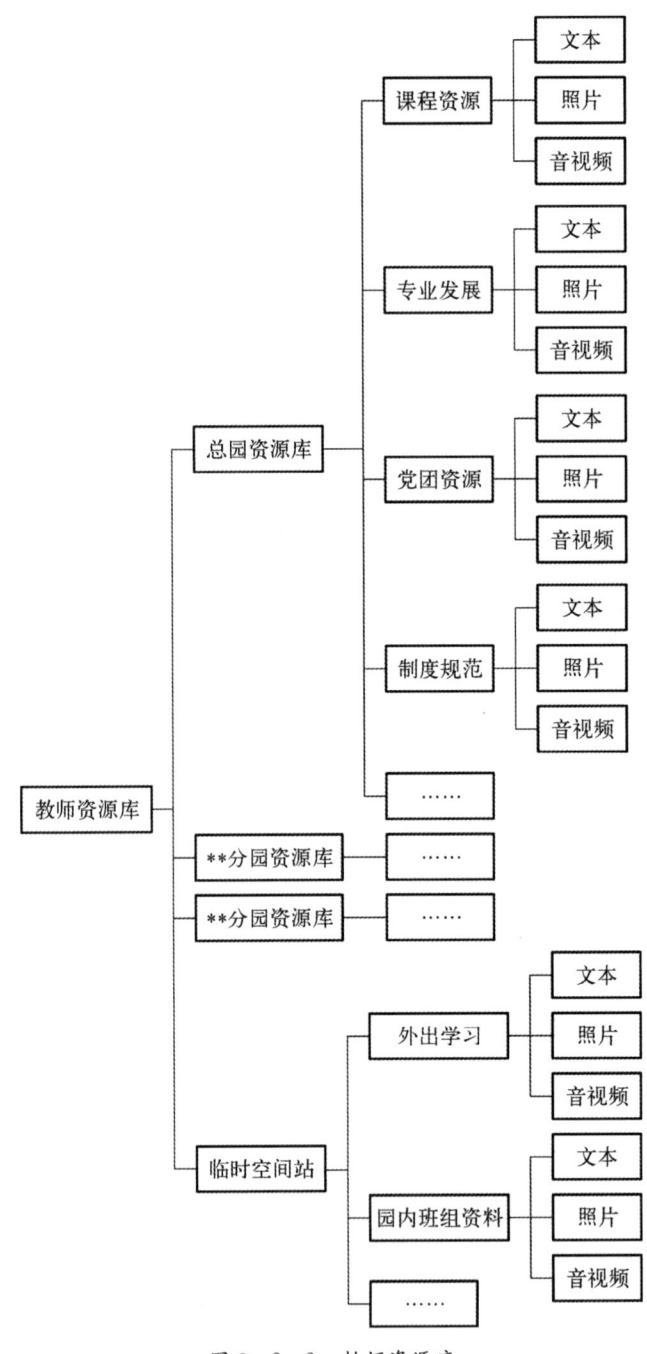

图 3-2-2 教师资源库

(二) 统一模板,按类汇总

文本汇总前,业务园长会非常细致地建立各项文件包,告知教师存放的路径,减少了汇总人员的重复劳动。教师熟悉汇总的类别,也便于查找相应的资料和文本,统一格式。从文件名、文件内容、文件格式等细节入手,大家都能统一依照模板操作,在相互协作的过程中高效优质地完成相应的工作。

图 3-2-3 各项文件包

(三) 专人维护,定期归位

资源库一定需要专人维护。在业务园长的领导下,以年级组长、教研组长、班组长为主,大家都能自觉定期对自己分管的不同的文件包进行筛查,及时发现缺失、遗漏、错误等情况。进行二次的汇编、筛选、整合、分类后,及时将成熟的资源移动至固定的资源模块。当发现缺少相应资源时,会用统一的符号醒目标注,方便相关教师自查时,及时发现和调整,实现优质资源定期归位、不断积累。

图3-2-4 用符号醒目标注

(四)评级推荐,优先关注

资源库服务器在架构时虽已设计出搜索功能方便教师进行快速搜寻任务,但有些园部管理者或者一线教师极力推荐的、符合当下热点的资源,很多教师并不能准确地通过搜索引擎敏感地捕捉到信息。我们共商的评级推荐方法便应运而生。我们将这些近期较为重要的、需要关注的资源通过在文件名中标注五角星、置顶等方式标记出来,按照等级进行不同的标注,提醒大家优先关注。教师能通过文件名上的星级标注,了解该资源的推荐程度。

第三节 指向家长的开放性课程资源

《纲要》中指出,家庭是幼儿园重要的合作伙伴。应本着尊重、平等、合作的原则,争取家长的理解、支持和主动参与,并积极支持、帮助家长提高教育能力。

我们不仅从课程理念、目标、内容、实施、评价维度方面研制了指向家长的云端课程平台,同时,还依据不同阶段家长的需求、不同问题类型的需求,建立了专题化科学育儿的资源,从而满足不同阶段、不同需求家长的个性化需求。内容涵盖学前教育规律、幼儿发展特点、居家学习指南、家庭教育宝典等。家长只要通过微信即可直接登录,随时随地进行互动和泛在学习,并针对教育实践中的问题共建共享专题资源,实现家园教育价值、目标不断趋同。

一、指向家长的开放性课程资源的特点

(一)及时了解,便于延伸

幼儿在园,家长无法经常亲临活动现场,但家长有迫切了解幼儿一日活动的需求。班级教师通过班级群、班级宣传栏、资源平台等家园互动方式,让家长通过老师推送的资源及时了解班级课程的课程理念、目标、内容、实施、评价维度,在家庭里开展更为合理、科学的亲子活动。

案例:推送资源引导家长尝试开展家庭数学活动

教师通过与家长交流,发现很多家长都很关心幼儿的数学教育,但都存在着"幼儿数学教育该教什么?怎样教?"等困惑。

教师期待通过信息平台向家长推送相应的数学资源,帮助家长提高数学教育的能力。

下面是我们的做法。

1. 共同学习数学教育的理论知识

一是转载文章。

将数学教育专家的文章转载到资源平台供大家学习、讨论、交流。让家长了解幼儿数学教育的目标、特点和方式。向家长介绍幼儿数学发展的一般规律;幼儿园数学教育包含数、量、形、时间与空间等多种内容。数学教育不仅要让幼儿掌握数学知识,更要培养幼儿对数学的兴趣,让幼儿通过亲自摆弄和探究来解决问题,感知数学与大自然及人们生活的密切联系,逐渐培养幼儿尊重客观事实的科学精神。

二是推荐一些有关数学教育的书籍,让热衷数学教育的家长能在书籍的指导下进行顺应幼儿特点的数学教育。

2. 及时了解班级数学活动的内容

家长缺乏将理论转换为实际教育的能力,教师可以将幼儿的学具拍摄成照片上传到资源平台,旁边附上活动名称、简单的游戏玩法及家庭中的拓展玩法,让家长了解幼儿数学学习的具体内容及方法。

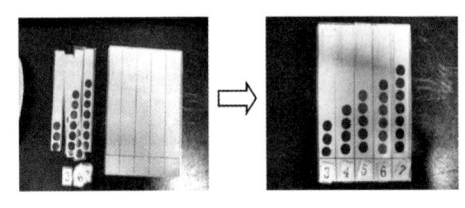

活动名称:点卡排序。
玩法:选择点卡进行排序,把最小的一张点卡放在第一个,点卡排完以后可以用数字卡进行匹配。
亲子活动:扑克牌排序。家长、孩子各拿打乱的1~9的一摞扑克牌,比赛看谁先按序排好。

图3-3-1 资源平台中教师上传的照片

3. 向家长提供资源的意义

一是拓展了家长对中班数学教育理解的广度和深度。

一位家长在看到教师有关"大小排序"活动的介绍后,感慨道:"以前我买了一袋苹果,会让孩子数一数一共买了几个,我觉得我已经很有数学教育的意识了。现在我知道了不仅可以让孩子数一数,还可以让孩子把苹果从小到大排一排。"

二是拓展途径,让家长更加了解自己孩子的数学发展水平。

家长不要只通过老师的叙述了解孩子的表现,也可以通过在家操作材料看到孩子真实的行为表现。例如:叶子妈妈在家通过和叶子玩点卡排序的活动,发现叶子不明确数序概念。她说:"以前我觉得叶子会念会数数就是理解了。"

三是家庭中的数学游戏,增加了家长与孩子互动的方式。

一位家长以前只会给孩子念故事,现在还和孩子一起玩扑克牌。家长发现扑克牌本身就是数学材料,通过多种玩法,和孩子一起玩配对、接龙等游戏的过程就是学习数学的过程,也在游戏中增加了亲子互动,增进了亲子感情。

四是资源平台持续上传照片,避免了家长"热情高涨、难持久"的尴尬局面,从侧面督促家长在生活中对孩子数学学习进行持续指导。

五是增进了家长与家长、家长与教师之间有关数学教育的经验交流。

一位家长有了生活中学习数学的好方法,其他的家长就可以效仿。大家群策群力,抓住了更多的数学教育的机会。例如:一位家长在看了"图形捉迷藏"的活动介绍后,在和孩子逛超市的时候突发奇想,和孩子在超市里寻找各种各样的图形。他和孩子在超市里找到了很多图形,玩得很开心。其他家长看到了这样的回帖,也跟帖说:"要带孩子到超市里找图形。"

资源平台持续推送的数学资源让家长加深了对于幼儿数学学习的认识,了解了班级数学活动开展的情况,为家庭开展相应的数学活动提供了有效的支撑。

为了让家长能了解班级课程的开展情况,班级教师都会及时通过资源平台推送班级的活动。不过,在推送资源的时候,也讲究一定的技巧。把资源的内容直接复制上去是一种常见的方式,但时间一长,难免乏味。老师可以通过问题的带动,让幼儿和家长不仅仅是资源的被动接受者,还要成为资源的共建者。让幼儿和家长在教师的引导下,把共建资源当成展示的机会,让资源发挥更大的价值。例如:下面的案例让我们看到了老师引导幼儿共建资源的教育智慧,在指向家长的资源中,凸显了幼儿的主体性,让幼儿在提供资源的同时,展示了自己。

案例:班级群里的小老师

"叮咚",点点妈妈在下午4点的时候发来了信息:胡老师,点点今天没能来幼儿园,看班级活动的安排,今天学习儿歌。能不能把儿歌发给我?我想让他在家里学一学。

老师回信:谢谢点点妈妈非常关心班级的活动。今天学习的儿歌是《片片飞来像蝴蝶》。"秋风吹,树枝摇,红叶黄叶往下掉。红树叶、黄树叶,片片飞来像蝴蝶。"您先别急着告诉他儿歌的内容,我发动今天学习的小朋友来当他的小老师。既给学习过的孩子巩固的机会,又通过同伴间的相互学习增加点点的学习兴趣。您看可好?

点点妈妈非常赞同。

老师推送信息:今天我们学习了一首新儿歌。谁还记得儿歌的名字和内容呢?欢迎拍视频给大家展示。今天有小朋友没有来,看谁是第一名小老师。

资源平台一下子热闹起来,小小、早早、敬之……大家陆陆续续发了视频。老师给孩子一一点赞,最后把儿歌的内容发到了平台上。

点点妈妈感谢了小老师们,点点饶有兴趣地看完了大家的视频,现在已经会念儿歌了。

(二) 针对共性需求

不同年龄段幼儿的家长需求是不一样的,但在相同年龄段会存在共性需

图3-3-2 "幼小衔接"相关资源

求。小班家长关心的内容侧重保育方面。中班家长开始关注孩子各方面的发展，如同伴交往、阅读习惯等。大班家长会为"幼小衔接"感到焦虑。

我园从家长真实的亲子教育难题出发，收集家长的真实问题，寻找不同类型的人员来分享经验。不断积累资源，满足特定年龄段家长的共性需求。

例如：围绕"幼小衔接"的主题，资源库搜集了往届毕业生即现在是一年级的小学生家长的经验分享会。呈现了小学语文教师、数学教师、小学校长等教师群体围绕幼小衔接的专题讲座，还有教育界的大咖们围绕幼小衔接的系列讲座。家长们有的喜欢往届家长的精彩分享，有的觉得小学老师的讲座干货满满……对于"幼小衔接"的资源，赞不绝口。

随着"二孩"政策的开放，"二孩"教育也成了热门话题。幼儿园针对家长的需要开辟了相应的资源栏目。

家长通过手机可以直接进入资源平台，满足随时随地观看的需求。平台资源充足，满足家长对于内容个性化的需求。家长可通过目录索引、关键词等多种检索方式结合进行资源检索，精确定位到目标资源。

家长对于不同领域，也有共性的需求。围绕健康、语言、数学、艺术、科学、社会等领域，幼儿园也提供了相应的资源。

例如：在语言领域，家长一直关注幼儿的早期阅读，困扰之一就是不同年龄段的幼儿适合读什么书。对此，幼儿园提供了各年龄段图书阅读推荐书单。家长说，有了这份书单就方便多了，先把推荐的图书配齐，一本一本读，大大节省了家长挑选图书的时间和精力，从专业的角度为幼儿挑选了合适的书单。

在健康领域，饮食一直是家长关注的重心。疫情期间老师了解到多数家长有这方面的需求，为此提供了食谱资源。

案例：停课不停爱，为孩子提供居家食谱

在2020年初这次延长假期中，宅在家里许久的孩子们过得好吗？吃得怎么样？运动如何？有没有生病呢？如何让孩子们在这特殊时期获得全面均衡的营养，增强身体的抵抗能力呢？从假期开始延长之时，各班级老师们便做好了幼儿居家学习生活的指导。同时，保健老师也为孩子们制订了《疫情期间孩子居家一日三餐食谱推荐》,每周发布在幼儿园公众平台上,为家长在孩子们的居家饮食方面提供较为全面的建议和参考。

1. 针对居家特点制订食谱

在制订居家食谱时,主要从家庭制作的角度进行考虑,一些平时不适用于集体食堂操作的菜谱在这个居家食谱中能够得以充分展现。例如:香煎三文鱼、盐水小河虾、五彩鱼丁、香煎鳕鱼、香煎牛排、清蒸乳鸽、昂刺鱼豆腐汤、萝卜丝乌贼汤、草菇乌鱼汤、鲫鱼豆腐汤、凉拌芦笋、清爽木耳藕片等这些需要精细制作而且营养丰富的菜谱,让家长们宅在家中也能够一展身手,同样这些食谱也非常适合全家人食用。而在后期,针对孩子的父母陆续开始复工,家中主要以祖辈家长照顾孩子为主的现象,幼儿园提供的居家食谱相对于前期的内容则更显得家常化一些,在烹饪操作方法上也稍许简便一点,针对市场供应的逐步回暖,还相应增加了一些外购的食品,这样在一定程度上可以相对减轻祖辈家长带孩子的负担。

与日托幼儿园里一餐两点食谱的不同之处在于,此次疫情期间提供的居家食谱是一日三餐(即三餐两点),午餐和晚餐都安排了三菜一汤。考虑到孩子长时间宅在家,运动量相对减少,作为热量补充的早点和午点,在种类和数量上相应地略有减少。

在制订食谱时考虑到食材提供的多样性:每天一日三餐的食材品种均不少于25个品种;均衡搭配合理;鱼虾肉蛋奶搭配不同的蔬菜和豆制品,且几周内无重样。

2. 结合季节特点制订食谱

俗话说:"不时不食。"在居家食谱中我们根据春季气候特点,将新鲜上市的时令食材纳入其中,使其体现季节性特点。例如,南京春季上市的各类野菜(豌豆苗、枸杞头、马兰头、菊花脑、荠菜、春笋、香椿头等),后期上市的各类新鲜蔬菜(红绿苋菜、空心菜、丝瓜、冬瓜等),还有各类河鲜类食材(田螺、河蚌、龙虾等),这些是季节时令食材,对身体健康很有益处,可以在家庭中针对孩子的喜好进行个性化选择和制作。

针对春季传染病较多的情况,在食谱中还多安排杀菌类食材,例如蒜苗、大蒜、韭菜等搭配不同的荤菜,很多蔬菜炒制时加入蒜泥、蒜末,同时鼓励家长给孩子吃糖醋蒜头,等同于每年春季幼儿园里采取的防病措施。每餐保证叶类蔬菜、茄果、菌菇等新鲜蔬果,保证维生素A和维生素C的充足摄入,通过食疗的方法帮助孩子提高机体的免疫能力,起到抗病作用。

3. 后期指导跟进了解食谱的利用情况

食谱制订完成发布之后,我们还及时跟进做了两期居家食谱的相关指导,其中包括向家长详细说明食谱的制订原则,各类食材的幼儿推荐摄入量以及一些菜的具体做法等。特别是有家长提到孩子很喜欢吃幼儿园里的各式烩饭,希望能了解具体做法,我们就在指导细则中专门做了介绍,将烩饭的详细做法告知家长,其中的食材可以任意添加,这样就能演变出许多种烩饭。例如,有牛肉烩饭、手抓羊肉烩饭、咖喱鸡肉烩饭、什锦菜饭、海鲜烩饭、鸭肉烩饭、扬州炒饭等,在这些烩饭中加入不同的蔬菜就形成了各式烩饭,家长可以举一反三创造出许多新品种。此举受到家长们的欢迎,很多家长为这个贴心的服务大力点赞,并经常在班级群里晒出孩子在家吃烩饭的照片。

在疫情期间向家长推荐居家食谱一个多月以后,为进一步了解食谱的有效利用情况,我们向家长进行了征询。通过班级老师与家长进行在线座谈的方式,我们了解到:绝大多数的家长对这个居家食谱是认可并给予高度评价的,认为食谱品种丰富、搭配合理、营养均衡,他们会经常从幼儿园推荐的居家食谱中进行参考购买并制作。例如,会在家中的大米饭中加入粗粮、会考虑到经常食用豆制品、每天保证绿叶菜的摄入、多吃鱼虾类、少吃肉类菜等,同时能根据幼儿园的作息特点和食谱提供的信息,给孩子在家安排少许的早点和午点进行营养的补充。通过幼儿园提供的指导细则,还了解到孩子一天各类食物的进食量,从而保证膳食的多样性和营养的均衡性。

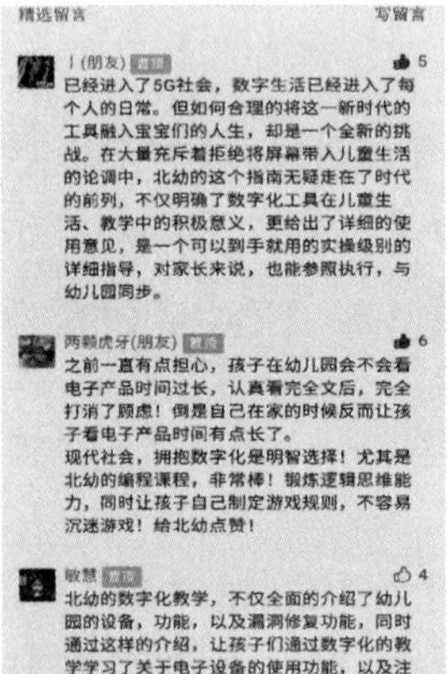

疫情期间推荐的一日三餐居家食谱,为孩子们摄入合理均衡的营养膳食提供保障。在呵护孩子健康成长的道路上,我们一直在前进着……

再如:现在是信息化的时代,如何引导利用好信息化的双刃剑?家长对于信息化的接受程度是不一样的。我园充分尊重家长的意愿,并尝试进行专业化的引领。我园分享了数字化应用指南——新手入门秘籍。家长反响热烈,对分享的资源赞不绝口。

图 3-3-3　家长在信息平台的留言

(三) 针对个性问题和需求

每个家庭都会有不同的需求和问题,幼儿园在为共性化的需求提供了资源后,力求针对不同家庭的个性化的需求和问题,提供相应的资源,解决相应的问题。

1. 教师专业介入的资源

为了幼儿的全面发展,有些资源的提供是由教师发起的。教师通过对于幼儿在园活动的观察,经过专业化的视角审视,观察到幼儿在某些方面需要支持,通过沟通及相关资源的提供,期望缓解或解决相应的个性化问题。

例如:针对班级中个别肥胖幼儿的管理,幼儿园提供了个性化的资源。保健老师会让家长了解肥胖的危害,并在假期中进行健康跟踪。

附:北幼健康——体重跟踪表

_____ 小朋友家长:

您好!

您的孩子在我园 6 月份的体检中,身高_____厘米,体重_____千克,按照身高和体重的比例计算,体重超重_____%,属于_____,目前已经列入我园肥胖儿的管理行列。

众所周知,肥胖对人体的健康会造成一系列的危害,特别是儿童期的肥胖更易在成年期延续,而且这些自幼肥胖者与成年后发胖的人相比较,患上各种高危病症及并发症的概率都会明显增加。究其原因,除了遗传因素外,不外乎就是吃得太多和运动太少这两点。马上就要开始两个月的暑期生活了,盛夏是减肥的最佳时期,希望您能利用好这个假期,将孩子的体重增长速度控制住,尽量保持或降低现有的体重,在孩子身高增长迅速的前提下,同样能达到减肥的目的。

我们建议:

1. 每天孩子的早餐、晚餐正常荤素搭配,合理均衡饮食,纠正挑食和偏食的不良进食习惯。晚餐中多安排蔬菜类、鱼虾类等食物,尽量少吃肉食,主食量也可适当减少,晚饭后至临睡前不吃任何食物,包括水果和牛奶(可在白天吃)。教育孩子尽量少吃或不吃甜品、冰激凌、油炸类快餐食品等高热量、低营养的食物,多喝白开水,少喝或不喝含糖分很高的各类饮料。

2. 孩子晚饭后外出散步至少 20 分钟,每天有不少于 30 分钟的有氧运动(慢跑、游泳、骑车、跳绳等),天气炎热时可早晚进行树荫下活动,注意及时补充水分。

3. 做好祖辈的思想工作，家庭成员达成共识，共同养成健康的饮食和运动习惯。

以下是假期中的身高、体重测量记录表，每周测量一次，希望能帮助孩子尽快脱离肥胖幼儿的队伍。（开学第一天请将此表交到保健室，谢谢。）

为了孩子的健康，让我们共同努力！

时间段	测量时间（每天固定时间）	身高/厘米	体重/千克	饮食情况（有无进食禁吃的食品）	运动情况（每天晚饭后的运动情况）	备注
7月2日～7月6日						
7月9日～7月13日						
7月16日～7月20日						
7月23日～7月27日						
7月30日～8月3日						
8月6日～8月10日						
8月13日～8月17日						
8月20日～8月24日						
8月27日～8月31日						

2. 家长需求的个性化资源

有时家长家庭教育中出现了难题，家长发起了沟通和对资源的需求。教师要从专业的角度，全面帮助家长分析问题出现的原因，并提出操作性建议。鼓励家长实施策略后，进行效果反馈，并进行系列跟踪。

例如：多米妈妈向教师求助：孩子总是咬指甲，怎么办？教师从常见误解、心理、危害等角度为家长分析了"咬指甲"的现象。咬指甲是反复出现自主或不自主啃咬手指甲的行为，属于儿童常见的不良习惯行为。一般开始于3～6岁，大多数儿童随年龄增长后，会自愈，也有持续到青少年的现象。……最后，教师提出了经常陪伴孩子、多与孩子沟通、不因孩子吃手打骂孩子等操作性的建议。最终，多米在教师和家长的共同努力下，成功改掉了"咬指甲"的坏习惯。

(四) 线上为主，实物为辅

家长进入幼儿园的时间是有限的。指向家长的资源更多的是线上资源，我们要利用平台与家长进行随时随地的互动。

实物资源的提供起到了锦上添花的作用。例如：每个班级都会设立班级图书馆，孩子们可以借阅图书，家长们也可以借阅亲子教育、家庭生活等图书。家长们表示：老师会提供书单，虽然现在买书也很方便，但可以直接在班级图书馆内借阅亲子教育的书更方便。家长在等着接孩子的时候，随手翻阅图书，碎片化的时间都能利用起来。

二、指向家长的开放性课程资源的运用

(一) 约定在前，正向积极

依据《国家网络空间安全战略》依法治理网络空间的原则：依法构建良好网络秩序，保护网络空间信息依法有序自由流动，保护个人隐私，保护知识产权。任何组织和个人在网络空间享有自由、行使权利的同时，须遵守法律，尊重他人权利，对自己在网络上的言行负责。

幼儿园和家长达成了"保护幼儿隐私、保护幼儿园知识产权、共建正向积极的言论氛围"等约定。

约定在前，可以有效避免后期因此产生的矛盾。

图 3-3-4 整合式微信平台

(二) 整合式微信平台,方便操作

家长的资源平台一定要操作简单、界面清晰,让家长一看就会使用。家长资源库的使用不是强制性的,如果操作烦琐,家长根本就不会看。家长不看,再好的资源都是白费。"傻瓜式"的操作方法,是保证家长登录平台的前提之一。

通过微信企业号将直播平台、资源平台、公众号进行整合,家长一人一号(即微信号),实现统一身份认证,一个账号统筹所有应用,在技术上把门槛降到最低,增加家长使用的舒适度。家长通过微信即可快速登录,并通过点击相应功能模块,在任一平台进行实时互动或泛在学习。

整合式资源平台除了有专题式资源推送,即定期向家长推送相应的资源,还包含了自选式资源、互动式直播等特色版块,形成家长自主查阅和平台精准推送相结合、家长自发共享和平台筛选相结合的互动共建模式,推进资源类型和内容的丰富化,实现资源利用效益的最大化。

(三) 特色版块,满足个性化需求

1. 互动式直播

借助智能录播互动设备实现校园内外活动的网络在线直播,家长、幼儿可在任何地方在线与园内专家、教师、幼儿实时互动。我们不仅将小、中、大班不同年龄段的课程常态化直播,而且将全园性的课程活动定期直播。让家长既了解自己孩子所在班级的课程活动,又了解各个年龄段、不同班级和全园性混龄课程活动。

我们通过平台将直播的内容、时间精准推送到每一位家长的移动终端,提早告知家长,家长则可以根据自己的需要和兴趣选择实时观看直播或回看复播,解决了家长无法到园的难题,提高了家长对幼儿园工作的参与度。同时,一些因生病不能来园的幼儿,也可以和家长在家一起收看。直播平台的即时性、可视化、互动性最大化地满足家长和幼儿参与幼儿园活动的需求。

图3-3-6是直播小学数学专家型教师张齐华关于"幼小衔接"的讲座下的家长留言。

图 3-3-5 互动式直播　　　图 3-3-6 家长留言

2. 自选式资源

幼儿园从家长的需求出发,通过实时交流、召开座谈会、发放调查问卷等方式了解家长想法,遴选出契合家长需求的教育资源(如幼小衔接、"二孩"教育等),放在平台上免费向全园家长开放,实现资源共享。每个资源都有打分和评论的功能,家长可以根据评分及评论内容来决定是否观看或下载这个资源。

平台还可以通过大数据分析,依据家长的阅读喜好推荐相关资源内容,满足不同人的精准化、个性化需求。

此外,家长还可根据其专业、兴趣及其他日常生活将找到的优质资源及时上传到平台中,幼儿园则从教育专业角度对家长共享的资源进行审核,筛选优质的资源并分类存储在相应的版块中。教师和家长之间、家长和家长之间通过交流观点、互享资源、建立共识等形式共建共享资源。

第四章 开放性课程的评价

开放性课程的评价是以落实《幼儿园工作规程》《纲要》《指南》《0~3岁儿童养育与教育指导手册》等文件为标准,依据开放性课程框架结构来检查开放性课程的目标、编订和实施是否实现了开放性课程教育目的以及实现的程度如何,以判定课程设计的效果,并据此做出改进课程的决策。

同时,为了实现"为培养具有开放性生存智慧的人奠定基础"的课程目标,开放性课程的评价以课程目标为依据,课程目标是评价者进行课程评价的一个参照。课程目标和评价内容是评价幼儿发展的一个工具,是为了避免由于盲目、无标准的评价,幼儿的发展失去了方向和坚守的底线。它不是唯一和绝对的。

开放性课程的评价是一种开放的、动态的评价,贯穿于课程建构的全过程,贯穿于幼儿的一日生活之中,贯穿于幼儿的学习活动之中……它强调评价主体的多元性和互动性、评价内容与方式的多维性和多样性、评价过程的动态性和持续性。我们围绕"评价什么""谁来评价""怎样评价"等问题,展开了实践研究。

第一节 开放性课程评价的内容

开放性课程评价由发展评价表、评价举例表两个块面组成,每一条评价内容、案例都与目标相对应,解决了我们"评价什么"的问题。

发展评价表:第一部分是各阶段的发展目标;第二部分是和课程目标相对应的评价内容,它是课程目标的具体化;第三部分是评价栏,采用幼儿评价、家长评价、教师评价的多主体评价方式予以实现。我们的评价活动期望搭建三座桥梁——幼儿现实发展水平和未来发展方向之间的桥梁,教师、家长的现实教育水平存在的问题和未来发展方向之间的桥梁,幼儿园教育和家庭教育之间的桥梁。

评价举例表：第一部分仍是各阶段发展目标，第二部分是举例说明。举例主要是为了帮助课程评价主体在使用评价表的初期，能更好地理解课程目标和评价内容之间的关系而提供的具有操作性的技术指导及一种参考思路。同时，表中的评价标准并不代表幼儿发展的全部内容，它不是唯一的标准和内容，评价主体可根据自己的认识不断建构和丰富开放性的评价体系。

在"评价栏"中打出几颗"★"不是评价的最终目的，不同"★"的数目后面描述的只是幼儿行为反应的可能性。我们提供这种描述不仅是为了帮助教师和家长了解幼儿在该方面发展状况的差异，更重要的工作是分析了解影响幼儿发展水平的成因，以便教师与家长不断反思和调整自己的教育态度和行为策略，设计一个适合幼儿发展的个人规划，为幼儿未来的发展提供更有效的支持。

一、开放性课程的幼儿发展评价表(新表)

表4-1-1 第一阶段上学期幼儿发展评价表(小茉子班)

阶段目标	评价内容	幼儿评价 ★★★ ★★ ★	家长评价 ★★★★ ★★★ ★★ ★	教师评价 ★★★★ ★★★ ★★ ★
在家人带动下,愿意和他人打招呼。愿意用声音、表情、动作等请求家人的帮助。	1. 面对其他宝宝和教师时,做出点头、招手等打招呼的动作。 2. 遇到困难时,能发出声音或用动作引起家长注意。			
在家人的带动和协助下愿意参与活动。	3. 在家长的带领下,愿意参与亲子游戏。			
在家人的带动下,愿意接纳本班教师对他(她)的亲近。	4. 在家长的鼓励下,能情绪愉快地接受教师的拥抱。			
在具体情境中,借助成人的具体帮助,学习理解"能"和"不能"。	5. 在家长的语言、动作引导下,知道奶瓶、水杯里的水可以喝,碗里的东西可以吃。			

第四章 开放性课程的评价

续表

阶段目标	评价内容	幼儿评价 ★★★	幼儿评价 ★★	幼儿评价 ★	家长评价 ★★★	家长评价 ★★	家长评价 ★	教师评价 ★★★	教师评价 ★★	教师评价 ★
在比较宽松、安全的环境下，愿意摆弄周围环境中的物品。	1. 在家中或活动室里愿意摆弄自己身边常见的物品。									
在成人的带动下，愿意倾听和回应他人。	2. 亲子共读绘本，根据家长提问指认画面。									
在成人的陪同下，愿意和家人一起面对有一定困难的任务。	3. 在家长的陪同下，愿意和家人一起在有一定高度的游戏垫上爬上爬下。									
在成人的带动下，积累初步的感官体验。	4. 在家长的鼓励下，愿意在不同质地的场地上触摸、爬行。									
在成人的帮助下，积累初步的符号经验。	1. 在家长的引导下，认识生活中常见的实物卡片。									
在成人的引导和鼓励下，尝试用动作和表情来表达自己的感受、发现和身体感受。	2. 在家长的引导和鼓励下，能用动作、表情表达自己身体的不舒服（如：摔、摔、疼等）。									
	3. 能用动作，表情，单词和叠词表达自己的要求。									
在成人的榜样、范例的引导下，学习使用不同的方式摆弄周围环境中的物品。	4. 在家长的引导下，愿意摆弄自己身边的物品。									
在成例的鼓励下，愿意模仿各种简单的表达方式。	5. 愿意模仿家长的动作（如：随音乐扭动身体，用画笔涂鸦等）。									

表4-1-2 第一阶段下学期幼儿发展评价表(小亲子班)

阶段目标	评价内容	幼儿评价				家长评价				教师评价			
		★★★★	★★★	★★	★	★★★★	★★★	★★	★	★★★★	★★★	★★	★
在家人的陪同下,愿意上亲子园,愿意用语词、表情、动作等请求成人的帮助。	1. 在家长的陪同下,愿意上亲子园,不哭闹。 2. 遇到困难时,能用短句、动作、表情寻求家长、教师的帮助。 3. 在家长的陪同下,愿意参加集体游戏。												
在成人榜样的带动下愿意参与活动。													
在成人指导下,愿意接纳熟悉的成人。愿意在集体中和老师交流。	4. 在集体活动中,听懂家长、教师的简单指令,知道什么时候能玩玩具,什么时候收玩具,并学习听指令做出相应行为。												
在具体情境中,借助成人的帮助,初步理解"能"和"不能",学习控制自己的行为。													
愿意摆弄周围环境中的物品。	1. 在家人的陪伴下,愿意摆弄自己身边常见的物品。 2. 倾听简短故事,根据家长提问尝试用词,短句回答。 3. 在家长的陪伴下,愿意和成人一起跨过一定高度的障碍物。 4. 在家长的鼓励下,品尝不同味道的食物,能够说出"酸""甜"等词语。												
在成人的带动下,愿意倾听他人,愿意学习用简单的语词回应。													
在家长的陪同下,愿意和成人一起面对有一定困难的任务。													
在成人语词提示下,积累运用感官认识事物的语词经验。													

第四章 开放性课程的评价

续表

阶段目标	评价内容	幼儿评价 ★★★	★★	★	家长评价 ★★★	★★	★	教师评价 ★★★	★★	★
认识与自己密切相关的简单符号。	1. 认识自己和家人的照片。									
在成人的引导和鼓励下，学习用简单的语词、动作和表情表达自己的意愿，发现和身体感受。	2. 在成人的引导和鼓励下，能用简单的语词、动作和表情表达自己身体感受。 3. 能用简单的语词、动作和表情表达自己的要求。									
在成人范例的引导下，尝试摆弄使用自己的方式弄周围环境中的物品。	4. 在模仿成人动作的基础上，用拍、敲、推、扔、踢等方式摆弄自己身边的物品。 5. 模仿成人范例，尝试进行积木建构等。									
在成人范例的引导下，尝试进行创造性的表达。										

— 309 —

表4-1-3 第二阶段上学期幼儿发展评价表（大亲子班）

阶段目标	评价内容	幼儿评价 ★★★	幼儿评价 ★★	幼儿评价 ★	家长评价 ★★★	家长评价 ★★	家长评价 ★	教师评价 ★★★★	教师评价 ★★★	教师评价 ★★	教师评价 ★
愿意上亲子园，能接纳本班教师。	1. 愿意上亲子园，在成人的安抚下，不哭闹。 2. 活动时，知道不离开教师。 3. 接纳本班教师，愿意接受教师的亲近行为。										
在教师的带领下，愿意参与幼儿园活动。在生活中遇到困难不哭，知道可以请求成人帮助。	4. 在生活中，遇到不愉快或有困难的事，愿意接受教师成人的帮助。										
在成人的指导下，愿意接纳本班教师和同伴。初步学习与他人共事。	5. 知道要与同伴一起收拾玩具，与成人一同收拾玩具。 6. 在成人的帮助下，学习用调羹吃饭，开始知道要坐在桌边进餐。										
在成人的具体帮助下，建立最基本的生活活动的常规意识。	7. 在成人的帮助下，愿意睡在自己的小床上，不需成人陪睡，有午睡习惯。										
在成人的鼓励下，愿意参与生活中的探索活动。	1. 在成人的引导下，关注班级环境，愿意与教师一起参加活动。 2. 尝试学习自己吃饭，睡觉，洗手，搬椅子等。										
愿意模仿成人的提问。	3. 对成人提出的问题感兴趣，尝试重复成人的问题。能听懂成人的日常用语。										
在教师的支持，帮助下，愿意尝试面对生活中有一定困难的任务。	4. 在成人的帮助，鼓励下，知道大小便时要喊教师。										
初步认识自己的感官，在成人的指导下，尝试运用感官认识事物。	5. 在成人的引导和鼓励下，初步尝试表达对简单事物的发现，通过看，摸等方法认识常见的事物等。										

第四章 开放性课程的评价

续表

阶段目标	评价内容	幼儿评价 ★★★ ★★ ★	家长评价 ★★★ ★★ ★	教师评价 ★★★ ★★ ★
认识与子园生活密切联系的简单符号。	1. 认识自己的照片标记,并根据标记找到自己的毛巾、茶杯等物品。			
在成人的引导下和鼓励下,尝试表达自己对简单事物的发现。	2. 在成人的引导下,注意身边熟悉事物的明显变化,并尝试使用语言、动作等方式表达。			
在成人的帮助下,坚持反复尝试解决生活、游戏活动中的小问题。	3. 在成人的帮助下,鼓励下,初步学习解决自己生活中的小问题,如:自己洗手、喝水等。			
在教师的启发下,尝试进行创造性的表达。	4. 在模仿成人语言、动作的基础上,尝试用自己的动作等进行创造性的表达。			

表4-1-4 第二阶段下学期幼儿发展评价表（大亲子班）

阶段目标	评价内容	幼儿评价 ★★★	幼儿评价 ★★	幼儿评价 ★	家长评价 ★★★★	家长评价 ★★★	家长评价 ★★	家长评价 ★	教师评价 ★★★★	教师评价 ★★	教师评价 ★
基本能愉快地上亲子园，能接纳本班教师和同伴。	1. 喜欢上亲子园，情绪基本稳定。										
在成人的鼓励下，愿意参与亲子园的活动。能用动作、表情、语言等方式向成人的帮助下问题是可以解决的，体验和成人一起解决问题的快乐。	2. 在入园和离园时，愿意和教师说"老师好""老师再见"。 3. 愿意用动作、表情、语言等方式向本班教师求助，体验和成人一起解决问题的快乐。 4. 愿意与同伴一起玩玩具，愿意收拾自己玩过的玩具。										
能亲近教师和同伴。学习与他人共享，在成人的指导下，逐步淡化共享过程中的负面情绪。	5. 在教师的提醒、帮助下，坐在桌边自己拿调羹吃完一份饭菜。 6. 在教师的提醒下，初步学习按指令行动。										
在成人的指导下，建立最基本的集体活动的常规意识。	7. 在成人的提醒、帮助下，知道到指定地点大小便。										

续表

阶段目标	评价内容	幼儿评价 ★★★	幼儿评价 ★★	幼儿评价 ★	家长评价 ★★★	家长评价 ★★	家长评价 ★	教师评价 ★★★★	教师评价 ★★★	教师评价 ★★	教师评价 ★
在成人的鼓励下,乐于参与生活中的探索活动,学习关注身边事物。	1. 在教师的引导下,喜欢观察班级自然角及周围环境变化,对事物的颜色、外形等感兴趣。 2. 愿意参加教师组织的活动。										
乐于模仿成人的提问。	3. 乐于模仿成人的提问,能听懂并尝试回答。愿意跟随成人学说新词或新句型。										
在成人的帮助和鼓励下,愿意尝试面对生活中有一定困难的任务。	4. 愿意面对生活中有一定困难的任务,尝试自己穿裤子、穿鞋子,用餐巾纸擦嘴。										
在教师的鼓励下,初步学习使用感官获得信息。	5. 在成人的引导下,尝试学习用看、听、闻、摸的方法感知自然角中的动植物等常见事物。										
认识与自己生活密切联系的简单符号,了解它们的作用。	1. 在教师的指导下,根据照片、图片标记,找到和自己相关的物品,初步了解物品和自己生活的简单关系。										
在成人自己对简单事物的发现和认识。	2. 在成人的鼓励下,学习用简单的词、句表达对身边事物明显变化的发现。										
在成人的鼓励下,坚持反复尝试解决小问题。	3. 在成人的鼓励下,尝试解决自己生活中的小问题,如:冲厕、穿脱裤子等。										
在教师和同伴的启发下,尝试进行创造性的信息表达。	4. 在教师示范的引导下,尝试用不同的语言、动作等进行表达。										

表4-1-5 第三阶段上学期幼儿发展评价表（小班）

阶段目标	评价内容	幼儿评价 ★★★	幼儿评价 ★★	幼儿评价 ★	家长评价 ★★★★	家长评价 ★★★	家长评价 ★★	家长评价 ★	教师评价 ★★★★	教师评价 ★★★	教师评价 ★★	教师评价 ★
能愉快地上幼儿园，喜欢教师和小朋友们。	1. 愿意上幼儿园，来园时不哭闹，适应班级新环境，乐意向本班教师问好，学习说"请""谢谢""再见"等。											
愿意参与自己感兴趣的活动。	2. 知道外出活动时，不离开集体。											
在成人的指导下，知道有困难可以寻求同伴的帮助，体验解决问题的快乐。初步意识到解决问题的方法是多样的。	3. 能听信号安静入座和集合等。											
	4. 喜欢听教师和同伴讲故事，朗诵儿歌，看教师和同伴表演等。											
	5. 遇到困难不哭闹，愿意控制自己的情绪，合理表达自己的愿望和要求。											
学习接纳新环境、新老师、新同伴，学习分享，爱惜玩具。	6. 愿意尝试用成人提供的多种方法解决困难，并体验解决问题的快乐。											
	7. 喜欢参与游戏活动，和同伴友好地玩，并愿意共享玩具和物品。											
在成人的指导下，建立最基本的集体生活常规的是非标准，尝试理解判断是非的理由。	8. 初步了解一日活动的各项规则。在教师的提醒下，知道要遵守规则。											
	9. 学习正确使用餐具，愉快地进餐，养成良好的进餐习惯。											
	10. 在教师的帮助下，会收拾玩具，并轻拿轻放。											

第四章 开放性课程的评价

续表

阶段目标	评价内容	幼儿评价 ★★★	幼儿评价 ★★	幼儿评价 ★	家长评价 ★★★	家长评价 ★★	家长评价 ★	教师评价 ★★★	教师评价 ★★	教师评价 ★
在成人的支持下，愿意尝试生活和游戏中的探索活动；学习关注周围常见事物。	1. 愿意观察自然角植物，对周围常见事物的明显变化有好奇心。 2. 愿意探索感兴趣的活动，在具体情境中，尝试提出疑问。									
在成人的引导下，愿意对现实情境的变化提出疑问。	3. 愿意接受有一定困难的任务，开始尝试探索解决。能注意力集中，独立地玩10～15分钟。 4. 知道各种感官的名称，在成人的指导下学习用看、听、闻、摸等方法，认识周围常见事物的外部特征。									
在成人的帮助和鼓励下，愿意面对生活中有一定困难的任务。	5. 在成人的启发下，尝试借助自己的原有经验，解决自己在生活、游戏活动中面临的问题，如：自己穿脱衣服、收放材料等。									
初步认识自己感官，学习使用感官获得信息，建立初步的异同概念。	6. 在成人的引导下，初步学习运用观察、比较、分类等方法，感知事物的异同。									

— 315 —

续表

阶段目标	评价内容	幼儿评价 ★★★ ★★ ★	家长评价 ★★★ ★★ ★	教师评价 ★★★ ★★ ★
认识周围生活中的简单符号,并了解它们的作用。	1. 认识并记住自己的实物标记,生活中会按标记使用自己的物品。			
在成人的帮助下,学习用说明、描述等多种方式表达对简单事物的发现。	2. 能听懂并学说普通话。能运用常用的名词、动词等进行交流。			
在成人的帮助下,尝试运用原有经验解决自己面临的小问题。	3. 能用简单的语言、体态动作和绘画等多种方式表达自己的发现、想法等。			
在成人的引导下,初步学习理解具体化创造性表达情境中的"好"与"不好"。	4. 尝试在活动中用工整拼接、局部变化等方式进行简单的创造活动。			

第四章 开放性课程的评价

表4-1-6 第三阶段下学期幼儿发展评价表（小班）

阶段目标	评价内容	幼儿评价 ★★★ / ★★ / ★			家长评价 ★★★★ / ★★★ / ★★ / ★				教师评价 ★★★★ / ★★★ / ★★ / ★			
能愉快地集体生活，乐意参加各项活动。	1. 在集体生活中情绪愉快，积极投入，愿意大方、自然地歌唱、舞蹈，讲故事或展示自己的作品。											
在老师的带动下愿意参加不同的活动。在成人的指导下，愿意探索尝试解决问题的办法，体验解决问题的快乐。	2. 学习、游戏和生活活动中，有困难时知道寻求成人的帮助。											
	3. 知道爱和小朋友友好相处，共享游戏材料和活动的空间。											
初步学习接纳、理解别人的经验，学习亲近自然物和身边的物品，爱惜他人的劳动成果。进一步感受周围的社会文化生活（节日活动、幼儿园生活中的成人劳动等）。	4. 在课间，游戏活动中，自己有大小便需要时，不用成人提醒，主动如厕。											
	5. 对教师的主动交往，愿意做出积极反应，有时有主动交往的愿望。											
	6. 在日常生活中，愿意向熟悉的成人问好。在成人提醒下，愿意向客人问好。											
继续建立集体生活中最基本的规则意识，在成人的引导下，学习理解什么样的活动可能具有积极的意义。	7. 有初步的成果意识，知道爱惜自己和他人的成果。											
	8. 愿意参与元宵节、"三八"节、"六一"节等活动，感受节日气氛并体验快乐。											

— 317 —

续表

阶段目标	评价内容	幼儿评价 ★★★ / ★★ / ★	家长评价 ★★★ / ★★ / ★	教师评价 ★★★★ / ★★★ / ★★ / ★
在成人的支持下,乐于尝试生活和游戏中的探索活动,学习关注周围常见事物。	1. 对新奇的事物有兴趣,乐意探索,并集中注意力,独立活动持续15~20分钟。 2. 在教师引导下,愿意关注周围生活中的自然现象和学习内容,并能经常提出简单的问题。 3. 在学习和生活活动中,在成人的鼓励和帮助下,愿意接受有一定难度的任务,并尝试解决。			
在成人的引导下,乐于对现实情境的变化提出疑问。	4. 感受并能愉快地参加活动,体验活动的快乐。 5. 在成人和同伴的启发下,尝试借助自己的原有经验解决自己或他人在生活、学习中的小问题,学习看图书,理解故事内容,知道书中角色之间的关系。			
在成人的激励和帮助下,愿意面对生活和游戏中有一定难度的任务。	6. 会手口一致地点数5以内的实物。用一一对应的方法比较两组物品的大小,认识常见的几何图形。 7. 感受不同节奏和音乐的明显变化。			
在成人的引导下,理解事物间的关系。	8. 关注自然现象的变化和周围常见事物的外部特征,获取粗浅的经验,了解它们与自己生活的关系。 9.			

第四章 开放性课程的评价

续表

阶段目标	评价内容	幼儿评价 ★★★ ★★ ★			家长评价 ★★★ ★★ ★			教师评价 ★★★ ★★ ★		
认识生活中的简单符号，了解它们的作用，并尝试运用。	1. 丰富对实物标的认识，并在标记的提示下按规则活动。 2. 学习围绕某一实物、图片、情境进行谈话或讲述，能用短句比较清楚地表达自己的看法和认识。									
在成人的帮助下，学习用说明、描述等多种方式表征简单事物的发现和认识。	3. 在教师的指导下，在生活中能较准确地运用人称代词、动词等进行交流。									
在成人的引导下，学习运用原有经验解决自己或别人面临的小问题。	4. 在教师、同伴的启发下，学习用语言、动作、绘画等多种形式，创造性地表达自己的情感与认识。 5. 能分清自己的和别人的东西，在成人的提醒下，努力控制自己的行为，不随意拿别人东西。									
在成人的引导下，初步尝试使用"好"与"不好"来评价具体的创造性表达。	6. 在教师的提醒下，在集体活动中能注意倾听成人或同伴讲话，并知道要举手发言。									

表4-1-7 第四阶段上学期幼儿发展评价表（中班）

阶段目标	评价内容	幼儿评价 ★★★	幼儿评价 ★★	幼儿评价 ★	家长评价 ★★★	家长评价 ★★	家长评价 ★	教师评价 ★★★	教师评价 ★★	教师评价 ★
能经常保持愉快的情绪和小朋友们相处。	1. 愿意和同伴友好相处，知道小事要和同伴协商，经常保持愉快的情绪。 2. 了解自己和同伴的优缺点，愿意接受他人帮助，知道向同伴学习。									
逐步拓展对不同活动和问题的兴趣，在成人的指导下，学习协商解决同伴的人际矛盾，体验通过不同途径解决问题的乐趣。	3. 愿意为同伴和集体服务，学做值日生。 4. 饭菜分盛时，知道饭菜搭配着吃，愉快来进餐，爱惜粮食，不挑食，学习保持桌面干净。 5. 知道爱惜衣服，注意保持整洁。									
学习接纳、理解、尊重别人的意见、经验，学习互助，知道爱护他人物品，身边的物品，以及他人的劳动成果，进一步感受周围的社会文化生活。	6. 注意保持周围环境整洁，不乱扔废物，不乱涂乱画。 7. 不踩桌椅，不乱扔眼睛，在成人提醒下，阅读、绘画时注意保持正确的姿势。 8. 会正确地使用纸巾擦鼻涕、擦嘴，咳嗽、打喷嚏时知道遮住口鼻。 9. 日常生活中能用普通话进行交流，会使用简单的礼貌用语，如："对不起""没关系"等，体验使用礼貌用语在交往中带来的快乐。									
在成人的指导下，形成初步的是非观念，初步学习理解判断是非的理由，尝试理解什么样的活动具有积极或消极的意义。	10. 集体活动中，能控制自己的行为，遵守集体规则。 11. 能注意力集中地进行各项学习活动20～25分钟，偶有分心现象，在成人的提醒下，知道及时调整。									

续表

阶段目标	评价内容	幼儿评价 ★★★ ★★ ★	家长评价 ★★★ ★★ ★	教师评价 ★★★ ★★ ★
在成人的支持下,学习关注自己的探究过程和发现,在成人的指导下,体会到初步的成就感。	1. 关注周围环境的变化,并有自己的发现,遇到不懂的问题愿意咨询问老师。 2. 愿意做力所能及的事,学习自我服务。如:自己穿脱衣服,钻被筒等,知道洗手前要卷衣袖。			
在成人和同伴的启发下,愿意提出自己感兴趣的问题。	3. 注意倾听别人讲话,较大胆地回答老师的问题,提出问题,较清楚地表达自己的想法。 4. 对多种活动感兴趣,积极主动参与。			
在成人的激励和帮助下,愿意面对各项活动中有一定困难的任务。	5. 知道按要求完成任务,有初步的成就感。 6. 学习用多种感官认识事物,并能积极动手操作,在活动中能动脑筋,想办法。			
学习联合运用多种感官获取信息的能力;学习使用简单辨别共同的方法,建构简单类概念。	7. 能根据事物的某种特征进行分类,形成相应类的概念,认识1~10的测数群,说出总数,认识数字和教序和数字。			

续表

阶段目标	评价内容	幼儿评价 ★★★	幼儿评价 ★★	幼儿评价 ★	家长评价 ★★★	家长评价 ★★	家长评价 ★	教师评价 ★★★	教师评价 ★★	教师评价 ★
进一步积累各种新符号,并理解它们的作用;在教师的协助下,尝试运用符号来,进,加工,储存有关的提取信息。	1. 关注生活中常见的符号、标志,并理解其意义。尝试运用简单符号表达对事物的认识和发现。									
在成人的引导下,尝试使用简单的符号方式以及说明、描述等多种方式对简单事物或过程的发现、认识。	2. 在教师的引导下,能注意运用别人的经验解决自己的问题的办法。尝试自己解决面临的问题。									
	3. 创造性的活动中,在教师的启发下,尝试自己选择标准,并能根据标准进行信息表达。									
在成人的引导下,用成人、同伴提供的经验解决自己和别人所面临的问题。	4. 表现使用不同乐曲的速度、力度、动作变化明显的乐曲,会按节拍打击乐器。									
	5. 学习用线条和形状画出物体的主要特征、色彩丰富,会用泥工、纸工等形式进行简单的艺术表现。									
尝试根据教师的值标准来进行移创造性的表达。	6. 尝试学习双手交替拍球,掌握一至两种小型运动器材的玩法,并尝试迁移运用于同类器械活动。									

第四章 开放性课程的评价

表4-1-8 第四阶段下学期幼儿发展评价表（中班）

阶段目标	评价内容	幼儿评价 ★★★	幼儿评价 ★★	幼儿评价 ★	家长评价 ★★★	家长评价 ★★	家长评价 ★	教师评价 ★★★	教师评价 ★★	教师评价 ★
喜欢和别人交往，能关心帮助同伴。	1. 喜欢和同伴交往，愿意分享。									
对自己感兴趣的活动和问题能持续一定的时间。在学习活动中遇到困难时，知道可以向成人或同伴求助，在成人的指导下，知道解决问题的方法是多种多样的，体验通过不同途径解决问题的乐趣。	2. 学习生活中，遇到困难时愿意用多种方法尝试解决，体验解决问题的乐趣。									
	3. 关注社区的环境，了解社区的建筑、公共设施等，感受社区生活的丰富性。									
初步感受社会文化的丰富性，体验相互帮助带来的快乐，初步尝试学习合作，了解简单的环保知识。	4. 乐意为集体服务，认真做值日，爱护花草树木，参与管理自然角等。									
	5. 知道养成良好的生活卫生习惯，如：吃东西前先洗手，不吃不洁食物，保持服装整洁，勤洗澡，勤换衣，勤梳理发等。									
	6. 知道保持公共环境卫生，不乱丢纸屑、杂物，不随地吐痰。									
	7. 知道挖鼻孔，掏耳朵及不良坐姿等不良行为会对身体造成伤害，努力养成良好对身体卫生、行为习惯。									
形成初步的是非观念，学习理解判断是非的理由，学习理解什么样的活动具有积极或消极的意义，尝试采用更为积极的行为方式。	8. 愿意与同伴合作，共同完成任务，与同伴发生冲突时，经教师帮助能和解。									
	9. 遵守集体活动规则，并知道自己的行为会对集体造成影响。									

续表

阶段目标	评价内容	幼儿评价 ★★★	幼儿评价 ★★	幼儿评价 ★	家长评价 ★★★	家长评价 ★★	家长评价 ★	教师评价 ★★★	教师评价 ★★	教师评价 ★
对暂时或不能直接解决的问题有不断深究的愿望。	1. 对较多活动感兴趣，喜欢问为什么，愿意围绕同一主题进行探索，并大胆地提出不同问题。									
在成人和同伴的启发下，大胆地对同一主题提出不同问题。	2. 在成人的鼓励指导下，努力寻找问题的答案，有不断探索的愿望，尝试用多种方式表达自己的认识和想法。									
	3. 感意尝试力所能及的事，学习收拾各种玩具、学具，自理大小便，使用筷子进餐，参与管理自己的物品，学习叠小被子。									
在成人的激励和帮助下，愿意面对各项活动中有一定困难的任务，不轻易放弃。	4. 在学习或游戏活动中，遇到不会的事情，在教师的鼓励下，能坚持进行活动。									
	5. 在教师的引导下，能运用多种感知和比较事物的并同/学习运用对应、比较等方法，发现事物之间的关系。									
尝试联合运用多种感官获取信息，进一步发现事物间比较复杂的关系。	6. 知道10以内数的形成，认识数字和序数，理解其实际意义，观察、比较、判断10以内的数量关系。									

续表

阶段目标	评价内容	幼儿评价 ★★★	幼儿评价 ★★	幼儿评价 ★	家长评价 ★★★	家长评价 ★★	家长评价 ★	教师评价 ★★★	教师评价 ★★	教师评价 ★
进一步积累各种新符号，在教师的引导下，尝试合理地运用符号采、选、加工、储存以及提取信息。	1. 丰富对符号的认识，对文字符号有兴趣。在成人的引导下，学习用记录、描述等多种方法表达对事物的认识。									
在成人的引导下，学习使用简单的符号以及说明、描述等多种方式表征对简单事物或过程的发现、认识和创造。	2. 乐于运用所学的新词、新句表达自己的情感和对事物的认识。初步尝试创编故事、朗诵诗歌。									
	3. 能大胆地在集体中独唱。在音乐的伴奏下协调地表演歌曲、乐曲，能用几种乐器参加合奏、轮奏。欣赏不同性质的歌曲、乐曲。									
在成人的引导下，学习运用成人、同伴提供的经验解决自己和别人所面临的问题。	4. 在教师的引导下，注意倾听成人、同伴的发言，关注他人解决问题的策略，并借助他人的经验尝试解决自己的问题。									
尝试根据自己提供的价值标准来进行创造性的信息表达。	5. 理解或表明确教师提出的价值标准，学习按一定标准进行创造性的表达。									
	6. 学习运用线条形状表现感受过的物体的基本结构和主要特征。学习用较丰富的颜色作画。初步学习用点状、线状、面状和块状的自然物和废旧材料制作玩具。									

表4-1-9 第五阶段上学期幼儿发展评价表(大班)

阶段目标	评价内容	幼儿评价 ★★★ ★★ ★			家长评价 ★★★★ ★★★ ★★ ★				教师评价 ★★★★ ★★★ ★★ ★			
有初步的集体意识,愿望不能达到时能克制自己的情绪。	1. 知道自己是集体的一员,乐意服从集体的要求,愿望达不到时能控制情绪,愿意用较适宜的方式自己解决同伴间的冲突。											
愿意尝试参与自己不感兴趣的活动,能持续活动一定的时间,尝试体验活动的乐趣。在成人的指导下,知道能借助社会性辅助机构、媒介等多种信息寻找解决问题的办法,相信解决问题的方法是多样的。	2. 乐意为集体服务,做事态度认真,有始有终。											
	3. 愿意学习用采访、查资料等方式获取信息,尝试用多种方法解决问题。知道解决突发事件的正确方法。											
在成人的指导下,学习理解、尊重、欣赏别人,学习关注与众不同的意见,学习关心帮助别人,初步感受社会文化的丰富性和差异性。初步培养环保意识。	4. 在外出活动时,愿主动收拾被丢弃的垃圾,保持公共环境的整洁。											
	5. 能主动关心同伴和弟弟妹妹,肯谦让。愿意学习别人的优点。											
	6. 有礼貌地倾听别人的讲话和交谈。											
	7. 对中华民族传统文化、世界文化感兴趣,喜欢参加多种形式的文化活动。											
进一步培养是非观念,学习理解判断是非的理由;学习理解别人判断是非的理由是有条件限制的。	8. 知道在光线太强、太弱时看书对眼睛有伤害,注意保护视力,用正确的姿势写书写、绘画等。											
	9. 能主动为自己的疏忽承担后果,在成人的帮助下,明白错误的原因,能接受别人的帮助并改正。											

续表

阶段目标	评价内容	幼儿评价 ★★★ ★★ ★	家长评价 ★★★★ ★★★ ★★ ★	教师评价 ★★★★ ★★★ ★★ ★
学习关注在探究、发现和改变自己原有观念后产生的成就感、成长感。	1. 对各种活动和事物感兴趣，并喜欢探究，主动寻找问题的答案，关注自己的新发现或原有经验的改变，有成就感。 2. 关注并接纳自己成长中的变化，换牙时不紧张。			
在成人的引导下，学习对现象提出质疑，方法、发展追求建设性的、与众不同的态度。	3. 主动参与各项学习活动，注意力集中地进行各项学习活动25～30分钟。 4. 知道可以对已有的方法、经验、结论等提出质疑。 5. 愿意尝试自我服务，学习用正确的方法上下"高低床"，独立整理床铺，餐后愿意进行简单的收拾。			
愿意面对各项活动中有一定困难的任务，不轻易放弃既定目标。	6. 愿意坚持完成有难度的成与实现活动目的时间内主动克服困难实现活动目的。 7. 学习运用不同感官多渠道地获取信息，运用归类、分析、判断等方法，发现常见的自然现象与人类、动植物间的关系。 8. 学习10以内数之间的包含关系、理解部分数与总数之间的互补和互换关系。			
学习建立不同感官之间的沟通；进一步培养辨别差异开放的敏感性；磨炼从各种信息中建构概念、理解关系的能力。	9. 认识社会生活、公共场所中的标志符号，理解其意义，并用其指导自己的行为。 10. 能根据歌曲的内容和性质，按音乐节奏、有表情地唱歌、舞蹈和演奏。 11. 学习用控制自己动作的方向、速度、幅度等策略，来保证自己与同伴在活动中的安全。			

续表

阶段目标	评价内容	幼儿评价 ★★★	★★	★	家长评价 ★★★★	★★★	★★	★	教师评价 ★★★★	★★★	★★	★
在学习过程中不断理解各种符号的作用,进一步学习运用的符号来、选、加工、储存以及提取信息。	1. 尝试用文字、图画等符号表示自己的名字。尝试通过符号统计、自制图书等方式记录、描述对事物的认识和发现。											
在成人的引导下,学习使用各种符号以及方式表达、描述或多种过程对事物的发现、认识和创造。	2. 能围绕主题,用较丰富的词汇、连贯的语句,较清楚地讲述见闻、描述事物。											
尝试通过改变或重组原有经验解决自己和别人所面临的问题。	3. 与同伴合作中,尝试用协商、说理等方式,解决自己和其他小朋友之间的矛盾。											
	4. 在教师的引导下,用讨论、比较等方法尝试选择合理的价值的标准,并按照标准进行创造性的信息表达。											
在教师的引导下,尝试选择合理的价值标准来进行创造性的信息表达。	5. 学习从形式和内容的角度欣赏和评价自己、同伴的作品。											

第四章 开放性课程的评价

表4-1-10 第五阶段下学期幼儿发展评价表（大班）

阶段目标	评价内容	幼儿评价 ★★★ ★★ ★	家长评价 ★★★★ ★★★ ★★ ★	教师评价 ★★★★ ★★★ ★★ ★
正视不快乐的心情，愿意运用一些简单策略进行自我调节。	1. 有集体荣誉感，主动关心班级的事情，做对集体有益的事，自觉遵守集体规则，知道维护班级荣誉。			
对各类活动和问题感兴趣，体验参与活动和尝试解决问题的乐趣。愿意独立探索解决问题的方法，能够独立解决问题不依赖他人，体验通过不同途径、办法解决问题的乐趣。	2. 愿意并能运用1—2种方法进行自我调节。			
	3. 有进步不骄傲，能为同伴的进步而高兴。知道互相谦让，尝试用多种方法帮助解决同伴间的冲突纠纷。			
	4. 遇到问题，愿意自己想办法解决，不依赖他人。体验通过不同途径、办法解决问题的乐趣。			
学习宽容地对待与自己不同的观点，主动关心、帮助别人，进一步学习合作。	5. 愿意接纳与自己不同的意见，他人说话时知道安静倾听。			
对环保知识及环保活动有更浓的兴趣，积极参加力所能及的环保活动，进一步培养环保意识。	6. 积极参加公益劳动，环保宣传等，有保护周围生活环境的意识。			
	7. 知道运动前注意安全，疲劳时注意休息，饭后不做剧烈活动等有利于自身健康的自我保护方法，并努力做到。			
学习理解什么样的行为活动可能具有更为长久和积极的生存发展意义。	8. 知道关心态度和蔼、友善、诚实，知道关心弱小和需要帮助的人等行为更有助于同伴间友好相处，并努力做到。			
有的积极兴趣和培养自己新的积极兴趣。	9. 在具体的情境下能分辨是非，并说出理由，努力按正确的去做。			

329

续表

阶段目标	评价内容	幼儿评价 ★★★	幼儿评价 ★★	幼儿评价 ★	家长评价 ★★★	家长评价 ★★	家长评价 ★	教师评价 ★★★	教师评价 ★★	教师评价 ★
学习如何深究有意义的疑难问题，不断提高探索和尝试解答的欲望和热情。	1. 对疑难问题喜欢追根究底，有探究和尝试解答的热情。 2. 学习10以内加减运算，认识时钟，尝试用数学知识解决生活中的小问题。									
发展追求建设性的、与众不同的态度，愿意学习并尝试运用各种新的知识和技能。	3. 在老师的引导下，学习探究有意义的疑难问题，积极搜集活动中的相关信息，探究其原理及特点，尝试运用多种途径寻求解决问题的方法。 4. 积极运用新知识、新技能，表达自己独特的想法。									
敢于挑战各项活动中有一定困难的任务，理解成功和自身努力的关系，学习正确对待各种失败的打击。	5. 在活动中遇到困难时，愿意主动想办法克服。做事失败后，不服输，并想办法调整自己的行为、情绪，为成功而努力。 6. 知道认真、细心地管理和收拾自己的学习用品。									
进一步培养辨别事物类同的敏感性。学习创造性地使用各种信息的搜集和筛选。	7. 学习创造性地使用多种感官感知事物。学习有根据地进行预测、推理、判断，初步了解生活中常见的科技产品对自己生活的影响。									

续表

阶段目标	评价内容	幼儿评价 ★★★	★★	★	家长评价 ★★★★	★★★	★★	★	教师评价 ★★★★	★★★	★★	★
在学习过程中不断理解各种符号的作用,学习运用符号采选、加工、储存符号以及提高提取信息的效率。	1. 能围绕中心话题参与讨论,用合适的语句较清楚地表达自己的意见、想法。尝试评价和补充别人的发言。 2. 拓展对社会生活、公共场所中的标志等符号的认识,理解其意义,并用其指导自己的行为。											
在成人的引导下,学习使用各种符号以及说明、描述等多种方式比较清楚地表征对简单事物或过程的发现、认识和创造。	3. 在教师的引导下,学习用动作、标记、图画等多种的观察、发现、认识。 4. 能与他人交流,分享经验,借鉴与自己不同的意见,接纳、解决自己和同伴间的问题。											
学习通过改变或重组原有经验解决自己和别人所面临的问题。	5. 在教师的引导下,能够发现物品和材料(纸、泡沫塑料、蛋壳等)的多种特性和功能,根据自己的想象进行创造性的活动。											
在老师的启发下,学习选择合理的价值标准,进行创造性的信息表达。	6. 在教师丰富方法的引导下,通过讨论、比较等方法丰富自己的价值标准,学习根据自己的需要选择标准,进行创造性的信息表达。											

幼儿园开放性课程

二、开放性课程的评价举例表

表 4-1-11　第一阶段上学期评价举例表（小亲子班）

阶段目标	评价举例
在家人的带动下,愿意用动作、表情和他人打招呼。愿意用声音、表情、动作等请求家人的帮助。	面对其他宝宝和教师时,家长说:"我们和他们打个招呼吧!" ★★★自己做出点头、招手等打招呼的动作。 ★★开始没有反应,在家长的语言、动作带领下,做出打招呼动作。 ★在家长反复的语言、动作引导下,仍不愿做动作。
在家人的带动和协助下愿意参与活动。	家长用夸张的动作将玩具藏到身后时: ★★★能观察家长藏玩具的动作,主动寻找玩具。 ★★刚开始不看家长,在家长语言、动作的反复提示下,才愿意寻找玩具。 ★在家长语言、动作的反复提示下,仍不找玩具。
在家人的带动下,愿意接纳本班教师对他(她)的亲近。	教师给宝宝贴笑脸贴画作为奖励时: ★★★在家长的陪伴下,愿意让教师触碰自己的脸或手,贴上笑脸贴画。 ★★开始不愿意,在家长的引导和鼓励下,愿意让教师触碰自己的脸或手,贴上笑脸贴画。 ★在家长的引导和鼓励下,仍不愿让教师触碰自己。
在具体情境中,借助成人的具体帮助,学习理解"能"和"不能"。	教师出示饼干实物和饼干卡片,问宝宝们:"哪一个能吃?来尝尝吧。" ★★★主动拿起饼干实物品尝。 ★★在成人的引导下触摸饼干实物和饼干卡片后,拿起饼干实物品尝。 ★在成人的引导下触摸饼干实物和饼干卡片后,两者都放进嘴里啃咬,分辨不出哪个是能吃的饼干。
在比较宽松、安全的环境下,愿意摆弄周围环境中的物品。	在自选玩具活动中,教师说:"宝宝们可以选择自己喜欢的玩具玩一玩。" ★★★愿意摆弄自己周围的玩具。 ★★在家长的逗引下,愿意和家长一起摆弄自己周围的玩具。 ★在家长的逗引下,仍不愿意摆弄自己周围的玩具。
在成人的带动下,愿意倾听和回应他人。	妈妈面对宝宝伸出双臂做出拥抱的姿势,并说:"抱抱。" ★★★主动伸手,愿意和妈妈抱抱。 ★★没有动作,妈妈主动抱抱后不排斥。 ★推开妈妈,拒绝抱抱。

第四章　开放性课程的评价

续表

阶段目标	评价举例
在家人的陪同下，愿意和家人一起面对有一定困难的任务。	家长和宝宝一起玩游戏，让宝宝将贴纸撕下贴在图画本上： ★★★自己撕下贴纸，贴在图画本上。 ★★在家长语言引导、动作帮助下，撕下贴纸贴在图画本上。 ★在家长反复语言引导、动作帮助下，仍然不愿意动手撕下贴纸。
在成人的带动下，积累初步的感官体验。	在沙池中玩沙时： ★★★主动把手伸进沙池里玩沙。 ★★看到家长把手伸进沙池里，也愿意伸手进去摸一摸、玩一玩。 ★家长牵着手一起伸进沙池里之后，把手抽回来，不愿意玩。
在成人的帮助下，积累初步的符号经验。	在"送水果回家"活动中，教师说："请宝宝们找照片，把苹果、香蕉卡片送回自己的家里。" ★★★在成人的语言引导下，能按标记将苹果、香蕉卡片送到相应筐里。 ★★在成人的动作提醒、帮助下，能按标记将苹果、香蕉卡片送到相应筐里。 ★在成人的动作提醒、帮助下，仍不能按标记把苹果、香蕉卡片送到相应筐里。
在成人的引导和鼓励下，尝试用动作和表情来表达自己的意愿、发现和身体感受。	宝宝躺在床上，家长与其玩"挠痒痒"的游戏： ★★★用大笑、手舞足蹈等较大幅度动作表现自己"痒"的感受。 ★★家长挠痒痒时，略微有些身体动作反应。 ★家长挠痒痒时，没有动作、表情等反应。
在成人的榜样、范例的引导帮助下，学习使用不同的方式摆弄周围环境中的物品。	家长和宝宝一起玩纸盒： ★★★和家长一起探索玩法，主动做出搭高、延长、拍敲、推行等动作。 ★★在家长语言引导、动作示范下，能模仿家长动作摆弄纸盒。 ★在家长反复语言引导、动作示范下，仍然不愿意动手摆弄纸盒。
在成人范例的鼓励下，愿意模仿各种简单的表达方式。	教师摇动摇铃发出声音，说："我们和摇铃做游戏吧。" ★★★主动拿着摇铃做出摇一摇、拍一拍等动作，让摇铃发出声音。 ★★家长抓着宝宝的手，能配合做动作让摇铃发声。 ★家长抓住手后，仍不愿抓握摇铃做动作。

幼儿园开放性课程

表 4-1-12　第一阶段下学期评价举例表(小亲子班)

阶段目标	评价举例
在家人的陪同下,愿意上亲子园,愿意用语词、表情、动作等请求成人的帮助。	想骑摇马,跨不上去时: ★★★对自己身边的家长或教师说:"宝宝骑。" ★★在家长或教师询问下,说出"想骑摇马"或用手指指摇马。 ★在家长或教师询问下,没有任何表示。
在成人榜样的带动下,愿意参与活动。	在家长做出拨动风车玩具的动作后: ★★★能主动模仿家长的动作玩风车。 ★★在家长的动作、语言提示下,能模仿家长的动作玩风车。 ★在家长握住手感受动作及语言提示下,仍不愿玩风车。
在家长的指导下,愿意接纳熟悉的成人。愿意在集体中和教师交流。	在手拉手做游戏时: ★★★在家长的鼓励下,愿意与教师或其他家长手牵手,共同游戏。 ★★开始不愿意参与,在家长牵手的引导、鼓励下,愿意与教师或其他家长手牵手,共同游戏。 ★在家长的引导和鼓励下,始终不愿意与教师或其他家长手牵手,共同游戏。
在具体情境中,借助成人的具体帮助,初步理解"能"和"不能",学习控制自己的行为。	教师表演因跑太快摔跤之后,问宝宝们:"活动室里能不能跑?" ★★★主动回答"不能跑",能跟随家长、教师一起慢慢走。 ★★在家长的引导下,回答"不能跑",并与家长、教师牵手一起慢慢走。 ★在家长、教师的反复引导下,仍然不回答提问,继续在活动室内跑动。
愿意摆弄周围环境中的物品。	活动室的玩具柜中摆放着不同种类的玩具: ★★★主动去玩具柜中拿玩具玩一玩。 ★★在家长、教师的鼓励和带领下,去玩具柜中拿玩具玩一玩。 ★在家长、教师的鼓励和带领下,仍不愿意去玩具柜中拿玩具玩一玩。
在成人的带动下,愿意倾听和回应他人,愿意学习用简单的语词回应。	家长将玩具藏在手心中,问:"有没有玩具?" ★★★主动掰开手指,说"有"或"没有"。 ★★在家长的引导和鼓励下,愿意掰开家长手指并说出"有"或"没有"。 ★在家长的鼓励和引导下,仍不参与活动。
在家人的陪同下,愿意和成人一起面对有一定困难的任务。	宝宝头顶上方绳子上夹有许多"果子": ★★★在家长陪同下,自己垫脚、伸手摘下"果子"。 ★★在家长语言引导、动作示范下,模仿家长行为摘下"果子"。 ★在家长反复语言引导、动作示范下,仍不愿意去摘"果子"。

续表

阶段目标	评价举例
在成人的语词提示下，积累运用感官认识事物的语词经验。	在"品尝饼干"的活动中，教师夸张地做出闻饼干的动作，说："饼干好香呀！请你闻一闻。" ★★★主动拿起饼干闻一闻。 ★★教师把饼干放在宝宝鼻子底下才愿意闻。 ★教师把饼干放在宝宝鼻子底下，仍不愿闻。
认识与自己密切相关的简单符号。	在教师出示贴有宝宝照片的画纸，请宝宝们拿自己的画纸时： ★★★在成人的语言引导下，能认出自己的照片拿取画纸。 ★★在成人的动作帮助、提示下，能认出自己的照片拿取画纸。 ★在成人的动作帮助、提示下，仍不能认出自己的照片拿取画纸。
在成人的引导和鼓励下，学习用简单的语词、动作和表情来表达自己的意愿、发现和身体感受。	让宝宝咬一口柠檬片后，家长问："柠檬什么味道？" ★★★用语言回应"酸酸的"，并做出"酸"的表情。 ★★在家长的引导下，用语言回应"酸酸的"或者做出"酸"的表情。 ★在家长反复追问、引导下，仍没有回应。
在成人的榜样、范例的引导帮助下，尝试使用自己的方式摆弄周围环境中的物品。	家长用积木示范搭建高楼、火车后，说："请宝宝用积木搭一搭高楼和火车。" ★★★能用垒高、延长方式搭建高楼、火车。 ★★家长帮助搭建一部分后，能模仿接着进行搭建。 ★在家长反复语言、动作指导下，仍不愿搭建积木。
在成人范例的引导下，尝试进行创造性的表达。	家长示范手指蘸颜料点画果子的方法后： ★★★能主动用手指在画面各处点画果子。 ★★在同一个位置用手指点画果子，家长引导后，能在各处点画果子。 ★在家长反复鼓励下，仍然只在同一个位置点画果子。

表4-1-13　第二阶段上学期评价举例表（大亲子班）

阶段目标	评价举例
愿意上亲子园，能接纳本班教师。	早上入园时，在教室门口： ★★★在成人提醒下，与教师问早。 ★★边哭边在成人提醒下和教师问早。 ★哭着、闹着，抓着家长，不肯让家长走。

续表

阶段目标	评价举例
在教师的带领下,愿意经常参与亲子园活动。在生活中遇到困难不哭,知道可以请求成人帮助。	午睡醒来想小便,起床时间未到: ★★★不哭,主动喊"老师,我要小便"。 ★★边哭边喊"老师,我要小便"。 ★在床上尿湿了哭。
在成人的指导下,愿意接纳本班教师和同伴。初步学习与他人共享。	在"自带玩具"活动中,小朋友们在玩自己的玩具时,教师问:"谁愿意把自己的玩具和其他小朋友换着玩?" ★★★立即把自己的玩具和其他小朋友交换。 ★★拿自己的玩具玩,在成人的鼓励下才与同伴交换。 ★拿自己的玩具玩,在成人的鼓励下仍不与同伴交换。
在成人的具体帮助下,建立最基本的生活活动的常规意识。	在户外体育活动时,教师摇铃鼓请宝宝们回教室: ★★★听到"铃鼓声"信号后,立即回教室。 ★★在教师的语言提示下,才回教室。 ★在教师的语言提示下,仍不回教室。
在成人的鼓励下,愿意参与生活中的探索活动。	在家园共育活动中,妈妈和宝宝一起做水果娃娃,教师说:"宝宝可以和妈妈一起做水果娃娃了。" ★★★在成人的引导、鼓励下,说出想法,并参与活动。 ★★在成人的引导、鼓励下,愿意参与活动。 ★在成人的引导、鼓励和要求下,仍不愿意参与活动。
愿意模仿成人的提问。	教师和宝宝一起观察大蒜。教师指着大蒜问:"大蒜发芽了吗?大蒜为什么会发芽呀?"并引导、鼓励幼儿模仿着说。 ★★★立即模仿着说。 ★★在教师鼓励和再次示范下,才模仿着说。 ★在教师鼓励和再次示范下,仍不愿意模仿着说。
在教师的支持、帮助下,愿意尝试面对生活中有一定困难的任务。	在生活活动中,教师说:"请宝宝们自己试着穿小鞋子好吗?" ★★★愿意尝试穿鞋。 ★★开始不动,在教师鼓励下,开始尝试穿鞋。 ★在教师鼓励下,仍不愿意尝试穿鞋。
初步认识自己的感官,在成人的指导下,尝试运用感官认识事物。	在观察橘子的活动中,教师问:"橘子是什么味道的?请你闻一闻。" ★★★拿起橘子闻,并说"橘子是香香的"。 ★★拿起橘子闻,但说不出橘子的味道。 ★不知道怎么做。

第四章 开放性课程的评价

续表

阶段目标	评价举例
认识与亲子园生活密切联系的简单符号。	幼儿洗过手后,教师说:"请宝宝们用自己的毛巾擦手。" ★★★ 不需教师提醒,自己按标记找到毛巾。 ★★ 在教师提示下,才按标记找到自己的毛巾。 ★ 在教师提示下,仍不能按标记找到自己的毛巾。
在成人的引导和鼓励下,尝试表达自己对简单事物的发现。	在家长开放日活动中,当教师带领宝宝们阅读《小黑历险记》一书后,教师说:"把《小黑历险记》的故事讲给爸爸妈妈听吧。" ★★★ 在家长的鼓励下,能讲述出故事的主要内容。 ★★ 在家长的鼓励、帮助下,能讲述出故事的主要内容。 ★ 在家长的鼓励、帮助下,仍讲述不出故事的主要内容。
在成人的帮助下,坚持反复尝试解决生活、游戏活动中的小问题。	户外骑小车时,教师说:"请宝宝们把小车从教室里搬出来。"(途中需下一级台阶) ★★★ 自己想办法把小车搬下台阶。 ★★ 在教师的启发、鼓励下,尝试用推轮子、拉车头等办法把小车搬下台阶。 ★ 在教师的启发、鼓励下,仍不知道怎么办。
在教师的启发下,尝试进行创造性的表达。	在欣赏舞蹈视频时,教师说:"请宝宝们跟着一起跳。" ★★★ 看着视频自己模仿跳。 ★★ 在教师的鼓励、引导下,才看着视频模仿跳。 ★ 在教师的鼓励、引导下,仍不知道看着视频模仿跳。

表 4-1-14 第二阶段下学期评价举例表(大亲子班)

阶段目标	评价举例
基本能愉快地上亲子园,能接纳本班教师和同伴。	在玩音乐游戏"找朋友"时: ★★★ 愿意接受同伴。 ★★ 挑选同伴,在教师引导下,愿意接受同伴。 ★ 挑选同伴,在教师引导下,仍不愿意接受同伴。
在成人的鼓励下,愿意参与亲子园的活动。能用动作、表情、语言等方式向成人求助,知道在成人的帮助下问题是可以解决的,体验和成人在一起解决问题的快乐。	在"品尝糖果"活动中,自己动手尝试剥糖纸失败后: ★★★ 愿意用语言请求成人帮助。 ★★ 在成人提示下,愿意请求成人帮助,并获得成功。 ★ 在成人提示下,仍不请求成人帮助。

续表

阶段目标	评价举例
能亲近教师和同伴。学习与他人共享,在成人的指导下,逐步淡化共享过程中的负面情绪。	同伴到家里做客时,妈妈请宝宝将食品和玩具分给同伴时: ★★★愿意拿出食品和玩具分给同伴。 ★★开始不情愿,在成人的鼓励下拿出食品和玩具分给同伴。 ★在成人的鼓励下仍不愿意。
在成人的指导下,建立最基本的集体活动的常规意识。	在音乐教学活动中: ★★★能听音乐信号"开始"和"停止"。 ★★在教师的提醒下,能听音乐的信号"开始"和"停止"。 ★在教师的提醒下,仍不能听音乐信号活动。
在成人的鼓励下,乐于参与生活中的探索活动,学习关注身边事物。	在观察金鱼的活动中: ★★★乐意参与观察金鱼的活动。 ★★在教师的鼓励下,愿意观察。 ★在教师的鼓励下,仍不关注。
乐于模仿成人的提问。	在"三八"节亲子活动中,教师带领宝宝们念完儿歌后,教师说:"我们问问妈妈'我念得好不好啊?'" ★★★乐于模仿教师的提问。 ★★在教师的鼓励下,模仿教师的提问。 ★在教师的鼓励下,仍不愿开口。
在成人的帮助和鼓励下,愿意尝试面对生活中有一定困难的任务。	在生活活动"学习扣纽扣"时,教师说:"请宝宝们自己把纽扣扣上。" ★★★愿意尝试自己扣纽扣。 ★★开始不动,在教师的鼓励下,开始尝试。 ★在老师的鼓励下,仍不愿尝试。
在教师的鼓励下,初步学习使用感官获得信息。	在品尝不同味道的糖果时,教师问:"你的糖果是什么味道的?" ★★★拿起糖果尝,并告诉教师糖果的味道。 ★★拿起糖果尝,但说不出糖果的味道。 ★不知道怎么做,也不说。
认识与自己生活密切联系的简单符号,了解它们的作用。	玩"糖果(不同形状)找家"游戏时: ★★★自己按形状进行归类。 ★★在教师提示下,才按形状进行归类。 ★在教师提示后,仍不能按形状进行归类。
在成人的引导和鼓励下,尝试表达自己对简单事物的发现和认识。	在欣赏糖纸活动中,教师问:"糖纸上有什么?" ★★★能发现糖纸上的各种花纹,并说出。 ★★能发现糖纸上的各种花纹,但说不清。 ★能观察,不会说。

第四章 开放性课程的评价

续表

阶段目标	评价举例
在成人的鼓励下,坚持反复尝试解决小问题。	在体育锻炼前,教师请宝宝们拿抽屉里的皮球,宝宝打不开抽屉时: ★★★ 自己想办法,能打开抽屉。 ★★ 在成人鼓励下,能想办法打开抽屉。 ★ 在教师引导、鼓励下,仍不知所措。
在教师和同伴的启发下,尝试进行创造性的信息表达。	在结构游戏"搭汽车"活动中: ★★★ 在教师范例的启发下,能在车厢等部分进行创造性的建构。 ★★ 能独立模仿范例进行建构。 ★ 在成人帮助下,能模仿范例进行建构。

表 4-1-15　第三阶段上学期评价举例表(小班)

阶段目标	评价举例
能愉快地上幼儿园,喜欢教师和小朋友们。	晨间入园,当家长把幼儿送到教室口: ★★★ 在他人的提醒下,愉快地向教师问好,和家长再见。 ★★ 抓住父母的手或衣角,在他人的反复劝说下走进教室。 ★ 哭闹着不肯离开父母,不愿向教师问好,由教师被动领进教室。
愿意参与自己感兴趣的活动。在成人的指导下,知道有困难可以寻求同伴的帮助,体验解决问题的快乐。初步意识到解决问题的方法是多种多样的。	在分享活动中,幼儿吃袋装食物寻求帮助: ★★★ 尝试打开食物袋,在成人引导下体验解决问题后的快乐。 ★★ 用眼神、手势寻求成人的帮助;愿意学习寻求帮助的方法。 ★ 不知道怎么办,成人提示解决问题的方法,也不愿意去尝试。
学习接纳新环境、新老师、新同伴,学习分享,爱惜玩具。	开学初上舞蹈兴趣班,两个班幼儿在一起,面对外请的新老师、新同伴及新环境: ★★★ 很快融入新集体,并愉快地和新老师、新同伴一起活动。 ★★ 成人劝说后,只愿意到新活动室和已经认识的同伴一起活动,不愿接近新同伴。 ★ 退缩、哭闹、不愿进新活动室,不愿与新老师和新同伴共同活动,旁观或独自活动。

续表

阶段目标	评价举例
在成人的指导下,建立最基本的集体生活的是非标准,尝试理解判断是非的理由。	教师组织幼儿观察兔子进食时,提出"安静观察"的要求: ★★★能一直安静地观察,看到高兴处露出高兴的表情,不受他人的影响。 ★★在教师的语言、行为暗示下,学着保持安静,有时会出声。 ★不停地说话,教师提醒后,也控制不住。
在成人的支持下,愿意尝试生活和游戏中的探索活动;学习关注周围常见事物。	面对"兔子吃不吃辣椒"的问题,教师问:"我们怎么知道兔子吃不吃辣椒呢?" ★★★立即拿辣椒喂兔子,观察兔子吃不吃。 ★★在教师用语言启发后,拿辣椒喂兔子,观察兔子吃不吃。 ★在教师用语言启发后,也没有反应。
在成人的引导下,愿意对现实情境的变化提出疑问。	秋天来到了,教师引导幼儿观察现在树叶和以前有什么不同时,幼儿看到有的树叶变黄了,有的树叶还是绿的: ★★★在观察的基础上,愿意对现实的场景提出自己的问题。如:"为什么有的树叶变黄了,有的树叶还是绿的呢?" ★★在教师和同伴的启发下,愿意提出自己的问题。 ★在教师和同伴的启发下,仍不愿提出自己的问题。
在成人的帮助、鼓励下,愿意面对生活中有一定困难的任务。	小班初,许多幼儿因没有使用过蹲坑,大便遇到困难: ★★★在成人的语言鼓励下,愿意上蹲坑。 ★★成人用鼓励的语言没有作用,用行为帮助时,愿意上蹲坑。 ★在成人和同伴的劝说和帮助下,仍不愿意上蹲坑。
初步认识自己的感官,学习使用感官获得信息,建立初步的异同概念。	幼儿观察橘子时,教师引导幼儿:"我们怎样才能知道橘子有没有气味呢?" ★★★立即拿起橘子,放到鼻子下闻,说出自己的发现。 ★★在成人启发下,模仿着闻,与他人一同说出自己的发现。 ★在成人启发下,仍不知道用鼻子闻。
认识周围生活中的简单符号,并了解它们的作用。	在玩"开汽车"游戏时,幼儿已经知道了"红绿灯"的作用,当"警察"亮出"红灯"时: ★★★"司机"看到"红灯"立即停下。 ★★"司机"看到"红灯"仍然前进,"警察"提醒后能停下。 ★"司机"看到"红灯"仍然前进,"警察"提醒后仍不停下。

第四章 开放性课程的评价

续表

阶段目标	评价举例
在成人的帮助下,学习用说明、描述等多种方式表达对简单事物的发现。	幼儿观察过兔子后,教师启发幼儿用身体动作表现兔子的外部特征: ★★★立即做出动作表现兔子。如:两根手指放头顶上做兔耳,一根手指放身后做兔尾。 ★★在成人启发下,能表现兔子的样子。 ★在成人启发下,仍不知道怎么表现。
在成人的帮助下,尝试运用原有经验解决自己面临的小问题。	体育锻炼时,两名幼儿争抢一辆小滑车: ★★★在教师启发下,自己想出解决问题的方法。如:轮流玩、交换玩等。 ★★接受他人的建议,尝试解决问题。 ★教师提出建议后,仍不能解决问题。
在成人的引导下,初步学习创造性表达情境中的"好"与"不好"。	参观完消防车,幼儿在建构区讨论:"有云梯的消防车才像。" ★★★在讨论中,围绕搭建的消防车,积极提出建议。如:"要有云梯才像消防车""可以用两块长积木连接在一起变成云梯"。 ★★参与讨论,理解同伴提出的好的想法,接受并用在自己的搭建中。 ★不能理解大家提出的建议,不知道"好"与"不好"。

表4-1-16 第三阶段下学期评价举例表(小班)

阶段目标	评价举例
能愉快地在集体中生活,乐意参加各项活动。	参加晨间区域活动时: ★★★积极参加自己喜欢的活动。 ★★开始时漫无目的,经提醒能参加自己喜欢的区域活动。 ★在活动室里闲逛,教师再三提醒,也不乐意参与活动。
在教师的带动下愿意参加不同的活动。在成人的指导下,愿意探索尝试解决问题的不同办法,体验解决问题的快乐。	午睡时,脱衣服遇到了困难: ★★★主动向教师或同伴求助,并能在教师的语言提示下积极尝试脱衣服的方法,困难解决后感到很高兴。 ★★不主动向他人求助,而是自己拉拽衣服,教师发现后提供解决方法,愿意加以尝试,困难解决后感到很高兴。 ★不愿意尝试自己脱,即使教师多次提供解决方法,也处于等待状态。

续表

阶段目标	评价举例
初步学习接纳、理解别人的经验,学习亲近自然物和身边的物品,爱惜他人的劳动成果。进一步学习与他人分享。初步感受周围的社会文化生活(节日活动、幼儿园生活中的成人劳动等)。	到同伴家做客前,通过谈话,明确了做客礼仪。到达同伴家后: ★★★自觉遵守做客礼仪。 ★★在教师提醒下能意识到自己言行正确与否,并愿意及时调整。 ★对教师的提示,不予理睬,仍我行我素。
继续建立集体生活中最基本的是非标准。在成人的引导下,学习理解什么样的活动可能具有积极的意义。	在音乐游戏"碰一碰"活动中,做"头碰头"的动作时: ★★★能用舒适的动作与同伴触碰。 ★★在教师的语言提醒下,能用舒适的动作与同伴触碰。 ★在教师的语言提醒下,仍不能控制自己的动作。
在成人的支持下,乐于尝试生活和游戏中的探索活动,学习关注周围常见事物。	幼儿寻找马路上的交通标志时: ★★★立即在马路上寻找,并争着告诉大家。 ★★在教师、同伴的启发下,愿意去寻找。 ★在教师、同伴用语言启发后,也不愿意去寻找。
在成人的引导下,乐于对现实情境的变化提出疑问。	教师带幼儿观察新布置的教室墙饰,并启发幼儿将自己的发现告诉大家时: ★★★立即观察,并告诉大家自己的发现。 ★★在他人的启发下才观察环境,对教师的提问有所回应。 ★在他人的启发下仍没有回应。
在成人的激励和帮助下,愿意面对生活和游戏中有一定困难的任务。	小班下学期刚开始学习有口令的操节,许多幼儿有困难: ★★★愿意认真练习。 ★★在教师的鼓励下坚持练习。 ★在教师多种方法的鼓励下,仍不愿意坚持练习。
在成人的引导下,理解事物间的关系。	幼儿粘贴好汽车后,观察汽车上的轮子的数量: ★★★知道数汽车两边的轮子,有四个轮子的概念。 ★★在教师的指导下,知道数汽车两边的轮子,但仍说不出有四个轮子。 ★在教师的指导下,仍只数一边的轮子。

第四章 开放性课程的评价

续表

阶段目标	评价举例
认识生活中的简单符号,了解它们的作用,并尝试运用。	在"从头忙到脚"的活动中,幼儿创编身体各部位的符号,并进行身体运动时: ★★★能理解符号的意义,并按标记正确地做动作。 ★★在教师的帮助下,能理解符号的意义,按标记做动作。 ★在教师的帮助下,仍不能理解符号的意义,不能按标记做动作。
在成人的帮助下,学习用说明、描述等多种方式表征对简单事物的发现和认识。	在"找春天"的活动中,教师问:"春天在哪里?有什么变化呀?把你们的发现告诉我们。" ★★★能用自己的语言说出发现,如:"我看见花儿开了,小草发芽了,柳树变绿了。" ★★在教师的启发和引导下,能说出自己的发现。 ★在教师启发和引导后,仍不能表达自己的发现。
在成人的引导下,学习运用原有经验解决自己或别人所面临的小问题。	冬天,幼儿脱外套遇到了困难时: ★★★尝试用自己的方法脱下外套。 ★★在教师的启发下,知道运用自己的经验和同伴的方法脱下外套。 ★在教师的启发下,仍不知道运用自己的经验和同伴的方法脱下外套。
在成人的引导下,初步尝试使用"好"与"不好"来评价具体的创造性表达。	自由涂鸦新年礼物,幼儿向同伴表述对作品的想法时: ★★★用语言或动作表达自己对同伴绘画作品的"喜欢"和"不喜欢",并说出理由。 ★★在教师的问题引导下,尝试用语言和动作表达对同伴绘画作品的"喜欢"和"不喜欢"。 ★在教师的引导和启发下,仍不能表达自己对作品的看法。

表4-1-17 第四阶段上学期评价举例表(中班)

阶段目标	评价举例
能经常保持愉快的情绪和小朋友们相处。	在角色游戏中,幼儿自选同伴,不能如愿时: ★★★高兴地去找其他小朋友玩。 ★★经过劝说才愿意找其他小朋友玩,过一会儿也高兴起来了。 ★无论怎么劝说,仍然生气,不参加活动。

续表

阶段目标	评价举例
逐步拓展对不同活动和问题的兴趣。在成人的指导下,学习协商解决同伴间的人际矛盾,体验通过不同途径解决问题的乐趣。	下午进行桌面游戏,当幼儿和同伴需要同一个玩具时: ★★★愿意用礼貌用语和对方协商,如:"你先玩一会儿再给我玩好吗?"或者"我用另一个和你交换好吗?"问题解决后很高兴。 ★★在教师的帮助下,愿意和同伴协商解决,问题解决后很高兴。 ★在教师的帮助下,仍不愿意和同伴协商解决,并且大哭,继续和对方争抢。
学习接纳、理解、尊重别人的经验、意见,学习互助。知道爱惜自然物、身边的物品以及他人的劳动成果。进一步感受周围的社会文化生活。	在"小树叶历险记"表演游戏中,表演"三角龙在回家的路上,吃了小树叶和小鱼"这一情节时,每个幼儿提出了不同的表演意见: ★★★积极支持同伴的意见,并能提出改进的方法。如:"是的!我们可以把三角龙变成霸王龙,霸王龙能吃小动物!" ★★同意别人的意见,但不知道应该怎样表示支持别人。 ★不愿意接纳别人的意见。
在成人的指导下,形成初步的是非观念,初步学习理解判断是非的理由,尝试理解什么样的活动具有积极或消极的意义。	幼儿正在参加区域活动,这时活动结束的音乐响了: ★★★能很快收好材料,并迅速回到座位。 ★★在教师和其他幼儿的提醒下,能收好材料,回到座位。 ★继续进行活动,不收拾也不回到座位。
在成人的支持下,学习关注自己的探究过程和发现。在成人的指导下,体会到初步的成就感。	在"小舞台"表演结束后,教师问:"今天你觉得表演得好不好?哪里好?" ★★★愿意明确地肯定自己的进步。如:"我原来不会表演霸王龙,今天我会了,我很高兴!" ★★在成人的鼓励和引导下,愿意说出对自己表演感到满意的地方。 ★在成人的鼓励和引导下,重复他人的发言。
在成人和同伴的启发下,愿意提出自己感兴趣的问题。	幼儿在听恐龙的故事时: ★★★大胆、清楚地提出自己感兴趣的问题,如:"老师,'陌生'是什么意思呀?"并渴望得到答案。 ★★在同伴的启发下,模仿他人提出相同的或类似的问题,如:别人询问过"陌生"是什么意思,又提问了词语"惊奇"的意思。 ★经过成人和同伴的启发,仍然不提问。

第四章 开放性课程的评价

续表

阶段目标	评价举例
在成人的激励和帮助下,愿意面对各项活动中有一定困难的任务。	在"做猫"的手工活动中,贴圆锥形是有一定困难的任务,面对这个任务: ★★★不断地尝试、探索,终于自己想办法完成了。 ★★知道通过询问成人或模仿同伴,完成学习任务。 ★在成人的指导和引导下,仍不愿意做。
学习联合运用多种感官获取信息的能力;学习使用简单辨别异同的方法,建构概念。	秋天到了,教师和幼儿一起去公园观察树叶。教师问:"你们发现树叶有什么变化?" ★★★知道用各种感官感知树叶,如:捏一捏、扇一扇、闻一闻、踩一踩等。 ★★在教师的启发下,知道用各种感官感知树叶。 ★在教师启发下还是只用一种方法观察树叶。
进一步积累各种新符号,并理解它们的作用;在教师的协助下,尝试运用符号采集、选择、加工、储存以及提取信息。	在"表演小树叶"的游戏中,幼儿想表演"划小船",但没有道具时: ★★★尝试用手的动作表现或寻找替代物当船桨。如双手划动表现船桨、用纸棍或木棍当船桨等。 ★★在教师的启发、引导下,尝试用手的动作表现或寻找替代物当船桨。 ★在教师反复提示后,仍然不知道寻找替代物当船桨。
在成人的引导下,尝试使用简单的符号以及说明、描述等多种方式表征对简单事物或过程的发现、认识。	在"音乐欣赏《摇篮曲》"的活动中,教师问:"你听了这段音乐有什么感受?" ★★★能用说、画、跳、敲等多种形式表现自己对音乐的感受。 ★★在教师的引导下,选择以上形式中的一种,表现对音乐的感受。 ★在教师的引导下,只能模仿同伴来表现对音乐的感受。
在成人的引导下,尝试运用成人、同伴提供的经验解决自己和别人所面临的问题。	幼儿都想玩飞碟车,发生了争抢时: ★★★能主动迁移已有经验解决问题,如:协商、"包剪锤"等。 ★★在成人和同伴的启发下,能够用自己或同伴提供的方法解决问题。 ★在成人或同伴提供具体方法后,仍不能解决问题。
尝试根据教师提供的价值标准来进行创造性的信息表达。	在"小老鼠和泡泡糖"的韵律活动中,幼儿用不同的动作表现用力拽"泡泡糖"时: ★★★能有意识地运用教师提供的价值标准来进行创造性的表达。如:用动作、表情、姿态等创造性地表现拽"泡泡糖"的动作。 ★★在教师的引导下,能运用教师提供的价值标准来进行创造性的表达。 ★不能依据教师提供的价值标准进行创造性的表达。

表 4-1-18　第四阶段下学期评价举例表（中班）

阶段目标	评价举例
喜欢和别人交往，能关心帮助同伴。	在下午起床活动中： ★★★主动寻找同伴，相互帮助检查、整理衣服。 ★★在教师的提示下，才愿意找同伴相互帮助检查、整理衣服。 ★在教师的提示下，仍不知道帮助他人。
对自己感兴趣的活动和问题能持续一定的时间。在学习活动中遇到困难时，知道可以向成人或同伴求助，在成人的指导下，知道解决问题的方法是多种多样的，体验通过不同途径解决问题的乐趣。	在"看图示折纸"的活动中： ★★★愿意主动尝试2～4种方法（问成人或同伴、看图示、模仿成人）解决问题，直到完成，并意识到解决问题的方法是多样的。 ★★在教师的引导下，愿意尝试用某种方法解决困难，但不能意识到解决问题的方法是多样的。 ★经过教师的引导，仍不愿意尝试用某种方法解决困难。
初步感受社会文化的丰富性。体验相互帮助带来的快乐，初步学习合作。了解简单的环保知识。	在家庭日常生活中： ★★★愿意关注自己生活的小区的公共设施（健身设备、便民设施等），活动规范及与生活的关系，愿意参与简单的社区环保活动。如：不乱扔垃圾等。 ★★在成人的引导下，愿意关注社区环境；在成人的带动下，愿意参与简单的社区环保活动。 ★在成人的引导下，仍不关注社区环境，或不参与社区环保活动。
形成初步的是非观念，学习理解判断是非的理由，学习理解什么样的活动具有积极或消极的意义，尝试采用更为积极的行动方式。	做角色游戏时，有几人同时争当一个角色，针对这个现象，大家进行了集体讨论，讨论中： ★★★能做出判断，说出理由。 ★★在教师的引导下，能做出判断，说出理由。 ★在教师的引导下，能做出判断，但说不出理由。
对暂时或不能直接解决的问题有不断探究的愿望。	在"阅读《青蛙和蝌蚪》"活动中，幼儿讨论青蛙是否有牙齿，教师鼓励他们自己寻找答案时： ★★★第二天便找到有关的资料，积极地与同伴交流自己的发现。 ★★在教师多次读了其他同伴带来的资料后，自己也有兴趣并积极寻找有关资料。 ★无论其他幼儿多么热情地在讨论这件事，自己都没有意识去进一步寻找资料。

第四章　开放性课程的评价

续表

阶段目标	评价举例
在成人和同伴的启发下，大胆地对同一主题提出不同问题。	在"阅读《青蛙和蝌蚪》"的活动中，幼儿在教师的鼓励下提出了许多有关青蛙的问题： ★★★愿意大胆地提出两个以上的问题。如："青蛙有牙齿吗？""青蛙是瞎子吗？和蝙蝠一样吗？""青蛙的舌头是怎么捉虫的？"等。 ★★在教师的引导下，愿意提出问题，或对他人的问题感兴趣，能参与讨论。 ★对此主题和他人的问题漠不关心，自己也没有提出问题。
在成人的激励和帮助下，愿意面对各项活动中有一定困难的任务，不轻易放弃。	在学习用雪花插片插球体的过程中，用雪花插片插球体对幼儿来说是困难的情况下： ★★★愿意面对困难的任务，一直在坚持练习不放弃，直到完成为止。 ★★开始在练习，但当插了很久还没有成功时，便放弃了。 ★不敢面对困难，不愿练习。
尝试联合运用多种感官获取信息，进一步发现事物间比较复杂的关系。	在一次"找春天"的活动中，教师问："你可以用哪些方法找到春天？" ★★★能主动联合运用多种感官感知春天。 ★★在教师的启发下，能联合运用多种感官感知春天。 ★在教师的启发下，不能联合运用多种感官感知春天，只用一种方式感知春天，如：用眼睛看等。
进一步积累各种新符号，在教师的引导下，尝试合理的运用符号采集、选择、加工、储存以及提取信息。	在数学活动"区别＝与≠"的学习过程中： ★★★理解新符号的意义，并能准确运用符号反映两种事物之间的关系。 ★★在教师的引导下，能理解新符号的意义，并能准确运用符号反映两种事物之间的关系。 ★在教师的引导下，仍不能理解新符号的意义。
在成人的引导下，学习使用简单的符号以及说明、描述等多种方式表征对简单事物或过程的发现、认识和创造。	在为班级角色游戏"飞机场""银行"设计符号的活动过程中： ★★★能用简单的符号表现"飞机场""银行"的主要特征，并能说出理由。 ★★在教师的引导下，能用简单的符号表现"飞机场""银行"的主要特征，并能说出理由。 ★在教师的引导下，仍不能用符号表现"飞机场""银行"的主要特征。

续表

阶段目标	评价举例
在成人的引导下,学习运用成人、同伴提供的经验解决自己和别人所面临的问题。	幼儿在"开火车"的音乐活动中,常会出现碰撞、拥挤,针对此现象,大家进行讨论时: ★★★能迁移原有经验或借鉴他人经验,解决问题。 ★★在成人的引导下,能迁移原有经验或他人提供的经验解决问题。 ★在成人和同伴的引导下,仍不能运用他人提供的经验解决问题。
尝试根据自己的价值标准来进行创造性的信息表达。	幼儿在"观察蝴蝶花"的活动中,教师问:"谁会用动作学学蝴蝶花是什么样的?" ★★★能独立创编出不同的蝴蝶花的造型,并说出自己与众不同的地方。 ★★在教师的引导下,尝试创编出不同的蝴蝶花的造型,能说出自己与众不同的地方。 ★能模仿同伴的动作,做出蝴蝶花的不同造型。

表4-1-19 第五阶段上学期评价举例表(大班)

阶段目标	评价举例
有初步的集体意识,愿望不能达到时能克制自己的情绪。	自由竞选组长,有的幼儿未被选上时: ★★★接受选举结果,并为当选的同伴感到高兴。 ★★不高兴,在教师和同伴的安慰下,能接受。 ★教师和同伴安慰后仍然不高兴。
愿意尝试参与自己不感兴趣的活动,能持续一定的时间,尝试体验活动的乐趣。在成人的指导下,知道能借助社会援助机构、媒介等多种途径寻找解决问题的办法,相信解决问题的方法是多种多样的。	开展"少数民族"主题活动时,幼儿产生了有关少数民族的一系列问题,教师布置收集资料的任务后: ★★★主动通过多种途径收集资料(询问家庭成员,上网查询,到书店、图书馆看书查找等)。 ★★在成人的指导下,通过多种途径收集资料。 ★在成人的指导下,仍然不知道通过什么途径收集资料。

第四章　开放性课程的评价

续表

阶段目标	评价举例
在成人的指导下,学习理解、尊重、欣赏别人,学习关注与众不同的意见,学习关心帮助别人,初步感受社会文化的丰富性和差异性。初步培养环保意识。	当幼儿讨论"新疆人为什么喜欢吃羊肉"出现不同意见时: ★★★关注并理解他人意见,愿意进行适当的补充。 ★★开始关注他人意见,更多关心自己的发言。 ★不关注他人意见,只关心自己的发言。
进一步培养是非观念,学习理解判断是非的理由;学习理解判断是非的理由是有条件限制的。	午餐后,幼儿争论"是不是吃得快的都是第一名"的问题时: ★★★知道判断"第一名"的标准是有条件限制的,如:吃得快,吃得多,吃得干净才是第一名。 ★★在他人的提示下,知道判断"第一名"的标准是有条件限制的。 ★在他人的提示下,不知道判断"第一名"的标准是有条件限制的,坚持吃得快就是第一名。
学习关注在探究、发现和改变自己原有观念后产生的成就感、成长感。	幼儿带来了各种各样的钟,教师引导幼儿观察,问:"有什么发现和问题?": ★★★积极主动探究,为自己的新发现感到高兴,并希望与人分享。 ★★在教师的鼓励下,经过探索有所发现,并感到高兴,愿意继续探究。 ★不愿意积极尝试,偶尔被老师表扬时,也无所谓。
在成人的引导下,学习对现成的认识、方法提出质疑,追求建设性的与众不同的态度。	冬天,自然角里的乌龟不动了,许多幼儿说:"乌龟死了。"教师反问:"它真的死了吗?" ★★★开始对原结论产生疑问,在教师的启发下提出其他的猜测(如:可能睡觉,怕冷,冬眠等)。 ★★不怀疑原结论,但在教师的启发下,对原结论产生疑问(如:可能不是死了吧)。 ★不怀疑原结论。
愿意面对各项活动中有一定困难的任务,不轻易放弃既定目标。	在初学跳绳活动中,幼儿遇到了困难时: ★★★愿意反复尝试,能坚持练习。 ★★在他人的鼓励下,愿意坚持练习。 ★在他人的鼓励下,仍然不愿意练习。

续表

阶段目标	评价举例
学习建立不同感官之间的沟通；进一步培养辨别差异的敏感性；磨炼从各种信息中建构概念、理解关系的能力。	在"观察风"的活动中： ★★★主动运用不同感官感受风，并能结合不同的感官感受辨别出风的大小、方向等。如：听风声、看风向、皮肤感受风…… ★★在成人和同伴的提示下，知道用不同感官感受辨别出风的大小、方向等。如：你能看到、听到、感受到风吗？ ★在成人和同伴的提示下，尝试用不同感官感受辨别出风的大小、方向等。
在学习过程中不断理解各种符号的作用，进一步学习运用符号采、选、加工、储存以及提取信息。	在"让油泥浮起来"的活动中，幼儿记录让油泥浮起来的方法时： ★★★能运用自己的符号表示浮起来。如：笑脸、星号、打钩…… ★★在教师的启发下，能运用自己的符号表示浮起来。 ★在教师的启发下，仍然不会运用符号表示浮起来。
在成人的引导下，学习使用各种符号以及说明、描述等多种方式表征对简单事物或过程的发现、认识和创造。	在"吹泡泡"的综合活动中，教师启发幼儿用"××是××吹出的泡泡"的句式创造性地表达，并说明两种事物之间的关系时： ★★★创造性地运用多种方式来表达，并说明两种事物之间的关系。如：语言描述、绘画内容、歌唱等。 ★★在成人的启发和同伴的提示下，尝试创造性地表达，并说明两种事物之间的关系。 ★在成人的引导和同伴的提示下，模仿别人进行表达，但不能说明两种事物之间的关系。
尝试通过改变或重组原有经验解决自己和别人所面临的问题。	幼儿尝试用不同的方法自制电话时： ★★★自己探索不同的方法，遇到困难时，能借鉴他人经验尝试解决如钻孔、穿线、打结等问题。 ★★在成人和同伴的提示下，能借鉴他人经验尝试解决问题。 ★在成人和同伴的提示下，仍然不能解决问题。
在教师的引导下，尝试选择合理的价值标准来进行创造性的信息表达。	教师引导幼儿学习运用合印画的方法表现京剧脸谱的特征时： ★★★尝试迁移对称的经验，运用合印画的方法，创造性地表现。如：色彩搭配、图形组合等。 ★★在教师和同伴的提示下，尝试迁移对称的经验，运用合印画的方法自由、创造性地表现。 ★在教师的语言引导下，仍然不知道用合印画的方法来表现。

第四章 开放性课程的评价

表 4-1-20 第五阶段下学期评价举例表(大班)

阶段目标	评价举例
正视不快乐的心情,学习运用一些简单策略进行自我调节。	因为雨天,不能出去玩,心情感到不快乐时: ★★★正视自己不快乐的心情,愿意积极地想办法调节自己的情绪。 ★★在成人引导下,正视自己不快乐的心情,愿意想办法调节自己的情绪。 ★在成人引导下,不能正视自己不快乐的心情,不愿意想办法调节自己的情绪。
对各类活动和问题感兴趣,体验参与活动和尝试解决问题的乐趣。愿意独立探索解决问题的不同方法,能够独立解决的问题不依赖别人,体验通过不同途径、办法解决问题的乐趣。	在新授歌曲时,教师边唱歌边引导幼儿尝试用各种方法来记忆歌词时: ★★★积极尝试用不同的方法记忆歌词,解决问题,能为自己用多种方法记忆歌词感到高兴。 ★★愿意提出自己的方法,但容易受他人的影响;或虽不能提出自己的方法,但能有选择地运用方法。能为自己用多种方法记忆歌词感到高兴。 ★不能提出自己的方法,只盲目效仿。
学习宽容地接纳与自己不同的观点,主动关心、帮助别人,进一步学习合作。对环保知识有兴趣,积极参加力所能及的环保活动,进一步培养环保意识。	在开展"地球住不下"的活动中,教师引发幼儿对"环境问题"的讨论时: ★★★愿意理解、接纳他人观点,能建设性地进行补充,积极寻找更多方法。 ★★能理解、接纳他人观点,积极寻找更多方法。 ★能理解、接纳他人观点。
学习理解什么样的行为、活动可能具有更为长久和积极的生存发展意义。学习有效地发挥自己原有的积极兴趣和培养自己新的积极兴趣。	角色游戏后,幼儿讨论公共汽车司机违章的事件,并商量制订"汽车"游戏的新规则,提出了新的游戏情节时: ★★★积极提出新规则,能理解规则的重要性,并能自觉遵守。 ★★在教师的引导下,愿意参与新规则的讨论,理解规则的重要性,并能遵守。 ★能理解规则的重要性,需在他人提醒下才能遵守。
学习如何深究有意义的疑难问题,不断提高探索和尝试解答的欲望和热情。	由玩数字游戏引出问题"有没有数字成语?有哪些数字成语?"时: ★★★积极寻找数字成语,热情投入其意义的讨论中。 ★★积极寻找数字成语,但不参与其意义的讨论。 ★不寻找,也不参与讨论。

续表

阶段目标	评价举例
发展追求建设性的、与众不同的态度，愿意学习并尝试运用各种创新的知识和技能。	参观成人图书馆后，在建立本班儿童图书馆规则讨论中： ★★★积极寻找不符合本班需要的规则，并提出建设性的改进意见。 ★★愿意寻找不符合本班需要的规则，或对他人找出的问题提出建设性意见。 ★既不寻找，也不能提出建设性意见。
敢于挑战各项活动中有一定困难的任务，理解成功和自身努力的关系，学习正确对待各种失败的打击。	学习玩数学游戏"三角接龙"，遇到困难时： ★★★探索尝试变换不同的位置进行，直至接完，并体验努力和成功的关系。 ★★倾向于求助他人，经鼓励后能继续探索尝试，并初步体验努力和成功的关系。 ★倾向于放弃，需要他人更多督促。
进一步培养辨别事物类同的敏感性。学习创造性地使用各种感官进行有用信息的搜集和筛选。	在"辨别软硬"的活动中，幼儿使用各种感官辨别时： ★★★尝试非常规性地使用各种感官来辨别软和硬（如眼看、耳听、手捏、身体各部位的触碰），并说出自己的感受和体验。 ★★在成人的引导下，尝试非常规性地使用各种感官来辨别软和硬，并说出自己的感受。 ★在成人的引导下，仍只是常规性地使用各种感官来辨别软和硬。如：手捏、身体各部位的触碰。
在学习过程中不断理解各种符号的作用，学习运用符号提高采集、选择、加工、储存以及提取信息的效率。	在"书包共同点"的统计活动中： ★★★学习运用自己设计的符号、统计图表，较清楚地表达自己搜集的信息内容。 ★★在他人的提示下，自己设计或选择运用他人的符号进行统计，较清楚地表达自己搜集的信息内容。 ★在他人的提示下，学习选择运用符号进行统计，表达的信息内容不够清楚。
在成人的引导下，学习使用各种符号以及说明、描述等多种方式比较清楚地表征对简单事物或过程的发现、认识和创造。	在"绘制个人名片"的活动中： ★★★能用图案、文字等各种符号综合记录自己的基本情况，并用清楚的语言说明。 ★★在教师语言指导和同伴记录单的启发下，用图案、文字等各种符号综合记录自己的基本情况，并用语言说明。 ★完全听从教师的语言指导或只能模仿同伴的记录形式来记录自己的基本情况，且不能清楚说明。

续表

阶段目标	评价举例
学习改变或重组原有经验解决自己和别人所面临的问题。	在利用废旧物水果包装网开展剪贴活动时： ★★★能迁移自己原有的制作经验，根据材料的特征，创作出完整作品。 ★★在教师或同伴的启发下，尝试迁移自己或同伴的制作经验，根据材料的特征，创作出完整作品。 ★只能模仿他人作品。
在教师的启发下，学习选择合理的价值标准来进行创造性的信息表达。	在"宣纸折印画"活动中： ★★★运用与范例不同的方法折叠、印染，并能说出自己与范例的不同之处。 ★★在成人的引导下，尝试运用与范例不同的方法折叠、印染，并能说出自己与范例的不同之处。 ★完全模仿或随意折叠、印染作品，或有部分变化，但不知道自己变化的价值标准。

第二节 开放性课程评价的实践

《纲要》指出："管理人员、教师、幼儿及其家长均是幼儿园教育评价工作的参与者。评价过程是各方共同参与、相互支持与合作的过程。"开放性课程评价包含对开放性课程、幼儿发展、教师发展、管理四个方面的评价。我们将评价贯穿于课程建构全程之中，贯穿于幼儿的一日活动之中，贯穿于幼儿的每个学习活动之中，贯穿于每一位教师的课程实践之中，贯穿于幼儿园管理的每一个方面。开放性课程评价凸显的是发展性功能，强调评价主体的多元性和互动性、评价内容与方式的多维性和多样性、评价过程的动态性和持续性。

一、对开放性课程的评价

（一）幼儿对开放性课程的评价

幼儿是身处课程中的直接经验的获得者，他们对课程有着充分的话语权，会对课程给予最真实、最童真的评价。开放性课程充分发挥幼儿在课程建设中的主体性，重视他们对课程的感受和想法的充分表达，定期让他们用语言、图画、动作等多种方式表征自己对课程的评价。教师和管理者将幼儿的意见进行归纳整理，及时对课程加以调整和改进。

案例1：各年龄班幼儿关于晨锻的心里话

你是否喜欢这些运动项目？最喜欢哪些运动？为什么？你最不喜欢哪一个运动项目？为什么？希望怎么调整呢？下学期你还想增加什么运动项目？

我们抽样调查了小班3个班：每班按年龄大小抽取6人，男女孩各3人；中班4个班：每班按年龄大小抽取4人，男女孩各2人；大班3个班：每班按年龄大小抽取6人，男女孩各3人。

我们通过一对一的访谈，了解到以下情况。

1. 小班组

小班组幼儿都喜欢晨间体育运动项目，并且只要一听到体育运动就很兴奋和期待。能够说出自己喜欢和不喜欢的原因，但是对于运动项目可以怎么调整还没有概念。

小班组幼儿最喜欢玩的运动项目：骑小车（可以骑车带人很好玩），大滑梯（喜欢滑），羊角球（可以跳得很高，很有趣）。

小班组幼儿最不喜欢玩的运动项目：攀爬架（会摔跤），呼啦圈（大人才可以转，小朋友转不了），骑小车（小车会自己拐弯，会倒）。

2. 中班组

中班组幼儿都喜欢晨间体育运动项目，能够说出自己喜欢和不喜欢的原因，对于如何调整也有自己的看法。

中班组幼儿最喜欢玩的运动项目：滑板车（可以和其他人进行比赛，比速度），踩高跷（站得高可以看到小学，很好玩，有挑战性）。

中班组幼儿最不喜欢玩的运动项目：钻山洞（山洞会倒，会砸到人），运西瓜（转来转去，转得头疼）。

需要调整的项目有以下几种。

板羽球：总会掉下去，位置可以往后放一点。

滑板车：车太少。虽然有3辆车，但是只有2辆是好的，希望有3~4辆。

大循环：纵跳摸高时球太少了，其中有一个只有线却没有球。

溜溜球：地方太小了，玩的时候容易打到别人、和别人的球缠起来，可以把玩的空间变大一点。

拖轮胎：拖轮胎时拍球的人也会过来，会互相影响，各运动项目的规则不清晰。

希望增加的项目:踢足球、骑小车、跳绳、滚铁环、转呼啦圈、夹跳球。

3. 大班组

大班组幼儿只有一人不喜欢参加晨间体育运动项目,能够说出自己喜欢和不喜欢的原因,对于如何调整也有较为全面的看法。

大班组幼儿最喜欢玩的运动项目:踢足球、跳绳、骑小车、转呼啦圈。

大班组幼儿最不喜欢玩的运动项目:没有不喜欢玩的,都喜欢。

需要增加和调整的项目有以下几种。

骑小车:小车数量太少了,不够玩;位置不太好,有家长和小朋友会走来走去,不好骑车。

滚铁环和骑手推滑板车:骑手推滑板车的速度慢,滚铁环的速度快,但是两个具体距离却是一样的,滚铁环还没滚多久就到头了,滚铁环的距离应该更长一些。

打篮球:篮球架太低了,没有挑战性。

玩大滑梯:谁先到就是谁的;大一班和大二班都不能在一起玩;等待的时间很长。

踢足球:球会没气,老师应该每天充气,检查球有没有气;足球场太小了,不够踢,希望扩大场地,或者可以用转呼啦圈的一部分场地;有人踢不到,不传球;有人总是会把球踢到场外,砸到人,太危险;每队只有3人,人太少,希望增加每队人数。

对于教师来说,晨间锻炼的材料提供是需要结合年龄特点、健康领域关键经验等多方面因素去思考的,教师选择时常常会觉得较为困难。这时不妨听一听幼儿的心声,观察幼儿日常锻炼的情况,可能会设计出更多幼儿喜爱、适宜的体育锻炼活动。

案例2:幼儿对班级环境的想法

负责幼儿园业务管理的副园长利用一周的上午时间,轮流到全园小中大班开展一次集体活动,采取集中讨论、问卷调查和个别抽样访谈的方式,了解幼儿对目前本班环境(主要指班级的活动空间环境,包括区域活动环境、角色游戏环境、自然角环境)的喜欢程度和对班级现有环境存在问题的改进建议。鉴于幼儿的年龄特点和能力差异,我们在幼儿表达和问卷记录方式上有所区别:中大班幼儿用符号、图画等前书写方式填写调查问卷(见下表4-2-1);小班幼儿则采用影像记录的方式,幼儿在班级环境中现场选择(即幼儿走到自己最喜欢的环境场景中,做出喜欢的动作),教师用摄像、拍照的方式进行记录和后期统计。教师还与幼儿进行谈话,通过与幼儿的互动了解其对班级环境的评价(喜欢或不喜欢以及理由),并鼓励幼儿指出班级环境中目前存在的问题,提出可调整、改进的建议和想法。

表 4-2-1　有关"幼儿对班级环境的想法"调查(中大班)

喜欢班级吗?♥	最喜欢班级的哪个地方?为什么?♥?	最不喜欢班级的什么地方?为什么?♥?	希望班级增加什么?✚

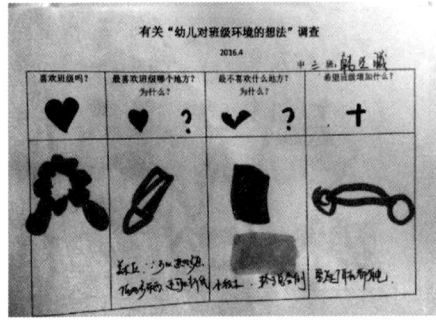 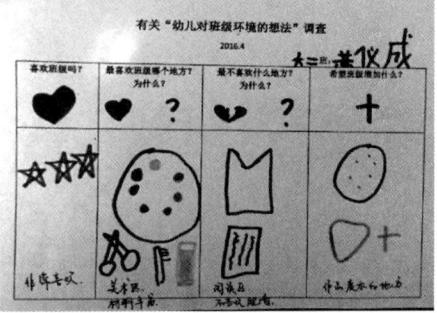

图 4-2-1　调查表

调查结果与分析

- 1. 幼儿对班级整体环境的喜欢程度

表 4-2-2　幼儿对班级整体环境的喜欢程度

	全园	大班	中班	小班
总数/占比数	216/199	57/56	79/77	79/66
占比	92.1%	98.2%	97.5%	83.5%

在参与调查的小中大班共 8 个班级 216 名幼儿当中,喜欢班级环境的总数为 199 名,比例为 92.1%。其中 79 名小班幼儿中,66 名喜欢本班环境,比例为 83.5%;79 名中班幼儿中,77 名喜欢班级环境,比例为 97.5%,其中有 1

名幼儿特别提到"超级喜欢";57名大班幼儿中,56名喜欢班级环境,比例为98.2%。个别小班幼儿清楚地站位选择自己喜欢的环境,但是对于自己不喜欢的环境,却说不清楚原因,有的干脆说"不知道";有的可能受到一时情绪的影响不愿意说。中大班个别幼儿觉得"不是很好""不太喜欢""还可以"。由此看出,目前班级的整体环境虽然得到了绝大多数幼儿的普遍认可,但环境中仍然存在问题且未能满足部分幼儿的需求,需要引起教师的关注,进一步了解具体情况。

2. 幼儿对班级具体环境的喜欢情况

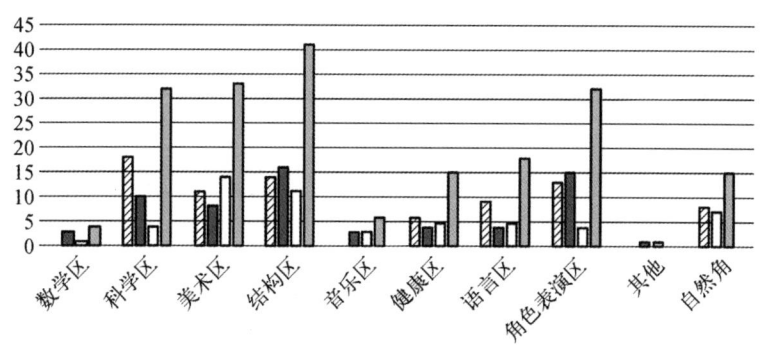

图4-2-2　幼儿对班级具体环境的喜欢情况

由调查数据统计显示:从全园幼儿整体情况看,幼儿对班级环境的喜欢程度依次排序为:喜欢结构区的人数最多,比例为20.6%,原因是"可以和几个好朋友结伴一起搭积木""可以搭各种建筑、汽车等";喜欢美术区的占16.6%,其中善于做手工和喜欢绘画的女孩子居多,原因是"作品、成果可以展览在现实环境中""美术区有纸工、泥工、绘画,活动内容多";16.1%的幼儿多是被科学区中各种可操作、可探索的材料所吸引而喜欢该区环境,如"可以做小实验""玩陀螺玩具还可以制作陀螺";16.1%的幼儿因角色表演区可以自由与同伴开展"娃娃家"等社会性游戏而喜欢该区环境;有9.1%的幼儿因语言区图书多、喜欢看书、喜欢用耳机听故事、喜欢看iPad上的绘本故事而喜欢该区环境;7.6%的幼儿因健康区的环境创设中"有像家庭里的厨房、餐厅""可以像爸爸妈妈一样穿着围裙自己做吃的"而喜欢该区环境;7.5%的幼儿因喜爱饲养的小兔而喜欢自然角环境;有3%的幼儿喜欢音乐区的唱唱跳跳的环境氛围和各种有趣的舞蹈;仅有2%的幼儿喜欢数学区。可见,幼儿是从活动内容、材料,个人的兴趣、能力,活动本身的游戏性和可操作性等方面来评价"喜欢的环境"的。

从三个年龄段来看,幼儿对班级环境喜欢程度前三位的依次为:小班是科学区、角色表演区、结构区;中班是结构区、角色表演区、科学区;大班是美术区、结构区、自然角。

基于数据统计再结合幼儿所述,我们发现:一是科学区、结构区、美术区的活动内容符合幼儿的年龄特点,也深受幼儿喜欢;二是这三个区域活动的内容相对比较有趣,材料比较丰富,能够基本满足幼儿的需要,幼儿相对感兴趣、愿意积极参与;三是幼儿在这几个区域中有可操作的成果,且可游戏、可展示。为此,教师应反思并进一步改进班级其他区域的环境创设中目前尚有疏漏和不能够满足幼儿的地方。

3. 幼儿对班级环境的改进、调整建议

交流访谈中,教师针对幼儿提到的不喜欢之处提出"可以怎么改进、调整环境中存在的问题疏漏,让你更喜欢"的问题,引导幼儿大胆提出完善环境创设的建议。小班幼儿正如我们所预料的,大多都是摇头或是说"不知道",当教师提出建议,如"我们在环境中多放一些小朋友喜欢的玩具材料好吗?""挂一些好看的画和做好的纸工,把教室打扮漂亮可以吗?"反问小班幼儿时,他们频频点头微笑,说明他们能够理解,只是因为年龄小,语言能力还在发展,没有提建议的意识,也不知该如何进行语言表达。随着中大班幼儿语言能力的增强,他们能够清楚地表达自己的想法,根据自己的亲身体验和活动感受指出环境中的问题,也能根据问题提出改进策略,如:"我们班三年都没搬过教室,区域活动位置还是那些地方,没啥新变化。""语言区的表演小剧院,只有木偶、头饰,布置得一点都不像剧院。""音乐区的环境太吵了,要及时把音量调小,免得干扰到其他区域活动。""要把美术区的材料归类收拾,贴上标记,小朋友使用时拿取就方便了。""要在美术区里提供垃圾篓、小扫帚和小簸箕,方便我们小朋友自己打扫干净。""区域中的材料还可再丰富一些。""结构区的材料不要都是积木,也可增添各种乐高、插塑玩具等。""要把我们做的作品都布置在环境中。""结构区的空间再大一点,积木再多一点就更好了。"从幼儿的这些童稚的语言中,我们能感受到幼儿对环境的关注以及幼儿独特的想法,他们不仅从环境的审美性、更新度、丰富性、多样性等方面做出个人真实客观的评价,也向教师大胆地提出了迫切的期望和建议。

此次调查很有意义,让我们沉下身、静下心,去倾听幼儿的心声、关注幼儿的视角、了解幼儿的感受、重视幼儿的想法,不再忽视幼儿在环境中的存在价值,努力发挥幼儿的资源作用,真正让幼儿成为环境中的主体,使他们不仅是环境的使用者,也是环境的设计者和建设者。

(二) 教师对课程的评价

教师是课程实施的主体,也是课程评价的主体。教师对课程适时、准确地评价与反思,能确保课程深入地开展。评估时,教师可从目标设置的适宜性、课程总目标的落实情况、课程资源是否得到充分挖掘等方面评价我们的课程。

课程的评价自然地伴随着整个教育过程,教师及管理者关注着开放性课程前、中、后的评价。

每学期开学前两周,班级教师都会提交班级的课程方案。园部会组织教师从开放性课程理念入手,依据《指南》各领域、各年龄段的发展目标,班级幼儿个性化的发展特点等几个维度,评估班级课程方案并给出相应的修改意见。

每个月,教师会根据班级课程的开展情况,进行梳理和反思并制订下一步的实施计划。园部会召开交流会,让教师介绍自己班级课程的开展情况,提出疑问或困难。大家会针对问题群策群力,思考解决的方法。

每学期工作结束前,园部也会召开课程梳理会,每个教师总结一学期班级课程开展的情况。

案例:班本课程从哪里来

课程从哪里来?从开始工作至今,我几乎都是按照园本课程在开展相应的活动,所以当自己开始去深入研究某一个活动主题时总是觉得没有思路,不知道应该往什么方向去发展。当然存在这个问题也是因为我欠缺深入的思考,正好这学期有了这样一个契机——班级中一位家长带来了蚕宝宝,于是我们开展了这学期的一个班级主题活动"蚕宝宝来了"……

1. 蚕宝宝来了

刚开始家长在询问班上是否需要蚕宝宝时我有过犹豫,因为自己对于蚕宝宝的了解不足,也不知道该如何饲养,所以家长带过来后我也没有立即向小朋友介绍,直接就将蚕宝宝的盒子放在了科学区的桌上。但就在这时,有幼儿走过来了,问我:"老师,这是什么呀?"还没等我回答,旁边一个幼儿就开始主动介绍起来:"这是蚕宝宝,我哥哥班上也养了。"就这样吸引了一群幼儿来围观,而我们的"蚕宝宝来了"主题活动也就这样拉开了序幕。

刚发现班上多了一些新朋友,幼儿稀奇得不得了,只要有一点空闲都会来观察,还会互相交流彼此的发现。趁此机会,我们在科学区提供一些纸笔,鼓励幼儿用自己的方式将关于蚕宝宝的发现记录下来。通过幼儿的记录,我们发现很多幼儿都有关于蚕宝宝身体形状、颜色、动作等的新认识。

2. 第一次课程活动

(1) 交流分享(集体)

在这样的前提下我们开展了第一次关于蚕宝宝的集体活动。其实开展活动之前我心里对活动效果也不是很确定,不知道这样一个集体活动能够带给幼儿什么样的新经验,也不知道接下来主题应该往哪个方向走。抱着试一试的心态,我来到课堂上。

"我们班来了一些小客人,你们都看到了,谁愿意和大家分享一些你们的发现呢?"活动刚开始,我照样还是和其他活动一样,鼓励幼儿分享自己在区域中发现的关于蚕宝宝的秘密,发现幼儿有非常多的话题。

(2) 发现问题(集体)

突然一个幼儿说:"这些蚕宝宝现在怎么都不动啦?"这个问题立即就引起了大家的关注,大家纷纷在下面说着自己认为可能的原因。这时我发现我们的讨论一下就聚焦到"蚕宝宝为什么现在不动"的问题上来。

因为时间的关系,第一次的集体活动就在分享交流自己的发现中结束了。针对分享交流中幼儿提出的蚕宝宝不动的问题,幼儿的猜测五花八门,而问题真正的答案到底是什么呢?我们继续在区域中进行观察。从这次的交流中,我突然找到了课程开展的方向,也深刻体会到幼儿才是课程的主体。

(3) 解决问题(区域+集体)

第一,猜测问题产生的原因。

针对上次的问题,幼儿持续在区域中进行观察,纷纷提出自己的猜想。有的猜:"是不是因为蚕宝宝太多了,小盒子太小,它们动不了。"有的猜:"是不是它们睡觉了?"有的猜:"是不是因为它们爬累了要休息一会儿?"还有的猜:"因为不喜欢吃叶子,所以它们爬不动。"……与此同时,幼儿也用自己的方式将猜想记录了下来。

第二,寻找解决问题的办法。

我们再次利用集体时间去讨论交流。有幼儿提出:"蚕宝宝不动是因为它们的房子太小了,我们想办法换个大房子,是不是蚕宝宝就会动了呢?"为了找到原因,我们开始给蚕宝宝搬家,从小纸盒搬到"大别墅"。终于搬好家了,可是蚕宝宝还是不动啊,是不是不喜欢吃这种叶子呢?那它到底喜欢吃什么呢?

随着对一个问题探究的不断深入,我们延伸出很多其他的问题,如:蚕宝宝喜欢吃什么? 桑叶在哪里? 桑树是什么样的? 桑叶又是什么样的呢?

我们也正是顺着这样的思路开展了一学期的关于蚕宝宝的主题活动。活动过程中,幼儿在观察的基础

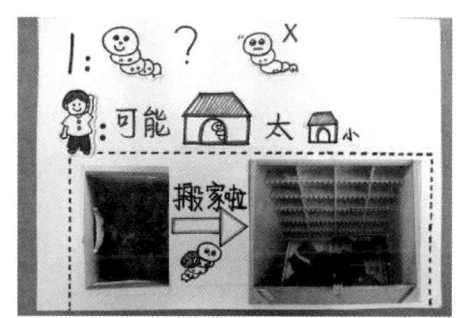

图4-2-3 关于房子的记录

上不断产生新经验,也不断提出新问题:为什么同样的蚕宝宝中有一条蚕宝宝非常小呢? 蚕宝宝的家里有很多黑色的子是什么呢? 蚕蛾为什么只扇翅膀不飞呢? 蚕蛾死后蚕茧还有什么用呢? 我们也就根据幼儿的发现,不断地丰富我们的课程、丰富我们的经验。在这个过程中,幼儿也开始不断地问问题,正是有了这些问题,他们开始思考可能的原因,尝试寻找解决的办法。而这一个个的问题,就是我们后期开展主题活动的方向。

3. 开展课程后的收获

(1) 幼儿的收获

第一,对于蚕宝宝的一生有了一些了解。

主题活动从一开始到最后,幼儿看到了蚕宝宝不平凡的一生。幼儿知道蚕宝宝的样子,知道它们会经历一段休眠期,知道蚕宝宝会变成蚕茧最后变成蚕蛾,知道蚕宝宝喜欢吃桑叶,知道桑叶长在桑树上,甚至知道了幼儿园哪边有桑树,也知道蚕宝宝最后变成蚕蛾再生出蚕卵之后就会死……

第二,愿意大胆猜测关于蚕宝宝的问题,并学习表征自己的发现。

在主题活动开展的过程中,幼儿会运用多种感官参与主题活动的开展,如针对问题:蚕宝宝在结蚕茧之前身上会出现一些黄色的水,这些水到底是什么呢? 幼儿会提出自己有根据的猜想,有的幼儿会说这是蚕宝宝的大便、蚕宝宝的尿、蚕宝宝吐出来的水,等等。在这个过程中,幼儿除了说出自己的发现,也会用各种方式表征自己的发现,如用图画的方式记录下对于各种问题的猜测,这也使幼儿养成了用各种图画和符号表征的习惯,之后幼儿只要在科学区观察蚕宝宝有新的发现就会想要记录下来。其实在这个过程中,重要的不是幼儿的猜测是不是正确,而是幼儿养成了思考的习惯,他们遇到任何问题都愿意去想一想可能是什么因素造成的。

第三,学习各种解决问题的办法。

在活动过程中,我们不仅仅自己提出问题,还要和幼儿共同提出问题并解决问题,课程的主人翁永远都是幼儿,只是如何在这个过程中帮助幼儿学习解决问题呢?

在最开始遇到蚕宝宝休眠期的时候,大家都不是很清楚蚕宝宝为什么不吃、不动,幼儿都在猜测可能的原因,如有幼儿猜测可能是房间太小,那我们就和幼儿一起寻找大房子;找到大房子还是不动,他们就觉得可能是吃的不喜欢,我们就找蚕宝宝喜欢吃的东西;面对幼儿园里找到的桑叶蚕宝宝还是不吃,幼儿就回家找桑叶,找完发现还是没有改变,怎么办呢?大家都不知道原因,我们就和幼儿一起通过语音搜索寻找答案。自此幼儿有了解决各种问题的经验,知道有问题还可以通过iPad进行语音搜索。

图4-2-4 用iPad语音搜索

(2)教师的收获

第一,主题活动的开展不受年龄的限制,关键看价值。

我们原来一直在大班开展"蚕宝宝"的主题活动,主要是考虑到大班幼儿的年龄特点,他们更能理解和感受蚕宝宝不平凡的一生。但其实小班幼儿在开展"蚕宝宝"的主题活动时也有很多发现,关键是看在这个过程中幼儿有没有获得一些新经验。结合《指南》中小班幼儿科学探究的目标之一:幼儿喜欢接触大自然,对周围的事物感兴趣,经常问问题;目标之二:幼儿对感兴趣的事物能仔细观察,发现其明显特征,同时能用多种感官去探索,在这个主题中,幼儿就能借助蚕宝宝这个事物达到相应的目标。因此不一定在小班就不能开展这个主题活动,关键是看如何开展以及过程中幼儿获得的经验是什么。

第二,主题活动开展以区域和集体相结合的形式,更加有利于幼儿长期观察并获得相关的经验。

这个主题活动的开展是以区域和集体相结合的形式。最初放在区域中让幼儿自由观察、自己记录。区域的观察优势就在于不受时间、不受地点的限制,幼儿可以随时随地观察,在宽松的时间和氛围中进行相应的记录。再利用集体活动的时间进行交流,幼儿讨论各自在区域里面的发现或存在的问题,针对这些问题再次进行观察并且提出可能的原因。这样,幼儿的参与度会非常高,因为小班幼儿感知事物更多的是从直接经验、直接问题出发的,这样的情况更便于他们从自己观察到的现象中提出问题、阐述原因以及从自己的经验中寻找相应的解决办法。

(三) 家长对课程的评价

与教师所进行的课程评价不同,家长作为评价者并不需要参与幼儿园课程评价的全部工作,也不需要对幼儿教育的实施状况进行全面的考核,而主要是通过对幼儿学习情况、课程实施中部分情况的了解来对幼儿园课程做出评判。[1] 教师通过多种渠道,向家长宣传班级的课程活动。同时,鼓励家长通过家长开放日、家长志愿者、家长座谈会等方式参与课程的实施,在了解的基础上从家长的角度对课程进行评价。

案例1:参与"小鸡"主题后家长的感悟

在幼儿园冯老师张罗着让我们每个家庭带孩子去找能孵化的鸡蛋的时候,我的内心是抗拒的,因为我觉得小班的孩子能懂个什么,找一个三天内受精的鸡蛋那么费事,关键找来能干什么呢,就算孵出来,然后干什么呢……但是看着班级其他家长纷纷发来了"寻蛋奇遇记"时,我也默默地跟风了……

看着老师带领孩子们认真地在鸡蛋上画上自己的名字和小鸡的名字,看着老师们认真地辅助孩子用前书写的方式提出问题,看着农科院的叔叔认真地解答每一个天马行空的问题,看着每一天关于孵化箱的记录,看着孩子们每一天的期待,我的心里突然泛起了涟漪。在儿童教育里,果然每一件看似幼稚的小事,用认真的态度对待,都会引起孩子成长的震颤。

终于,冯老师的小冉第一个破壳了。于是,小鸡的抚养成了重中之重。在这个过程中,孩子们学会了观察,学会了探究,学会了质疑,学会了计划,学会了记录,学会了反思,虽然这都是萌芽阶段,但是这些能力,终究会成长为

---

[1] 虞永平,原晋霞.幼儿园课程[M].北京:高等教育出版社,2014:94.

参天大树,陪伴他们一生。

但最终,孩子们不得不面对小鸡的离去——欢喜在大家的全力抢救下还是寿终正寝,老师带着孩子们一起为欢喜举行送别仪式;集体默哀、每个人送欢喜一句话、给欢喜带上一朵最漂亮的小花拍"遗照"。伴随着全班同学的那一声"再见",欢喜被埋在了幼儿园的树下,成为小树的肥料,以一种新的形式,永远陪在孩子们身边。

老师在家长群里直播了全过程。说实话,那一个下午不仅对于孩子们来说是难忘的,对我来说也是意义重大的。我感受到用心做教育的力量,那种把每一件小事做到极致的坚持,才让教育显得那么温暖,那样闪着光芒。

在这个看似不起眼的活动中,孩子们用体验的方式,感受了真实情境中的问题发现、问题解决和问题反思的过程,而这其中,需要老师用极大的教育智慧捕捉教育契机,设置教育情境并提出教育追问,引导孩子层层深入。这些问题没有既定的答案,但是正是其开放性,才让这其中的每一个想法的生成都显得那么弥足珍贵,因为那都是源自每一个天真可爱的小脑袋,他们认真地思考着这个世界。所以,那些看似稚嫩的回答都应该被看见、被尊重、被鼓励、被挖掘,然后再继续前进。

案例2:家长关于数学节活动的感想

一学期以来,各年龄班围绕园本课程并结合幼儿的年龄特点,开展了不同形式的数学专题活动,给幼儿和家长留下了深刻印象。

(王麓一的爸爸)

我非常开心,也非常激动,能够参加幼儿园举办的数学节闭幕式。通过了解、参与这学期数学节的活动,作为家长的我,也有了很多感触。

数学,是研究数量、结构、变化、空间以及信息等概念的一门学科,数学的作用非常大,数学也是解决生活问题的常用工具。我仅以北幼大三班的数学游戏活动为例,谈谈我的点滴感受。

数学节活动开展以来,幼儿园组织了一系列的数学游戏活动:使用测量工具量身高,通过数据的线性变化感知自己的成长过程;通过游戏教孩子们识别单双数、制作迷宫、感知'一分钟'等寓教于乐的教学活动;学习10以内数的分解和组成;体验总数与部分数之间的等量关系,部分数与部分数之间的互补和互换关系;认识各种立体图形,制作纸盒,感受平面和空间的关系;还有通过生活中给树叶、动物分类认识统计概念……真的让我感受到北幼的老师对数学教学活动的用心,以及老师对幼儿园数学教育活动的研究已越来越深入。

作为家长,我认为,在孩子们参加数学节活动的过程中,丰富的游戏活动激发孩子们的兴趣和求知欲,发展孩子们的逻辑思维能力和空间想象能力,训练孩子们做事认真细致,培养他们的主动性、坚持性、条理性和创造性,教育幼儿勇于克服困难,培养幼儿学习的毅力并树立自信心,为幼儿今后发展打好基础。

在数学节活动举办期间,我也颇受教育。在平常的数学教育中,家长很少考虑到幼儿的思维特点,往往忽视幼儿的学习规律,甚至过高地估计幼儿的接受能力,把数学简单地定义为加减乘除的数字运算,被动的教育。其实,数理逻辑顺序的建构绝不是这么简单就能完成的,幼儿阶段性的思维特点决定了这样的教学是不合适的,其教学效果当然是不理想的。通过这次活动我认识到,数学就是游戏,数学也要玩起来。在游戏中掌握数学,在生活中发现数学,在大自然中寻找数学。

让我感触更深的就是,北幼的老师们能根据幼儿的发展需要提供适宜的数学游戏形式,多方面、多角度地挖掘数学内涵,不仅丰富了幼儿对数学的认知经验,对家长也有很大的指导意义。老师对幼儿科学、合理的评价,能激发幼儿自信心,保护幼儿的自尊心,调动幼儿学习的主动性、积极性以及促进幼儿的发展。

案例3:我和嘉嘉共同亲历的北幼故事

(敬元嘉的妈妈)

嘉嘉在北幼的日子将是我们全家一辈子的难忘经历。在参与班级和幼儿园组织的各项活动时,我们很幸运地真切感受且亲眼见证了嘉嘉的变化。对嘉嘉来说,这是她受益一辈子的财富;对我来说,在幼儿园课程影响下的所有陪伴和努力都化为春风细雨浸润于心间,北幼助力我们改变、更新和调整着我们原有的育儿观念和行为方式,潜移默化地告诉我们合格的家长应该做什么。嘉嘉的变化体现在参与班级活动的点点滴滴中,其中有收获也有困难,有欢笑也有泪水,这样的幼儿园生活让我们感觉很踏实。

1. 学习态度的变化:嘉嘉从"不愿意"到"达到目标"

最初,印象深刻的是假期伊始老师都会在通知中布置的一项体育技能方面的任务,这是她学习态度的初步展现。小班学拍球,中班学跳跳球,大班学板羽球。嘉嘉在班上的年龄偏小,她的运动和认知技能在小班的时候都比别的孩子提升得慢,所以学拍球是我们遇到的第一个困难。整个寒假,嘉嘉一直在拒绝,只要提拍球就哭,不知是不是我们对她太放任,假期她拿起球的次数屈指可数。最后假期的作业从结果来看我们并没有完成,从过程来看我们的记录也是不完整的。然而令我触动最大的是,接孩子的时候,冯老师说回家要多练拍球,孩子太受挫了,看到别的孩子拍球她就哭,要多练,没有练不会的。当时,我觉得自己的挫败感太强了,反思自己可能前面都一直没有像老师那样坚信孩子只要练习就可以成功,我似乎理所当然地觉得孩子有一天自然会学会。认识到孩子是需要教的,这是我做的第一次改变。第二天正好是家长开放日,嘉嘉爸爸去参加的,看到墙上贴的嘉嘉拍球个数一栏是空着的,他说,以后接嘉嘉回家第一件事就是练习拍球。后来的一周,和平公园就是练球的场所,我们真的就是手把手地教,一直到天黑。刚开始她也是哭着拒绝,后来被迫练,最后她已经能够拍十几个。体验到成功的嘉嘉非常高兴,这时也不那么排斥上幼儿园了,但是每天入园的哭仍然有点像"仪式",在我转身之后,她又开心地玩了。现在想想,当时焦虑的不仅是孩子,还有我们家长。

后来,中班的跳跳球任务来临的时候,我们全家好像都有心理阴影一样,担心她学不会。记得当时我们达成一致的是,这次不管用什么方法都不要让她产生拒绝练习的心理。嘉嘉练了两三次后,差不多能跳一个,我们一直在表扬和鼓励她,说:"嘉嘉跳得很好,能跳第一个就有第二个,加油。"嘉嘉反复问我:"妈妈,你相信我能做到吗?"听到这句话时,我忽然觉得孩子自信的来源首先是我们的鼓励,特别是在她小的时候,后来到了大班,她没有再问过我这句话。那个暑假大多在蒋王庙地铁站练习,一周后,她开始能够边走边带球了,虽然这时候跳不起来,但她似乎非常满足,每天能乐此不疲地带球过百个。看到班级群里的很多小朋友都会跳了,我说:"嘉嘉你试着跳跳。"她拒绝了,回我一句:"我这样不就够了吗?"我的自然教育思想又发挥了作用,我安慰自己:好吧,等等看。一个月后,她在小区里和别的小朋友一起玩的时候,偶然能带起来了,但是她好像并不愿意展示(有的小朋友不会玩跳跳球),可能担心她自己跳不起来。开学后,嘉嘉继续在班上坚持练习,到了期末,她已经能自信展示了,她还被选为升旗手进行表演。

现在,面对大班的板羽球时代的来临,我们心态上好像比之前淡定了许多,这样的淡定我想是来自曾经的积累。我们的观念接受了一次次的"洗脑",从"别人家的孩子总是优秀的",到真正关注自己孩子的进步,做出力所能及的支持,这也是我们从北幼的课程中学到的。嘉嘉是一个容易满足的人,第一次和第二次给自己定的目标分别是3个和5个,她回来很高兴地告诉我,自己达到目标啦。刚开始我心里打鼓,觉得她自己的要求低,后来老师在群里反馈说,嘉嘉在班里一直坚持练,没有放弃。这样的反馈也改变了我们的认识,所以后来在和平公园练习时我们没有一直要求她要打到多少个,而是在告诉她一些方法的同时鼓励她继续练习。又过了一段时间,嘉嘉说,实习的徐老师帮她数了板羽球能打到12个。所以,我很感谢这种鼓励孩子努力且能够让孩子体验失败、成功等酸甜苦辣感觉的教育氛围,与此同时,也给了我们了解孩子的机会。

2. 口语表达的变化:嘉嘉从"我害怕"到"我要讲"

开始,嘉嘉是一个不太喜欢在班上表现自己的孩子。依稀记得在班级群里发的"每周一首儿歌",她准备了"白白鹅,花花鹅"在全班小朋友面前讲述,我看到了视频,嘉嘉的声音非常小,表情很紧张。我给嘉嘉看视频,嘉嘉说:"妈妈,我不敢。"孩子爸当时的第一句话就是:"我小时候也胆小,大了就好了。"或许我也是这种性格,喜欢为别人鼓掌而不喜欢站在舞台中心。中班疫情期间,不能入园,当时线上资源非常丰富,可选择的空间很大。春天来临,线上资源有儿歌《下雨啦》和古诗《咏柳》,当时正好下过雨,我们就让她学这个儿歌,然后和她说起玄武湖的柳树,因为去年她关注过柳树的样子,所以我们就让她学古诗。当时我们让她现场表演、录视频,传到班级群和家人群,她都很愿意表现。

后来,线上资源有一些做手工的,比如折飞机、做毛根花等,她比较有兴趣,但可能她的技能没有达到要求,需要我们指导,所以她获得的成就感也一般。但是,无心插柳柳成荫,她忽然对在镜头面前讲话很感兴趣。印象深刻的是,班级布置任务,用蒙德里安绘画风格做小车,她开心地录制视频,就像抖音的小主播那样,介绍是怎么做小车的。此后,搭建乐高、吃饭用筷子和用樱花制作香水,她都喜欢"主播"出来。我不知道是不是这种方式给了她练习的机会,到了大班开学的时候,老师询问讲成语故事的报名情况,她说:"妈妈,我们报名吧。"当时我很惊讶,因为以前但凡这种报名的事情,她都是想拖到后面再讲的。我买了成语故事的书给她,让她选故事,她选了《鹬蚌相争》的故事,每天晚上睡觉前都给我讲一遍,中间请了一次假,她还问我:"妈妈,我讲故事有没有超时?"现在想想,可能疫情最大的好处就是给了我们陪孩子的时间,幼儿园经常推送的网络课程资源非常丰富,而且兼顾了各领域,方便了我们选择适合自己的资源进行宅家学习。我们当时使用最多的就是音频儿歌和故事,用平板电脑播放,孩子能反复听,因为线上资源标明了可选用的不同年龄段,我们就更省事。有时我会放一些大班的故事,她似懂非懂,也会提问题。她还会随着音乐去跳舞和做体育游戏,"邵老师水果舞"成为全家老少的最爱,投屏到电视上,大家都喜欢跳。在一起跳舞的过程中,孩子也提高了胆量并增强了勇敢表现的意识。

3. 前书写的变化:嘉嘉从"我不会"到"我要画"

嘉嘉在家画画时,我们没有刻意让她怎样画,可能太自然随性,有时提供图片让她照着画,她也并不是很愿意。所以,小班的时候,当时画大熊先生的房子,她是愿意画的,画得比较简单,能表达想法,比如家就用圆圈表示。梅花山梅花写生也需要我提醒,她并不是根据梅花的特征去画,而是按照头脑中想当然的样子画。因为小班本身表达的内容较为简单,所以前书写困难不大。到了小班下学期和中班上学期,老师向我们建议让她回家多画画。回家后我和嘉嘉交流,发现她有想法,但无法用绘画的形式表达。我就给她报了绘画班,那个学期的老师比较好,对孩子的绘画启蒙影响比较大。但是,中班开始换了老师,孩子的绘画好像又不行了。小班下学期令我印象深刻的是关于小鸡的主题活动,整个过程家长都参与其中,嘉嘉在这个主题中拥有了一段奇妙的经历。现在想想真的是有体验才有表达。姥爷作为志愿者参与了参观兰园菜场的活动,嘉嘉很自豪,她画的鸡蛋虽然很简单,但是她开始关注鸡蛋的样子,在家认真绘画。对嘉嘉影响最大的是观察孵小鸡的过程:在超市找种蛋——幼儿园里为鸡蛋命名——孵小鸡——小鸡出来后看视频——做小鸡手工——做鸡蛋糕——和死去的小鸡告别——在家养小鸡——到和平公园遛小鸡。这个过程中,孩子的前书写开始有了变化,她最先感兴趣的是"小鸡身上毛的颜色"和"小鸡的爪子是不是和人的手指一样"。后来老师让孩子们用前书写的方式表达自己的疑问时,她有了自己的问题:小鸡出来吃什么。回家之后她也会说:"我们班的'叉烧'死了,我希望它在天堂过得好。"这个意思她也通过前书写表达了出来。应该说,这个主题给了孩子多方面的积极体验,比如学会了如何对待生命、如何面对死亡、如何猜想并验证自己的答案、如何照顾小动物,提高了手工制作和食品制作的技能等。这个主题开展的时间也比较长,过程中孩子有很多可以表达的机会,嘉嘉在拍照、观察和前书写表达的过程中,开始能够把握观察物的细节,产生自己的想法。但是,可能还是受制于绘画技能,虽然有想法,但她前书写能力还是一般。老师第二次和我交流了这个问题。这时,我放弃了指望兴趣班的想法,而是找一些图片给她看,有时间就把绘本的画面给她看,这次从模仿开始。是不是有点颠覆自己的观念?我觉得在前书写这方面,我和第一次拍球的体验一样,"不教的教育"是不是就会成为现在这样的放任?

后来,我觉得有两个方面的努力改变了我的教育方式,也增强了嘉嘉的前书写意识和能力。第一个是中班上学期的"蝴蝶"主题,每人自主选择一个蝴蝶标本给了孩子探究的兴趣,绘本上看到的黑脉金斑蝶是嘉嘉真正认识的第一个蝴蝶,后来去植物园和蝴蝶特点的前书写表征都给孩子树立了任务意识。我觉得当时很好的一点是用表格的形式记录蝴蝶的外形、生活习性等特点,这让孩子有目的地去观察标本和阅读绘本。孩子是有想法的,但是孩子还是不太习惯书面表达的方式,所以孩子说想法,由我来想用什么符号表达记录,我不会的就到网上搜索图片。当时我觉得好纠结,觉得这个作业变成我的了,当嘉嘉说"妈妈,我们终于完成啦",我这时才反应过来,虽然是我和孩子一起完成的,但因为孩子参与了,所以她会认为这是自己的一个任务,会体验到成功感。后来因为嘉嘉生病请假,这个主题的有些环节没有继续,但是我们家里发生了变化——有一张贴在墙上的涂鸦纸上面画的是蝴蝶,然后她会学老师的样子讲,蝴蝶是什么样子的,有什么特点。

现在,我们家经常面临一道选择题,是画画还是做别的(学数学、搭积木),我想这个变化得益于疫情时期老师们和孩子的云见面,以及暑假布置的种植小任务。我觉得嘉嘉的经验是这样建立起来的:第一次,老师让选一种植物种植,我们选了难度小的白菜花,白菜花发了豆芽,当时我们拍照上传到群里,邵老师和一组小朋友云见面,小朋友都争先恐后地介绍,孩子们对种植很感兴趣。第二次,在暑假布置的种植小任务中,我们家种了萝卜、大蒜和白菜,有成功有失败,我们做了过程的记录和反思,这个过程持续了一个半月,基本上每两天记录一次。她刚开始很被动,后来形成了习惯,遇到不会的地方就一起查书查资料;冯老师也在网上对孩子的种植进行了评价,晒出对其他孩子做法的评价,我们也获得了很多,我发现老师很多指导方法都是关于计划方面的,但是我们的种植计划还是没完成。第三次,季老师来家访,看到我们的记录和植物,又把计划的事情和我们讲了一次,然后我们完成了计划表。第四次,开学后分享种植前书写,冯老师建议我们要增加对嘉嘉的正向评价,多鼓励,我们以前的要求有点太高了。这个过程之中,我有两点体验:首先,老师们真的是关注孩子,和我们一起研究孩子。我都觉得有点不好意思,有时候是我已经放弃了努力,比如计划表的制订,因为我感觉嘉嘉不配合,种植过程记录了一个多月,她还是很难完成计划。但是老师们一直在给我建议,帮助我解读孩子的心理,没有放弃对孩子的信心。其次,这个学期,好像忽然发生了变化,嘉嘉到家里会把幼儿园前书写的东西再写一遍,用双面胶贴在柜子上,还有就是现在的本子已经不够用了,一本速写本很快就用完了,各种本子上都有孩子绘画或前书写的痕迹。所以我也体会到了,教育真的是引导,是班上分享的很多做法告诉我们什么是高质量的陪伴,家长应该如何和孩子一起成长。

4. 情绪变化:嘉嘉从"不想去幼儿园"到"有点想我的小伙伴"

小班入园时嘉嘉从东大幼儿园转入北幼,新换了幼儿园,刚开始也不是很适应,经常生病请假,每天早上哭是家常便饭,传说中的入园焦虑真实发生了。我的预期是两个月能适应,但是之后她的情况更糟,加之生病请假,不能坚持入园。她的情况时好时坏,老师们也经常反映嘉嘉的情绪状况,那个时候我也很焦虑。

印象深刻的是班上当时有一个家长开放的制度,这个制度成为缓解我内心焦虑的通道。家长每周可以在方便的时间选择到幼儿园,提前在表格上登记就好。现在想来,这可能对老师造成了无形压力,但对我来说真的起到了治愈的作用,因为我在幼儿园看到了学校常态下的孩子,所以我的焦虑缓解了。一方面我了解了班级对幼儿集体规则的具体要求,另一方面我也了解到自己的孩子在集体中的表现,这种双向的对比还是冲击了我的认知。记得当时我去了两次,每次半天,活动结束后邵老师或季老师都会送我到幼儿园门口,还说"谢谢"。当时我真不好意思,觉得应该谢谢老师。让我比较感动也比较震撼的是,小班刚开学就敢于这样向家长开放是需要底气的,我刚开始有点担心孩子看到我会想跟我回家,但是实际上并没有发生这种情况,只是第一次有点不舍。我想这种做法有点像心理学的"黑箱"实验,家长越看不到就越焦虑,所以这个做法为家长开通一个能够亲身感受幼儿园生活的窗口,家长也了解了自己孩子的表现,看到了老师的辛苦。后来的学期末家长问卷调查中,幼儿园关于整理衣服等保育的一些要求列得非常详细,回忆当时看到的老师们的工作,我才意识到,这不是因为家长来看而故意做什么,而是精细化的常态管理体现在孩子身上的"福利",也是高质量保育的表现。

小班家长进课堂的活动也让孩子产生了自豪感,在幼儿园中和妈妈一起体验"被注意"和"共分享"的感觉。记得当时我进班里讲的是《好饿的毛毛虫》绘本,在这之前我告诉嘉嘉我要去讲故事,她开心得不得了,一直问我哪天可以去。去班上的前一天我和她一起画了一只毛毛虫和蝴蝶,她非常认真地用蜡笔涂色。那天下午我给小班孩子讲故事还是有点紧张,当时小朋友还比较开心,嘉嘉一直想离开座位到我旁边来,我让她在一旁和小朋友坐在一起听。后来,我在幼儿园微信推送中看到其他班级中"妈妈团讲故事"的照片,有的是孩子和妈妈一起讲的,反思了一下可能我和嘉嘉合作讲故事效果会更好。嘉嘉回来说:"我觉得太幸福了,因为有妈妈在(幼儿园),我就喜欢妈妈去幼儿园。"从技巧上来说,我在幼儿园讲得并不是最好的,但对于嘉嘉来说,这是一个在幼儿园见到妈妈的机会,所以,从情感上来说,我的进入可能给孩子带来了对幼儿园的正向情感,有助于减少她的入园焦虑。

我认为老师应提前或及时把班级活动的做法和要求在幼儿园和家庭之间进行线上和线下的沟通。当时我觉得小班家访有一个做法很好,就是把幼儿园的要求提前告诉我们。除了提前调整作息时间外,学校还给了孩子一个小狮子的标志(后来中班变成了图形标志),这个做法让孩子好像有了想象中的"朋友",老师家访时是将这个标志贴到孩子手上的,然后我把这个标志贴到家里的柜子上,孩子每天看到这个标志都说:"这是我们的小狮子。"我猜测可能她到幼儿园再看到这个标志,会觉得自己家里的东西跳到了幼儿园,产生情感上的依赖。开学后,老师把班级区域游戏的标志放到了微信群里,告诉家长孩子们目前在班级玩的区域有哪些。我说打印下来贴到家里的墙上吧,后来孩子爸爸去东大旁边的打印店里打印,老板说:"这是给孩子做的吗?我们家孩子也上幼儿园,应该支持你们。"于是我们付钱时老板一直不收。后来,嘉嘉比较喜欢的区域是语言区和健康区,我们想可能部分原因是家里的语言区标志正好放在书架旁,健康区标志放在一堆零食旁边。一直到今天,微信群里经常有不定期的信息反馈班级现在进行的活动,我觉得这样做不仅是告知信息与完成任务,更是让我们理解为什么这么做,我们也应该与老师一起努力让孩子做得更好。现在的嘉嘉已经非常喜欢上幼儿园,前段时间生病休息了几天,在回幼儿园上学的路上,她说:"妈妈,我都想我的小伙伴们啦。"这样的话可能对别的孩子来说很容易,但对嘉嘉这样适应期如此长的孩子来说还是比较困难的,我当时真是又意外又惊喜。今天我问嘉嘉:"喜欢幼儿园吗?"她说:"喜欢啊。"我问:"喜欢哪里?"嘉嘉说:"喜欢老师和小朋友们,他们很温柔,他们会帮助我,如果我有不会的事情或干不成的,他们会帮我。"

嘉嘉的变化让我看到了教育的力量,她的点滴成长让我看到老师们为了孩子做出的最大努力。每一次精心组织的家长开放日活动、每一次线上教学的面对面互动、每一次见面时的及时反馈、每一次"4+1"课程的周四外出参访活动、每一次"六一"节或元旦幼儿园组织的大活动、每一次升旗仪式后幼儿与教师的全园互动……这无数个"每一次"的背后,是幼儿园的精心策划与筹备，正如一次家长会上某位妈妈所说："在做孩子人生的第一个重要选择的时候，我们没有选错。"

除了家长对于眼前活动的即时评价，幼儿园还收集了已经毕业幼儿的家长对于课程的整体评价。已经毕业的幼儿及其家长经历了小中大班三年的开放性课程，他们对于开放性课程有着最深入的了解，也会有很多切身的体会。《纲要》提出，幼儿园教育是基础教育的重要组成部分，是我国学校教育和终身教育的奠基阶段。城乡各类幼儿园都应从实际出发，因地制宜地实施素质教育，为幼儿一生的发展打好基础。而开放性课程是否能为幼儿的后续学习打下良好的基础呢？不仅要倾听教师的评价，更重要的是倾听家长的声音。下面就是几位已经毕业的幼儿的家长对开放性课程的评价。

案例4：北幼，引导幼儿自主学习的先行者

（北幼毕业生李恩荣的妈妈）

不知不觉中，孩子入小学已有近小半年，从入学前的忐忑不安到入学后的迅速适应，短短半年，作为家长的我深刻地感受到孩子和其他幼儿园的毕业生相比在幼小衔接适应能力方面的显著优势。不得不说幼小衔接是否顺畅是检验幼儿园教育水平的测试剂。细细回顾孩子在北幼的四年（含一年亲子班），从"虫虫总动员""南京""国粹"等每学期的主题活动，每学期的家长开放日和读书节，到寒暑假的读故事、拍球、学广播操等自主制订的学习计划和反思，再到针对家长的不分年级的幼小衔接讲座，我体会到北幼是在浸润式的教学活动中循序渐进地培养幼儿的自主学习意识和提高幼儿的执行能力。这些活动不仅仅能够培养幼儿的自主学习能力，更是让家长明白要尊重幼儿的阶段认知特点，学习如何教养幼儿。北幼当之无愧是引导幼儿自主学习的先行者，我从三个方面详述孩子在自主学习活动过程中的收获和感受。

每学期的主题教学活动针对幼儿认知特点层层推进，渐进式的反复让孩子们易于接受，逐渐提高认知能力。让我印象非常深刻的是中班下学期的"家乡南京'打卡'记"主题活动，蒋老师和其他几位老师早在新学期开始前的家长会中就明确告知下学期的整体教学安排，让家长做到心中有数。在新学期中，老师们在学校教学中先让孩子们知晓自己的家在南京的哪个区，从而初步了解南京各个区的地理位置，又在教学活动中穿插请家长进课堂教孩子们说南京话、煮茶叶蛋、做鸡汁干丝等活动，最后又开展带领孩子们参观夫子庙和贡院、登明城墙、去南京大排档亲子课堂做一做南京八大名小吃等活动，这些系列活动让孩子们从地理、方言、建筑、饮食多角度了解了南京。通过一个学期的学习和实践,孩子们在玩中了解南京,强化作为一个新南京人的归属感。大班开始后,针对大班幼儿认知能力渐强的特点,老师们精心设计了以"国粹"为主题的教学活动,在美术区域中专门设置陶泥、笔墨纸砚等教具让孩子们自主探索,教学活动中安排家长进课堂教孩子们画国画、写毛笔字,带领孩子们参观中医药馆、做中药香囊和体验中医推拿,通过各种实践活动让幼儿了解京剧、书法、国画等国粹,拓展了孩子们的知识面,使幼儿深层次地领悟中国国粹的博大精深。

  自主学习以每个学期的主题活动为主线,寒暑假的自主学习为实践,不断强化儿童的自主学习意识。学校的主题教学活动是以教促学,而寒暑假的主题自主学习内容就是教学相长的实践活动了。从小班开始,每个学期期末,老师们都会精心设计好指导家长自主学习的主题视频,引导家长带着孩子一起学习做自主学习计划和反思。孩子在北幼的三年寒暑假的自主学习活动有:小班时期学习拍球,中班时期学习讲故事和趣味扑克牌,大班时期学做广播体操。这些活动让家长有的放矢地引导孩子设计自主学习计划,并反思执行效果,慢慢增强自主学习的任务意识和执行力。到小学阶段,我发现孩子在完成老师的作业任务时,基本不需要家长过度辅导,因为在幼儿园阶段,孩子已经学会如何评价任务的执行效果了。幼儿园阶段培养的自主学习和反思能力是推动幼儿从依赖到独立的重要能力,北幼的老师们在这个方面给予了家长非常优秀的指导!

  区域活动丰富多彩,尊重幼儿的个性化特征,引导幼儿自我探索。北幼从小班阶段开始就非常注重区域活动,在教室里为孩子们设置了科学区、音乐区、美术区、结构区、阅读区等区域,孩子们从早上进园开始就可以在 iPad 的 APP 中选择每天最想去的区域学习。区域活动的教具和教学主题紧密结合,每个学期的教具都有调整,灵活设置。从小班到大班,我家孩子选的最多的就是科学区和结构区,很少选择音乐区。老师们定期和家长交流孩子的区域活动情况,能让家长很清晰地看到孩子的个性化特征,了解孩子德智体美的强弱项,有针对性地调整在家庭中开展的活动。北幼灵活的区域活动既尊重了幼儿的天性,也客观地反映了幼儿的个性化特征。

  北幼是引导幼儿自主学习的先行者,其培养理念具有很强的前瞻性和指导意义。孩子在北幼的学习过程中培养了很好的自主学习意识,养成了善于倾听和独立表达的能力,在幼小衔接的过程中快速适应了小学阶段的学习和生活,感谢北幼!

案例5：幼儿园主题活动对幼儿的持续影响

（北幼毕业生孙嘉辰的家长）

越来越多的研究表明，6岁以前的教育极为重要，甚至有人说这段教育会影响孩子一生，很多人成年后的性格、获得幸福的能力都与幼年时期的教育息息相关。因此，幼年时期家庭、幼儿园、社会所形成的教育环境极为重要。

孙嘉辰在幼儿园三年，在老师的悉心教育和幼儿园整体良好氛围的潜移默化影响下养成了很多好习惯，也培养了良好性格，特别是在各种主题活动中，老师有针对性地进行了有效的引导、训练，对良好习惯和性格的养成产生了积极的作用。

以计划性为例，小班的跳跳球、中班的打沙袋、大班的跳绳和自主讲故事、疫情期间大班的制订居家学习计划表等，这些活动的一个共同点是都一以贯之地培养了孩子们的计划性。进行跳跳球和打沙袋活动时，班级门口放了一张大表格，每个小朋友早晨来了之后都要写上自己的计划，在园活动后写上实际完成数量，放学后要进行反思。孙嘉辰一开始是不怎么会玩跳跳球的，他协调性不好，经常把自己的脚绕进去，还会绊倒。早晨送去的时候，我们以为他的计划不会超过10个，结果发现他的计划是30个！正在问他为什么定这么多的时候，方老师、徐老师告诉我们，这个随孩子自己填写，他们会自己发现问题。这句话对我们触动很大，因为我们很多时候不自觉地就会给孩子提建议甚至会越俎代庖，偶尔还会指责一番，这显然不利于孩子能力的培养，会让孩子形成对家长的依赖性。训练几天后，我们发现孩子已经可以稳定地跳15个以上了，可是去看看计划表，计划反而从30个变成了区区5个。按老师的方法我们忍住没有给建议，下一周再去的时候，计划数值与实际能达到的数量基本吻合了。在打沙袋的时候也出现了类似的现象。但是这之后他在做跳绳计划的时候，就学会了预评估自己的能力和计划之间的关系。这种能力的培养，不仅仅教会孩子无论做什么事都要有计划、有条理，而且也能培养他们良好的心理素质，孩子长大后也会实事求是地制订计划，不好高骛远，也会避免出现眼高手低的现象，这些都有助于孩子正确地认识自我。

孩子具备的制订计划的能力，在他一年级入学后发挥了较大的作用。基本上他将自己的学习、作业、活动都能安排得很好，即使发生了变化，自己也能迅速地进行调整。在学习汉语拼音的时候，一部分学生是在入学前就提前完整地学过的,而北幼的孩子是不允许提前进行小学课程学习的。因此,一开始孙嘉辰与提前学习的孩子水平差距很大,他学习还是很吃力的。但是在老师的指导和鼓励下,他很快做出了计划:每天回家先读几遍当天的拼音,将不熟的进行圈画;饭后继续读拼音;早晨上学前读;周末每天读三次,他甚至告诉我们在课间休息的时候也会读。按照这样的计划,他的汉语拼音学习进度很快就赶上来了。(图4-2-5是大班自主学习"讲故事"计划表,图4-2-6是一年级假期时间安排表,均用前书写的方式安排了自己的计划。)有时候虽然不是用书面形式订计划,但问他的时候,他基本上已经在心里做了计划。应该说幼儿园各项主题活动中的计划性培养显现了作用,今后我们还会继续提醒他加强巩固与提升这方面的能力。

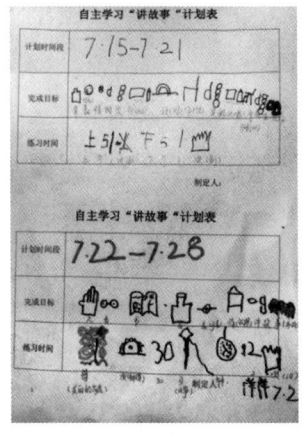 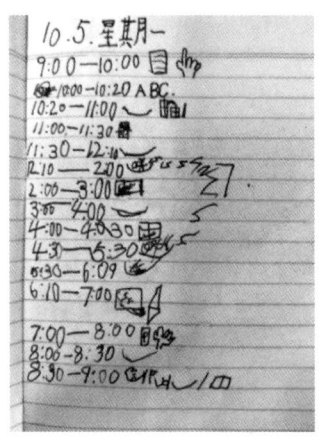

图4-2-5　大班自主学习"讲故事"计划表　　图4-2-6　一年级假期时间安排表

孙嘉辰觉得幼儿园跳绳的训练特别有帮助,很直接的表现就是一年级跳绳是需要进行过关测试的,而他取得了较好的成绩。当时在幼儿园的时候,跳绳的主题活动有计划、有方法、有氛围,他慢慢纠正了蹦得很高、落地脚分开、站得不直、摇绳幅度过大等很多问题,还经常在幼儿园跟小朋友一起讨论跳绳的技巧,在老师的要求下,疫情居家学习期间他也每天坚持训练,从一分钟只能跳十多个到165个,这个提高的过程对他自信心的提升还是很有帮助的。再碰到类似事情的时候,他就会知道怎么一步步地进行练习,怎么找出问题、解决问题。我想这对将来是非常有用的。

班级里坚持养了很长时间的兔子,陆陆续续发生了很多关于兔子的故事,有好几期关于兔子的主题活动。活动中小朋友面临一系列情况:兔子怎么喂养、兔子跑丢了、有了两只新兔子、为兔子建房子、兔子生小宝宝、小兔子死了、送兔子去农场……其中在建造兔窝的时候,孙嘉辰设计的方案被绘制在兔窝的墙面上,他非常自豪。记得五只小兔子死去的时候,班级都笼罩着一种悲伤而凝重的氛围,老师和家长借此机会诠释生命的意义。孙嘉辰回到家把这件大事告诉了我们,还和我们一起分析了原因。他们在照顾兔子的过程中学会负责任,感受到生命的诞生和离去。在孩子们受到过度关注但很多孩子并不知道如何照顾他人的当下,这些活动确实非常能够培养孩子的人文关怀精神。

机器人活动让孙嘉辰了解了什么是机器人,什么是编程,他还亲自动手给达奇装上臂膀,让达奇唱京剧。他觉得很有趣。机器人已经在现代社会发挥了巨大的作用,学习计算机知识真的应该从娃娃抓起,我们已经离不开计算机编程了。达奇机器人主题活动为孩子进行计算机编程启蒙教育,为他们探索科技种下了一颗种子,也许以后类似的活动就会激发他们参与科技创新的欲望。

北幼在幼儿教育方面进行了很多有益的探索,产生了良好的效果,对孩子产生了积极的长远影响。对于孙嘉辰在小学各个方面的表现,我们是比较满意的,虽然还有很多需要提高的地方,但是看到他每天都开开心心地上学,我们也感到很高兴,这种学习为孩子带来的幸福感十分重要。他现在是老师的小助手,帮老师收发作业和做一些班级事务管理,学习成绩总体上是不错的。在足球、围棋、乒乓球、古筝、画画等课外兴趣方面都冲劲十足。但有时候他也会碰到很多困惑,比如,有的小朋友会因为他记录违纪而故意找他麻烦甚至冲撞他,会故意弄坏他的试卷,但对他来说,这些都是他自己能想办法处理的成长烦恼,或沟通,或反击,或斥责,或告诉老师,我们只是倾听和密切关注,不再主动介入。有时候看到他的不足,例如房间比较乱、不会增减衣物,我们也会很着急,甚至很暴躁,但想起《带着蜗牛去散步》的故事,想起方老师、徐老师等对待孩子的那种耐心,我们暗暗愧疚,慢慢学会接受不完美的孩子和不完美的自己,和孩子一起成长。

作为家长,我们只能很浅显地对于一些现象进行简单的分析总结。其实很多时候,需要学习和接受培训的是我们这些家长,也感谢学校组织了多次讲座,邀请到了很多知名的专家前来讲课,让我们学到了很多知识,掌握了一些正确的育儿方法,也做出了一些改变。然而对于做好孩子的教育,这些还远远不够。我们作为父母的很多不足可能恰恰是幼儿时期没有受到良好的教育引导所导致的,有时候我们不得不用一生来弥补这些不足。因此我们觉得幼儿教育的重要性怎么强调都不为过。

案例6:小学二年级家长对北幼开放性课程的反思与回顾

(北幼毕业生余子岳的家长)

余子岳小朋友已经从北京东ород小学附属幼儿园毕业一年半了,观察他进入小学后的成长历程,再将之与幼儿园大班这一年里经历的开放性课程相印证,我们作为家长很开心能看到幼儿园课程在他的生活中留下了有趣的印记。

1. 眼见即世界,计划乃人生常态

在年幼的小朋友眼中,他所看到的就是世界的全部,他所经历的事情,就代表了整个宇宙的规则。于是,一个在人生的第六年经历了一年开放性课程,自主安排自己目标并按计划活动的孩子,把"自主选择目标""制订计划""按计划行动""按计划总结""按计划获得奖励"看作人生必做之事。

现在的他,每隔一段时间,都会和爸爸一起制订自己的学习生活争"星"计划,每天都会按照自己和爸爸制订的考核计划完成任务。必做计划和选做计划互相结合,满八个"星"属于完成计划,可以获得课外阅读时间;满十八个"星"属于超额完成计划,可以在周末外出游玩。奖励计划会随着任务的升级和降级进行调整,以适应小朋友成长的需要,有意思的是无论怎么调整,小朋友从没觉得按计划办事是一件让他觉得痛苦的、不能接受的事情,在他的世界里,这应当属于理所当然的宇宙规律吧。

2. 坚持为表征,自主性贯穿整个过程

小朋友目前的计划,比幼儿园时期的专项计划更为复杂:以一天为单位,完成若干件事情,排除上学的时间,其实完成任务的时间段压缩在有限的三四个小时里。完成校内作业、完成校外作业、学习校外英语、练习钢琴、参加体育运动、读古诗古文、读指定课外书……再将其中的必做任务和选做任务相互组合。说起这计划表,我作为家长看着都略感烦躁,小朋友竟然在上小学的一年多时间里坚持完成了。执行计划的时候,并没有什么感觉,回过头来想一想觉得很不可思议。再回顾执行计划中的一些画面:因为没有完成计划,小朋友自己选择推迟了洗漱和上床休息的时间,并坚持要先完成计划,拒绝休息;因为想要获得外出游玩的机会,拼命地努力完成一项又一项选做任务,哭着想还能做什么赶快获得星星,最终达成心愿。凡此点点,让人心软。

当然,他也会为一项计划的实施难易度和获得的肯定等级与爸爸讨价还价:"这个这么难,就给一颗星吗?"他也会在面对难度较高的任务时很直白地说:"这我哪能做到呀?这个不做也没关系,我做那个,星星也够了。"倒逼爸爸增加奖励力度……点滴画面,很有意思。他是真的成了自己现阶段人生的主人。

3. 绕过年龄特权,规则意识由此启航

从幼儿园的开放性课程体验开始,小朋友就始终在计划内办事,在规则内行动,从没有想过用属于儿童的种种年龄特权解决问题。

一开始可能是"畏惧"于老师的权威,他天生怕人,老师的话是一定要听的,所以他也从没想过幼儿园时期的自主计划可以不执行或者"打折"执行。这种思想在小学阶段也一以贯之地坚持着。

唯一一次没有完成计划是他前段时间生病,因为没有完成十八个"星"不能外出,他跟我们求情:"能不能看在我今天生病,这个星期又坚持参加了公祭日诗朗诵和娃娃电视台演出的分上,给我一次机会呀?"我们很开心地回答:"如果你能抓紧时间,在二十分钟之内洗漱好,上床睡觉,就算你今天完成计划了。"结果,他玩心发作,洗洗玩玩,超时了。

虽然失去了一个宝贵的机会,但他也坚持了约定,不玩就不玩吧,不声不响地就在家里做起了其他事情。

能按约定的规则行事,并始终保持平稳的情绪行动,胜固欣然败亦喜吧,让我们感觉到他在社会性的发展上是一个相对成熟的孩子。

总体感觉,幼儿园的开放性课程在余子岳的身上是有着持续性影响的,对于他的成长也起到了积极的作用。如果去分析为什么会有这样的效果,我觉得可以从以下几个方面去看。

1. 天性使然

从他的成长来看,他的程序性发展比较突出,很小的时候带他外出散步,就必须始终是同一路线,想要换一条路走走,很难。他自己就是规律的化身,所以计划性的活动,哪怕是开放的、自主的计划性活动,对于他来说,都会有鱼遇到水的感觉。又因为他比较听老师的话,所以来自幼儿园的要求会给他留下比较深的烙印。

2. 家庭有意识地跟进

我们的认识是,老师精心设计的每一个活动肯定是有其教学用意的。这些用意,有些我们能看出来、感受到,有些我们可能没有这么深的认识。活动前,老师可以说明,也可以不用一一说明,因为有时哪怕是说明了之后我们也可能理解不到位,所以我们可以不需要知道老师所有的活动目标,作为家长,我们只需要把活动效果最大化地完成就可以了。

在整个幼儿园的课程中,我们就努力做到"询问孩子制订了什么计划""询问孩子计划完成了没有",若完成了就表扬,没完成就一起找原因,想办法下次要完成。对于我们来说,做这个不难;对于孩子来说,他会发现自己的父母与老师的要求是一致的,他会更加认真地去做。

进入小学后,我们延续之前的做法,再去观察,会发现这种开放性与计划性相结合的活动真的很检验一个孩子的自我管理水平。我们鼓励他按计划办事,也鼓励他自主选择属于自己的生活方式。因此,每次的计划制订,都有他自己的选择呈现,必做计划之外的选做计划赋予他较大的选择余地,但是和幼儿园时期一样的是,一旦选择,就一定要完成。

3. 老师专业性地指导

对于一个年龄段的孩子来说,能力的下限在哪里,能力的天花板在哪里,老师比家长更加清楚。在幼儿园大班进入开放性课程的过程中,我们也有不以为然的时候,某时某刻也有几分觉得老师是在强人所难,也会觉得这个没有必要。当孩子计划没有制订好,老师要求他留下来重做的时候,我们也想过是不是没必要这么较真呢?大多数时候,我们也会观望着,把孩子"丢"给老师,用"望天收"的期待,从旁观者的视角来看看这个活动到底有什么效果。

一段日子走过来,我们发现小朋友真的在成长了,他不仅会选择自己的目标,会自主做计划,会按计划完成,更可喜的是在完成计划的过程中,他自己选择的目标达成了。跳绳,滚铁环,玩拉力球,都是这样的。

所以,把专业的事交给专业的人去做,能提供帮助就提供,不能提供帮助就别干扰,相信孩子和老师,这样的话自己会比较"佛系",也很容易获得惊喜。

案例7:幼儿园开放性课程漫谈

(俞景幂的妈妈)

我是小一班芳菲(俞景幂)的家长,芳菲的哥哥也刚从北幼毕业。我们家两个孩子都在北幼成长,非常感谢北幼的老师们认真负责,研发很多课程供孩子们在参与中收获、在体验中成长。下面谈谈我作为家长以及同行对于北幼开展的开放性课程的感受。

1. 哥哥时期的开放性课程

哥哥中班的时候,班级开展了"走遍南京"的主题活动,每周五上午,班级老师带着孩子们、家长志愿者们一起到南京不同的地方，体会南京的风土人情，从夫子庙到六朝博物馆、从玄武湖到植物园、从明城墙到科举博物馆……北幼这样的课程突破了幼儿园教室的空间限制，利用南京的风土人情和传统文化让孩子们真实地感受家乡、爱上家乡，同时辅以各种家乡美食的制作、品尝活动，使得孩子在接触大自然与历史古迹中增长了很多见识。

哥哥大班上学期的时候，班级开展了"国粹"系列课程，孩子们自主地选择想了解的国粹，列举并投票选出了八种国粹，同时用前书写的方式写下来。接下来，老师们或自己研究，或请有特长的家长来讲解，使孩子们了解了书法、茶艺、国画、围棋、京剧等各种国粹。

2. 妹妹时期的开放性课程

开放性的课程给孩子们带来了不一样的体验，北幼老师们每年都在开发不同的开放性课程，因为今年妹妹芳菲的课程又不一样了。小班的孩子开展的是"蔬菜"主题活动，他们自己选择蔬菜的种类，自己决定和谁组成一队，自己种下种子，自己记得浇水。

这样的开放性课程开展思路类似我们高中的选修课程。新一轮课程改革以来，除了实施国家必修课程以外，各学校都会根据自身特色设计选修课程，满足不同学生的学习需求。北幼这方面也走在了课程改革的前列，在教科研方面与国家理念一脉相承。

3. 自主学习指导下的课程实施

从小班开始，孩子的自主性就已经非常明显地贯彻在生活、学习的各个方面，芳菲能够自己吃饭、自己穿衣服、自己记得上课，每天自己管理自己的计划。其实哥哥还在幼儿园的时候，北幼这方面就做得非常棒了。疫情期间，老师都是先把研究项目发给孩子们，让孩子们自主探究，然后再一起讨论，问问孩子们发现了什么问题，他们是如何解决的。重视孩子们思维的发展、能力的培养，并非仅仅记住知识，而是使孩子们能够发现问题并解决问题，北幼在这方面跟我的学校理念完全一致。

感恩北幼对于孩子的自主能力培养，我家哥哥从北幼毕业后上小学，每天的作业都自己完成，自己的书包也是自己看课表来收拾，我只负责签个字，他已经能够自己管理自己的基础学习。他也没有上过任何的幼小衔接课程，但是小学能跟上，这些都感激北幼老师们对孩子一贯的自主性培养。

除此之外，区域活动也是北幼的特色，北幼提供多样多层次的游戏内容供孩子们自主学习。培养全面发展的人，其中重要的能力就是自主学习能力,北幼的理念一直走在时代前沿,对孩子认真负责。我点赞的不仅仅是培养孩子自主学习的课程,还有引导孩子探究科学、学会生活、热爱家乡的这些课程,尤其区域里老师开发的各种玩具,想出的各种奇思妙想,那些电子电路的玩具、编程的玩具,完全走在全国前沿,老师们真的很棒!

二、对幼儿发展的评价

《纲要》中指出,幼儿的行为表现和发展变化具有重要的评价意义,教师应视之为重要的评价信息和改进工作的依据。因此,对幼儿发展的评价非常重要。开放性课程的评价中凸显幼儿的主体性,借助有效的手段,使幼儿尝试进行自我评价。

(一) 幼儿对自己发展的评价

幼儿园阶段的幼儿是否能对自己的行为、作品等进行有效、客观的评价,这可能是大多数人想要提出的问题。在评价实践中,我们发现只要借助有效的手段(例如拍照、拍视频等方式),保留下当时的画面或场景,再通过共建的评价标准,即使是小班的幼儿也有能力进行自我评价并针对问题进行调整。

案例1:巧借数字化设备支持中班幼儿线上自主学习儿歌

面对突如其来的疫情,幼儿园的小朋友们开始了"闭关",师幼在享受家庭成员间朝夕相处的亲密之余,些许烦恼也随之而来。如何延续"班本诗歌创编"活动、如何了解幼儿现有创编水平、如何观察幼儿的行为表现,这一系列问题都成为教师需要思考和解决的难题。因此,教师针对本班幼儿自主学习诗歌、创编诗歌这一"班本课题",录制儿歌音视频、绘制儿歌图谱,开展了一系列线上的教育教学和观察分析,力求更全面地了解本班幼儿的现有水平和个性化发展特点,提出合理化的教育建议。其中有一项评价内容是观察分析幼儿自主评价的方式方法,有针对性地给予引导。

在观察幼儿反思评价的环节中,教师提出了几个问题:
你学会了吗?
你是怎么学习的?
学习的时候有什么困难?
你是怎么解决的?
具体数据分析如下:
1. 你学会了吗?

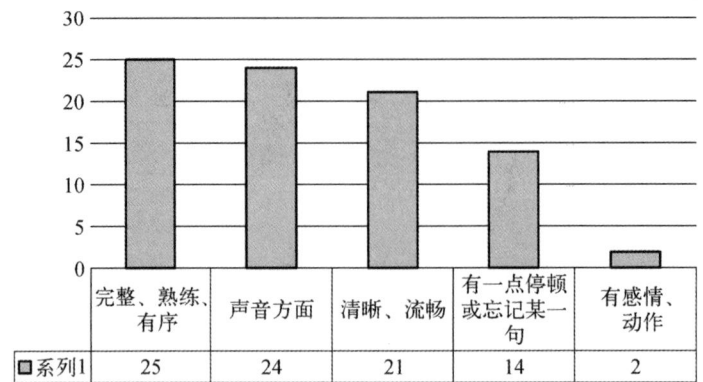

图 4-2-7 学习结果评价统计

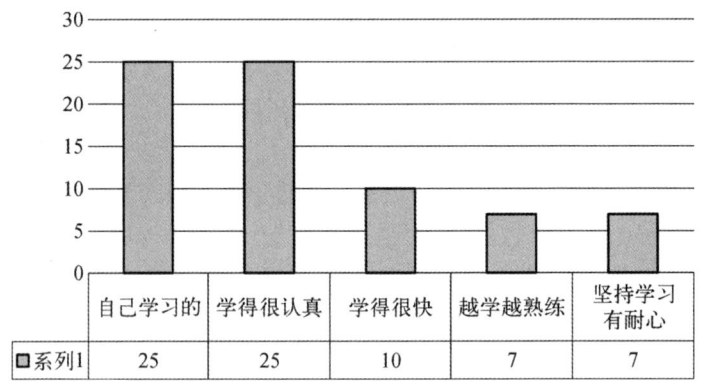

图 4-2-8 学习过程评价统计

在对学习结果的评价上,幼儿已经建立了较为稳定的评价经验。自我评价的内容更加多元,评价的内容更加客观。如:我念儿歌的时候没有落下一个字;我的声音很响亮50%;我的前三句没有停顿,第四句有停顿等。

在对学习过程的评价上,幼儿的经验是比较少的,基本上在教师的引导下完成。基于教师引导下的过程性评价,幼儿是可以说出来的,如:我学习得一般,因为我手里拿东西了。其中有两名幼儿停留在小班水平,评价方式单一,需要引导。幼儿学习的过程性的评价也是非常重要的环节,是学习结果的重要导向,也是学习品质的重要体现。

幼儿在念诵儿歌的过程中,32人需要借助教师提供的图片完成诵读,6人可以脱离图片独立完成。图片一方面给幼儿提供了记忆支撑,另一方面给幼儿带来了心理安全感。

2. 你是怎么学习的？

对于学习方法的反思属于"后置反思"，幼儿在根据自己需要、喜好的基础上，选择自己喜欢的形式进行学习。幼儿在反思自己学习方式的时候，都能够精准地回忆出自己使用 iPad 时的不同学习方法，并且能进行细致描述，如：多看视频，然后看图片就能想出来儿歌了；心里要想着，脑子里要记住；自己拿起笔记下来，然后看着自己的前书写念儿歌；等等。

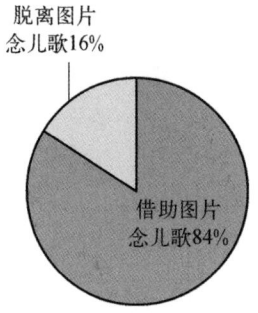

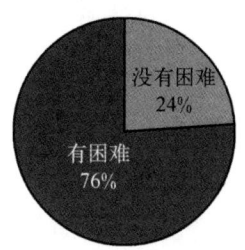

图 4-2-9　学习方法的反思统计　　　　图 4-2-10　学习有无困难的统计

3. 学习的时候有什么困难？

在询问幼儿有无困难时，有 9 名幼儿表示没有困难，其中 4 人评价不客观，需教师用语言引导去反思自己的困难。剩下的 29 名幼儿均能够表达出自己的困难，表达的语句也是多样的，如：我突然脑子就空白了；第一句我有点晕；不知道"?"代表什么意思等。

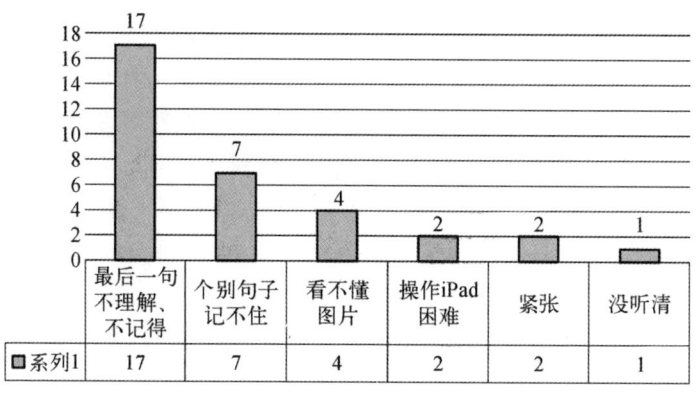

图 4-2-11　学习时的困难统计

在众多的困难中,诵读儿歌的最后一句遇到的问题最多,这正是记忆的规律导致的。从记忆的干涉率来看,作为儿歌的最后一句,前面的三句都是干涉内容;从记忆的联系率来看,幼儿不懂得内容的意思,无法将前后句儿歌建立稳定的联系。因此,幼儿遇到这些问题是正常的,强化巩固记忆方式,建立起长时记忆即可。

教师需要反思的内容是,iPad图谱的提供要有提示性,图片的选择从幼儿的讨论中来,发掘幼儿如何将图片与语言建立起稳定的联系。

在反思调整环节对学习方法、学习过程的反思评价中,幼儿的表现是不错的,能够针对自己选择的学习方法、学习过程中遇到的问题,进行反思评价,且能够有针对性地提出后期改进的策略和意见。但是,在学习结果评价中,幼儿的评价水平有差异,存在着评价体系不够稳定、不够客观、比较粗浅等问题,大多数幼儿以直接的结果作为评价自己学习结果的标准,如说得好、说得完整、声音大、念得很流畅等,对于学习过程性的评价比较少。因此,观察分析的过程也是幼儿和教师再次学习的过程,在一对一的线上视频过程中,教师有意识地针对幼儿存在的问题,进行语言提醒和引导,鼓励幼儿更加全面、具体、客观地评价自己的学习过程和结果,避免片面的"重结果轻过程",学习全面自我评价。

案例2:中班音乐区歌唱活动幼儿的自主评价

本学期我们对全班幼儿的音乐区歌唱活动自主评价进行了观察。

班级实际人数41,评估总人数39人,其中24名男生、15名女生。

1. 评估内容

具体评估过程是:每位幼儿在音乐区自行录制一首歌曲,教师帮助其生成一个二维码,幼儿使用"二维码工坊"APP扫描二维码观看自己的视频。观看完对自己的演唱进行评价,最后再用前书写的方式将自己的评价进行记录。

与小班音乐区观察评估相比,本学期的这个方式更加适合中班幼儿。小班幼儿在反思时必须借助iPad回看自己的视频,而以往演唱歌曲的视频需要家长使用手机扫描给幼儿看。中班的幼儿此时已经有一定的能力使用APP自己扫描二维码,这样的方式也不会影响幼儿在区域中进行区域游戏。

2. 评估情况

在整个评估过程中,幼儿还是非常愿意参与活动的,很多幼儿非常喜欢看自己的演唱视频。

针对幼儿评价能力的评估,主要是观察幼儿能否客观地评价自己的演唱。在小三班学期测查中,共测查 6 名幼儿,其中 5 名在进行反思时第一反应都是说自己唱得很好。因此,在中班上学期要帮助幼儿学习客观地评价,同时在平时的区域小结过程中帮助幼儿学习从几个方面去评价自己的演唱。本次测查结果:此次测查的 39 名幼儿中,22 人能自主自行反思;9 人需要教师引导,其中有 6 人对自己的评价没有具体的衡量标准,先是用

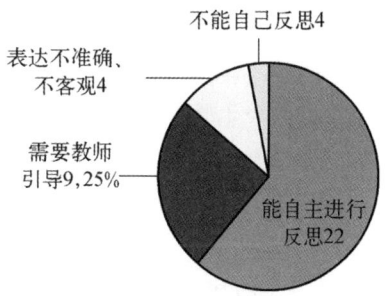

图 4-2-12 反思能力统计

"很好""好""一般好"这样的词汇来评价,但在教师的引导下能够清楚地说出自己其他的问题或者是好在什么地方;表达不准确、不客观的有 4 人,具体表现为随意说,不根据自己的演唱表现进行反思,其中有 1 人被追问时改变回答;不能自己反思的有 4 人。

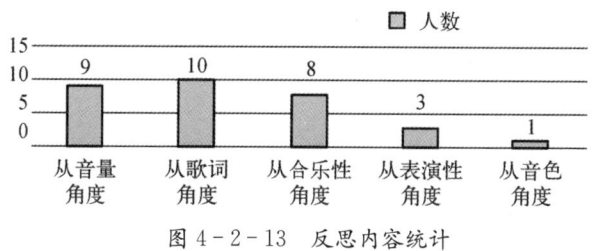

图 4-2-13 反思内容统计

从具体反思的内容看,幼儿从音量、歌词、合乐性、表演性、音色这五个角度来反思评价。从音量角度进行反思的幼儿有 9 名(声音太大了、声音一会大一会小、我觉得第二句声音要大一点、我觉得前面唱得声音有点小、唱"美呀"时声音有点小、声音有点小、要大一点、中间唱得声音有点小、最后一句声音太大了),他们即使是从音量来反思也不仅仅是一句话,有些会具体到某一句或者某一个词等;从歌词角度反思的有 10 名幼儿(歌词唱得不一样、第二段前面没唱出、一句都没漏掉、感觉漏掉了一句、歌词不太熟悉、有点忘记歌词了、我唱得太快了导致歌词有点不准、一个歌词都没有忘记、前面歌词错了、感觉歌词有点忘);从合乐性角度去反思的有 8 名幼儿(后面有点断断续续、有点没唱到、我觉得第二句唱得有点快、唱得不一样、最后和钢琴有点不一样、最后一句唱得有点不准、声音不拖、觉得太快了);从表演性角度来反思的有 3 名幼儿(我觉得我唱歌的时候可以不要动、身体左摇右晃、眼睛看到其

他地方了);最后还有1名幼儿是从音色角度去反思的(声音很好听)。

从幼儿反思的内容来看,中班幼儿的反思开始变得客观,开始从表演曲目本身的合乐性、歌词、音量等方面来反思,而不再像小班一样盲目地说自己表演得很好。与此同时,中班幼儿的反思过程还只是关注到直接看到的现象,如"这一句没有唱出来",而不是直接说出没唱出来背后的原因就是"我不熟悉歌词"。这一点还需要教师在以后的学习过程中进一步加强引导。

(二)同伴之间的评价

开放性课程还关注同伴之间的相互评价,在评价的过程中,共建、细化、修订评价标准。根据大家共同认可的评价标准,尝试对同伴进行客观的评价。在相互评价的过程中,评价者更加明晰了标准,被评价者学习如何接纳别人的意见和建议。

案例:评选运动会班级引导员

元旦运动会临近了。运动员进场仪式中,每个班方阵前都需要一个引导员。这个人可以雄赳赳气昂昂地举着班级的班牌,非常引人注意。可是,每个班只有一个名额,究竟谁能当选呢?

1. 小班

为了让幼儿更加了解运动会,我们一起观看了各种关于运动会的视频。

教师:这就是运动会开始运动员入场的样子哦!

幼儿:怎么每队前面都有人举个牌子啊?

教师:对的,那个举牌子的运动员就是引导员哦。引导员和其他运动员有什么不一样啊?

幼儿:引导员是走在最前面的!

幼儿:他举着牌子。

教师:我们这次运动会也会有引导员,那什么样的小朋友可以当选引导员呢?

幼儿:他走路不太一样,他是抬高了腿走的。

教师:所以引导员要能踏步向前走,要有精神。

教师:引导员在前面走的时候要举着什么呀?

幼儿:要举牌子走很远,所以要有力气,不然举不动。

幼儿:要个子很高,不然后面的小朋友就看不见啦!

教师:听听,运动员进场的时候好像还有口令呢。

幼儿：运动会时会有口令的，不能走太快，要跟着口令走。

在共同讨论下，我们约定引导员的标准：一是代表班级精气神十足；二是手有力气能举动牌子；三是会跟着口令踏步往前走。

小班幼儿心中对于引导员是没有评价标准的，但是教师可以通过各种方式引导幼儿共同建立评价的标准。小班幼儿只依靠自己的已有经验很难去建立标准，但是可以依靠视频提取相应的评价标准，同时在同伴经验的相互补充和教师有意识地引导下，建立大家公认的评价标准。有了这样的评价标准，在报名竞选后，幼儿就能对照相应的标准去选择合适的引导员。

2. 中班

教师：走在方阵最前面的是谁？

幼儿：举牌子的人。

教师：是的，他叫引导员。我们每个班都需要一个引导员。怎么选呢？

幼儿：选表现好的。

幼儿：选走路有力气的。

幼儿：选举牌子举得好的。

幼儿纷纷表达着自己的建议……

教师：到底选谁呢？怎么样才能每个人都有机会竞选引导员呢？

幼儿：那就每个人都自我介绍，说自己的优点，然后举牌走给大家看。

最终，幼儿约定：各自回家准备"竞选发言"、练习举牌。三天后，大家轮流表演，然后投票选出引导员。

三天后，竞选如约开展。

幼儿：大家好！我是中二班的×××，我想竞选引导员。我吃饭吃得好，手臂很有力气。我一定会把牌子举得高高的，按着节奏一下一下地走。而且，我的优点是"长得很可爱"！

幼儿：大家好！我想竞选引导员，因为我个子很高，而且我站得笔直。

幼儿：我想竞选引导员，因为我口号喊得响亮。

……

幼儿一个接一个发言和举牌后，所有人对每一个竞选者进行了投票。当教师询问幼儿投票的原因时，大家都有自己的标准。

幼儿：因为他（她）声音很响亮。

幼儿：因为他（她）站得笔直。

幼儿：因为他（她）按着节奏走，走得看起来很有力量。

幼儿:因为他(她)举牌子时,眼睛一直看前面,没有东张西望。

幼儿:因为他(她)一直笑眯眯。

幼儿:因为他(她)很可爱,让大家看了很开心。

中班幼儿正处于建立评价标准的初始时期,大部分幼儿对于某一事物的判断没有明确的标准,但是会在观察、讨论、实践的过程中逐步明晰与丰富自己的评价标准。起初,幼儿不一定能全面地说出评选引导员的标准,但是在观察大家表演的过程后,幼儿能说出自己投票的原因,发现他人好的地方。同时,幼儿会从集体的评价中获取信息,从而形成自己的评价标准,也会在他人的评价影响下,调整自己的行为表现,例如,努力做到大家欣赏的"口号响亮"。

3. 大班

教师:马上就要过元旦了,每个班需要推选出一位小朋友来当运动会的引导员,带领全班的小朋友走方阵,这是一件非常光荣的事情,你们想不想当这个引导员啊?

幼儿:想!

教师:你们觉得什么样的小朋友才能当选这次的引导员呢?

幼儿:上课回答问题好的小朋友;语言区小主播录的次数多的小朋友;玩编程次数多而且玩得很有趣的小朋友;美术区能画出美丽的画的小朋友;睡觉好、吃饭好的小朋友;班上故事讲得多的小朋友;能遵守班级公约、文明有礼貌的小朋友。

教师:除了这些表现呢,因为这次是运动会的引导员,所以在体育锻炼方面,应该有什么样的表现呢?

幼儿:板羽球打得多;跳绳跳得好;早操做得有力气,动作标准。

幼儿集体讨论之后,确定了一名引导员该达到的标准,然后从全班小朋友中选出了6名候选人,第二天参加全班的竞选演讲,公开竞选引导员。演讲的内容包括:本人在班上的综合表现;以后还要努力的地方。在6人全部演讲完之后,全班幼儿投票,最终确定了票数最多的幼儿为本次元旦运动会的引导员。

在开放性课程实施的过程中,大班幼儿已经经历过多次评价,对于投票选举非常熟悉。他们已经建立了一些初步的评价标准,知道吃饭好、睡觉好等都是当选的条件。在教师的引导下,幼儿指向了体育锻炼方面,关注到运动会引导员应具备的特殊条件。在一次次的评价和竞选中,幼儿不断丰富和积累多元的评价标准。

(三) 家长对幼儿发展的评价

家长开放日在幼儿园中是非常常见的活动,邀请家长入园,通过观看教师组织活动的方式,了解子女在园的情况。开放性课程理念下的家长开放日不仅希望家长了解幼儿在园的情况,还通过简短的家长会,剖析活动的价值,说明本活动与园本目标之间的关系,为家长讲解活动中如何观察幼儿、与幼儿互动等,让家长对此次活动有一个较为深入的了解。

案例:家长开放日的"自制拼图"活动

首先,介绍半日活动名称:我们此次的开放日活动结合了我园这学期的节日活动"数学节",选择了一节数学领域相关的活动"自制拼图"。

我们请家长们来参加此活动的目的是请大家近距离地观察孩子,分析出孩子的发展水平以及数学和其他方面的发展现状,从而分析我们的教育行为对孩子的影响,思考、反思下一阶段如何引导。我们也给各位家长提供了观察记录表,为家长们更有针对性、更有目的性地观察提供支持。

这次活动的活动目标是制作数量为6~10块的拼图。请家长们看一看,你们打算怎么做?

相信家长们心中都有自己的方法,接下来就请家长们来说说看,你们看到的做拼图这件事情中涉及了哪些数学内容?

教师小结:我们刚才有很多家长都发现了数学内容,比如数量、空间、分割等。

其次,介绍活动价值:对于快要进入小学的大班孩子而言,这次"自制拼图"活动的价值到底是什么?

活动中了解孩子有没有统筹能力和做事的计划性,对孩子而言这个能力不是与生俱来的,是需要学习和培养的,什么是统筹性、计划性?在今天的拼图活动中,有计划性的孩子可能会思考:今天做拼图的要求是什么,怎么分割,做几块?思考后再做,这样的孩子成功率就会高一点。有的孩子可能会拿到就剪,剪完发现片数不对或拼不起来等,这样的孩子可能统筹计划能力就稍微弱一点。

培养孩子的反思和调整能力。有的小朋友第一次做无目的,失败了。第一次交流后,询问孩子:你成功了吗?还是失败了?原因是什么?第一次做成功的孩子,第二次也可能会在块数和趣味性上进行调整。

理解数列的关系。数6~10片,包括6、7、8、9、10,不超过10。

做事的条理性。明确步骤,先做什么,再做什么。活动中老师讲完后也会帮助幼儿梳理活动的步骤。

计划性、条理性、反思能力也是幼小衔接中具有可持续发展价值的能力。

第三,介绍活动目标:我们一起来看一下今天活动的目标(对应着说),首先我们看一下活动的目标,有两大块。

一是园本课程目标:这三条目标是在本次活动中,相对能够体现孩子发展方向的目标。这个目标可能从字面上感觉有些深,其实它并不完全表示本次活动孩子就一定能达到或完成得很好,而是从孩子在幼儿园阶段起,甚至在孩子将来的学习生活中,我们都需要努力的一个方向,也是一个促进孩子终身发展的目标。

二是本次活动目标:这是一个指向本次活动的,相对有针对性的具体目标,是结合本次活动提出的。

第一条,侧重认知发展目标:强调孩子对本次活动的任务理解和完成情况。

第二条,体现学习策略的目标:突出孩子在学习活动中运用策略的能力,看孩子是否能够参与讨论和交流;是否积极动脑筋了;是否能借鉴讨论交流中获取的经验;是否解决了活动中的困难。

第三条,突出情感态度的目标:孩子是否能注意倾听;当别人说话时,是否参与讨论;是否能够从讨论中获取能够帮助自己解决问题的信息。

从次,梳理活动流程,帮助家长了解观察重点。

这节活动中除了有这些数学经验的学习,还有什么呢?我们来结合今天的观察表进行分析,表格上的这些问题都是我们通过观察以往孩子的表现提出的,为的是帮助家长们更有针对性地去观察和指导孩子。

今天我们用这两张图片做拼图:

第一环节,幼儿观察拼图范例,了解活动任务。家长们要观察孩子的任务意识和探索意识。

可能有的孩子在与老师讨论结束后,立刻开始动手,而有的孩子可能还没有动起来,家长们这时候就可以观察孩子的任务意识,立即动手的孩子是想好了、带着任务去做的吗?没有操作的孩子就是不会、不清楚吗?也许不是,家长们这时不要急于去提示孩子,孩子可能是在思考,在探索材料本身,或许一会儿他会通过观察同伴的操作而受到启发开始动手制作。一定给孩子留出时间自主探索学习,但三分钟后,孩子仍不操作,家长就可以按照表格上的问题进行提问。

第二环节,幼儿第一次探索自制拼图。家长们在这一环节中要观察孩子的探索操作能力。

任务明确以后,孩子们通过自己的理解,去探索发现做拼图的方法,这种主动探索的能力是这一环节的关键。家长们一定要安静地观察并记录孩子制作拼图过程的行为表现,避免干扰孩子的思路、最初的想法和操作。让孩子独立大胆地思考,保持孩子本身最原始、最初的状态。

家长们可以去观察孩子这时的统筹规划能力和解决问题的能力。孩子有了任务意识了,但是否有统筹规划能力呢?他是否清楚做一副拼图需要先思考做几块,剪几刀,剪成什么样?他是否有规划地进行,还是想到什么做什么?这就是统筹规划能力的体现。大二班的家长们一定知道,孩子们最近关注什么。关注"我每天放学以后直到睡觉前,我要做什么事,是在什么时间做的",这也是统筹规划能力。明确"我要清楚计划好我每天的生活,并按照计划去执行",那这个孩子的生活习惯和学习习惯会混乱吗?一定不会。因为这一点具有可持续发展的价值。

回到我们活动本身,家长们在这一环节就可以记录下孩子是有意识、有计划地进行的,还是一边制作一边计划的,还是无目的地制作的。

家长还要观察孩子解决问题的方式与能力。有的孩子会不停地看身边的小朋友是怎么做的,这是孩子在关注同伴,模仿、借鉴也是一种学习方式,家长们不要过多地干涉,重要的是关注孩子的学习品质,他是否专注、努力尝试、不放弃、不怕困难。

第三环节,幼儿交流经验,进行反思。家长们这时可以观察孩子的反思能力。

有的孩子在第一次做拼图时,是无目的地制作的,那么在这一环节中,他是否能正确地反思、梳理,认识到自己的问题与会面临的困难,这是为他第二次制作做准备。只有清楚自己的困难,再次制作时才会更有目的性、规划性。这也是对孩子学习品质的培养,"我能根据自己的需要进行调整"。我们要给孩子的是解决问题的策略,帮助孩子更好地理解。在这一环节中,当你的孩子不知道怎么说,或者是说不下去的时候,你就可以用表格上的问题进一步去引导他,我们一定要做到先让孩子多说,大胆地说,在他说不出来的时候,我们再做进一步的引导。

第四环节,幼儿再次探索操作自制拼图。家长们要观察孩子的调整能力。

观察第一次失败的孩子,他在这次实践中是否能尝试迁移上一环节总结的办法或同伴分享的经验;观察第一次就成功的孩子,他是否能在老师的启发下,在块数或趣味性上进行调整,是否能吸纳同伴经验。这都是孩子不同的学习过程,都是值得鼓励的。我们不是要看孩子做的拼图和成人期望的是不是一样,我们要了解孩子的思维方式,了解他是怎么想的,是怎么调整的,是否在自己原有的基础上有改变,是否将自己的反思过程落实到行动中去,重要的是这些方面。不管第二次孩子是否成功了,我们所要做的就是保持耐心和等待,相信每一个孩子都能通过自己的探索获得发现。但是有的家长可能就着急了:"我们家孩子就是没有成功,怎么办呢?是不是就这么干等,他以后就好了呢?"不是这样的,每个孩子的学习过程是不一样的,今天做完拼图,我们在区域中仍旧会继续进行,不断地让孩子挑战。家长回到家以后,也可以继续带着孩子做拼图,设计不同的拼图,用不同的材料制作,不断探索、尝试,那么孩子的成功也许不在今天就在明天。促使孩子发展不是单纯的"加减",只要您有心,一定会发现生活细节中都渗透着数学,数学活动是可以丰富有趣的。

第五环节,幼儿再次交流,进行自我评价。家长观察孩子的自我评价能力。

在这一环节中,你会发现孩子的调整可能变得简单了,可能更难了。其实,孩子的改进不存在投机取巧。过程中有的孩子第一次做了十片,第二次做了六片,这不是退步。我们在以往的观察中发现,有的孩子为了能让别人降低难度,才降低自己做拼图的难度的。还有的孩子虽然块数变少了,但是分割线条上有了不同,这都是调整。所以问问孩子为什么做简单了,或做得更难了。活动中不管孩子向前一步还是退后一步,都是孩子发展过程中很正常的经历。而家长需要关注的是,孩子是否能对自己制作拼图的过程进行客观的自我评价。通过这些了解孩子是怎样认识自己的,他更注重哪一个环节中自己的表现,以及孩子通过与同伴的比较对自己的定位。

最后,我们会请家长们玩一玩孩子制作的拼图,然后给孩子提出建议,这是通过家长的语言表述,向幼儿传达反思方式可以是怎样的、应如何吸取他人经验。

今天"自制拼图"的活动就包含这五个环节,我想再次提醒家长们:今天你的孩子做得怎么样,是怎样做的,都不重要,重要的是我们有没有观察孩子、有没有了解孩子的学习过程,我们要通过观察孩子现有的学习水平分析孩子的需要,去帮助孩子进一步发展。不是说今天孩子做得好、做得对、做得成功即发展得好,做得不对就比别人差。孩子的成长是在各种各样的生活经验堆砌中、与父母同伴的交往中,慢慢积累起来的。请家长们像往常一样,做详细记录,我们也能更深入地了解孩子的现状,为孩子后期的教育寻找支持。

在家长参与开放日活动的过程中,我们不仅通过家长会的形式向家长宣传此次活动的价值,更为每一位家长准备了"家长观察记录表"帮助家长通过打钩和文字描述两种方式记录自己孩子的表现,了解自己孩子的发展。

大班家长开放日观摩活动安排

(2020年10月30日)

一、8:10~8:40 家长会

介绍活动内容、目的及家长观察的内容和要求。

二、9:00~9:45 家长观摩活动

(一)活动名称:数学活动"自制拼图"

(二)活动目标及对应的园本课程目标

园本课程目标	本次活动目标
1. 愿意面对有一定困难的任务,不轻易放弃既定目标。 2. 尝试改变或重组原有经验解决自己和别人所面临的问题。 3. 学习理解判断是非的理由是有条件限制的。	1. 能明确任务并按要求完成自制拼图,理解6~10的含义。 2. 在交流讨论中,学习借鉴他人经验,来解决活动中所遇到的困难。 3. 注意倾听同伴的发言,从中获取对自己有帮助的信息。

(三)活动流程及家长观察重点

1. 幼儿观察拼图范例,了解活动任务。(家长观察记录幼儿此时的行为表现,3分钟后再引导,记录幼儿的语言和行为表现。)

2. 幼儿第一次探索制作拼图。(家长观察幼儿在探索操作中的行为表现,不督促、不提醒。)

3. 幼儿交流分享经验,进行反思。(家长倾听并记录幼儿反思的语言表述。)

4. 幼儿再次探索操作自制拼图。(家长观察幼儿在探索操作中的行为表现。)

5. 幼儿再次交流,进行自我评价。(家长观察幼儿在交流讨论中的语言表述和行为表现以及情绪变化。)

三、10:00~11:30 张俊教授讲座

围绕本次活动或亲子数学活动展开交流、讨论。

大班数学活动"自制拼图"家长观察记录表

幼儿姓名_____ 观察者（称呼）_____

活动程序	观察内容	家长指导建议	家长观察记录	
			幼儿可能的行为表现	具体行为，用语言补充描述
了解任务	任务意识和探索意识	幼儿操作，家长观察，不督促，不提醒。3分钟后，如幼儿不动不操作，家长提问："今天老师请大家做什么？"如果幼儿仍不动手操作加以引导："看看小朋友在干什么？"家长提问后，幼儿仍不明确，家长指导："今天老师请大家做拼图吧，要6~10片的拼图。"	1. 明确任务，积极主动探索尝试。 2. 愿意探索尝试，但不明确任务；或明确任务，但不能大胆探索尝试。 3. 教师引导、告知后，明确任务，且开始尝试。	
初次操作	探索操作能力	家长不督促，不提醒，观察并记录幼儿制作拼图过程中的行为表现。	1. 能独立探索，完成拼图制作。 2. 在同伴的启发下，能完成拼图制作。 3. 在成人的引导下，能完成拼图制作。 4. 在成人的引导下，仍不能完成拼图制作。	
第一次交流	反思能力	家长倾听幼儿讲述，如幼儿不说，可接下列程序引导："你的拼图做完了吗？""你的拼图有几片？和你想的一样吗？""你是怎么剪的？"如幼儿剪的块数和想的不一样，家长可问："为什么剪的和想的不一样？怎么改进？"	1. 能主动说出自己操作的过程及出现的问题，并提出进一步改进的方法。 2. 在成人的引导下，能说出自己操作的过程及出现的问题，并提出进一步改进的方法。 3. 在成人的引导下，不能说出自己操作的过程及出现的问题，也不能提出进一步改进的方法。	

续表

活动程序	观察内容	家长指导建议	家长观察记录	
			幼儿可能的行为表现	具体行为，用语言补充描述
再次操作	调整能力	观察、记录幼儿新制作的拼图与第一张相比是否有调整及具体调整情况。注意：此处，当幼儿没有调整的行为时，家长要追问幼儿"为什么不调整"。	1. 能借鉴同伴的经验或按自己想出的改进方法，再次操作。	
			2. 在成人的引导下，能借鉴同伴的经验或按自己想出的改进方法再次操作。	
			3. 在教师的引导下，依然按照原来的方法制作拼图，没有调整。	
第二次交流	自我评价能力	家长向幼儿提问："你对自己的拼图满意吗？为什么？"	1. 能根据做拼图的要求对自己的制作过程进行简单的评价，并说出理由。	
			2. 在成人的引导下，能根据拼图的要求做简单评价，并说出自己的制作过程。	
			3. 在成人的引导下，不能根据拼图的要求对自己的制作过程进行评价。	

(四) 教师对幼儿发展的评价

《纲要》中指出,对幼儿发展状况的评估要注意:明确评价的目的是了解幼儿的发展需要,以便提供更加适宜的帮助和指导;全面了解幼儿的发展状况,防止片面性,尤其是避免只重知识和技能,忽略情感、社会性和实际能力的倾向;在日常活动与教育教学过程中采用自然的方法进行。我们重视对每位幼儿日常持续地观察评价,教师依据平时观察所获的具有典型意义的幼儿行为表现和所积累的各种作品等,全面地动态地对幼儿进行评价。我们要用发展的眼光看待幼儿,既了解现有水平,更要关注其发展的速度、特点和倾向等。充分理解和尊重幼儿发展进程中的个体差异,支持和引导幼儿从原有水平向更高水平发展,按照自身的速度和方式到达《指南》所呈现的发展"阶段"。

对幼儿的日常观察是我园教师的常态性工作,教师不仅将观察融入幼儿一日生活中,而且坚持每天在区域活动时,持续且定点地观察每一位幼儿学习兴趣的倾向性、遇到的问题及解决的能力等,并及时记录。这样教师不仅准确明晰群体幼儿的自主学习兴趣、能力等特点,又准确诊断个体幼儿的学习兴趣、能力等特点,从而既给予群体性指导,又给予差异化个性化的适宜支持。

图4-2-14和图4-2-15分别是教师对数学区和科学区的日常观察记录表。

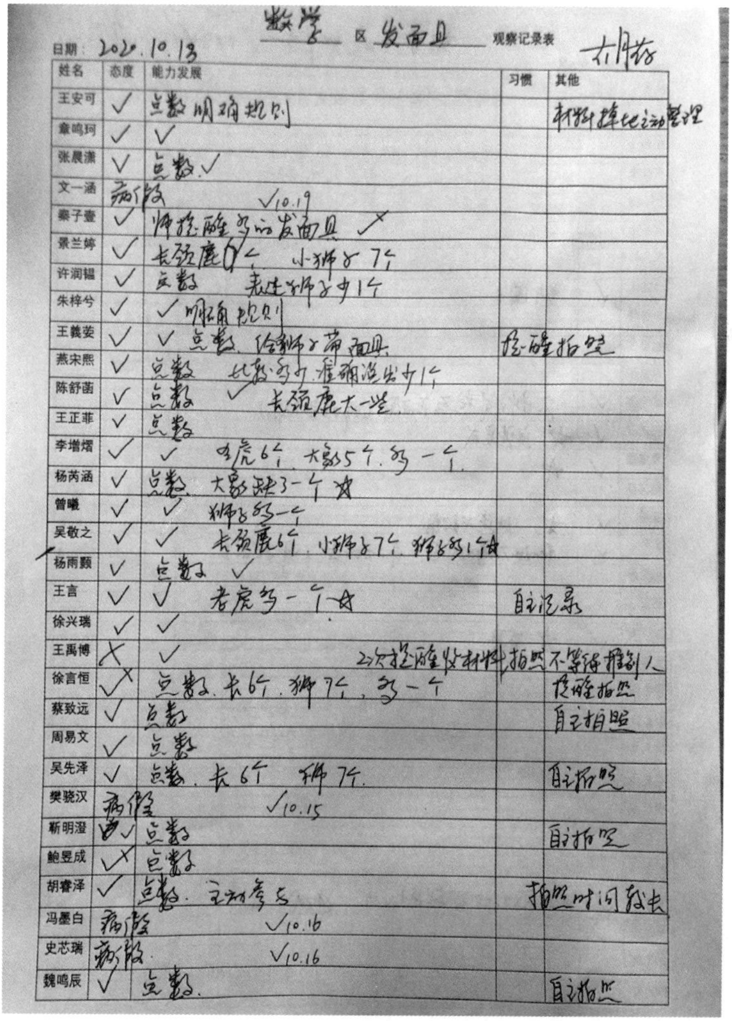

第四章 开放性课程的评价

图 4-2-14 数学区日常观察记录表

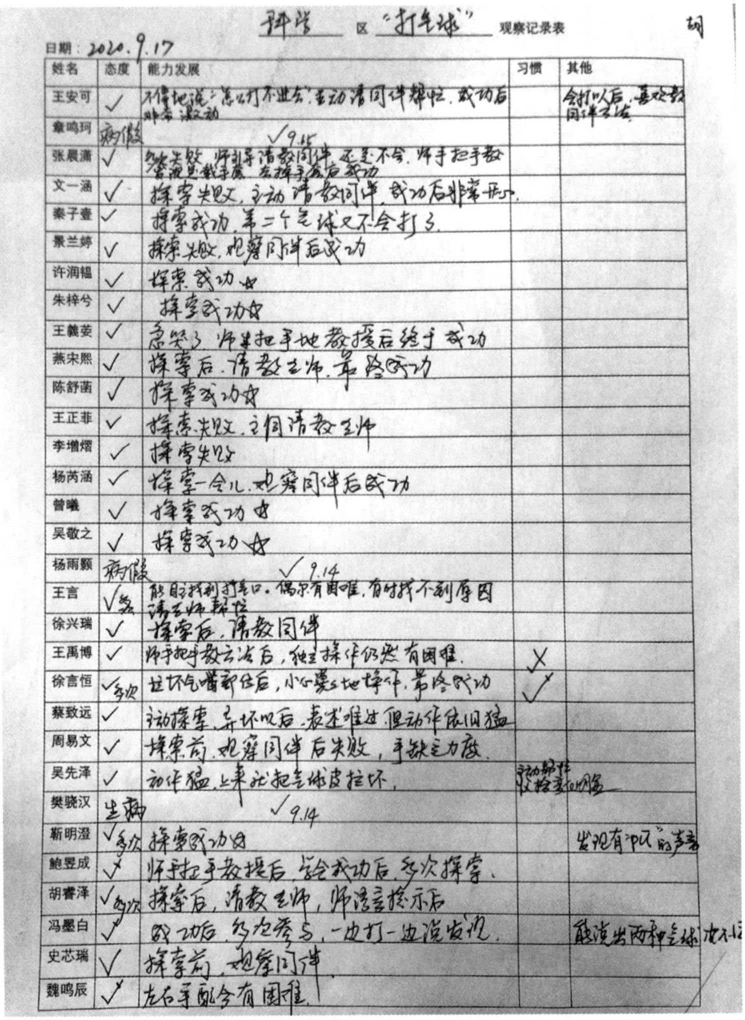

图 4-2-15　科学区日常观察记录表

案例 1：全园生活习惯（刷牙）期末观察评估

本次观察评估总人数为 207 人，其中小班 58 人，中班 79 人，大班 70 人。

1. 数据统计与分析

刷牙习惯与刷牙时机：三个年龄段的绝大部分幼儿（小班 96.6%；中班 98.7%；大班 98.6%）有每天刷牙的习惯，只有极少部分幼儿还未养成习惯（小班 2 人，中班 1 人，大班 1 人）。

小、中、大三个年龄班中，每天早晚刷牙的人数比例呈递增趋势。

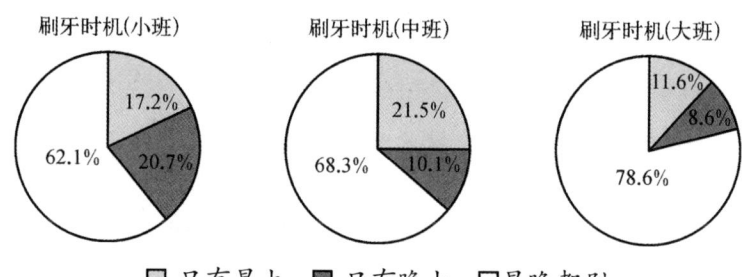

图 4-2-16 刷牙时机统计

2. 刷牙主动性

在调查中发现,绝大部分幼儿虽然能够意识到每天要刷牙,但是每次都能主动刷牙的人数刚刚超过一半,只占整体的 51.9%。从小班到大班,幼儿的主动刷牙意识并没有出现稳步的增长,反而中班幼儿的主动刷牙意识要低于小班(小班 55.2%,中班 38.6%),大班较小班略高(大班 60%)。

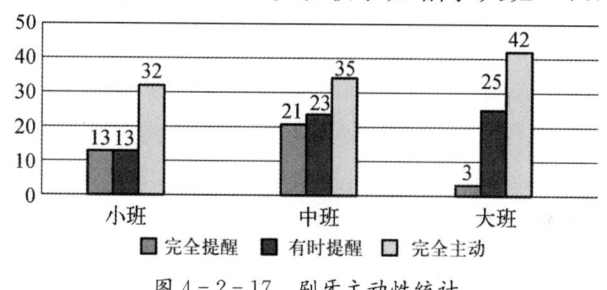

图 4-2-17 刷牙主动性统计

从调查中我们也能看出,小班幼儿刚刚开始自己刷牙,表现出较强的主动意愿,但不少是来自外部动机。如:"妈妈说刷牙就不长蛀虫,没有细菌""刷牙对身体好"等。相近的主动刷牙人数比例,大班幼儿则表现出更多的内在动机,如:"不刷牙难受""不刷牙牙会疼"等。

在访谈中,当问到不主动刷牙的原因时,幼儿的回答大致分为以下几种:

一是经常忘记,想不起来要刷牙。这种情况属于尚未形成日常行为习惯,多出现在中小班。

二是不喜欢刷牙,选择逃避。有些幼儿表示:"爸爸妈妈喊刷牙时,我躲在奶奶屋里,让爸爸妈妈找不到""不喜欢刷,但是爸爸妈妈叫我刷,我不能不刷""我想再玩一会儿再刷牙"。

三是家长未培养幼儿的主动意识。有些幼儿表示:"我知道每天什么时候要刷牙,但都是爸爸妈妈喊我去我才去的""到刷牙时间了,妈妈不喊我,我不知道该不该刷牙",等等。

3. 刷牙方法

幼儿阶段能够前牙上下刷、槽牙磨面来回刷,即算是较为正确的刷牙方法。由数据可以看出,所有幼儿在示范刷牙时都能够注意到磨面来回刷,全园只有一名大班幼儿示范刷磨面的时候是由口腔内侧向外侧刷的。

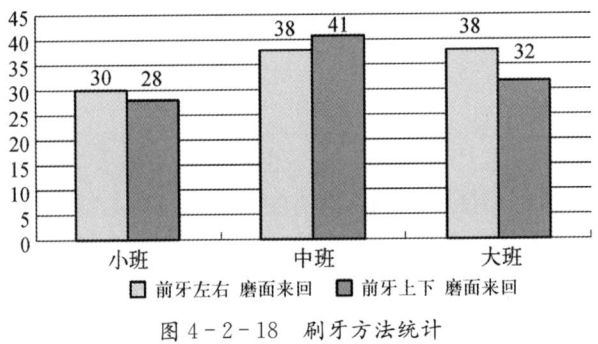

图4-2-18 刷牙方法统计

从以上图表可以看出,小、中班幼儿能够使用正确刷牙方法的人数比例大致相同(小班48.3%,中班51.8%),大班掌握正确刷牙方法的幼儿小幅下降(44.9%)。各年龄班掌握正确刷牙方法的总体上都没有超过50%,可以看出幼儿对正确的刷牙方法掌握得还不够清晰。

关于大班幼儿为何左右刷牙的问题,幼儿的回答基本上是"上下刷会疼""会刷到牙肉",其中表示上下刷牙不舒服的幼儿占多数,从中可以看出幼儿自身的体验使得大班幼儿更不愿意上下刷牙。而中小班幼儿更多地回答是"我喜欢左右刷""本来就是左右刷""妈妈教给我的",等等,并没有明确的、内省式的解释。

附:大中小各班调查数据总表

表4-2-3 小班刷牙调查数据

班级	人数	有刷牙习惯	刷牙时机			刷牙主动性			刷牙方法	
			只有早上	只有晚上	早晚都刷	完全提醒	有时提醒	完全主动	前牙左右,磨面来回	前牙上下,磨面来回
小一	21	19 (90.5%)	5 (23.8%)	3 (14%)	13 (61.9%)	5 (23.8%)	4 (19.0%)	12 (57.2%)	11 (52.4%)	10 (47.6%)
小二	21	21 (100%)	4 (19.0%)	6 (28.6%)	11 (52.4%)	3 (14.3%)	6 (28.6%)	12 (75.2%)	11 (52.4%)	10 (47.6%)

续表

班级	人数	有刷牙习惯	刷牙时机			刷牙主动性			刷牙方法	
			只有早上	只有晚上	早晚都刷	完全提醒	有时提醒	完全主动	前牙左右，磨面来回	前牙上下，磨面来回
小三	16	16(100%)	1(4.7%)	4(19.0%)	11(52.4%)	5(23.8%)	3(14.3%)	8(38.1%)	8(38.1%)	8(38.1%)
合计	58	56(96.6%)	10(17.2%)	12(20.7%)	36(62.1%)	13(22.4%)	13(22.4%)	32(55.2%)	30(51.7%)	28(48.3%)

表4-2-4 中班刷牙调查数据

班级	人数	有刷牙习惯	刷牙时机			刷牙主动性			刷牙方法	
			只有早上	只有晚上	早晚都刷	完全提醒	有时提醒	完全主动	前牙左右，磨面来回	前牙上下，磨面来回
中一	30	29(96.7%)	9(30%)	3(10%)	18(60%)	7(23.3%)	11(36.7%)	12(40%)	13(43.3%)	17(56.7%)
中二	22	22(100%)	3(13.6%)	2(9.1%)	17(77.3%)	8(36.4%)	1(4.5%)	13(59.1%)	9(40.9%)	13(59.1%)
中三	27	27(100%)	5(18.5%)	3(11.1%)	19(70.4%)	6(22.2%)	11(40.7%)	10(37%)	16(59.3%)	11(40.7%)
合计	79	78(98.7%)	14(21.5%)	8(10.1%)	54(68.3%)	21(26.6%)	23(29.1%)	35(44.3%)	38(48.1%)	41(51.8%)

表4-2-5 大班刷牙调查数据

班级	人数	有刷牙习惯	刷牙时机			刷牙主动性			刷牙方法	
			只有早上	只有晚上	早晚都刷	完全提醒	有时提醒	完全主动	前牙左右，磨面来回	前牙上下，磨面来回
大一	35	34(97.1%)	5(14.3%)	3(8.6%)	26(74.3%)	3(8.6%)	11(31.4%)	21(60%)	19(54.3%)	16(45.7%)
大二	35	35(100%)	3(8.6%)	3(8.6%)	29(82.8%)	0(0%)	14(40%)	21(60%)	19(54.3%)	16(45.7%)
总计	70	69(98.6%)	8(11.6%)	6(8.6%)	55(78.6%)	3(4.3%)	25(35.7%)	42(60%)	38(54.3%)	32(45.7%)

4.刷牙情况分析

（1）刷牙习惯与刷牙时机

现状：从刷牙习惯上来说，我园绝大部分幼儿有每天刷牙的意识，并在逐步形成习惯。这与现代家庭的卫生习惯以及幼儿在幼儿园接受的卫生教育是分不开的。有些幼儿每天刷三次牙,即每次饭后刷一次。其实这也是很多医生的建议。

存在问题:有很多幼儿在家只有早上刷牙或者晚上刷牙。晚上刷牙的幼儿并不比早上刷牙的少很多,这与我们的预期有一定差异。只有晚上刷牙的幼儿的理由是"晚上的时候嘴巴里有很多细菌""早上嘴巴很干净,用盐水漱一漱口就行了"。

(2) 刷牙主动性

现状:我园幼儿刷牙的主动性随年龄的增长而逐渐增强,动机逐渐从小班的外部动机转变为大班的内源性动机。这表明,刷牙这一生活习惯是需要较长时间的练习才能够养成的。

存在问题:幼儿刷牙的主动性还有待提高,部分家长对于培养幼儿自我养成刷牙这一生活习惯的意识还不够。不管幼儿自己能否记得,每次刷牙都是父母提醒,在这种每次都提醒的情况下,当家长忘记提醒幼儿时,幼儿甚至不明确是否能去刷牙。这样就形成幼儿对于父母提醒的依赖,并且将刷牙的责任转移到父母身上,甚至有些幼儿到大班还是由父母拿着牙刷"被刷牙"。这样的被动任务很难让幼儿较快地养成自己刷牙的习惯。

(3) 刷牙方法

现状:几乎全部幼儿都能够掌握在磨牙的磨面来回刷的方法,但超过半数的幼儿还是没有上下刷前牙的习惯。幼儿掌握正确刷牙方法的比例并没有随着年龄的增长而增高。

存在问题:多数幼儿采用左右刷的方法来刷前牙。中小班幼儿是因为父母的教育,大班幼儿是因为觉得上下刷的方式不方便,会刷到牙龈。

5. 后期教育建议

关于刷牙习惯的养成:家长应将养成刷牙习惯的责任交给幼儿自身,这样才能让幼儿自主地、自觉地养成刷牙习惯。家长应让幼儿通过自身的体验感受到刷牙的益处,这样才能够让幼儿从内心里接受刷牙、喜爱刷牙,而不是靠外部动机的督促。日常的幼儿园教育应该更多关注幼儿刷牙这一生活习惯,引导幼儿围绕刷牙的好处、刷牙方法等进行讨论,通过同伴影响和教师引导,增加幼儿对于养成良好刷牙习惯的关注。

关于刷牙方法:家长应为幼儿提供更适合幼儿使用的牙刷。幼儿使用的牙刷刷头应更小、刷毛应更柔软。这是因为幼儿的牙龈较成人更为脆弱,当幼儿上下刷牙的时候,较大的刷头更容易刺激到牙龈,较硬的刷毛触碰到牙龈会给幼儿带来不适。选择更适合幼儿的牙刷,能够在一定程度上避免此类情况,从而避免幼儿虽然意识到应该上下刷前牙,但为了避免不适而使用左右刷前牙的方法。此外,家长自身应当保持正确的刷牙姿势,避免给幼儿带来错误的示范。

开放性课程对幼儿发展的评价还非常注重过程性评价。教师时时观察幼儿的发展情况,在活动的前期、中期、后期结合幼儿的年龄特点及个性特点等要素,用适合幼儿的方式,引发幼儿的自我反思。

案例2:从大班幼儿跳绳活动谈幼儿计划能力的培养

《指南》强调"重视幼儿的学习品质",计划能力是其中重要的一项。我们要重视幼儿良好学习品质的养成,让幼儿在学习过程中产生并积累积极的经验。大班幼儿即将步入小学,明晰对活动进程的安排和活动结果的预期,既有助于他们养成良好的学习习惯,也有助于他们今后在生活和学习上获得关键经验的发展。

大班幼儿学习跳绳这项运动是一个很好的契机,通过制订并执行跳绳计划,培养幼儿的计划能力。幼儿在学习跳绳的过程中遇到了很多困难。教师具体采用观察法、访谈法、内容分析法,同时运用摄像机等数字化设备收集资料,对大班幼儿跳绳活动进行深入研究,通过各种方式和策略,逐渐提高幼儿的计划能力。

1. 迁移已有经验,帮助幼儿明确计划的定义

幼儿其实对"计划"并不陌生,在中班上学期,班级要开展一次去植物园捉昆虫的活动,幼儿在教师的引导下,集体制订过一张"捉虫计划"。几个简单的图画和符号,加上简短的文字,就清晰地介绍了捉虫的时间、地点、准备、安全注意事项这四个部分的内容。有了这张捉虫计划,幼儿可以和家长提前准备好捉虫材料、分配好时间。

在有了制订捉虫计划的经验后,幼儿对"计划"有了初步的认识,明确了计划的定义,为制订跳绳计划做了铺垫。在大班下学期第一次制订跳绳计划时,幼儿提出"计划就是提前做打算""计划要有时间""做计划时还要把做什么、怎么做也写下来"……

2. 通过教育活动,提高幼儿制订计划的能力

(1) 阅读绘本,激发幼儿制订计划的兴趣

初次制订跳绳计划时,教师带领幼儿阅读图书《歪歪兔学跳绳》,书里介绍了歪歪兔学会跳绳的"诀窍",还有一张歪歪兔制订的跳绳计划。兴趣是幼

儿最好的老师,生动有趣的故事,让幼儿对跳绳这项运动充满了兴趣,幼儿也想赶紧学会跳绳。幼儿学着歪歪兔的计划,也为自己制订了一周跳绳计划。跳绳计划的内容包括日期、目标数量和练习时长。

（2）交流讨论,丰富幼儿书写的经验

教师将幼儿的跳绳计划展示在班级墙面,有幼儿提出:"为什么有些计划我们都能看懂,有些混在一起看不清呢?"原来书写格式也很重要。幼儿说:"我们的计划要像书一样一行一行地写。"怎么做到一行一行地写呢?幼儿提出了很多策略,有的说可以画横线,有的说可以先折一折,经过多次调整,幼儿的跳绳计划逐渐变得更加规范、整洁了,更便于阅读和交流。

一段时间后,又出现了难题。幼儿计划学习花样跳绳,但是计划上只写了数量,如何在目标中区分跳绳的方法呢? 有幼儿想到班级语言区中的活动:用前书写的方式做读书笔记,可以迁移这种"一字一图"的形式来做跳绳计划,幼儿虽然不会写汉字,却可以用图画的形式代替文字。经过教师和幼儿的集体讨论后,幼儿制订新计划时运用了前书写的形式,跳绳计划内容更加清晰、工整。

（3）及时反思,调整目标

对于目标数量的制订,幼儿也有了各自的调整。龙龙（男）给自己定了"反跳20个"的目标,虽然每天按计划坚持练习,本阶段结束后却没有完成自己的目标。龙龙反思自己的问题时说:"可能是我的目标定得太高了,我完不成,如果我定10个的话,努力一下应该可以达到。"于是,他在下一阶段的计划中把目标改成了10个,给自己降低了难度。多多（女）在未完成目标时反思说:"双飞太难了,我每天都练很长时间,可是依然没学会。"于是,下一阶段她决定学习另一种较为简单的新方法:"跨跳"。天天（男）每次制订的目标数量是按天数算的,练习的时间为7天,则目标数量增多7个。可是随着跳绳技能的增强,他每次都远远超过自己的目标,他也发现了这个问题,于是他准备把目标定高一些,给自己一些挑战。

可见,在多次制订计划和练习的过程中,幼儿已经能对自己的计划有一些反思,根据实际情况做出合理调整。

3. 分析困难点,提高幼儿执行计划的能力

（1）分析影响因素,提出策略

首先是客观因素对目标达成的影响。

第一周练习结束后,在本班30人中,有27%的幼儿达成了自己的目标。

未达成目标的幼儿中,有 10 位幼儿提出是因为选择了不合适的跳绳。通过师幼集体讨论、分析,幼儿发现跳绳的长短、材质也会影响跳绳的情况。于是,幼儿将原本的跳绳更换为重量更合适、更方便调节的竹节绳,并在教师、家长的帮助下将跳绳调整为合适的长度。

其次是主观重视度对目标达成的影响。

据统计,超过目标数量的幼儿,练习时间都达到或超出了计划的时间,很多幼儿准备了两根跳绳,除了在幼儿园练习,每晚在家中也会练习跳绳。而部分未达到目标的幼儿,未能按照自己计划的练习时间进行练习。

我们采用了每日贴星的方式,标记幼儿是否达到计划的练习时长,这既是一种记录,也是对幼儿的激励,鼓励幼儿自我评价、反思。

最后是动作能力的发展对目标达成的影响。

有部分幼儿练习时间充分,但依然未能学会连续跳绳,这与幼儿自身的运动能力息息相关。佳佳(女)在学习跳绳时,一直未能掌握跳绳的诀窍。通过观看自己跳绳的视频,她发现了自己的问题:甩绳时手总是往后折。通过一段时间练习空手甩绳后,动作有所改正。

(2) 尊重个体差异,给予针对性指导

学习跳绳初期,班级里有一些能力较强的幼儿已经能够做到双脚连续跳绳,但是果果(男)双脚连续跳有些困难,他总是跳一个顿一下,动作不够连贯,可他认为自己已经学会了双脚连续跳,并将目标定得很高。谁说他没学会,他就跟谁发脾气。班级定期会开展跳绳荣誉榜的评选活动,由于果果对于跳绳技巧的掌握还有些困难,所以没能进入荣誉榜,但大家给果果颁发了"愿意接受别人意见"的奖项,希望果果能有所调整。果果很开心,表示愿意再去努力改进自己。在随后的集体讨论中,教师把他的跳绳视频和已熟练掌握连续跳技巧的小朋友的跳绳视频一起播放,大家一起帮助果果发现问题,比较这两种跳法的差异在哪里。这次果果没发脾气,目不转睛地观察着视频。通过视频的直接对比,果果终于发现自己的跳法没有连贯起来,并答应了要做改变,适当降低了自己的目标。在接纳别人意见后,果果很快就学会了双脚连续跳绳,真正达到了自己的目标,完成了自己的跳绳计划。

(3) 正面激励,强化计划性活动的成就感

幼儿跳绳的热情持续上升,一场元旦亲子跳绳竞赛将活动推向了高潮。彦彦(男)在竞赛前夕还没有掌握跳绳的技巧,对自己有些没信心,总是垂头丧气的。教师发现彦彦的情况以后,及时查看了他的跳绳计划,指导彦彦修

改了他的计划，在计划中增加了跳绳分解动作的部分，便于彦彦更好地掌握动作要领。此外，教师每天都在体育活动之前带着彦彦回顾自己的计划，在活动时陪伴他一起跳绳，按照每日计划的内容进行分解动作练习，耐心地告诉他甩绳的方法和跳绳的诀窍。修改过计划以后，彦彦在自己的努力和教师的指导之下终于在运动会前一天学会了跳绳。比赛结束后，虽然彦彦没有拿到金牌，但是小伙伴们都看到了他的进步，围着他说"彦彦你真棒"，给他鼓掌，彦彦的脸上终于露出了灿烂的笑容。教师也鼓励他说："彦彦，你的计划制订得真棒!"之后的每一次集体反思他都全身心地参与，腰杆挺得直直的，每个问题都主动举手，与大家分享交流自己制订跳绳计划的经验。从那以后，彦彦在制订计划时，不像以前那样无从下笔了，也能够有模有样地分解目标，制订自己的活动计划。

4. 通过家园合作，促进幼儿计划能力

家长是幼儿的第一任老师，家长与幼儿园积极配合，更有助于幼儿计划能力的培养。

阿天(男)很喜欢踢足球，反思活动中他分析自己未达成跳绳计划的原因，是因为体育锻炼的时间都用来踢球了。其他幼儿立刻提醒他："任务都没完成，怎么能去踢足球？你必须先完成自己的任务。"可是在之后的晨间锻炼中，阿天总是还没练一会儿就又跑去踢足球了。阿天的父母工作比较忙，没有过多参与到阿天学习跳绳的活动中来，平时看到阿天不愿意跳绳时也未做干预。班级开展小型座谈的时候，阿天爸爸了解到班级开展跳绳活动对幼儿计划能力培养的重要性，又听说很多小朋友都能跳到近百个，开始有些着急了。于是，爸爸与阿天共同制订了计划，并提醒阿天每天都按照计划执行，在爸爸的陪伴和支持下，阿天在后一阶段的练习中学会了跳绳。在掌握了跳绳的技巧后，阿天逐渐喜欢上了跳绳这项有趣的活动，每天一早来到幼儿园就开始练习。

幼儿在生活中能够接触到很多需要制订计划的机会，如列举购买食材清单、计划一次旅行等。家长可以在生活中多给予幼儿这样的机会，并督促他们按照计划坚持完成任务，注重引导幼儿体验计划性，更有助于幼儿计划能力的培养。

从第一次制订跳绳计划，在短短三个月的跳绳学习过程中，令教师感到欣喜的是，全班30位幼儿已全部掌握跳绳这项运动，不仅能双脚连续跳绳上百个，还可以用各种方式跳，如单脚跳、反跳、双飞、合作跳绳以及各种自创花式跳法。本次班级开展的跳绳活动不仅锻炼了幼儿的身体,给幼儿带来了欢乐,更在过程中培养了幼儿的计划能力、自我评价和反思的能力,对幼儿终身的生活与学习都是非常有意义的。

案例3:通过跳绳活动培养幼儿反思能力的策略研究

幼儿的反思能力非常重要,在跳绳活动出现困难时,幼儿通过反思原因,调整自己的方法获得进步。在此之中,教师可以运用定期反思、集体和个别反思评价、动作示范、视频帮助等方法、策略,帮助幼儿进行有效反思。

大班上学期,结合绘本《歪歪兔学跳绳》,教师与幼儿开展了讨论,确定了本学期的新任务:学会跳绳。书中,歪歪兔为了学会跳绳,制订了计划,练习时还询问了朋友,通过坚持不懈地练习,终于学会了跳绳的方法。听完故事之后,幼儿提出他们也要向歪歪兔一样制订跳绳计划,每天都练习跳绳,最终掌握跳绳的本领。

1. 通过计划制订,引导幼儿学前反思

(1)明确计划指导的要点,自主制订计划

为了帮助幼儿较好地执行计划,我们先让幼儿制订短期计划,因而第一次是制订五天的练习计划。

制订计划前,教师帮助幼儿明确制订计划的几个要点:计划时间,计划目标,计划练习时长,计划制订人等。让幼儿在制订计划时尝试根据自己的情况,评估自己可以达到的目标,并进行计划制订,在练习前先进行反思。

(2)调整计划的目标数,贴近自己的现有水平

有的幼儿在第一次制订计划时,不能正确认识自己的现有水平,因而在制订目标数时,30名幼儿中,有11人制订了20个以上的目标数,还有一名幼儿制订了60个的目标数。

在执行计划时,这部分幼儿发现由于制订的目标数大大超出了自己的能力水平,虽然每天坚持练习,仍然不能达到自己的预定目标,甚至相差甚远。直到第五天,这11名幼儿中,仅有2人达到了自己的目标数。

在第二次制订计划的时候,大部分幼儿调整了自己计划目标,有3名幼儿制订的目标是能够双脚连续跳,大部分幼儿降低了自己的目标数,也有6名幼儿因为之前有跳绳的经验,提高了自己的目标数。

2. 运用视频记录,帮助幼儿在过程中反思

(1)录制单人视频,帮助幼儿分析自己的动作

在练习的过程中,幼儿开始常会容易焦虑,尤其当看见有10个左右的小

朋友已经能够双脚连续跳,而自己还不能连续跳的时候,出现了焦躁的情绪。

"为什么我就是跳不起来?"

"我的手也向前甩了呀,和他一样,为什么他能跳起来?"

出现这样的问题时,教师和幼儿共同讨论,教师提出问题:"怎么才能知道自己的动作是什么样的?为什么有的人总是跳不过去?"

幼儿提出建议:"可以先录制视频,然后自己看,看是什么原因。"

"视频谁来录呢?你在跳绳,无法录像啊。"教师又提出了问题。

"我们可以请朋友帮忙录,然后交换,他跳的时候,我来录。"

在这之后,在幼儿练习的时候,他们会将班级中的 iPad 带着,互相帮着录下跳绳的视频。

"哦,原来我的脚跳早了。"

"我的手甩得太大了!"

"我手甩得快,脚没有跟上!"

幼儿在观看自己跳绳视频的时候,嘴里念叨着自己发现的失败的原因。

(2) 录制多人视频,帮助幼儿对比他人动作

在一个月之后,幼儿提高了对自己跳绳目标的要求,不仅是个数,还有跳绳的花样,这时幼儿又出现了新的问题。

我们再次展开了讨论:"不会花样跳绳的动作怎么办?"

有的幼儿说:"我在跳绳的时候,来不及看别人怎么跳的。"

还有的幼儿说:"我感觉我的动作和他差不多,可是总是不成功。"

教师以问题引导:"之前我们用什么方法反思自己的动作的?"

"录自己跳绳的视频,然后看视频。"

"这次,你们可以怎么录制视频呢?是录一个人的还是……"教师继续引导幼儿。

"我们可以和会跳的小朋友一起录视频,然后看我们跳的有什么不一样。"

通过录制多人视频,可以使幼儿观看视频时,对比自己和同伴的动作,发现自己做得不到位的地方,从而进行调整。

3. 运用同伴力量,激发幼儿互相学习

(1) 寻找"小老师",一对一帮助

练习到两个月左右,仍有 6 名幼儿不能连贯地进行跳绳。此时,有幼儿自发地帮助这些不太会跳绳的幼儿进行练习,不过今天是这个人教,明天又

换了人,每个人的方法也各不相同。

我们再次进行了讨论。

"怎么帮助不会连续跳绳的小朋友练习?"

"我想教乐乐。"

"我也想教乐乐。"

"这么多人都想帮助你,怎么办?"教师问乐乐。

"我先请一个小老师,如果学不会,我再换个小老师吧!"乐乐提出建议。

就这样,我们班多了6对"小师徒",晨间锻炼、课间活动、下午锻炼,总看见他们一对一在空地上进行指导练习。半个月左右,其中5名幼儿能够双脚连续跳了。

(2)为同伴的点滴进步加油鼓励,建立幼儿继续练习的信心

已经练习了两个半月了,还有一名幼儿仍然不能够双脚连续跳绳,每天不仅有小老师轮流帮助他,教师也经常单独指导,家长也带着他在家中进行练习,可是效果并不明显。

每天晨间,他都会准时出现在跳绳的区域,一下一下地甩着绳子,可是不是跳得慢了,就是没有甩过头,或者跳得太快,总是无法顺利地跳过第二个。跳着跳着他的眉头皱了起来,嘴巴也噘了起来。

正在这时,他成功跳了2个双脚连续跳,在他旁边的小朋友和家长同时发出了欢呼。

"彦彦,你跳了两个啦! 你有进步啦!"

教师也快步走过去,蹲在他旁边,将他抱进怀里,笑着鼓励他:"彦彦,你能够连着跳2个了,真的很棒! 看,努力真的有进步!"

彦彦听着周围人的鼓励,露出了笑容,又继续努力地练习起来。

4. 日常不断督促,帮助幼儿在调整中进步

(1)督促幼儿回忆计划,按照计划进行练习

在练习花样跳绳的第二周,很多幼儿发现周围的朋友会3种跳绳的方法,于是也忍不住练习自己还不会的跳绳方法,结果没有达到自己制定的目标。

发现这一问题后,教师将问题抛给了幼儿:"为什么这次有这么多人没有达到目标?"

幼儿自己反思:"我练习的时候,没有练自己计划的方法。"

"那什么时候可以练习自己还不会的跳绳方法呢?"教师追问。

"可以先练习自己计划的方法,达到目标数量之后,才能够练习其他的跳绳方法。"

此后,在练习跳绳之前,教师总会提醒幼儿,先练习自己的目标方法。

(2) 引导幼儿回忆反思内容,根据反思,调整练习方式

在每一周,我们都会引导幼儿进行反思,让幼儿通过反思自己本周的练习情况和目标达成情况,明确自己在下一周需要调整的地方。如:有的幼儿发现自己练习的时间未达到计划的时长,因而没有达到自己的目标数。

根据这一情况,幼儿提前了自己的入园时间,让晨间练习的时间更多,回家后,也增加了练习的时间,保证自己能够达到计划时长。

5. 借助反思活动,鼓励幼儿深度反思

(1) 借助集体反思,帮助幼儿深度反思

第一次五天的计划之后,第二次教师让幼儿制订的是两周的计划,最后一次,教师让幼儿制订近三周的计划。

每天,教师会让幼儿记录自己的练习情况,每周会组织小的讨论,平时会有幼儿的个别反思,但是每次计划的最后一天,总会进行集体的反思。通过集体反思,让幼儿首先反思自己的计划达成情况,再就这一阶段的共性问题,进行集体的讨论。

如:在练习1分钟跳绳的计划中,有幼儿提出问题:"我不知道一分钟有多长?"

在集体反思中,幼儿纷纷说出了自己计算1分钟的方法。

"一分钟,就是默数60下。"

"一分钟,就是秒针走了一圈,从2出发,又回到2。"

"在操场上练习的时候,我不知道怎么计时。"

"可以带计时器。"

"可以看大屏幕上的时钟。"

在这样的一问一答中,幼儿的许多问题迎刃而解,他们也发现了许多练习跳绳的好方法。

(2) 通过前书写的方式,记录反思内容,让反思看得见

在前几次的口头反思之后,我们发现幼儿会忘记自己的反思内容,不利于后期进行调整。

我们再次讨论:"怎么能记住自己反思的内容呢?"

"可以把反思记下来。"幼儿提出。

"可是,有许多字我们不会写,怎么办?"有幼儿提出自己的困难。

"我们不会写的字可以用图画和符号代替,就像我们画读书笔记时一样。"幼儿迁移自己在语言区用前书写方法记录读书笔记的方法,提出用前书写的方法记录自己的反思。

在运用前书写记录自己的反思之后,幼儿还录下了自己的反思内容,制作成音频并生成二维码,张贴在"自己的反思"右下角,让自己的反思可以随时看得见、听得见。

在元旦活动中,我们班的幼儿展示了自己的跳绳本领,30名幼儿中,仅1名幼儿一分钟跳了26个,其余幼儿均超过55个,最多的1分钟跳了158个,并且每位幼儿均掌握了三种以上的跳绳方法。

在这学期练习跳绳的过程中,通过教师和幼儿不断地努力,及时地反思,主动地调整,幼儿不仅掌握了跳绳的方法,更学会了制订计划和进行反思的方法。

三、对教师发展的评价

(一) 教师对自己发展的评价

评价的过程是教师运用专业知识审视教育实践,发现、分析、研究、解决问题的过程,也是其自我成长的重要途径。在观察、评价幼儿的过程中,教师的专业能力也得到了发展。

案例:在观察幼儿的学习过程中,有效促进教师的专业发展

期末,业务园长组织年轻教师进行了幼儿发展观察评价,观察了幼儿在游戏活动"雪花插片"中的活动能力。

观察前,业务园长组织年轻教师思考:在"雪花插片"游戏中,可以从哪几个方面评价幼儿的发展?通过观察记录表格,帮助年轻教师明确在游戏中观察幼儿活动能力的几个主要方面(游戏活动时的目的性、计划性、幼儿游戏的操作水平、能否大胆表达、语言交流的水平等),再组织全体年轻老师对各班四分之一的幼儿进行集中观察,借助预设好的指导语,对观察对象进行观察、指导,初步树立了评价过程就是学习过程的开放性评价观。

通过评估我们看到,平时的教育活动中教师对幼儿的游戏指导还是重视的,各班在引导重点上是不同的,因此,幼儿所表现的能力水平、态度也是不同的。

部分班级注意结合主题教育活动开展游戏活动的意识比较强,在幼儿的建构作品中均有所表现。如,在中班幼儿作品中有关于"虫虫"主题、"秋天"主题的呈现。

各班教师对幼儿建构技能的指导是有目的、有计划的,全园幼儿建构作品反映的内容面比较广泛,能看出教师平时进行游戏指导是用心的,大多数幼儿能将平时游戏中的内容反映出来。

表4-2-6 "雪花插片"观察记录表

	人数	种类数量	主题内容	表现过的	新表现的	备注
小一班	22	13	手枪、电视机、战斗机、魔仙棒、潜水艇、小鸟、皇冠、方向盘、摩天轮、太阳、花、花篮、桌子	73%	27%	5人
小二班	22	12	花、碗、铃鼓、棍子、飞机、飞碟、鱼、魔镜、凳子、太阳、公交车、雨伞	73%	27%	6人
小三班	18	8	汽车、火车、自行车、地铁、花、手枪、龙、宝刀	86%	14%	3人
中一班	30	12	宝塔、房子、亭子、花篮、相框、喷泉、飞机、荷花、风车、花、茶壶、孔雀	57%	43%	13人
中二班	28	14	萝卜、帽子、球、房子、树、花篮、自行车、乌龟、皇冠、飞机、沙发、花、太阳、蚂蚁	57%	43%	12人
中三班	23	11	蜗牛、蜻蜓、瓢虫、金龟子、独角仙、蜈蚣、灯笼、蝴蝶、飞机、小猫、小狗	82.6%	17.4%	4人
大一班	35	14	茶壶、球、花篮、青花瓷、哑铃、包、小鸟、机器人、乌龟、长颈鹿、恐龙、小猪、楼房、放大镜	91%	9%	3人
大二班	33	16	碗、球、伞、鸭子、虫子、桥、房子、亭子、眼镜、飞机、机器人、帐篷、战斗机、火箭、小鸟、魔仙盒	64%	36%	12人

从上表可以看出,部分幼儿能够大胆地表现自己认识的周围事物,部分幼儿积极、大胆地表现出新的建构内容,但是大多数幼儿还是习惯表现老师"教"过的内容。

在交往态度和语言交往能力方面,大多数幼儿在活动中愿意回答老师的问题,能将自己的想法大胆地、积极地用语言表达出来。总体来看,被观察的全园幼儿交往和语言能力的表现程度有所不同:有的能主动交流,有的问后能回答,很少问后不回答。

本次评价给幼儿园工作的启示:

通过评价我们看到,在下阶段的工作中,教师对游戏还需要有进一步的理解、更加开放的认识。

游戏是促进幼儿发展的重要途径,在游戏、各领域教学活动中,我们要关注幼儿各方面的发展。游戏既是目的,更是手段,要促进幼儿游戏技能的提高。游戏指导不能仅限于操作技能的指导,要进一步加强对幼儿活动的主动性、目的性、计划性的培养,培养幼儿良好的学习品质。

应进一步重视幼儿大胆表现的意识和能力的培养,鼓励幼儿大胆地表现自己对周围事物的认识。在游戏指导中,教师不能只限于对幼儿技能的培养,更要重视幼儿创造性表现能力的提升,在培养技能的同时注意幼儿表现力、创造力的培养,推动幼儿从依赖教师引导表现向积极主动大胆自主地表现发展。在游戏内容安排上,主题搭建和自由搭建相结合,让幼儿在大胆表现的过程中获得相关技能的提高。如:接插方法(直插、斜插),延伸的方法(向两边延伸、向四周延伸、向上下延伸),平面变立体,形成元素及元素组合的能力等。

对开展其他活动的启示:要关注角色游戏、美术活动、音乐活动等与主题活动内容的联系与整合,关注游戏情境是否来自幼儿的生活,关注幼儿是否有主动表现的愿望等。

在评价过程中,我们以《纲要》精神为指导,以开放性评价观为原则,评价设计和实施过程中体现几个"开放",实现以评价促发展。

第一,评价的内容是开放的。

我们以"雪花插片"建构游戏为载体,在对幼儿游戏水平的观察过程中,不仅关注幼儿操作技能的发展水平,同时更多地关注幼儿在活动中的态度、活动的目的性和计划性、交往意识和能力、艺术表征的意识和能力、对周围事物的认识等各方面发展的情况。

第二,评价的过程是开放的。

开放性评价观强调评价过程就是学习过程。在评价中,我们不仅注重对幼儿已有建构水平的观察和了解,同时,还重视在观察过程中通过语言的指导、同伴的相互影响等让幼儿的游戏水平在评价过程中获得提升,评价过程成为指导和推进的过程。

第三,评价的对象是开放的。

评价过程中,既是对幼儿发展的评价,也是对教师日常游戏指导情况的评价,被评价的对象不只是幼儿,同时也包含教师。教师通过观察评价幼儿的发展,对自己班级游戏开展情况进行自我评价,通过反思,提出自我调整的办法,以达到改进工作、提高专业能力的目的。

《纲要》指出:评价的目的是"了解教育的适宜性、有效性,调整和改进工作,促进每个幼儿发展,提高教育质量"。在这次评价活动中,教师既是观察者,又是学习者,在评价中,教师向同伴学习,向幼儿学习,增强了关注幼儿的意识,逐步树立了把幼儿推在前、做好幼儿发展的支持者的意识。

青年教师在参与观察评价后的反思

蒋娇娇:

我们可以看出,小班幼儿很喜欢雪花插片,但是由于缺乏游戏及生活经验,且受制于年龄特点以及身体发育的阶段性,小班幼儿对于建构活动目的性不明确,有计划性更是很难做到。再加上小班幼儿动作先于思考的特点,他们往往是在无意识地玩弄雪花插片;他们注意力保持的时间不是很长,在过程中容易受他人影响;他们的接插技能也相对比较单一,大部分幼儿只能进行简单的直插。因此,小班幼儿需要在教师的帮助下确立建构任务,而这些建构任务往往来源于幼儿的生活,教师可以有目的地去引导幼儿观察生活中一些事物的主要特征,从而激发幼儿的兴趣和创作欲望。引导需要教师的语言更加具体并且要使用情境性的语言,这样可以引起幼儿的兴趣。当然学习建构就不能少了操作技能的学习,但是教师要有这种观念,培养建构技能也是一个循序渐进的过程,小班幼儿需要学习一些简单的建构技能,如:直插、延长等。在建构过程中教师可以进行简单的示范,引导幼儿观察学习,并创设符合幼儿年龄特点的游戏情景,鼓励小班幼儿想办法解决自己的问题,鼓励幼儿自己尝试、发现、探索。在材料的使用上,教师可以有意识地引导幼儿使用同一种颜色,但不一定强求,可以以建议的方式提问:"用一种颜色会不会更漂亮啊?"

在建构活动中,中班幼儿已经开始有初步的计划性和目的性,并且能在活动中按照自己的计划一步一步实施;接插技能也开始多元化,有的幼儿能使用斜插方式并进行一些简单元素的组合;在材料的选择上也开始有意识地在不同部位使用不同颜色。但还是有幼儿停留在简单的平面事物的建构上,此时教师可以更加有意识地引导幼儿将平面变为立体,如建构房子时提问:"怎么样让房子站起来? 怎么样让摩托车能站住呢?"教师可以通过进一步的追问,让幼儿自己发现问题然后尝试解决问题。另外可以有意识地引导幼儿进行简单元素的组合,通过一步步的追问"蚂蚁的身体是什么样的? 有几部分? 可以用什么样的形状来表示呢?"引导幼儿插出头、胸、腹再进行组合。这些都是建立在幼儿感知了事物的基本特征并已经有一定的接插技能的基础上的。在材料的使用上，教师要更加有意识地引导幼儿用颜色区分事物的不同部位，让幼儿更加明确自己接插的事物由哪几部分组成。当然在中班，教师的示范应该相对小班更少，要引导幼儿观察发现事物的不同部分，引导幼儿发现它的主要特征，在此基础上引导幼儿想象可以用何种方式建构。

大班幼儿的目的性、计划性都较强，并且能在过程中不断发现问题并自行解决。有些幼儿还能运用雪花片表示事物的一些细节特征，如茶壶嘴、房子的窗户等；大班幼儿在过程中展现的坚持性也比小中班强；接插技能也明显多样化：有直插、斜插、十字插、环形插等，并能进行简单的组合。对于大班幼儿，我觉得教师应该更加注重培养幼儿的创造力，可以给幼儿一个主题让幼儿自行搭建，并通过介绍、欣赏来学习同伴的经验，促进幼儿的发展。大班幼儿应该更有意识地将事物的主要特征表现出来进行组合，拼插出立体的事物；在材料的使用上应该更加有意识地用颜色和形状来区分表现事物的特征；在操作前以及操作后的表述应该更能结合自己的操作过程。

胡蓓：

（小班）幼儿喜欢插雪花片，教师要带着幼儿一起玩，培养幼儿对建构活动的兴趣，幼儿搭出作品后，教师也应积极地鼓励，使幼儿明确"插紧"的标准：两个雪花片插口不仅仅要"咬上"，而且要"咬进去"。

建构过程中，一是用问题引导幼儿进行自我反思，让幼儿自己发现问题。例如，幼儿搭的圆形总是散开，幼儿有些不耐烦地问老师："为什么总是散？"老师笑眯眯地问："你说呢？"他噘着嘴巴说："没插紧。"这样会给他留下比较深的影响。二是观察幼儿的具体问题或困难，有针对性地进行细致的指导。例如，幼儿很使劲地拼插，但作品总是散开，原因在于他的手没有捏着两片对接的雪花片，而是拿着"长棒"的两头，使再大的劲，两片雪花片也插不紧。幼儿建构完后，教师要引导幼儿欣赏作品、玩一玩自己的作品。三是在欣赏、玩的过程中，激发幼儿的想象力，引发其进一步建构的兴趣。例如，有一名幼儿在搭好电视机的时候，老师让他玩一玩自己搭的电视机。玩了一会儿，他说："要是电视机能站起来就好了。"于是，老师就"怎样能让电视机站起来"和他进行了尝试，最后电视机站起来了，幼儿非常兴奋。

（中班）教师让幼儿学习直线拼搭、穿接、镶嵌的技能，运用元素组合的方式进行建构。教师引导幼儿初步学习立体球的建构方法，通过添加部分，使之变成萝卜、灯笼等球形物体。幼儿在建构中遇到困难时，教师多运用语言进行指导，给幼儿一点空间让他尝试自己解决困难。

（大班）教师让幼儿学习将已插好的几何形体组合成立体造型，并能表现出单个复杂物体的基本特征和某些细致部分；让幼儿运用策略解决建构过程中出现的问题。例如，幼儿想搭两个一样大小的球体，可以通过点数雪花片的数量，用相同数量的雪花片拼插就能保证大小一致。

姜杨：

关于参与态度：在评价中，全园小、中、大班幼儿听到指令或在教师的提问下都能回忆自己插过的形象，并愿意表达自己的想法。在自主插建环节，全园幼儿都愿意参与雪花片的游戏，大部分幼儿能坚持完成自己的作品。

关于目的性及计划性：在游戏的目的性和计划性方面，幼儿存在年龄差异。

小班幼儿能说出自己想插什么，大部分幼儿能按照计划插出相应的物品，但在插的过程中，幼儿不能准确地说出插出需要的物品所需要的步骤。幼儿普遍是在行动中思考，不太明确自己所要插的物品是什么，只能边拼插边构思自己想插出什么物品。例如，小班一幼儿开始说要插地铁，插出一条短棍后，自问自答道："地铁怎么插呢？还是插条龙吧！"

中班幼儿能够说出自己想要建构的是什么物品，并能够按照自己说的物品进行建构。例如，一中班幼儿说要插一棵大树，后面的拼插都是围绕大树的外形进行的。并且中班幼儿有一定的计划性，能够说出自己所要拼插物品的建构方法和步骤，能够边做边说。例如，一幼儿想要插帽子，在拼插出一个圆后，自言自语："先插个圆，不然怎么插帽子啊？"

大班幼儿对所要建构的物品目的明确，且能够较有计划性地说出拼插的步骤：先插什么，接着插什么，然后插什么，最后插什么。例如，一大班幼儿说要插球，在回答怎么插时说："先插个圆，接着往上插，然后再插个圆，最后把它们连起来，再插个顶就好了。"

关于插接技能：幼儿存在年龄的差异，同时也存在班级间及班级内的差异。

小班幼儿大都能运用直插、斜插和简单的形状表现简单的平面物体，如恐龙、飞机、车、乌龟等。有的幼儿由于手眼协调能力较弱或手部力量不够，使得雪花片插得不够紧造成雪花片掉落，作品不成形。

中、大班幼儿插花片时能够拿一片、插一片，并且在插的过程中会左右对比、边数边插进行检查；拼插时有意识地将每片雪花片间连接紧；双手配合协调，一只手插雪花片，另一只手调整物品的位置。他们能利用直插、斜插、四周插以及图形的组合等方法表现立体的物品，如虫子、房子、飞机、兔子等。班级内有的动手能力强的幼儿能进行较为复杂的立体建构，但能力弱的幼儿只能进行平面图形的建构。例如,大班一个幼儿只能插平面的简单的飞机,而有的幼儿能利用形状进行组合插立体的兔子等;小班能力强的个别幼儿能表现出立体的飞碟,能力弱的幼儿还只能插最简单的棍子。

此外,班级间幼儿的拼插主题存在差异,有的班级集中插虫子,有的班级集中插房子,有的班级集中插电视机。分析其原因,我发现和各个班级教师给予幼儿的经验以及建构的主题有关。材料运用方面,幼儿也存在年龄的差异。小班幼儿大部分存在无意识使用材料的现象,即拿到哪个用哪个;而中班幼儿能自主地选择自己喜欢的颜色进行构建,或者根据作品的主要特征,选择相应颜色的雪花片进行表现。如,一中班幼儿在插萝卜时,用橘黄色的雪花片做萝卜,用绿色的雪花片表现萝卜叶。大班幼儿则更注意根据物品的外形、颜色特征来选择相应颜色的雪花片,且目的明确,能够说出选择的理由。如,一大班幼儿要插球,只选择了黄色的雪花片,教师问道:"为什么只选黄颜色的雪花片啊?"其回答道:"因为我要插个金球。"

在大胆交流及语言表达方面:总体上,参与测试的幼儿都愿意交流自己的作品,有的幼儿是主动交流分享,有的幼儿是在教师的追问下愿意说一说自己插的是什么以及各个部分代表什么。大班幼儿比较愿意介绍自己拼插的物品,语言比较准确;中班幼儿较多的是问一句答一句;小班很多幼儿喜欢自己边玩边说。

通过上述评价结果,分析反思日常的"雪花片"游戏活动,有以下几点体会。

第一,建构的主题可以和各年龄班的主题教学相结合。我们从各班幼儿插的作品中可以看出各班幼儿的已有经验。从幼儿插的作品来看,教师在开展"雪花片"游戏时,在挖掘游戏内容方面可以和班级开展的主题活动相结合,如中班开展"虫子"主题,可以引导幼儿用雪花片拼插各种虫子;小班开展"汽车"主题,可以引导幼儿拼插汽车等。

第二,幼儿的建构技能是逐渐发展的,教师可以根据幼儿的年龄提供有序列的建构活动和主题。通过观摩不同年龄段幼儿的"雪花片"游戏,教师可以了解不同年龄段的幼儿建构技能的发展水平及差异,在平时的教学中可以根据本年龄段幼儿以及本班幼儿的现状进行有层次、有序列的建构活动内容。

第三,幼儿在材料的运用,尤其是颜色的选择和搭配上,教师可以进行引导。有的幼儿在材料运用上有自主意识,有的无自主意识。幼儿存在自发地使用材料或选择颜色的行为,教师也可以有意识地进行引导。目前在本班幼儿的"雪花片"游戏中,我还没有引导幼儿有意识地选择和搭配颜色,在今后的游戏教学中可以进行调整和完善。

第四,加强"雪花片"游戏中的个别指导,促进不同水平幼儿的发展。不同年龄段的幼儿在建构技能上存在差异,如,大班的个别幼儿还只能插小班技能水平的作品(平面的飞机),而个别小班幼儿的建构技能和水平已经达到中大班的水平(立体组合的飞碟)。为了缩小幼儿之间的差异,尤其是同一年龄段不同幼儿之间的差异,以及促进不同幼儿在不同水平上的发展,教师需要加强"雪花片"游戏中对个别幼儿的指导,促进幼儿的发展。

(二) 教师对同事的评价

碰撞才有火花,评价是为了发现优点,改进不足。教师在相互评价的过程中,相互学习、相互促进。教师在一次次观摩、评价的过程中,不断"取其精华",不断取长补短。

开放性课程实施的过程中,教师相互学习,并通过观摩评价表厘清评价标准。在明晰评价标准的过程中,教师进一步明确自己的发展方向,并向着适宜的方向进一步努力。

表 4-2-7 教育环境创设和利用评价表

_____年_____月_____日

项目	内容	评价情况						备注
		小一	小二	小三	中一	中二	大一	大二	
环境创设	1. 环境创设的观念新,设计意图明确,整体布局构思巧妙。								看现场
	2. 能充分合理地利用班级的墙面和空间,各区域设置合理,活动区标志明显,材料、形式符合幼儿年龄特点。								听介绍,看现场
	3. 能结合教育活动展开的过程创设环境,幼儿参与率高。								
	4. 使用材料有创新,材料投放能注意体现层次性,充分利用废旧材料。								
	5. 主题墙主题突出,内容、形式符合幼儿年龄特点。								
	6. 制作技巧和方法有突破,简单且效果好。								

第四章 开放性课程的评价

续表

项目	内容	评价情况							备注
		小一	小二	小三	中一	中二	大一	大二	
环境利用	7. 充分利用环境开展活动,活动内容丰富,能发挥环境的教育作用。								听介绍,看现场
	8. 幼儿对环境的关注度高,能利用环境进行操作、展示等活动。								
环境交流	9. 教师对环境创设的观念新,设计意图明确。								听介绍
	10. 介绍材料准备充分,并能突出重点、清楚准确、简单明了地表达。								
收获建议									
备注	➤ 本次交流自由观摩和集中交流结合,集中交流前完成自由观摩。 ➤ 每个标准栏目打2颗星、1颗星或不打星。 ➤ 班组介绍时突出本班级在环境创设中的有效做法、经验或体会,介绍材料时能说明要点。								

评价人_____

表 4-2-8　区域活动评价表(自然角)

项目	标准	评价情况						备注
		小一	小二	中一	中二	大一	大二	
区域的创设	区域活动划分,空间安排合理。							实地观察
	区域材料丰富,体现层次性。							
	区域材料便于幼儿自由取放。							
	创设适合本年龄段的活动氛围,有区域名称标志。							
区域活动中教师的组织指导	根据幼儿的能力水平,有计划地组织幼儿参与自然角的管理。							听介绍
	有物品名称标志(同类集中摆放可标一个),名称准确,便于幼儿观察及认识。							实地观察
	花(种植)盆、动物器皿整洁,无腐烂物和积垢。							
区域的利用	能发挥自然角的教育作用,利用自然角的动植物开展教育教学活动。							实地观察、听介绍
	中、大班有适合本年龄段幼儿的观察记录(如:全班性的、个别化的、一次性的、长期系统的等)。							
	班级幼儿关注自然角,教师注意鼓励幼儿自发地观察活动,保护和激发幼儿的好奇心和探究欲。							
总分								
等第								
备注	常规化管理纳入日常考核(及时清理;植物常绿常新,动物及时喂养;自然角管理组织有序)。							
建议及意见								

评价人＿＿＿＿＿＿

第四章 开放性课程的评价

表 4-2-9 早操评价表

日期：

项目	评分标准	评价情况							备注
		小一	小二	小三	中一	中二	大一	大二	
教师	精神饱满，态度大方；穿着得体，不影响带操。								观察各班教师，进行打分
	动作熟练准确，合拍到位。								
	主班教师兼顾全体，动作、体态、表情有示范性、感染力和提示作用。								
	配班教师能根据幼儿年龄特点进行配合，注意个别幼儿的提示和指导，站位合适，配合适时、适当。								
幼儿	情绪愉快，注意力集中。								全面观察，进行打分
	服装合体，动作到位。								
	韵律动作节奏准确、合拍。								
	愿意做操，幼儿参与率高。								
操节编排	音乐优美，韵律感强；动作编排与音乐性质相符，有创新。								观察整体编排，进行打分
	动作难易适当，兼顾身体各部分运动；队形变换适合本年龄段幼儿的发展水平。								
总分									请一定要算好总分
等第									
其他	写出你认为最好的带操老师的姓名，并写出最突出的1条优点： 写出你认为最好的配班老师的姓名，并写出最突出的1条优点：								
备注	总分控制：最高分9.5，最低分8.0，总分应有层次。切记！！								

评价人_____

表 4–2–10 教师教学设计、实施评价表

活动名称		班级		人数			
执教者		职称		时间			
项目	标准			评分			备注
				10	8	6	
活动设计	能根据给出的主题设计活动,注意合理、恰当地整合。						
	活动目标明确,体现《指南》《纲要》精神和学科特点。						
	教案书写规范,环节设计步骤清晰,重点、难点突出。						
	教学内容选择恰当,贴近幼儿生活,符合幼儿经验水平和年龄特点,能激发幼儿的学习兴趣,同时具有挑战性。						
活动组织	能按计划组织教学,活动组织环节清晰,循序渐进,灵活自然;能注意抓住课堂有效信息,合理地做出调整。						
	教态亲切、自然、大方,师动关系融洽;语言准确规范、生动清晰,说普通话,有启发性。						
	能注意关注幼儿的活动,适时适度指导,为不同发展水平的幼儿提供不同的支持。						
	注意引导幼儿通过体验学习,通过探究学习,引导幼儿与幼儿、教师、环境之间进行交往互动。						
	教具、学具运用合理恰当、较巧妙,教学直观,演示、操作动作熟练。						
	幼儿活动自主、专注、愉悦,获得多元整体的发展,活动目标达成度高。						
总分							
突出的优点(2~3条,简略分析)							

评价者_____

职　称_____

(三) 幼儿对教师的评价

开放性课程重视幼儿对教师的评价,通过定期对"幼儿喜欢的老师是什么样""幼儿喜欢哪一位老师""幼儿为什么喜欢这位老师"等问题进行调查,了解幼儿喜欢的教师的特点。管理者组织教师分析其背后的原因,不断地规范和调整教师的语言、行为,使其更适应幼儿的需求。

案例:你喜欢什么样的老师?

在元旦的最后一天早上,业务园长对中、大班的幼儿进行了"你喜欢什么样的老师"的个别访谈。

1. 中班上学期的幼儿

业务园长:你喜欢什么样的老师?

幼儿:我喜欢徐老师。

业务园长:为什么?

幼儿:徐老师讲话声音好听。

幼儿:徐老师可爱。

业务园长:徐老师哪里可爱?

幼儿:徐老师皮肤白。

幼儿:徐老师的脸颊可爱。

幼儿:我们班的老师我都喜欢。

业务园长:为什么?

幼儿:喜欢就是喜欢。

幼儿:我说不出来,就是喜欢。

幼儿:我不知道。

幼儿:老师每天给我们讲故事。

幼儿:老师每天教我们新知识。

幼儿:老师和我们讨论图画书。

参加访谈的所有中班上学期的幼儿,在业务园长问道"你喜欢什么样的老师"时,他们并不会用语言抽象表达出自己喜欢什么样的教师,且他们将此问题等同于"你喜欢哪位老师",笑眯眯地直接说"我喜欢徐老师"。虽然大部分幼儿都说不出理由,但是他们都很坚定地告诉业务园长"喜欢就是喜欢""我不知道"。部分幼儿说出的理由聚焦在"皮肤白""脸颊可爱"等教师的"颜值"上,由此我们可看出幼儿内心认为班级教师是美的,他们那种由内心流淌出的对班级教师的喜爱情感是自然呈现在他们的情绪、表情和语言里的。幼儿是否喜欢教师,身体语言是不加掩饰,也无法掩饰的。当他们喜欢教师时,教师的一切是可爱的,无关乎教师的长相,无关乎班级教师教什么。正因为如此,让幼儿来评价教师的作用是成人评价不可替代的。

2. 大班上学期的幼儿

问题1:你心目中的老师是什么样的?你喜欢什么样的老师?

幼儿:"我喜欢的老师是喜欢微笑的、漂亮的。"

幼儿:"老师要有笑容,乐观、可爱。"

幼儿:"我喜欢温柔、善良的老师。"

幼儿:"我喜欢帅气、美丽的老师。"

幼儿:"我喜欢聪明的老师。"

幼儿:"老师要有力量。"

业务园长:"什么是有力量?"

幼儿:"就是很强壮。""男子汉。""能够保护我们。"

幼儿:"我喜欢厉害的老师!"

业务园长:"什么是厉害?"

幼儿:"能够帮助小朋友,我们有什么困难,老师都能够帮我们解决。"

幼儿:"我喜欢的老师不发脾气,乐于助人,好玩。"

业务园长:"什么是好玩?"

幼儿:"能跟我们玩,说话有趣、幽默。"

幼儿:"我喜欢开心的、年轻的老师。"

幼儿:"我喜欢爱旅游的老师。"

业务园长:"为什么喜欢爱旅游的老师呢?"

幼儿:"老师可以把到外面旅游知道的好多好玩的事情告诉我们,这样我们也会知道很多。"

幼儿:"我喜欢有知识的老师。"

幼儿:"我喜欢带我们出去,和我们一起玩的老师。"

幼儿:"我喜欢的老师会唱歌,会弹琴,会跳舞。"

幼儿:"我喜欢喜欢下棋的老师。"

幼儿:"我喜欢会变魔法的老师。"

幼儿:"我喜欢负责任的老师。"

幼儿:"我喜欢善良的老师。"

业务园长:"什么是善良?"

幼儿:"对我们好。""关心我们。""想着我们。"

幼儿:"老师要严格。"

业务园长:"什么是严格?"

幼儿:"严格就是严厉,有要求。严是爱、松是害。"

业务园长:"这话你都知道啊?"

幼儿:"我奶奶在家告诉我的。"

幼儿:"我心目中的老师有爱心,关心小朋友。"

幼儿:"我心目中的老师要有知识。"

幼儿:"我喜欢不戴眼镜的老师。""我不喜欢皱纹多的老师。"

……

问题2:你们班的老师是什么样的?

幼儿:"F老师很漂亮、美丽;是个善良的老师(关心照顾我们);讲话幽默、温柔;对我们很好,关心我们;带我们学知识,让我们学得很好;很能干,能做很多的事情;带我们出去玩、做东西、保护我们;会带着我们学本领。""会说我好话。"……

幼儿:"J老师很漂亮,很温柔,很可爱;像小仙女一样;很有耐心,上课时不急,慢慢地说话。""笑起来很好看。""很专业、画画好。"……

幼儿:"S老师帅气、英俊、强壮,有力量,而且足球踢得很好。""打篮球厉害。"……

幼儿:"(保育)L老师很辛苦,给我们盛饭;很勤劳;很能干,在健康区能做很多好吃的,还教我们做菜。"……

集体谈话活动中,业务园长与幼儿以闲聊方式进行,使得氛围很轻松。大班幼儿都积极表达,并用各种形容词来概括"我心目中喜欢的老师",也会受到同伴的语言启发,用不同的语词来表述和丰富评价班级老师的内容。幼儿对教师的评价不仅关注其外在形象,也能够结合日常相处中的感受,关注到教师在个性和能力上展现出的独特个人魅力。幼儿对心中的好老师的评价标准也会受到自身的主观感受和个人向往需求的影响,也会自然而然地与班级教师有着一些关联性。

我们不仅通过访谈、对话了解幼儿喜欢什么样的教师,让幼儿评价自己的班级教师,还让幼儿用前书写的方式自主表达自己对班级教师的想法和情感。

图 4-2-19 和图 4-2-20 均是幼儿用前书写的方式,写下的喜欢班级教师的理由及对班级每位教师的评价。

图 4-2-19　喜欢班级教师的理由

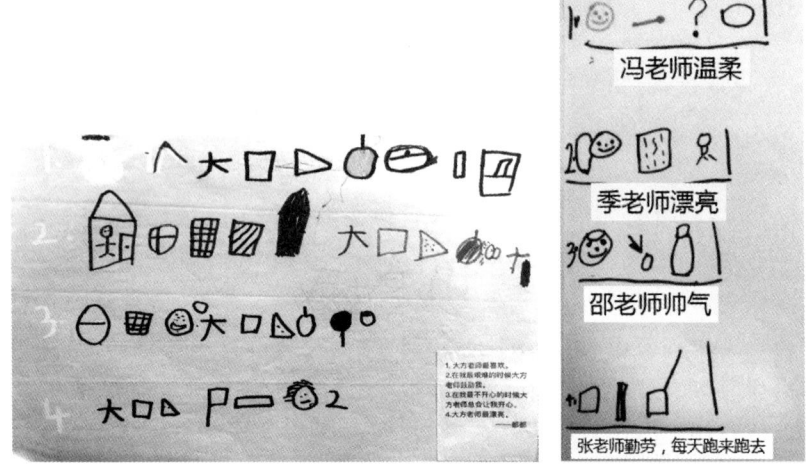

图 4-2-20　对班级每位老师的评价

(四) 家长对教师的评价

我们重视家长对教师的评价,常态化定期开展幼儿园的师德师风、幼儿园课程和各项工作满意度座谈会及发放每学期的家长问卷等,让家长对课程、教师的师德、专业水平及保教工作等进行全面评价。

第四章 开放性课程的评价

下图是问卷星自动生成的家长对教师的师德相关内容的评价。

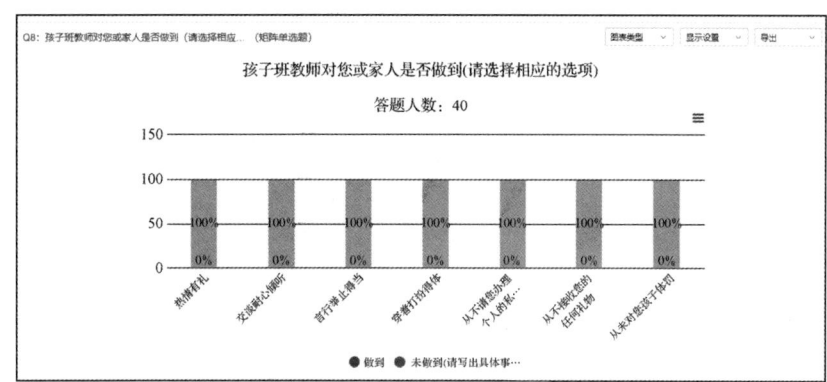

图 4-2-21 家长评价情况统计

案例：肖萌萌的爸爸在朋友圈发表的对北幼的感言

今天是女儿从幼儿园毕业的日子，可我最想说的，不是关于女儿，而是关于幼儿园。

这是一所很认真的幼儿园，有一帮很认真的老师。你们说了会对孩子负责，就真的很负责。班上四十几个孩子，你们竟能复盘出每个孩子一天下来的表现，甚至是他们活动中的发言、情绪的小变化、举止的小细节。对待家长，你们也十分"较真"。家长陪孩子的时间少了，你们严肃批评，不留情面；家长插手孩子的自主学习任务，你们不留情面，严肃批评。对待孩子，你们比孩子父母还上心。看到父母不上心，你们急得直挠心。以至于我们常恍惚：莫非老师才是孩子的亲生父母，我们不是？你们说了绝不收礼，就真的不收礼。三年前的入园家长会上，园长说："北幼老师不收礼。"本以为只是一句"台面话"，没想到你们是认真的。直至毕业，没有一位家长成功地送出去一份礼。反倒是前几天，部分热心志愿服务的家长，收到了幼儿园送的一套书，作为对热心家长的答谢礼。不收家长礼就算了，还给家长送礼，没有比你们更"傻"的了。

更奇的是，家长们帮班集体做的那些微不足道的小事，你们居然一桩桩都记在心上，没有比你们更"小心眼"的了。你们说了不会落下一个孩子，就绝不落下一个孩子。有一次，孩子她妈到班里做了一天志愿者，回来跟我说，她观察到一位老师，很长时间蹲在一个孩子身旁，单独陪伴这个孩子做手工、堆积木，跟他交流互动。后来才知道，这个孩子性格特别内向，不怎么和其他小朋友交往,老师给予他更多的关注、陪伴和鼓励。还有一次,听另一位妈妈说,老师挽救了她的女儿。某天老师告诉这位家长,她家女儿不怎么爱说话,也不和小朋友玩,可能是家长陪得太少,再这样下去会有自闭倾向。一开始她还不信,没把老师的话当回事。在老师的再三要求下,她到班上旁观了一天,终于意识到情况的严重性,果断辞掉原来的工作,腾出更多时间陪伴女儿……现在,她家女儿活泼开朗,像个快乐的小天使。

我还注意到,你们总是在尽最大努力,让每个孩子享有均等的锻炼机会。小班长、值日生、升旗手……每个孩子都无一遗漏地担任过这些角色。你们甚至连每个孩子自选区域活动的类别、偏好、频次都一一记录在案,引导他们均衡发展。还有很多我们看见的和没看见的点点滴滴,我们知道的和不知道的平平常常,无法一一列举,也无法一一言表。即便如此,也足够我们感恩。

因为,你们付出的每一份认真,倾注的每一滴心血,都不会因为孩子的毕业而徒劳,它们已经深深植入了这一百二十位孩子的心灵,融入了他们的气质和品行,并将被他们携往各自的人生,带向各自的前程,构筑起属于他们的诗和远方。

三岁看小,六岁看老。能在生命中最关键的启蒙期遇见你们,是孩子的幸运。初为父母,从你们那学到了对待孩子的责任、耐心、关爱和陪伴,是家长的幸运。感谢手有戒尺、眼里有光、心中有爱的你们!

四、管理的评价

有效的管理是确保课程落实的基础,也能促进课程更好地落实。开放性课程落实在管理评价的总值班每日反馈方面,强调全面性、时效性和持续性,同时家长参与管理评价,则重点凸显了家长参与的广度和深度。

(一) 总值班每日反馈

1. 全面性

管理者每日对全园各项工作进行全方位评价,针对班级环境、幼儿一日生活的每一个环节、生活护理等多方位进行评价。

2. 时效性

管理者利用幼儿园平台,及时将"总值班每日反馈"发布到每一位教师的手机上,教师通过阅读了解其他班级值得学习、借鉴的地方,以便在第二天对自己的工作进行调整和改进。这一评价实现了及时反馈、及时调整,最大效益地发挥了评价促进调整的作用。

3. 持续性

管理者会持续关注出现的问题,不断反馈教师调整的方法。最终,在管理者的指导下,全园教师围绕同一问题进行共同探索和尝试,顺利和谐地解决了工作中出现的问题。我们通过以下这个例子,连续一周的总值班评价反馈看到了问题持续的解决进展。

连续一周的总值班评价反馈

第二周周一总值班反馈(业务管理园长)

- **晨间入园前环境**

1. 各班均开窗通风,教室整洁,保育老师在班打扫卫生。
2. 班级门口的图书摆放整齐:小班组、中三班、大三班。
3. 各班办公桌面整齐且区域环境整洁。
4. 小班组、中班组晨间健康区自主吃早点的餐具摆放到位。

提醒:公共走廊上图书柜的图书未到位,请语言组和后勤负责人协助提醒到位,明日检查。

- **晨间入园**

1. 小班组情绪基本稳定,个别幼儿入园进班有情绪,啼哭,在教师安抚和游戏带动下情绪逐渐稳定。
2. 小三班:3位家长入园的行程码不是当天的。
3. 小二班:1位妈妈未能且不会找行程码,得到帮助后出示。
4. 小一班:幼儿家长都能准备好健康码和行程码。

提醒:教师要关注对班级个别家长的指导,帮助其搜索和截图当天的健康码和行程码。

- **晨间早操锻炼**

小班组:在后楼顶做操,班级教师均有序合作带幼儿上楼,主班教师在前,配班教师在后,保育教师在中间。小一班、小二班先在楼顶锻炼,再是小三班。为了给幼儿提供充分玩大型器具的机会,下楼后,三个小班教师在后楼操场带幼儿轮流玩大型运动器具。

提醒:

小班幼儿在适应期,主、配班教师和保育教师要清楚每个器具的活动场地和规则,加强指导意识,及时提醒幼儿,避免幼儿无意识的行为对规则遵守的影响。如，综合循环练习的路线，可提供"方向箭头标记"，避免幼儿因方向随意而碰撞，消除由无序混乱带来的安全隐患。教师要和幼儿共同讨论确定各器械的运动场地和摆放位置，避免幼儿因不清楚而占用场地造成互相干扰。

请将器具室里的材料充分利用，保证器具的数量满足每位幼儿。

中班组、大班组：在前操场做操，全体教师均参与指导，有序衔接锻炼，均明确各自站位指导。

提醒：

请关注中间场地的运动器具的锻炼情况，注意分散人流，避免扎堆在四周的器具上，平时可多带幼儿到场地上来玩大型器具。

注意四周运动木梯高度的调整，要考虑中班与大班幼儿年龄层次的适宜度。

请关注《运动场地安排表》上的时间和班级场地划分，合理调配使用。

- **生活活动**

各班教师都能够有意识地指导幼儿更换衣服，提醒并逐个检查幼儿饮水。

提醒：幼儿户外活动前喷洒驱蚊水，可鼓励大班幼儿尝试自主使用驱蚊水。

- **午睡**

（12:35 逐班巡查）

大一班：幼儿全部入睡，被子搭在肚子上，电扇微风，前后门均开着，保持空气流通。主班教师巡视。

大二班：幼儿全部入睡，被子搭在肚子上，电扇微风，前后门均开着，保持空气流通。主班教师巡视。

中三班：午睡空间范围内无电扇，门窗开着但室内闷热，三位教师看护个别幼儿，用扇子扇风。建议开空调后，幼儿入睡有改善，均入睡。

大三班：幼儿全部入睡，电扇微风，被子搭在肚子上，主班教师巡视。

中一班：主班教师看护特殊幼儿，其他幼儿均入睡。

中二班：幼儿全部入睡，电扇微风，门窗均通风，主班教师巡视。

- **区域游戏活动**

各班有序组织幼儿游戏，教师分工指导。

小班教师拍照记录幼儿入园后的情绪转变和活动中的游戏瞬间。

提醒：

各班健康区由保育员参与指导，班级教师要关注并提醒。

各班教师已开始在区域中进行分工观察记录，请研究记录的方式和对幼儿的有效指导。

- 午餐

今日面条，各班幼儿均全部吃完且保持桌面、地面干净。

中一班4人、中二班2人吃饭时东张西望，等待教师喂饭。

提醒：

中班个别幼儿的进餐习惯培养要关注。

建议饭后适量自由散步（在不影响小班家长接的地方），易于消食，避免吃完就坐在走廊上。

- 起床、锻炼

各班随起床音乐有序起床，可鼓励幼儿尝试自己整理被褥。

各班将户外的锻炼和室内的早操练习以及操场上的队形练习有机结合。

提醒：午锻请班级幼儿尽可能地到操场上，避免在走廊上打三毛球。一是给幼儿宽敞的活动空间，方便运动，二是保障幼儿的户外时间和运动量充足。

- 离园

小班中午离园有序。

中大班教师全部参与，站位明确，分工组织有序迅速，站队前移，每班2队，中间留出空当，方便行走。

提醒：由于疫情管理，各班家长不能入园接送幼儿，教师也要关注与家长的及时交流，特别是家长交代和关注的问题，让家长对幼儿的在园活动放心。

第二周周二总值班反馈（教科室主任）

- 晨间环境

表扬：各班均开窗通风，教室整洁，保育老师在班打扫卫生。

再次提醒：周一总值班提醒的，后楼二楼和三楼公共走廊上图书柜上图书仍未到位，后楼三楼会议室门口的书柜上摆放的教师读物未到位。

- 入园接待

表扬：中大班教师能提早到门口，做好接待准备。

提醒：根据昨日总值班记录的苏康码和行程码现象反馈，上午送幼儿的家长能够及时提供当日的苏康码和行程码，但下午由于接幼儿的人员和上午的不一致，有个别家长还没有提供当天的苏康码和行程码（小一班1位，小二班 2 位）。请班级教师关注。

- **早操晨锻**

大班组和中班组早操衔接及时。

根据前期总值班关于运动场地及时间的反馈，小班组有针对性地讨论交流并及时调整。

中大班组锻炼时，教师均明确各自站位指导。

提醒：小班组运动器具要摆放到位，保育老师要清楚小班组运动器具摆放的具体要求和位置，保证不影响幼儿做操和便于幼儿运动游戏。

- **教学活动**

今日有数学教研，但各班均能保证集体与区域活动的有序开展。

- **午锻**

表扬：根据昨日总值班关于午锻的反馈，今日班级能及时进行调整，在户外场地进行锻炼。

- **离园**

提醒：

小班离园时个别幼儿仍存在奔跑、玩运动器械、不与家长牵手的现象（小一班、小二班、小三班各 1 个），经提醒后做到。

教师办公室小房间的空调使用后，人若离开不使用，请及时关闭！

第二周周三总值班反馈（会计）

- **晨间环境**

各班均开门窗通风，班级环境整洁，物品摆放到位。

男女公共厕所无异味，物品摆放整齐，窗台干净无灰尘。

周一周二总值班反馈的公共区域图书已经摆放到位。

提醒：小三班牛奶 7:45 之前就已经分装到壶里，太早倒出来容易凉。

- **入园接待**

表扬：小三班幼儿热情有礼，能主动鞠躬问早。

- **晨间锻炼**

提醒：小一班和小二班在后楼楼顶，班级教师要站位明确，确保每个幼儿都能关注到位。

- **进餐**

表扬：今天幼儿吃糖醋里脊肉及番茄炒鸡蛋，表扬各班幼儿今天的饭菜都吃光了。

第四章 开放性课程的评价

- **午睡**

大一班幼儿全部睡着,保育老师巡视,电扇微风,盖被合适。
大二班幼儿全部睡着,保育老师巡视,电扇微风,盖被合适。
大三班幼儿全部睡着,保育老师巡视,电扇微风,盖被合适。
中一班幼儿全部睡着,保育老师巡视,电扇微风,盖被合适。
中二班幼儿全部睡着,秦蓉巡视,电扇微风,盖被合适。
中三班 2 人未睡着,保育老师陪护,电扇空调都开着,盖被合适。

- **起床午点**

今天吃蛋挞及龙眼,小班个别幼儿剥龙眼困难,保育老师及时关注并给予指导。

- **离园**

提醒:

中午小班离园时,小一班 2 名幼儿不和家长牵手自己往前冲,请老师们提醒幼儿和家长要提高安全意识,好习惯从小班抓起。

下午离园,因为中三班在楼上,到达门口的时间比其他两个班稍微迟一点,建议保安师傅等三个中班队伍都整齐了再开门,否则中三班会有点乱。

第二周周四总值班反馈(保健医生)

- **晨间环境**

各班级开窗通风良好(大三班教室在消毒),地面干燥,厕所无异味。
各班早点桌面已准备好,豆浆在降温。
班级教师的办公桌面整洁情况有进步,特别是小三班,望继续保持!
各班级开窗通风情况良好,个别班级开风扇通风,前楼一楼走廊稍湿,厕所无异味。
办公桌桌面干净,特别是大一、大三、中三、小三班。
提醒:

班级有插头外露,且都在一些较偏的角落,为保证幼儿安全,请合理使用封闭盒。另,公共区域的安全出口标识,请班级布置环境时不要遮挡。
幼儿区域材料的收放要及时,特别是前一天区域活动结束的时候。

- **集体教学活动**

各班按照计划组织班级教育活动。

- **户外锻炼**

大班组在锻炼时,突然下雨,临时回班,大一班和大二班回班进行集体教学后再出来进行户外锻炼,大三班回班进行室内锻炼后再进行集体教学,教师能灵活调整,保证幼儿的活动时间。

小班组在楼顶锻炼时下雨,小一班及时调整到顶棚下继续做完早操。

提醒:小班在后楼顶户外锻炼时,如果中途幼儿要如厕,教师带幼儿尽量使用男公厕,用后及时冲水,尽量不要使用大三班厕所,上楼前组织如厕并关注到每一个幼儿。

中三班室内锻炼时,四位教师站位明确并有个别指导,今天有新器材投放使用,幼儿兴致高。

- 游戏

各班均开展区域游戏,中二班教师带领幼儿进行教师节庆祝活动,中一班有针对性地将小班健康区的内容改为中班阶段的使用筷子。

- 午餐

花菜和鸦片鱼,饭、菜、汤温度合适,量适中,各班饭菜光。

大三班的自主进餐有调整。

提醒:

中大班自主进餐环节中,教师要提醒幼儿使用饭勺盛饭的正确方法,避免方法不对导致饭粒容易撒落,且添饭时饭勺不要触碰到幼儿的碗。

进餐过程中,教师要提醒督促幼儿进餐时的坐姿,身体靠桌边,一手扶碗,一手拿勺,低头进餐,过程中要保持桌面干净,及时捡拾掉落的饭粒。

- 午睡

(12:40进班巡查)

大一班:幼儿全部入睡,室内稍闷,风扇微风,盖被好,主班教师巡视。

大二班:幼儿全部入睡,室内稍闷,风扇微风,盖被好,主班教师巡视。

中二班:幼儿全部入睡,风扇微风,盖被好,配班教师备课、主班教师巡视。

中一班:4人未入睡,室内空调刚关闭,风扇未开,主班教师巡视。

中三班:小部分幼儿未入睡(1名幼儿情绪不好影响),室内空调开,主班教师巡视。

大三班:2名幼儿未入睡,室内空调开,风扇开,盖被好,主班教师陪护。

召开伙委会。

- 离园

因要下雨提早开门,避免因家长雨中等待而拥堵,各班有序组织离园。

提醒:主班教师在门口与家长交流时,配班教师不要过快让幼儿离开,否则主班教师会无暇顾及。

第二周周五总值班反馈（后勤管理园长）

- **晨间环境**

各班开窗通风到位，厕所无异味。

大部分班级区域收放整洁到位，但中一班区域物品有点多而堆积稍显乱。

中三班点心桌物品摆放到位。

提醒：

请中小班按规范要求摆放点心桌上的物品。小三班点心已拆开放在点心盘中，太早拆封易造成二次污染，已告知调整。

小一班、小二班保育老师未将幼儿户外锻炼材料按时摆放到位，请调整，勿忘。

要帮助幼儿养成区域材料收放的好习惯：自己的事情要做完，并收放到位。

- **入园接待**

各年级组、各班家长均能遵守规则、有序排队，如未带卡，回家拿后方可进园。

提醒：请提醒家长和幼儿入园记得带门禁卡。

- **早操、户外锻炼**

提醒：

大班早操音乐律动和操节音高不一致，声音会突然变很响，请将音乐调整到统一音高，保证音乐音量的和谐舒适。

大班晨间户外锻炼时间不足30分钟。下周起，小班家长都不进园，大班组可恢复晨间户外锻炼时间，一方面可以保证幼儿运动时间，另一方面大三班上下楼梯不会与小班发生冲突。

- **教学活动**

各班均按照计划组织活动，幼儿有序、积极参与。

- **午餐**

各班开饭环节安静、有序，大班值日生戴口罩分发餐具。特别表扬大二班，美术教研结束较迟，依然有序做好餐前各项工作。

大二班、大三班、小三班烩饭全部吃光。

提醒：

今天剩饭的班级较多，小一班、小二班、中三班、大一班剩少量，中一班、中二班剩较多。请各班根据情况进行调整，保证幼儿的进食量。

厨房:各班烩饭桶里下面的烩饭比较烫(桶里的饭比较多,下面的无法及时散热),请厨房工作人员想办法解决,保证进班时烩饭的整体温度适宜。

- **午睡**

(12:50进班巡视)

大一班:幼儿全部入睡,盖被好,主班教师巡视。

大二班:1人未睡,盖被好,主班教师巡视。

中二班:幼儿全部入睡,盖被好,主班教师巡视。

中一班:幼儿全部入睡,盖被好,主班教师巡视。

中三班:3人未睡,1人小便,主班教师巡视。

大三班:1人未睡,盖被好,主班教师巡视。

- **户外锻炼**

大三班:走廊打板羽球。

提醒:大班幼儿人数较多,下午在走廊户外锻炼不合适。走廊狭长的空间不利于每位幼儿拿球拍练习打板羽球,走廊窗户全部关闭也是不合适的。请调整。

大一班:玩树屋。

大二班:玩滑梯。

提醒:大班下午户外锻炼时间不足半小时。幼儿一天的户外运动时间不足1小时。

中一班:练习早操队形。

中二班:玩木质运动器械,练习早操队形。

中三班:后楼平台玩体育游戏。

- **离园**

表扬:今天离园环节时有小雨,中三班每个幼儿均穿着小雨披,教师提醒到位。

提醒:请各班一定将给每位幼儿准备两件雨披的事情落实到位。

(二) 家长参与的管理评价

1. 广度参与

幼儿园每学期都会利用"问卷星",请每个家庭从课程、家园共育、教师、伙食等多个角度,对幼儿园的管理做出全方位的评价。管理者和班级教师,共同认真分析"问卷星"生成的数据,通过问卷了解家长对园部管理的评价。

第四章 开放性课程的评价

附：家长问卷表

家长问卷

尊敬的家长：

每学期期末的"家长问卷"是我园管理工作的重要组成部分,是了解教育、管理的适宜性、有效性的重要手段。本学期处于疫情期间,幼儿园开展了线上居家保育教育指导,我们诚请您对幼儿园的各项工作给予评价和建议,烦请您填写此问卷。衷心感谢您的支持！

温馨提示：1. 为便于您填写,长按每个填写框右边的"语音识别按钮",可以识别您的语音并转化成文字！ 2. 每个家庭只需要一人填写问卷即可。

南京市北京东路小学附属幼儿园
2020 年 7 月

1. 幼儿姓名（填空题）

   _____

2. 幼儿性别（单选题）

   ○ 男

   ○ 女

3. 您是孩子的（单选题）

   ○ 爸爸

   ○ 妈妈

   ○ 祖辈

   ○ 其他（亲戚、保姆、司机等）

4. 本学期（2020 年 2 月至 7 月）您孩子的主班教师是否与您进行了在线沟通？（多选题）

   □ 在线小型座谈会

   □ 在线预约个别交流

5. 您对座谈或预约谈话内容和效果满意吗？（单选题）

   ○ 满意

   ○ 基本满意（您的建议或想法）：_____

   ○ 不满意（您的建议或想法）：_____

6. 本学期您或家人参加了班级的哪些线上活动？（填空题）

   _____

7. 您对教师线上指导孩子的居家学习满意吗？（单选题）

   ○ 满意

   ○ 基本满意（您的建议或想法）：_____

   ○ 不满意（您的建议或想法）：_____

8. 孩子班教师对您或家人是否做到（请选择相应的选项）（矩阵单选题）

幼儿园开放性课程

	做到	未做到（请写出具体事件）
热情有礼	○	○ ＿＿＿＿＿
交谈耐心倾听	○	○ ＿＿＿＿＿
言行举止得当	○	○ ＿＿＿＿＿
穿着打扮得体	○	○ ＿＿＿＿＿
从不请您办理个人的私事	○	○ ＿＿＿＿＿
从不接收您的任何礼物	○	○ ＿＿＿＿＿
从未对您孩子体罚（若有请在下面相应方框写出具体的行为和事件）	○	○ ＿＿＿＿＿

9. 本学期自5月25日开学后您的孩子是否已来园？（单选题）

○ 是，已来园

○ 否，在家

10. 您每天接孩子时，孩子的仪表是否做到（矩阵单选题）

	做到	未做到
脸上无鼻涕痕迹	○	○
嘴角无吃点心痕迹	○	○
无不梳头发	○	○
无露肚	○	○
无穿呕吐脏衣	○	○
无内衣袖子没拉	○	○
无穿反衣	○	○
无扣错纽扣	○	○
无穿尿不湿裤	○	○
无穿反裤	○	○
无穿反鞋	○	○
无鞋带散开	○	○

11. 您的孩子对幼儿园的伙食（单选题）

○ 喜欢

第四章　开放性课程的评价

○ 基本喜欢(您的建议或想法)：＿＿＿＿＿＿

○ 不喜欢(您的建议或想法)：＿＿＿＿＿＿

12. 您对本班的保教质量是否满意？（单选题）

○ 满意

○ 基本满意(您的建议或想法)：＿＿＿＿＿＿

○ 不满意(您的建议或想法)：＿＿＿＿＿＿

13. 您对幼儿园微信公众号推送的《食在健康　爱在成长》《幼儿居家一日三餐推荐》和《幼儿每周食谱》是否满意？（单选题）

○ 满意

○ 基本满意(您的建议或想法)：＿＿＿＿＿＿

○ 不满意(您的建议或想法)：＿＿＿＿＿＿

14. 您对幼儿园保健老师工作是否满意？（单选题）

○ 满意

○ 基本满意(您的建议或想法)：＿＿＿＿＿＿

○ 不满意(您的建议或想法)：＿＿＿＿＿＿

15. 您对幼儿园会计收费工作是否满意？（单选题）

○ 满意

○ 基本满意(您的建议或想法)：＿＿＿＿＿＿

○ 不满意(您的建议或想法)：＿＿＿＿＿＿

16. 您对园长的管理是否满意？（单选题）

○ 满意

○ 基本满意(您的建议或想法)：＿＿＿＿＿＿

○ 不满意(您的建议或想法)：＿＿＿＿＿＿

17. 您通过阅读疫情期间北幼微信公众号上发布的《幼儿自主学习居家指南》系列和节日专题学习资源(全国爱眼日、世界环境日、"云"上六一、相约四月云悦读、致敬医护卫生战"疫"、植树节云同行、别样精彩过"三八"、疫情宅家欢度元宵佳节)是否有收获？（单选题）

○ 有收获

○ 较有收获(您的建议或想法)：＿＿＿＿＿＿

○ 无收获(您的建议或想法)：＿＿＿＿＿＿

18. 您通过阅读疫情期间幼儿园微信公众号上发布的《数字化应用指南——新手入门秘籍》是否有收获？（单选题）

○ 有收获

○ 较有收获(您的建议或想法)：＿＿＿＿＿＿

○ 无收获(您的建议或想法)：＿＿＿＿＿＿

19. 请填写以下内容(多项填空题)

您孩子所在班级开展了哪些自主学习活动？_____

您觉得最有效果的是哪些？_____

您还有什么建议？_____

2. 深度参与

（1）家长参与的各类座谈会，让家长有畅所欲言的评价机会

兼顾到家长的时间、家长性别、幼儿性别等因素，教师邀请2位家长代表参与由园长主持的家长座谈会，让家长有直面幼儿园管理者的机会，班级教师不参与座谈会，期待家长畅所欲言，真切表达对于班级课程、教师、幼儿园管理等的想法和建议。每学期都会更换不同的家长，在幼儿三年的幼儿园生活中最起码保障每个幼儿的家长都有一次与园长面对面交流的机会。

（2）家长参与的专项评价小组，让家长有身临其境的评价体会

家长要有深刻的体会，离不开身临其境的了解。幼儿园成立了一些以家长代表为主的专项评价小组，小组的成员都是家长自主报名产生的，每学期或每学年都会进行轮换。用"打开大门"这种最直观的方式，让家长走进来，让家长看，让家长评。

伙食委员会。家长代表参与幼儿园的膳食管理，进行监督和评价。我们将家长纳入幼儿园膳食管理中，参与膳食管理的全环节的工作。

案例：幼儿园膳食管理中的接纳与开放

第一，设立专项组织，明确相关职责。按照上级部门的要求，一直以来许多幼儿园都设有伙委会，由分管园长、保健医生、炊事人员、财务人员、保教人员代表及家长代表组成，定期以会议的形式讨论幼儿伙食情况。在此基础上，我园成立了幼儿膳食管理家长委员会，在原有人员参加的基础上，扩大了家长代表的参与面，由原来的每班一名家长代表增加至每班四名家长代表参加，家长自愿报名参加。这样三年幼儿园生活下来，每个班有三分之二的家长都有机会参与膳食管理工作，幼儿园能够较全面地接纳家长的管理建议。每个月我们会以桌面会议或现场会议的形式，讨论膳食相关内容。在此之前，我们专门制定了委员会章程，阐述了机构的职能和委员的权利与义务以及在膳食监督管理过程中的具体内容，在每学期第一次召开幼儿膳食管理家长委员会的会议中，和全体委员共同商议，通过保健医生从食材的进货到食物的制作、从食谱的花色品种到后期的营养计算、从炊事设备配置到炊事人员培训等内容的详细介绍，让家长代表们初步了解我园膳食管理的工作内

容,从而明确各自所需承担的监督管理具体内容。

第二,参与食材验收,严格进货把关。食材的进货验收是膳食管理中的首要部分,食材的新鲜程度以及有无相应的检疫合格证明等都是重要内容。我园每周邀请家长代表进入食堂参加食材验收两次,由膳食管理委员会的家长代表轮流参加,验收师生所用的所有食材以及米面调味品等,主要查看食材的质量是否完好、数量是否充足、价格是否合理、有无相应的检验合格证明、有包装的食品是否包装完好以及具体的生产日期和保质期限等,并在验货单上签名,帮助我们从源头上把住食品质量关,为幼儿的营养膳食提供保障。

第三,深入食堂查看,了解制作流程。食堂的后场常常是饮食行业的软肋,是否和光鲜亮丽的美食一样能经得住查看呢?我们每月一次按照年级组轮流的形式,由家长代表进入幼儿园食堂内部,了解食物制作的具体流程。通过查看食堂环境与卫生、炊具配备与监控装备、餐具清洗消毒流程、炊事人员的具体操作、一周菜谱制订及带量、按照幼儿入园人数进行米饭称重、过敏幼儿特殊饭菜准备、每餐食物留样备查、各班饭菜分装到位等具体情况,家长们对食堂的后场操作情况一目了然,纷纷点头称赞,对我们的细致做法表示赞许。

第四,进班实地观看,知晓进餐细节。食堂的饭菜烹饪好以后,班级如何安排进餐?我们同样每月一次按照年级组轮流的形式,由家长代表进入班级观看进餐环节,从保育老师清洁消毒餐桌到根据气温及时调整盛装饭菜的速度、从中大班幼儿的自主进餐到老师灵活调整幼儿的饭菜量、从幼儿进餐习惯的培养到餐前餐后的一系列流程等进行实地了解和观看,为饭菜的合理进食提供保障。

第五,品尝幼儿饭菜,评价菜肴口味。看着孩子们在享受着美食,闻着可口的香味,家长们很想知道:孩子们的饭菜是什么样的味道呢?最后我们会邀请每月一次参观食堂和班级进餐的家长代表们品尝一下孩子们的饭菜,看看幼儿园食堂饭菜的口感和口味究竟如何,是不是适合孩子们食用。经过细心品尝,家长们对幼儿园食堂烧出的饭菜表示高度认可,认为口感舒适、咸淡适宜、营养美味,难怪孩子回家说幼儿园里的饭菜比家里的饭菜好吃呢。

第六,核对膳食费用,监督专款专用。通过桌面会议和现场会议的形式,家长代表们深入详细地了解到幼儿园膳食的具体操作情况,在每月底我们还会邀请家长代表来园审核幼儿膳食费用的使用情况,对个别食材价格有疑问的进行合理解释，消除家长心中疑虑，进一步保证幼儿膳食管理的透明化。

第七，填写调查问卷，提出合理建议。在家长代表们全程参与幼儿园膳食管理工作一段时间以后，我们会发放一份调查问卷，向他们征询我园膳食管理中还存在哪些需要改进之处，如何进行相应的调整。请家长们提出合理化建议，家长们畅所欲言，能从自己或自己家孩子的角度为我们献计献策，提供多条有效策略，在提高我园膳食管理水平中发挥了举足轻重的作用。

以上一系列的举措，都是我们本着多元、开放、接纳的观念，让家长全方位参与我园幼儿膳食管理工作中的一些做法，现在家长的满意率逐年提高，我们在主动探索家园共育的道路上又前进了一大步。

家长巡视员。我园自2005年起，就实施家长巡视员制度，即每周一天，每次2位家长代表作为巡视员，与当日幼儿园的总值班人员一起，从早上幼儿入园起一直到离园进行全园各班、各岗、各环节的巡视，不仅了解幼儿园课程、幼儿在园的一日生活和管理工作，且直接参与园务管理。家长巡视员需要填写当天的巡视日志，提出改进意见，管理者要将合理的意见采纳或对一些不能整改的建议进行沟通说明。家长代表由每班家长自主报名，园部按班级排序制订巡视日期，保障全园每班家长代表都能参与。

下面是小、中、大不同年龄段的家长代表参与完巡视工作后记录的巡视日志。

北幼家长巡视日志

2019年12月19日

巡视家长 杨敏   班级 小二班   幼儿姓名 周易文   称谓 妈妈

项目	巡视纪要	情况反馈
环境卫生 （幼儿园整体环境：活动室、走廊、花坛、操场）	从操场到走廊再到各班巡视，了解各个区域的环境情况。	整体环境非常好，各个角落卫生都很到位；每个区域都各有特色，根据不同的主题布置了不同的装饰、道具，非常用心。虽然幼儿园场地有限，但各班错峰锻炼保证了幼儿体育运动的时间、强度。
安全工作 （房屋、水、电、消防器材、大型器具、门房保安）	了解幼儿园各项设施安保情况。	安全工作到位，大到幼儿园大型设施、器具都用心地摆放位置，专人看管，保安尽职尽责；小到幼儿桌椅玩具等都充分考虑了小朋友使用中可能遇到的危险，采取了保护措施。

第四章 开放性课程的评价

续表

项目	巡视纪要	情况反馈
幼儿伙食（早中午食谱和伙食一致，幼儿进餐情况、厨师烹饪情况等）	参观厨房，从生菜加工到烹饪间、库房等。到小、中、大各班巡视进餐情况，包括进餐时间、方式等。	食谱和伙食一致，厨师严格按照饮食规范标准进行烹饪。教职工和幼儿饮食完全分开，当天伙食在恒温箱留样四十八小时，让人很放心。根据幼儿年龄阶段严格控制幼儿进餐量，保证幼儿生长发育需要。
幼儿活动（教学游戏活动、午睡、离园等）	参观各班区域活动，了解各班游戏活动内容、特色。了解午睡情况，且送幼儿有序离园。	教学、游戏活动相当丰富、紧凑，小、中、大班都有符合各年龄阶段的不同课程活动。中班、大班的足球课很精彩，数学、美术也穿插在日常活动中。幼儿基本都能到点午睡，自己穿脱衣服，冬天有空调保证不着凉，老师不断巡视午睡情况。
幼儿园管理（各岗人员工作情况：教师、保育老师、保健医生等）	了解各岗人员工作情况及职责范围，包括班组教师、保健教师、厨房工作人员及安保人员等。	幼儿园管理让人放心，各岗人员都能各司其职，整个幼儿园工作井井有条。保健吴老师从幼儿入园到离园都尽心尽职，特别关注个别食物过敏的小朋友，及时通知厨房和班级老师。各班老师分工明确，配班也很默契，连生活老师的日常工作都和课程活动结合，很棒！
一日评价（整体感受和改进建议）	非常荣幸也很感激能有这样一个机会全方位了解幼儿园的整体情况、日常运作和安全管理制度，能切实感受到幼儿园在每一个细节上都做了深思熟虑的考虑，比我们家长照顾孩子都要细致入微好多。看到中一班孩子们在操场上学习足球，在教室里绘制京剧脸谱，在露台上播撒种子，用自己的语言符号表达思想，真的好希望小班孩子们能快快长大。他们三年的幼儿园生活一定丰富多彩，收获满满！希望幼儿园在关注孩子们成长的同时也能给老师们"减减负"，老师们太辛苦了，孩子们午睡时老师们还要写教案，没有午休时间。

幼儿园开放性课程

北幼家长巡视日志

2019 年 12 月 3 日

巡视家长 __王冬__ 班级 __中三__ 幼儿姓名 __庄千艾__ 称谓 __母亲__

项目	巡视纪要	情况反馈
环境卫生（幼儿园整体环境：活动室、走廊、花坛、操场）	1. 小朋友们早操情况（因天气原因，在室内活动）。 2. 教室走廊。	园部很会安排使用场地。 卫生很干净，隔离班级的卫生消毒做得很好。 老师对吃饭桌多次消毒，保证卫生。
安全工作（房屋、水、电、消防器材、大型器具、门房保安）	1. 每层楼每班级都有消防器具。 2. 参观保安室。	每组消防器材都有责任人。 园部有多方位的监控，确保不留监控死角。
幼儿伙食（早中午食谱和伙食一致，幼儿进餐情况、厨师烹饪情况等）	1. 参观厨房。 2. 参观教师就餐餐厅。	厨房很干净整洁，从食品原材料开始都有严格的把关，厨房工作人员都有做好个人卫生的处理，每天都有留食物样本，保证食物的安全。
幼儿活动（教学游戏活动、午睡、离园等）	1. 小朋友们早操情况。 2. 早课情况。 3. 活动。	因今日天气原因早操改在室内进行，为了保证小朋友们的身心健康发展，每班都会根据实际情况调配室内外场地。早课每班都有不同主题，内容非常丰富多彩。
幼儿园管理（各岗人员工作情况：教师、保育老师、保健医生等）	1. 老师们认真负责。 2. 保育老师卫生做得很好。	各班老师都会根据不同年龄段孩子的多方位的情况，制订一些适合孩子们的学习内容，帮助孩子们提高自主学习的能力，激发孩子们的学习兴趣，帮助孩子们在生活上提升自理能力，很有方法，很有耐心，很负责任。
一日评价（整体感受和改进建议）	首先，感谢园部给我们家长一次参观学习的机会，感谢老师们对我们每一位小朋友的辛勤付出。今天我感受到幼儿的教育有很多奥妙，孩子们在幼儿园的每一个任务、每一堂课、每一个举动，都严格按照适合他们年龄段的方法和内容去执行，这点是我们在家庭中做不到的。参观了园区教室、厨房，从中我们能看出幼儿园每一位教师及工作人员的认真与付出。厨房干净整洁，老师向我们一一介绍了厨房内部从食材采购到小朋友的餐桌，都是非常严格的，这点让我们家长感到很放心。孩子们的游戏活动也非常丰富多彩。园部还为不同年龄的孩子们提供自己动手做事的机会，让他们有任务意识，提高他们的责任心，希望我们的幼儿园以后能坚持不懈地继续探索更多更先进的方法，再次感谢。	

第四章 开放性课程的评价

北幼家长巡视日志

2020 年 10 月 27 日

巡视家长 __吕盼盼__ 班级 __大一班__ 幼儿姓名 __王侣蘅__ 称谓 __母亲__

项目	巡视纪要	情况反馈
环境卫生 （幼儿园整体环境：活动室、走廊、花坛、操场）	在陶园长带领下查看了幼儿园9个班级教室、学生操场、走廊以及其他活动空间。	园部内外十分干净整洁，事务安排有序。
安全工作 （房屋、水、电、消防器材、大型器具、门房保安）	查看到入园时，园部保安及各班老师按时段接入孩子。查看了园内活动器械、教室内各区域设置及水电设施。	入园时间安排有序，多名安全负责人全方位警戒，保障孩子们安全入园第一步。 各种活动设施、水电使用都有教师监督，绝不让孩子们触碰到有安全隐患的部分。
幼儿伙食 （早中午食谱和伙食一致，幼儿进餐情况、厨师烹饪情况等）	查看了厨房工具间、炒菜间、面点间以及教师食堂，也实地进入各班级，查看了孩子们的用餐情况。	厨房内设施一应俱全，工作人员认真负责，各项设备干净整洁。整个餐厨环节，从制作到分配再到孩子们的餐桌都有严格的安全卫生标准，也做到全方位地执行和监督。除此之外，孩子们的膳食荤素搭配，营养均衡，口味适当，软硬适中，孩子们喜欢吃也吃得好。
幼儿活动 （教学游戏活动、午睡、离园等）	查看了各班级游戏区域设置和孩子们的活动情况以及午睡，着重观察了园部特色足球课的情况。	教室内区域活动设置得丰富多彩，从小班到大班区域是延续的，但方式方法不同。对孩子能力的培养也是递进变化的，不以学习内容多少为先，而是以培养孩子自主学习能力为主。引入外教的足球课程是园部特色，强健体魄，锻炼心智，磨炼毅力。
幼儿园管理 （各岗人员工作情况：教师、保育老师、保健医生）等	查看了班级老师的日常教学、早点、户外锻炼、午饭、餐后活动（阅读）、午睡巡查等多项事务，以及园领导的全员总值班（针对今日活动）。	园部管理从孩子入园到各项教学活动展开，到一餐一食，再到午睡巡视以及离园时间，各项事务安排有序。充分利用现有场地资源、外教资源，合理调配，给孩子们创造更好的活动氛围，提供优质的体验。

续表

项目	巡视纪要	情况反馈
一日评价 （整体感受和改进建议）	整体感受：整洁、有序、有特色。 整洁：校园环境、教室内外环境、餐厨环境。 有序：园部各项日常活动，从入园到进入教室后活动；从协调好各班级户外时段到午餐午睡；从园领导值班到班级教师分工配合等各项事务均安排有序。 有特色：多种游戏区域设置是园部特色，大班毕业生作品让人惊艳，特色足球课堂、机器人课堂等都让人印象深刻。	